Stefan Ulrich
Isole Belle

Stefan Ulrich

Isole Belle

Ganz Italien in
15 Inselgeschichten

dtv

*»Aufbrechen ist
wie noch einmal geboren werden.«*

Nicolas Bouvier

MIX
Papier aus verantwortungsvollen Quellen
FSC® C019821
FSC www.fsc.org

Umschlaggestaltung: Ruth Botzenhardt | buxdesign, München
Umschlagmotiv: mauritius images / Rainer Mirau
Satz: Fotosatz Amann, Memmingen
Gesetzt aus der Sabon
Druck und Bindung: Druckerei C.H.Beck, Nördlingen
Printed in Germany · ISBN 978-3-423-35228-4

Inhalt

Vorwort

Himmel und Hölle, Luftschloss und Alptraum – Inseln lösen widersprüchliche Assoziationen aus, vielleicht macht sie das so faszinierend. Sie bedienen, wie die Gärten, unsere Sehnsucht nach Einheit und Ursprung, nach dem verlorenen Paradies. In der ägyptischen Mythologie wächst ein Hügel aus dem Urgewässer empor, auf dem der Gott Atum mit der Erschaffung der Welt beginnt. Die alten Griechen siedeln ihre verstorbenen Helden im Elysion an, einer Insel der Seligen weit im Westen, auf der ewiger Frühling herrscht. Platon beschreibt Atlantis als blühenden Archipel. Auf der Isla del Sol im Titicacasee erschafft der Sonnengott Inti den ersten Inka. Thomas Morus beschreibt die Insel Utopia als ideale Republik.[1] Paul Gauguin sucht und malt auf Tahiti seinen Garten Eden. Darüber berichtet er einem Malerfreund: Die »glücklichen Bewohner eines unbeachteten Paradieses in Ozeanien kennen vom Leben nichts anderes als seine Süße. Für sie heißt Leben Singen und Lieben«.[2] Heute bewirbt die Reisebranche ihre Trauminseln, die mal, wie Bali und Bora Bora, in exotischer Ferne liegen, mal, wie Sylt und Capri, in unserer Nähe.

Zugleich sind Inseln Orte des Schreckens. Odysseus, der berühmteste aller Seereisenden, besucht einige von ihnen.[3] Auf Sizilien verschlingt der Zyklop Polyphem ein halbes Dutzend seiner Gefährten, andernorts zerschmettern die menschenfressenden Laistrygonen seine Schiffe. Auch die betörend singenden Sirenen – sie sollen auf den Fels-Eilanden Li Galli vor der italienischen Amalfi-Küste hausen – sind monströse Geschöpfe, die ihm nach dem Leben trachten. Die Teufelsinsel vor der Küste Französisch-Guayanas in Südamerika wurde für Zehntausende Sträflinge, die Frankreich dorthin verschleppte, zum Grab.[4] Die berühmte Toteninsel des symbolistischen Malers Arnold Böcklin bietet einen melancholisch-unheimlichen Anblick, eine Endstation Hoffnung. Der Literatur-Nobelpreisträger William Golding wiederum setzt in seinem anti-rousseauschen Roman »Herr der Fliegen«[5] eine Gruppe von Jungen auf einer Südseeinsel aus und schildert ihr Versinken in der Barbarei.

Inseln sind – wie Theaterbühnen, wie Bücher – abgeschlossene Räume. Sie verdichten das Leben und dienen als Orte, an denen die Fantasie ihre Dramen aufführen kann. Sie stehen für sich allein, wie das Ich im Meer der anderen, wie die Erde im Kosmos. Sie tauchen am Horizont auf, stacheln Entdeckergeist und Abenteuerlust an. Zugleich bedienen sie das Bedürfnis nach Rückzug, Geborgenheit und Selbstfindung, nach Übersichtlichkeit in einer hyper-komplex gewordenen Welt. Die Aussteiger-Insel verheißt mit ihrer sinnennahen Einfachheit die Rückabwicklung einer entfremdenden Zivilisation. Gavin Francis fragt in seinem Buch »Inseln«: »Liegt hier der ewige Reiz von Robinson Crusoe? Dass wir alle danach dürsten, uns in der Einsamkeit zu definieren? Dass wir davon träumen, endlich Schiffbrüchige zu sein?«[6]

Inseln sind Verheißung, sei es von Glück oder von Verderben. Sie tauchen vor uns auf und rufen uns zu: Finde es heraus! Es ist schwer, ihnen zu widerstehen, zumal uns niemand so fest an unser Alltagsleben bindet wie die Gefährten den Odysseus an den Mast seines Schiffes.

Am Ende der Recherchereise durch Italien für mein Buch »Und wieder Azzurro«[7] kam ich in der Hafenstadt Trapani an der Westspitze Siziliens an. Meine Fahrt war zu Ende. Ich blickte aufs Meer und sah drei Silhouetten auf dem Wasser treiben: die Egadischen Inseln. Ihr Sog war stark. Doch mir blieb keine Zeit mehr, ihm nachzugeben. Als ich mich, widerwillig, vom Anblick der Silhouetten löste, kam mir der Gedanke, ein Buch über die italienischen Inseln zu schreiben. Erst war es nur ein Wunsch, der sich allmählich zum Konzept verdichtete. Die Fahrt durch die Welt der italienischen Inseln, der großen und kleinen, bekannten und unbekannten, sollte zugleich eine Reise durch die italienische Geschichte werden. Jede Insel sollte für eine andere Epoche stehen, von der Antike bis zur jüngsten Vergangenheit. Stefan Ulrich Meyer, mein Lektor und Mit-Italien-Liebhaber, regte an, die Gegenwart miteinzubeziehen, sodass jede Insel auch für ein wichtiges Thema des heutigen Italiens steht. 15 Inseln, sagten wir uns, seien eine gute Zahl, um der Komplexität dieses Landes gerecht zu werden, ohne ins Lexikalische abzudriften.

Nun ging es an die Auswahl. Zu Italien gehören, kleinere Fels- und Laguneneilande mitgerechnet, ungefähr 800 Inseln. Davon sind zwischen 70 und 80 dauerhaft bewohnt.[8] Die Zahlen überraschten mich. Ich hatte mit viel weniger gerechnet. Für dieses Buch beschränkte ich mich auf die bewohnten Inseln im Meer, der – umstrittenen – Worterklärung folgend, wonach der lateinische Begriff *insula* von *in salo* stammt, *im salzigen Meer*.

Inseln in Seen und Flüssen ließ ich weg, obwohl es da sehr interessante Kandidatinnen gegeben hätte. Die Tiber-Insel in Rom etwa oder die Isola Bella im Lago Maggiore. Wichtig war mir, dass alle hier beschriebenen Inseln von den Leserinnen und Lesern auch bereist werden können, was in einem Fall zwar schwierig, aber nicht unmöglich ist.

Die Recherchereisen brachten manche Überraschung, besonders im Winterhalbjahr. Einige Inseln waren da eher per Flugzeug denn per Schiff erreichbar. Manchmal fielen Fähren wegen heftiger Winde kurzfristig aus. Bisweilen war es schwer, Ansprechpartner oder offene Lokale zu finden, weil sich in der kalten Jahreszeit viele Insulaner aufs Festland davongemacht hatten. In den tumultuösen Frühlings- und Sommermonaten wiederum hatte ich, etwa auf Capri, Skrupel, die Leute von ihrer Arbeit abzuhalten.

Ich habe auf den Inseln liebenswerte, interessante und eigenwillige Italienerinnen und Italiener kennengelernt, die mir bereitwillig von ihrer Geschichte und ihren heutigen Sorgen erzählten. So durfte ich mit dem Besitzer eines legendären Cafés auf Capri frühstücken, mit einem Fischer die blauen Killerkrabben in der Lagune von Venedig aufspüren, mit einer Anti-Mafia-Aktivistin durch die Geschichte der Cosa Nostra auf Sizilien spazieren und mir von einer eleganten Geschäftsfrau erklären lassen, warum sie sich in eine abgelegene italienische Gefängnisinsel verliebt hat, während mir ein schwungvoll-betagter Herr bei einem fürstlichen Fischessen erläuterte, weshalb er, und nur er, der rechtmäßige König von Tavolara ist.

Ich habe – für mich – neue Inseln wie das wilde Pantelleria entdeckt und an mir bekannten, wie dem lieblichen Elba, neue Seiten kennengelernt. Und ich habe intensiver denn je erfahren, wie unglaublich vielfältig, spannend und überraschend die italienische Geschichte und Gegenwart ist. Einen Eindruck von dieser Vielfalt, der Schönheit und dem Charme des Landes möchte dieses Buch vermitteln – und vielleicht die eine Leserin und den anderen Leser anregen, selbst auf Entdeckungsreise zu den italienischen Inseln zu gehen.

1

Tavolara – Ein Königreich für eine Insel

Der König trägt Sneaker. Er hat es eilig. Winkend läuft er am Hafen entlang und auf die Mole hinaus. Die letzten 30 Meter sprintet er. Da Pünktlichkeit die Höflichkeit der Monarchen ist, möchte Antonio Bertoleoni offensichtlich besonders zuvorkommend sein. Dann steht er vor mir, ein drahtiger kleiner Mann in hellgrauer Hose, hellblauem Hemd und beiger Windjacke. Keine Spur außer Atem. Sein tief gebräuntes, von Lachfalten überzogenes Gesicht strahlt mich an. »Guten Morgen«, sagt der 90-Jährige und schüttelt mir die Hand. »Ich bin Tonino, der König von Tavolara.«

»Er ist ein sehr demokratischer König«, beschwichtigt sein Sohn Giuseppe. »Etwa so wie Charles III. in England. Total konstitutionell.«

Der Kronprinz, in einen alten Trainingsanzug gewandet, will seinem Vater in die Barke helfen, doch der wehrt lässig ab, hüpft wie ein Zaunkönig hinein in den weiß und blau lackierten Holzkutter, schlüpft in die Kajüte und stellt sich ans Steuer. Souverän lenkt er das Boot aus dem Hafen von Porto San Paolo hinaus, einem sehr kleinen Ort an der Nordostküste Sardiniens.

Das Boot gleitet übers transparente Wasser, das, je nach Untergrund, blauschwarz, kobaltblau oder türkis leuchtet. Die Farben schwimmen ineinander, kleine, flache Inseln aus rotbraunem Granit ziehen vorbei. Der Norden Sardiniens ist berühmt für diese rund geschliffenen Granitfelsen, die wie von Titanenhand in die Buchten und Golfe hineingestreut sind. Es ist ein windarmer, milder Tag Mitte November, die Morgensonne verzehrt die letzten Wolken der Nacht. Nur ein kleiner Westwind lässt die Meeresoberfläche erschauern wie eine Schlangenhaut. Unbeirrt tuckert das Boot auf Tavolara zu, ein lang gezogener, fast senkrecht aus dem Meer aufsteigender Wall aus Kalk und Dolomit. Einen der Gebirgsblöcke des Trentinos scheint es durch eine Laune der Erdgeschichte hierher vor die Küste Sardiniens verschlagen zu haben. Die unteren zwei Drittel des Berges sind mit immergrünem mediterranem Niederwald überzogen, darüber erhebt sich der nackte Fels. Zu Sardinien hin reckt sich eine flache Landzunge, als wolle sie der Hauptinsel die Hand schütteln. Dort, zwischen weißgrauen Sandstränden, Dünen, Pinien und Macchia stehen ein paar Häuser, Stege ragen ins Wasser hinaus.

Während sich das Schiff der Insel nähert, ziehen die Mythen Tavolaras herauf. Und wo es um mediterrane Mythen geht, ist Homer. Wer durch die italienische Inselwelt reist, wird ihm immer wieder begegnen, seinem Helden Odysseus und den Göttern des Olymps, von Poseidon, dem Herrn des Meeres, bis hin zu Äolus, dem Beherrscher der Winde. Das lang gestreckte Tavolara, so heißt es, sei einst ein Schiff gewesen, auf dem die Phäaken, ein Seefahrervolk, Odysseus in seine Heimat Ithaka zurückgebracht hätten. Doch Odysseus war im Olymp, dem Götterhimmel, umstritten. Einer seiner Feinde, Poseidon, verwandelte das Schiff der Phäaken daher auf seiner Rückfahrt von Ithaka in einen Felsen. Und sieht

Tavolara, dieser Fels vor der sardischen Küste, nicht tatsächlich aus wie ein Schiff?

Jahrtausende später ist Tavolara nicht mehr als ein Seeräubernest, in dem sich nordafrikanische Korsaren verstecken, um die Küsten Sardiniens heimzusuchen, Schiffe zu überfallen, Dörfer zu plündern, Menschen zu verschleppen. Anfang des 19. Jahrhunderts dann, die Küsten sind inzwischen sicherer, irrt Giuseppe Bertoleoni in der Inselwelt zwischen Korsika und Sardinien umher. Seine Vorfahren stammen aus Genua, zogen von dort nach Korsika. Er selbst kommt 1778 auf La Maddalena auf die Welt, der Hauptinsel des gleichnamigen Archipels vor der Nordküste Sardiniens. Er wird ein tüchtiger Seemann, verdient seinen Lebensunterhalt mit Schmuggel und dem Transport von Bausteinen und Kalk, die für den Ausbau der nordsardischen Häfen gebraucht werden. Er heiratet, bekommt viele Kinder und sucht etwas Land, auf dem er und die Seinen leben können. So nimmt er die unbewohnte Insel Santa Maria am Rande des Archipels in Besitz. Als seine junge Schwägerin Witwe wird, nimmt er sich ihrer als Zweitfrau an und bekommt mit ihr weitere Kinder.

Die beiden Schwestern scheinen mit dieser Lösung einverstanden zu sein, zumal sich Giuseppe um beide Familien kümmert. Auch verheimlicht er seine doppelte Beziehung keineswegs. Das ruft die Justiz auf den Plan, die wegen Bigamie gegen ihn vorgehen will. Um dem Gefängnis zu entgehen, beschließt Giuseppe, sein Familienleben auf zwei Inseln aufzuteilen. Von seinem Handel mit Steinen und Kalk her ist ihm die Dolomit-Insel Tavolara vertraut. Und da sie zu dieser Zeit unbewohnt ist, von wilden Ziegen mit angeblich goldenen Zähnen einmal abgesehen, nimmt er die fünf Quadratkilometer kleine Insel kurzerhand in Besitz und zieht mit einer der Schwestern und den gemeinsamen Kindern dorthin. Der andere Teil der Familie bleibt auf Santa Maria. Giuseppe pendelt fortan. Wobei bis heute ungeklärt ist, ob er seine Ehefrau oder deren Schwester mit nach Tavolara genommen hat.

Die Bertoleoni richten sich auf der flachen Landzunge ein, die zur sardischen Küste zeigt. Sie bauen ein Haus, fangen die Ziegen ein und züchten sie, legen Gemüsegärten an und fangen Fisch für den eigenen Tisch. Und sie wären wohl längst in Vergessenheit geraten, wenn nicht eines Tages im Jahr 1836 Karl Albert von Savoyen, der König von Sardinien-Piemont, auf Tavolara gelandet wäre, um eine abenteuerliche Geschichte voller italienischem Erfindungsreichtum in Gang zu setzen.[1]

Unser Boot hat einige flache Inseln und Granitfelsen passiert und Tavolara erreicht. Präzise und sanft steuert König Tonino das Schiff an einen der Stege. Der Kronprinz springt von Bord, um es zu vertäuen. Der König marschiert auf ein flaches Gebäude mit geräumiger Veranda zu. »Re di Tavolara« steht in großen roten Buchstaben über dem Eingang. Daneben prangt das Wappen des Reiches. Ein gelber Stern auf rotem Schild unter einer goldenen Krone. Die meisten Tische und Stühle von der Terrasse sind schon verräumt, ein paar Familienmitglieder und Angestellte wienern die Küchengeräte und machen das Restaurant winterfertig. Die Saison ist zu Ende. Bis zum Frühjahr wird nur noch eine Nichte des Königs auf der Insel hausen. Doch bei gutem Wetter kommen Tonino und sein Sohn eigentlich jeden Tag herüber. Warum? Der König deutet hinaus auf das glitzernde Meer, auf die blauschwarzen Schatten der Inseln am Horizont und den weit gespannten Himmel. »Deshalb!«, sagt er nachsichtig lächelnd.

Dann setzt er sich mit dem Rücken zum Meer an einen Holztisch, lässt dem Gast den Platz mit der Aussicht. Er bringt Espresso und Wasser, schenkt ein. Und erzählt, wie sein Ur-Urgroßvater König wurde.

Da sehr viele Varianten dieser Geschichte im Umlauf sind und sie mancher Autor kräftig ausgeschmückt hat, schickt Tonino Bertoleoni eine Bemerkung voraus: »Die Geschichte, wie ich sie dir jetzt erzähle, ist zu 100 Prozent wahr. Und wenn ich, der König von Tavolara, das sage …«

Er blickt durch mich hindurch, als schaue er geradewegs in die Vergangenheit. »Es war kein Zufall, wie viele behaupten, dass Karl Albert von Savoyen auf unsere Insel kam. Der König von Piemont-Sardinien wusste schon, wer die Bertoleoni waren. Denn wir waren bereits damals eine bedeutende Familie. So war einer der Brüder Giuseppe Bertoleonis Offizier in der Marine der Savoyer, ein anderer diente ihnen als Konsul. Carlo Alberto hatte also schon an seinem Hof in Turin davon gehört, dass Giuseppe ganz allein mit seiner Frau und den Kindern auf einer einsamen Insel vor Sardinien lebte. Das machte ihn neugierig. Da er nun diesen Teil seines Reiches bereiste, wollte er ihn auf der Insel besuchen.«

Tonino Bertoleoni hört ein Plätschern im Meer, springt auf und blickt hinaus. Er deutet auf einen Kormoran, der einen großen Fisch im Schnabel hat. Der Fisch zappelt, der Kormoran klatscht ihn ins Wasser und zerrt ihn heraus. Immer wieder. Gebannt beobachtet der alte Mann den Kampf. Dabei erzählt er, dass früher hier um Tavolara zweitausend Kormorane gelebt hätten. Davon seien nur wenige übrig. Es gebe nicht mehr genug Nahrung. Die Fischgründe seien rücksichtslos ausgebeutet worden. Nur Delfine gebe es noch genug. »Sie kennen mich, und wenn ich unterwegs bin, schwimmen sie unter meinem Boot hindurch.«

Inzwischen ist der Kormoran mit seiner Beute verschwunden. Tonino nimmt den Faden seiner Geschichte wieder auf. »König Carlo Alberto landete samt seinem Gefolge auf La Maddalena und fragte nach Giuseppe Bertoleoni. Die Leute sagten ihm, er lebe auf Tavolara. Doch als der König dort anlegte, erfuhr er von einem Ziegenhirten, Giuseppe sei auf Santa Maria, bei seiner Zweitfamilie. Unverrichteter Dinge fuhr Carlo Alberto in den nahen Hafen von Olbia weiter. Als Giuseppe nach Tavolara zurückkehrte, erfuhr er, dass der König ihn suche. Sofort machte er sich nach Olbia auf. Dort stellte er sich auf der königlichen Yacht vor.«

Tonino Bertoleoni schaut mir ernst in die Augen. »Was nun passierte, klingt wie ein Märchen. Aber es ist die Wirklichkeit.«

Der König habe Giuseppe brüderlich aufgenommen. Gemeinsam seien die beiden durch Olbia spaziert, den Corso entlanggebummelt und hätten die romanische Kirche San Simplicio besucht. »Dann fuhren sie nach Tavolara, um die wilden Ziegen mit den goldenen Zähnen zu jagen.« Während der Partie habe Giuseppe halb im Scherz gesagt: »Sie sind der König von Piemont-Sardinien. Und ich bin der König von Tavolara.«

Carlo Alberto, ergriffen von der Schönheit der Insel und dem erfolgreichen Jagdausflug, habe erwidert: »Dann schenke ich Ihnen hiermit Tavolara als Königreich.« Dann habe er Giuseppe, als Zeichen der Freundschaft, eine goldene Uhr überreicht.

Tonino Bertoleoni hat sich in Begeisterung geredet. Nun lehnt er sich zurück, sagt: »Das war der Moment, als das Königreich Tavolara geschaffen wurde.«

Dann fordert mich der alte Mann auf, ihn zum Friedhof der Könige zu begleiten. In kleinen, schnellen Schritten eilt er über einen Pfad durch die Macchia. Und erzählt immer weiter. »Giuseppe vererbte sein Inselkönigreich an Paolo, seinen ältesten Sohn. Doch die Behörden auf Sardinien wollten ihn nicht als Herren der Insel anerkennen.«

In seiner Verzweiflung sagte Paolo zu seiner Frau: »Weißt du, was ich machen werde? Ich fahre nach Turin, um den König zu treffen.« Das war damals eine weite Reise. Im Palast hörte ihn Carlo Alberto an und sagte: »Signor Bertoleoni, wir kümmern uns um Ihren Fall. Sie werden nicht mehr behelligt werden.«

Ein Strahlen geht über Tonino Bertoleonis Gesicht, als er das erzählt. »Paolo kehrte nach Tavolara zurück. Und dort feierten sie ein großes Fest.«

Bei diesen Worten fallen mir die Geschichten von Asterix und Obelix ein, bei denen jedes Abenteuer unweigerlich mit einem Festmahl des ganzen Dorfes endet. Doch nun haben wir den Friedhof der Könige erreicht. Er liegt einsam in der Macchia. Eine Mauer umgürtet das Gräberfeld, zwei entrindete, verwitterte Baumstämme formen am Eingang ein Kreuz. Ansonsten sieht der nackte Hof mit seinen lehmfarbenen Grabmonumenten wie ein vergessenes Stück Nordafrika aus. Der alte Mann läuft zwischen den Gräbern seiner Vorfahren herum und stellt die Chrysanthemen-Kübel wieder auf, die der Wind umgeworfen hat. Im größten, von einer Krone gezierten Sarkophag ruht »Paolo I Bertoleoni, Re di Tavolara«, wie auf einer Marmorplatte steht. Und wo liegt Giuseppe, der Gründer der Dynastie? Tonino Bertoleoni zuckt die Achseln. Schweigt. Später werde ich lesen, dass die Wirren der Geschichte Giuseppes

Leichnam in einem Massengrab auf La Maddalena landen ließen.

Als wir wieder auf der Veranda ankommen, haben Toninos Leute ein paar Tische zusammengeschoben. Eine bunte Runde findet sich ein. Der König, ein paar Kellnerinnen und Kellner, eine Cousine, zwei junge Männer, die für das Marine-Schutzgebiet um Tavolara arbeiten, und der Gast aus Deutschland. Nun wird es wirklich wie bei Asterix und Obelix. Schüsseln und Platten mit Spaghetti im Muschel-Sugo und *Fritto misto* werden aufgetischt. Dazu ein eiskalter Vermentino. Wir trinken auf das Königreich Tavolara. Toninos Cousine, eine vergnügte jüngere Frau mit dunklem Lockenkopf, erzählt, wie sehr sie es genieße, jetzt im Winter allein mit ihrem Hund auf Tavolara zu leben, und dass ihr dabei kein bisschen langweilig werde. Schließlich schaue mittags meist der König vorbei. »Ich empfinde es als Privileg, Toninos Erzählungen beim Essen zuhören zu dürfen.«

Und wie er erzählt. Etwa von der britischen Königin Viktoria. Die Legende will es, dass die Queen mit ihrem Schiff »Vulcan« in die Gewässer um Tavolara gefahren sei, um die Herrscherfamilie des kleinsten Königreichs der Welt kennenzulernen. Doch das kann Tonino Bertoleoni nicht bestätigen. Nein, die Queen sei nicht hierhergekommen. Aber sie habe sich sehr wohl für Tavolara interessiert. In ihrem Londoner Buckingham-Palast habe sie Fotos aller regierenden Häuser der Welt aufgehängt. Da die »Vulcan« seinerzeit in den sardischen Gewässern unterwegs gewesen sei, habe sie dem Kapitän befohlen, nach Tavolara zu fahren und die Familie Bertoleoni zu fotografieren. »Die ›Vulcan‹ ankerte also vor unserer Insel«, erzählt Tonino, während ihm der Kronprinz einen Teller mit Spaghetti füllt. Damals sei Carlo König von Tavolara gewesen, »der Sohn von Paolo, mein Opa«. Die Familie Bertoleoni sei mit einem Beiboot auf die »Vulcan« gebracht und fotografiert worden. Seitdem hänge das Foto im Buckingham-Palast mit der Beschriftung: »Das kleinste Reich der Welt. Insel Tavolara.«

Womöglich schaue ich in diesem Moment etwas ungläubig von meinem Teller mit den knusprig frittierten Meeresfrüchten auf. Mein Gastgeber merkt das sofort, ihm entgeht ohnehin nichts. »Du glaubst das nicht?«, fragt er mit schelmischem Lächeln. »Dann geh mal in den Gastraum und schau dir das Bild an, das dort über dem Kamin hängt.«

Ich gehe in die dunkle, mit Holzbrettern getäfelte Stube. Über dem Kamin hängen mehrere ehrwürdige sepiafarbene Fotografien. Das Bild im Zentrum zeigt eine neunköpfige Familie, die auf den Deckplanken eines Schiffes positioniert worden ist. Die Herren mit ihren schneidigen Schnurrbärten tragen Dreiteiler, die Damen bodenlange Röcke, Rüschenblusen und mit Stoffblumen verzierte Hüte. Ihre Gesichter sind ernst, der Ausdruck schwankt zwischen Stolz und Unbehagen. Ich gehe wieder hinaus. »Hast du es gesehen?«, fragt König Tonino.

Ich nicke. »Und das hängt wirklich im Buckingham-Palast?«

»Wenn ich es doch sage!«

Die beiden Männer von der Area Marina Protetta Tavolara, dem Meeresschutzgebiet rund um die Insel, erzählen von ihrer Arbeit. Heute sind sie mit ihrem Hartgummiboot samt Außenborder unterwegs, um die im Meer verteilten Temperaturmesser abzulesen. »30 Grad Wassertemperatur hatten wir im Sommer«, sagt einer der Männer. »Und zwar nicht in den Buchten und an den Stränden, sondern draußen auf hoher See! Und jetzt, im

November, sind es immer noch 21 Grad. Das ist nicht normal. Das bringt die Natur durcheinander.«

Das Gespräch dreht sich um den Klimawandel, ein Thema, das in Italien alle beschäftigt, die in oder mit der Natur arbeiten, ganz unabhängig von ihrer politischen Einstellung: Bergbauern, Fischer, Muschelzüchter, Winzer, Biologen. Und König Tonino, der die Veränderungen bald ein Jahrhundert lang beobachten konnte. Doch jetzt lenkt er das Gespräch wieder auf die Familiengeschichte, erzählt, wie sich seine Vorfahren auf der Insel behaupteten, sich vermehrten, Häuser auf der landwärts und der seewärts gelegenen Halbinsel errichteten, in den Bergwäldern jagten, die Schaf- und Ziegenzucht ausweiteten und Kalköfen anlegten, um aus den Felsen des Berges den begehrten Baustoff zu brennen.

Tonino hat die Zeit noch erlebt, als der Kalk der Familie einen gewissen Wohlstand verschaffte. Sogar eine Dorfschule gab es hier, als er ein Junge war. Das Leben sei paradiesisch gewesen inmitten der Großfamilie, mit seinen Geschwistern und Cousins habe er den Inselberg erforscht und im Meer Oktopusse gefangen. Jugendträume eines alten Mannes? Oder war Tavolara damals wirklich ein Paradies, jedenfalls für die Kinder, die noch nicht in den Kalköfen schuften mussten? Dann kamen der Faschismus und der Zweite Weltkrieg, was das Inselleben zunächst wenig berührte. Doch eines Tages, im Mai 1943, war Tonino gerade mit seinem Fischerboot vor Tavolara unterwegs. Plötzlich hörte er ein Grollen hinter dem Inselberg aufziehen. »Es klang wie ein Erdbeben oder der Ausbruch eines Vulkans. Und wurde immer lauter.« Dann tauchten die Flugzeuge am Himmel über dem Berg auf. Schwere, kompakte Propellermaschinen. »Ich flüchtete an Land und versteckte mich«, erzählt Tonino. Doch die Piloten der Alliierten hatten es nicht auf Tavolara abgesehen, sondern auf Olbia. Sie warfen ihre Bombenlast am 14. Mai über dem Rathaus und der Altstadt ab.

Tavolara blieb vom Krieg verschont, jedoch nicht vom Wandel der Zeiten. Es kam zu Streitigkeiten in der Familie, viele zogen weg, große Teile der Insel wurden verkauft. Als sich die Kalkproduktion nach dem Zweiten Weltkrieg nicht mehr lohnte, schrumpfte die Einwohnerzahl.

König Tonino wird mir später Reste der Kalköfen auf der Insel zeigen. Einen hat er zu seinem Sommerhaus umgebaut. Kurz dahinter beginnt ein weitläufiger Stützpunkt der Nato. Eine für Unbefugte gesperrte Straße führt zu hohen Antennen, die der Kommunikation mit den U-Booten im Mittelmeer dienen. Eine reiche Familie vom Festland besitzt einen anderen Teil Tavolaras. Den Bertoleoni ist nur noch ein Bruchstück geblieben. Das Restaurant, der Friedhof, einige Strände, Dünen, verwilderte Gärten, die Macchia. Und die Geschichte, in der nicht zuletzt Touristen eine wichtige Rolle spielen.

Als die Kalköfen auf Tavolara erloschen und die wirtschaftliche Zukunft der Insel wegzufallen drohte, vollzog sich ganz in der Nähe eine märchenhafte Entwicklung. Nördlich von Olbia erstreckt sich ein besonders schönes Stück sardischer Küste, mit tief eingeschnittenen Buchten, Granitfelsen, Stränden an kristallklarem Wasser in allen Blau- und Grüntönen und von der Macchia überwucherten Bergen im Hinterland, Monti di Mola genannt. Wie fast ganz Sardinien befand sich auch dieser nahezu unbewohnte und als wertlos geltende Teil der Insel in einem Dornröschenschlaf. Allenfalls ein paar Schäfer trieben sich hier herum. Die Moderne mit ihren typischen Erscheinungen wie dem Massentourismus schien an Sardinien vorbeizuziehen wie ein Kreuzfahrtschiff am Horizont. Doch dann kam Anfang der 1960er Jahre ein arabischer Prinz und verliebte sich in die schlafende Schöne. Er küsste sie wach – und aus den Monti di Mola wurde die Costa Smeralda.

Tatsächlich war es nicht ganz so romantisch, jedoch kaum weniger wundersam. Karim Aga Khan IV., Imam und damit religiöses Oberhaupt der Ismailiten, gründete 1962 mit Geschäftsfreunden ein Konsortium, das sie »Costa Smeralda« tauften. Sie erkannten das touristische Potenzial des Küstenstreifens der Monti di Mola, kauften das Land den verdutzten Sarden für wenig Geld ab und begannen, eine touristische Traumwelt aufzubauen, mit Yachthäfen, Luxushotels, Ferienwohnungen und den dazugehörigen Restaurants, Nachtclubs und Golfplätzen. Epizentrum der Costa Smeralda wurde ein Ort namens Porto Cervo, den rasch der Jetset für sich entdeckte. Das scheinbar wertlose Schäferland war zu einem der mondänsten Reiseziele der Welt geworden.

Der König von Tavolara bedauert das nicht. »Zum Glück ist Aga Khan gekommen und hat Sardinien entdeckt«, sagt er. »So kamen die Touristen erst an die Costa Smeralda, dann nach ganz Sardinien und schließlich auch zu uns nach Tavolara. Wir haben den Wandel geschafft.«

Wobei sich Toninos Insel nicht mit der Costa Smeralda vergleichen lässt. Hier auf Tavolara sieht es fast noch so aus wie auf den alten Schwarz-Weiß-Fotos im Lokal. Es gibt keine modernen Häuser, keine Hotels, nur ein paar Zimmer vermietet die Familie an Individualisten. Dank der Nato und des Meeresschutzgebiets ist die Insel fast unbebaut geblieben. Auf dem Berg leben immer noch die wilden Ziegen, deren Zähne von den Kräutern, die sie fressen, goldfarben geworden sein sollen. Was Tonino allerdings bestreitet. Er meint, die Ziegen hätten genetisch solche Zähne. Dank der Beschränkungen für die Fischerei erholen sich die Fischbestände ein wenig. Und jetzt, im Winterhalbjahr, wirkt Tavolara fast wie ein vergessenes Paradies.

Im Sommer aber wird es voll. Dann bringen die Bertoleoni mit einem Boots-Shuttle-Service die Urlauber von Porto San Paolo hierher. Viele andere landen mit ihren Yachten und Schlauchbooten. Die im Winter einsamen Strände füllen sich, und im Ristorante da Tonino Re di Tavolara arbeiten sie vom Morgen bis tief in die Nacht, genauso wie im benachbarten Ristorante La Corona, das einer Schwester des Königs gehört und von einer anderen Familie bewirtschaftet wird.

König Tonino und Prinz Giuseppe lassen keine Münzen prägen, Briefmarken drucken und Kühlschrankmagneten verkaufen. Sie tischen lieber *Polpette di pesce*,[2] *Spaghetti vongole e bottarga – bottarga* ist ein in der Sonne getrockneter, gesalzener Fischrogen –, Langusten-Linguine und gegrillte Goldbrasse auf, gefolgt von einem *Pecorino sardo*[3] und *Seadas*. Das sind in Olivenöl frittierte Teigtaschen aus Grieß, Schmalz und Frischkäse, die mit Honig und geriebenen Zitronenschalen serviert werden. Dazu erzählen einem die Royals wundersame Dinge über ihre Insel.

Etwa das Märchen vom gezähmten Kormoran. Unlängst habe er einen der schwarz-metallisch glänzenden Vögel im Meer beobachtet, ein noch junges Tier, aus Mangel an Fischen so geschwächt, dass es nicht mehr tauchen und jagen konnte und apathisch auf der Wasseroberfläche dümpelte, sagt Tonino. Er holte aus der Küche einen Eimer mit kleinen Fischen, ging auf den Steg hinaus und warf sie dem Kormoran zu. »Nach drei Tagen hatte ich ihn so weit, dass ich ihn nur noch vom Strand aus rufen musste. Schon schwamm er ans Ufer und lief auf mich zu. Inzwischen kommt er drei, vier Mal am Tag. Wenn er satt ist, macht er einen eleganten Tauchsprung, als wolle er sich verabschieden, und schwimmt davon. Er weiß, dass ich ihm das Leben gerettet habe.«

Ich kann es mir nicht verkneifen, heimlich auf dem Handy nachzuschauen, ob man Kormorane zähmen kann. Es sei »mühsam«, ist dort zu lesen, dauere »sieben bis acht Monate«. Ich muss über die Fantasie und Fabulierkunst meines Gastgebers schmunzeln.

Während wir noch über dem Nachtisch auf der Veranda sitzen, steht der König plötzlich auf und eilt an den Strand. »*Vieni! Vieni!*«,[4] ruft er. Ein schlanker, dunkler Schatten huscht übers mittagsglitzernde Wasser, gleitet an Land, schüttelt sich und watschelt auf seinen Schwimmflossenfüßen eilig auf den alten Mann zu. Sein Sohn reicht ihm eine gelbe Plastikschüssel mit Sardellen. »*Vieni! Vieni!*«, ruft der König immer wieder und winkt mit der rechten Hand. Das Tier richtet sich auf, die Brust herausgestreckt, die schwarzgrün schimmernden Flügel schlagend, den Hals nach oben reckend, schnappt einen Fisch aus der Hand des Alten, hält ihn quer im Schnabel, dreht ihn längs und schluckt ihn mit einem raschen Schlenkern seines Halses. Schon ist der nächste Happen an der Reihe. Zehn, 15, vielleicht noch mehr Fische verschlingt der Kormoran. Dann watschelt er zurück ins Wasser und verabschiedet sich, wie es der König erzählt hat, mit einem galanten Tauchsprung.

Tonino Bertoleoni kommt zurück an unseren Tisch, glücklich, fragt: »Hast du es gesehen?«

»Wie heißt denn der Kormoran?«

Der Alte überlegt kurz. Dann schüttelt er sich vor Lachen. »*Vieni! Vieni!*«, heißt er.

Nun höre ich auch seine weiteren Geschichten mit größerem Glauben an. Etwa die vom Kraken, der unter einem Stein am Ende des Steges lebt. Einer seiner Angestellten, ein Mann, der immer einen Hut trägt, habe ihn entdeckt und mit Fischresten aus der Küche gefüttert. Immer, wenn der Mann mit Hut auf dem Steg erscheine, komme der Krake. Gehe jemand anderes auf den Steg hinaus, bleibe er unter seinem Felsen. »Sie sind so intelligent, die Kraken«, sagt Bertoleoni.

Einmal sei der Mann mit Hut ohne Fisch erschienen, einfach so, um nach dem Tier Ausschau zu halten. Da sei der Krake an die Oberfläche geschwommen und habe mit einem Fangarm gewunken, um sein Futter zu erbitten. Ob er mir das vorführen könne, frage ich. Der König schüttelt den Kopf. Der Mann mit dem Hut sei nur im Sommer hier.

Vielleicht ist es nun Zeit, etwas Wermut in die süffigen Erzählungen des Königs zu kippen. Nicht alles, was Tonino Bertoleoni über die Geschichte Tavolaras erzählt hat, ist unumstritten. Als ich ihn frage, wo denn das Pergament sei, das die Schenkung der Insel durch den König von Sardinien-Piemont verbriefe, blickt er abwesend aufs Meer, als verstehe er schlecht – wobei er sonst ausgezeichnet hört. Als ich die Frage wiederhole, antwortet er: »Bah! Das ist eine komplizierte Geschichte.« Ohne sie dann erzählen zu wollen. »Nur so viel: Die Urkunde gibt es.«

Eine Frau aus der Bertoleoni-Sippe wollte es genau wissen. Alfredina Papurello, Jahrgang 1931, verbrachte einen Teil ihrer Kindheit auf Tavolara. Später wurde sie

Geografie-Professorin an der Universität Sassari. Nach Tavolara kehrte sie immer wieder zurück, die Insel faszinierte sie ein Leben lang. Doch als Naturwissenschaftlerin störten sie die Übertreibungen und Erfindungen, die im Umlauf sind. In der Geschichte »über die Könige und Königinnen von Tavolara werden Wahrheit und Fantasie vermischt«, kritisierte sie einmal. So kam sie auf die Idee, ein Buch über die Insel zu schreiben, um den Dingen auf den Grund zu gehen. Es heißt »Tavolara. Signora del Mare«[5] und handelt von Geografie, Pflanzen, Tieren und Menschen auf Tavolara, insbesondere aber von der Geschichte der Familie Bertoleoni.

Leider kann ich Alfredina Papurello nicht mehr befragen, da sie inzwischen verstorben ist. So kann sie nur noch durch ihr Buch sprechen. Darin erklärt sie, die Ziegen mit den goldenen Zähnen seien ursprünglich Haustiere gewesen, die verwildert seien. Die Farbe ihrer Zähne rühre tatsächlich von ihrer speziellen Pflanzennahrung her. Und dass sich die Tierwelt auf der Insel und im umliegenden Meer nach dem Raubbau der vorangegangenen Jahrzehnte dank des Meeresschutzgebietes und auch der Nato-Station erhole.

Sie schreibt, Tavolara sei schon vor 5000 Jahren von Menschen bewohnt worden, wie Knochenfunde aus den Grotten belegten. Und dass man hier schon zur Zeit des alten Roms Kalkstein abgebaut habe. Vom Ende des 16. bis zum Anfang des 19. Jahrhunderts sei Tavolara ein »Unterschlupf der Barbareschi« gewesen. Das Wort *barbaresco* bedeutet im Italienischen einerseits barbarisch, andererseits Berber. Als *barbareschi* werden auf Sardinien und in anderen Gegenden Italiens muslimische Seeleute verschiedener Herkunft bezeichnet, die von ihren Basen an der nordafrikanischen Küste aus Schiffe und ganze Landstriche des christlichen Europas überfielen. Zudem, schreibt Alfredina Papurello, sei Tavolara wegen der Untiefen und Felsen ringsherum eine »Insel der Schiffbrüchigen« gewesen. Die Reste Hunderter Boote lägen bis heute hier auf Grund. Ihre Vorfahren hätten die angespülten Leichen beerdigt. Sie erzählt, wie sich schließlich Paolo Bertoleoni und dessen Nachkommen auf der Insel einrichteten, einen Teil rodeten, Getreide, Kartoffeln, Wein, Johannisbrot- und Obstbäume anpflanzten, Brunnen gruben, Häuser und Kalköfen bauten. Es klingt, als habe sich hier die Entwicklungsgeschichte des Menschen vom Nomaden- und Hirtentum zur Sesshaftigkeit noch einmal in kurzer Zeit wiederholt.

Während ich über die Insel wandere, sehe ich all die Frauen und Männer vor mir, die hier schufteten, um sich zu ernähren und ihren Kindern vielleicht ein angenehmeres Leben zu ermöglichen. Das gelang. Die Bertoleoni warben sogar noch Dutzende Menschen aus Sardinien an, um auf Tavolara an den Kalköfen, als Ziegenhirten oder Köhler zu arbeiten. Doch die Naturwissenschaftlerin erzählt nicht nur vom Aufschwung, sondern auch von der Zerstörung. »Wie viel Macchia, wie viele Bäume sind verschwunden«, um Kalk zu brennen, klagt sie. Der Abbau der Steine habe den Berg erodieren lassen und die Küsten dem Meer preisgegeben. »Dieses Gemetzel hielt jahrzehntelang an und geschah unter den gleichgültigen Blicken der Eigentümer der Brennöfen, die auch die Herren der Insel waren. Sie verstanden nicht, was da geschah.«

Nach dem Zweiten Weltkrieg seien die Öfen allmählich ausgegangen. Das Kalkbrennen lohnte sich nicht mehr. Die Bertoleoni begnügten sich wieder mit dem Ziegenhüten, ihren Gärten, dem Fischfang und dem Verkauf von Calamari. Dann kamen die ersten Touristen, für die die Familie Schilfhütten und ein erstes Lokal bauten.

Alfredina Papurello erinnert sich mit einer gewissen Wehmut der alten Zeiten. Das hält sie nicht davon ab, den Mythen auf den Grund zu gehen und historische Reiseberichte auszuwerten. Danach waren die Anfänge des Königreichs eher bescheiden. Als Erster berichtet der französische Schriftsteller Antoine Claude Pasquin Valéry, der 1834 die Gegend bereiste, der König von Sardinien habe einem Hirten »in gewisser Weise« Tavolara geschenkt. »Die Untertanen dieses Hirtenkönigs und Königshirten sind seine Schafe und die Bergziegen.« So sei das Märchen vom König von Tavolara entstanden, schreibt Papurello.

Einige Jahre später schreibt der renommierte Sardinien-Forscher Alberto Ferrero Della Marmora, Giuseppe Bertoleoni sei von Carlo Alberto scherzhaft als »König« der Insel bezeichnet worden. Seither nähmen die Bertoleoni diesen Titel in Anspruch. Alfredina Papurello leitet daraus ab, die ganze Geschichte sei ein Witz gewesen. Spätere Reisende hätten sie ausgeschmückt, und die Presse habe sie dann im 19. Jahrhundert in ganz Europa verbreitet. Unzählige Artikel seien damals über Tavolara erschienen. Schließlich hätten ihre Vorfahren, die Bertoleoni, selbst an ihr Königreich geglaubt.

Vergegenwärtigt man sich die Situation in der damaligen Zeit, ist das nicht so erstaunlich. Schließlich gab es auf der Insel weder Polizei noch andere Behörden, denen die Bertoleoni, eigensinnige, unabhängige Leute, hätten Rechenschaft ablegen müssen. Sie fühlten sich nicht nur als Eigentümer der Insel, sondern auch als deren Souveräne. So ließ Giuseppes Sohn Paolo von seiner Mutter eine Flagge nähen. Und so sind seine Nachkommen noch heute überzeugt, der König von Sardinien-Piemont habe Paolo eine Urkunde ausgestellt, die ihn als Souverän von Tavolara auszeichnete. Alfredina Papurello meint dazu trocken: »Von diesem Dokument, das ich seit Jahren suche, habe ich keine Spur gefunden.«

Pergament hin oder her – der Familiensaga tat das keinen Abbruch. Nach dem Tod Paolos proklamierte er dessen Sohn Carlo zum König. Auf Carlo folgte wieder ein Paolo und dann Tonino, der heutige König. Mit ihm war Alfredina Papurello befreundet. Da ihr Urteil daher nicht objektiv sein könne, schreibt sie, komme er in ihrem Buch nicht weiter vor. Zudem folge sie dem Prinzip: »Die Wahrheit über die Dinge und die Menschen erkennt man erst, wenn alle tot sind, die sie erlebt haben.«

Tonino Bertoleoni aber ist quicklebendig. Da ich seine Wegweisungen für meinen Inselspaziergang nicht genau befolge, läuft er mir mit seinen kleinen, schnellen Schritten hinterher. Als der Weg steil aufwärtsgeht, holt er mich ein. Er begleitet mich bis zur nächsten Abbiegung, dann eilt er wieder zurück. *Vieni-Vieni* will bald Futter.

Am Spätnachmittag steht Tonino wieder am Steuer seines Kutters und fährt zwischen Granitfelsen hindurch Richtung Porto San Paolo. Eine tief stehende Sonne lässt das Meer kupferfarben schimmern. Kein anderes Boot ist zu sehen. So einsam muss es auch damals gewesen sein, als sein Urahn Giuseppe mit Kalk und Schmugglerware zwischen Tavolara und Sardinien hin- und herfuhr. Tonino springt an Land und verabschiedet sich rasch. Er ist müde. Am nächsten Morgen muss er wieder früh aufbrechen, um in seinem Reich nach dem Rechten zu sehen.

2

Caprera – Beim Helden der beiden Welten

Das Mittelmeer ist ein Meer der Mythen, voller sagenhafter Gestalten und Abenteuer. Auf ihm segelte Odysseus auf der Suche nach seiner Heimat Ithaka. Aeneas überquerte es von Troja aus, um nach langem Herumirren Rom zu gründen. Auf den Inseln tummelten sich Götter wie Äolus und Ungeheuer wie die Sirenen. Noch im 19. Jahrhundert lebte auf einem kleinen Eiland zwischen Korsika und Sardinien eine Gestalt, die diesem Mythenreich zu entstammen scheint. Ein Seefahrer, Krieger, Abenteurer und Eroberer, verwundet und gestählt zugleich in zahlreichen Schlachten, charismatisch, stolz, den Tod verachtend und seiner Mission bis zum Ende treu. Überlebensgroß wie ein Findling auf einer Ebene steht er nun in der Geschichte, und in Italien, für das er sein Leben lang kämpfte, sind unzählige Straßen, Plätze, Schulen und sogar ein Flugzeugträger nach ihm benannt. Wobei es in Süditalien auch wachsende Kritik an ihm gibt.

Der »Held der beiden Welten«, wie Giuseppe Garibaldi wegen seiner revolutionären Abenteuer in Europa und Lateinamerika genannt wird, verbrachte die letzten 26 Jahre seines Lebens – 1856 bis 1882 – auf einer wilden, nahezu unbewohnten Insel des Maddalena-Archipels. Hier fand er Ruhe zwischen seinen Feldzügen, hier verwirklichte er für sich persönlich das, was er auch für alle Italiener erstrebte: ein freies, einfaches, tätiges Leben im Einklang mit der Natur. Er verbrachte seine Tage, umgeben von Familie und Freunden, lesend, schreibend, fischend und jagend, baute Wein an und züchtete Rinder, sang Arien und schöpfte Kraft, um immer wieder wie der Blitz auf dem Festland einzuschlagen und die Einigung Italiens mit Feuer und Schwert ein weiteres Stück voranzutreiben.

Die Berichte, die ich über Garibaldis Insel Caprera gelesen habe, etwa das Buch[1] seiner Tochter Clelia, klingen nach Paradies und Utopia, nach einer Insel der beinahe Seligen. Je mehr ich las, desto neugieriger wurde ich, die 16 Quadratkilometer kleine Dolomit-Insel kennenzulernen und Garibaldi näherzukommen. Wenn es dazu noch eines Anstoßes bedurfte, so gab ihn König Tonino von Tavolara, als er erzählte, sein Vorfahre Paolo sei mit Garibaldi befreundet gewesen. Beide hätten sich auf ihren Inseln mehrfach besucht und seien zusammen auf die Jagd gegangen. Auch wenn Garibaldi eigentlich kein Monarchist, sondern Republikaner war.

Also fahre ich mit einem tomatenroten Fiat 500 von Porto San Paolo zuerst nach Palau, einem Hafenort im Norden Sardiniens, in der Nachbarschaft der Costa Smeralda. Die Küste ist hier besonders zerklüftet, voller tiefer Buchten, vorgelagerter Inseln und bizarrer Felsen aus hellbraunem bis rosafarbenem Granit, wie dem berühmten Bärenfelsen, der dem Tier verblüffend ähnlichsieht.

1793 wurde diese Gegend Schauplatz eines Gefechts. Die Revolutionsstreitkräfte der erst wenige Jahre alten Französischen Republik versuchten, dem Königreich Sardinien-Piemont das Maddalena-Archipel zu entreißen, um es als Brückenkopf für eine Invasion Sardiniens zu nutzen. Sie griffen mit einer Flotte aus 22 Schiffen an. Mit dabei war ein junger korsischer Offizier, der später noch eine Rolle spielen wird: Napoleon Bonaparte. Ihm gelang es, die Insel Santo Stefano zu besetzen und die Hauptinsel des Archipels, La Maddalena, unter Feuer zu nehmen. Die sardischen und piemontesischen Verteidiger brachten im Gegenzug ihre Kanonen bei Palau in Stellung. Von dort beschossen sie die französischen Schiffe und beschädigten sie schwer. Der Versuch der Franzosen, die Insel Caprera zu erobern, scheiterte. Schließlich meuterten die Matrosen, und die Franzosen mussten sich geschlagen nach Korsika zurückziehen.

Heute befehden einander hier Italiener und Franzosen allenfalls noch wegen der besten Ankerplätze im Sommerurlaub. Palau hat sich dem Tourismus hingegeben, ist mit mäßig schönen Appartementhäusern zugebaut und eine eher sterile Ferienidylle, die im Winterhalbjahr überdimensioniert erscheint. Doch schon kurz nach dem Ablegen taucht die Fähre ein in das Inselgewirr des Archipels, durchquert ein glattes Meer in allen Blau- und Türkistönen, die eine Südseeatmosphäre hervorzaubern, und legt bald danach in dem schmucken Hauptort La Maddalena mit seinen übereinandergestaffelten gelben, orange- und rosafarbenen Häusern an. Hier ist sogar im Winter einiges los, die Leute sitzen vor den Cafés in der Sonne oder erstehen direkt auf den Fischkuttern im Hafen Meerbarben, Miesmuscheln und Tintenfische.

Im Südwesten der Hauptinsel fahre ich über einen Damm nach Caprera. Die Straße windet sich zur Casa Garibaldi hinauf durch Macchia und dichtgrüne Pinienwälder, die das grelle Sonnenlicht dämpfen. Eine mit Kopfsteinen gepflasterte Auffahrt führt an Palmen und

Ginsterbüschen entlang zu einem Ensemble, das an eine südamerikanische Hazienda erinnert. Flache, weiß gekalkten, mit Ziegeln gedeckte Häuser umschließen drei Seiten eines üppig begrünten Hofes. Die vierte Seite ist unbebaut und geht in einen Olivenhain über. In der Mitte des Hofes wächst eine riesige Pinie, deren krakenartig ausgreifende Äste gestützt werden müssen, damit sie nicht unter ihrem eigenen Gewicht zu Boden brechen. Giuseppe Garibaldi hat sie am 16. Februar 1867 selbst gepflanzt, am Geburtstag seiner Tochter Clelia. Diese schreibt in ihrem Erinnerungsbuch, die Pinie sei nicht nach oben, sondern zur Seite gewachsen, weil sich die im Hof lebenden Hühner immer auf ihre noch jungen Äste gesetzt hätten.

Hier also lebte *L'Eroe*, Der Held, wie Garibaldi in Italien genannt wird. In dem anrührenden Museum, das in dem ehemaligen Bauernhof untergebracht ist, kommen die Italienerinnen und Italiener ihrem Einiger näher als irgendwo sonst. Sie betrachten den Pferde- und Rinderstall, die Tränken für die Esel, Schweine, Hühner und Kaninchen, die er im Hof hielt, die Vorratsräume und die *Casa Bianca*, das Weiße Haus, in dem er selbst lebte. Und sie mögen das alles – von Garibaldi selbst und seinen Leuten bodenständig, schlicht und geschmackvoll erbaut – vergleichen mit den Palästen ihrer Fürsten, Päpste und Politiker vor und nach der Einigung. Mit dem Prunk des königlichen Palastes in Turin, des Dogenpalastes in Venedig, des Quirinals- und des Vatikanpalastes in Rom oder des Schlosses von Caserta oder mit den heutigen Zentren der Macht in Rom, den Palästen Montecitorio, Madama und Colonna. Dabei könnte ihnen der Gedanke kommen: Wer hat mehr für die Einheit und Freiheit des modernen Italiens geleistet als Giuseppe Garibaldi? Und dabei bescheidener gelebt?

Wenn Garibaldi bis heute viele Menschen fasziniert, nicht nur Italiener, dann liegt es auch, wie bei Napoleon, an der unglaublichen Spannbreite dieser Figur. Garibaldi verkörperte in manchen Momenten einen Helden der antiken Mythologie, zum Typus des Kriegers verdichtet, entschlossen, den Tod verachtend, ewigen Ruhm einer zeitlichen Bequemlichkeit vorziehend. Zugleich war er, wie Napoleon, ein Mann der Moderne, ja seiner Zeit voraus. Garibaldi strebte in einem Europa der vielen Fürsten und der absolutistischen Restauration nach einem demokratischen Nationalstaat. Er zeigte sich offen für die soziale Frage, den Sozialismus und für die Idee eines geeinten Europas. Anders als Napoleon blieb er auch im Erfolg mit beiden Beinen auf dem Boden. Nach seinen Siegen zog er sich, ähnlich wie der altrömische Diktator Lucius Quinctius Cincinnatus, auf sein Landgut zurück. Vielleicht hatte Garibaldi das Glück, dass sich ihm die Mächtigen in Turin und später in Rom oft und hart widersetzten, während sich die Mächtigen in Paris Napoleon unterwarfen. Vielleicht hatte Garibaldi daher nicht die Möglichkeit, größentrunken zu werden. Vielleicht ruhte er aber auch einfach mehr in sich selbst als der kongeniale Korse.

An einer Hauswand in Garibaldis Bauernhof ist eine Marmortafel angebracht. Der Literatur-Nobelpreisträger Giosuè Carducci lässt darauf Dante zu Vergil sagen: »Nie haben wir eine noblere Gestalt erschaffen als den Helden.« Mit dem Helden ist natürlich Garibaldi gemeint.

»Unglücklich das Land, das Helden nötig hat«, sagt Galilei in Bertolt Brechts Theaterstück »Leben des Galilei«. Italien war wohl ein unglückliches Land, als Garibaldi 1807 in Nizza geboren wurde und heranwuchs. Es war zerrissen und von fremden Mächten beherrscht. Seine Heimatstadt gehörte damals zwar zum Königreich Sardinien-Piemont, stand aber unter französischer Besatzung. Um Nord- und Mittelitalien zankten sich die Franzosen mit den Österreichern. Die Erfolge des französischen Kaisers Napoleon währten dabei nur kurz. Bald fielen seine italienischen Eroberungen an die alten Machthaber zurück. Die Habsburger nahmen sich wieder den größten Teil Oberitaliens. In Rom und dem umliegenden Mittelitalien herrschten die Päpste über den Kirchenstaat. Und in Süditalien regierten spanische Bourbonen von Neapel aus über ein »Königreich beider Sizilien«. Italien als politische und kulturelle Einheit blieb ein Traum, der sich aus der ruhmreichen Geschichte des alten Roms speiste. Die Gegenwart bedeutete, wie in den vielen Jahrhunderten davor, Fremdherrschaft.

Nicht alle Italiener fanden sich damit ab. Männer wie der Genueser Giuseppe Mazzini kämpften für die Einigung Italiens als demokratische Republik. Der junge Garibaldi, ein Matrose, kam mit diesen Kreisen und ihren Ideen in Berührung. Er beteiligte sich 1834 an einem Aufstand im Piemont, wurde zum Tode verurteilt und floh nach Südamerika. Dort bewies er, dass seine Leidenschaft für Freiheit und Revolution mehr als eine jugendliche Laune und nicht auf Italien beschränkt war. Er kämpfte in Brasilien und Uruguay und traf die große Liebe seines Lebens, Ana Maria de Ribeiro, genannt Anita, eine leidenschaftliche junge Frau von heroischem Charakter, die womöglich noch rebellischer war als er selbst. Mit ihr bekam er in wenigen Jahren vier Kinder. 1848 kehrte Garibaldi mit ihnen und Anita nach Italien zurück. Seine Mission: die Revolution. Sein Schauplatz: Rom.

Dort beteiligte sich Garibaldi 1849 am Aufstand gegen Papst Pius IX. und an der Ausrufung der Römischen Republik, deren Armeechef er wurde. Zunächst erfolgreich verteidigte er die Stadt gegen ein französisches Heer, das zugunsten des Papstes intervenierte. Doch schließlich wurde die Republik von der Übermacht der Franzosen niedergeworfen. Garibaldi, Anita und Tausende Mitstreiter machten sich auf eine abenteuerliche Flucht über den Apennin. Der in Italien lebende englische Schriftsteller Tim Parks hat sie in seinem packenden Buch »Der Weg des Helden«[2] nachvollzogen.

Bei Ravenna starb die schwangere Anita an Erschöpfung und an der Malaria. Garibaldi floh über die Toskana nach Ligurien, wurde verhaftet und wieder freigelassen, musste Italien verlassen. Auf dem Weg ins Exil gelangte er erstmals auf das Maddalena-Archipel. Dann zog er über Gibraltar nach Marokko, Liverpool und schließlich New York weiter. Von dort aus reiste er als Schiffskapitän um die Welt, in die Karibik, nach Peru, China, auf die Philippinen, nach Australien und schließlich zurück in die USA. Dann war genügend Zeit vergangen, um nach Europa zurückzukehren.

1856 kaufte sich Garibaldi mithilfe von Freunden die Hälfte der Insel Caprera. Sie war damals nur von einigen Hirten und einem englischen Ehepaar bewohnt. Später erwarb er noch die andere Hälfte. Endlich hatte er einen festen Platz für sich und seine Kinder. Er lebte erst in einem Zelt, errichtete dann ein Häuschen und baute nach und nach mithilfe seiner Kinder, von Freunden und einigen Angestellten ein Landgut auf. So begeistert wie in die Freiheitskämpfe stürzte er sich nun in die Landwirtschaft. Bei allem packte er selbst mit an. Er rodete und jätete, pflanzte Pinien, Reben und einen Orangenhain, hielt Rinder, Schafe, Ziegen und Hühner, nähte selbst seine Kleider und baute ein komfortableres Wohnhaus für die Familie, die *Casa Bianca*. Sie ist mit Terracotta-Böden und Holzbalkendecken ausgestattet und bietet einen herrlichen Blick auf die Hügel und Felsen von Caprera, das Meer und die anderen Inseln bis hinüber zu den Bergen Korsikas.

Doch Garibaldi kapselte sich keineswegs von der Welt ab. Er empfing ständig Besucher aus Italien, England und anderen Ländern, hielt Kontakt zu revolutionären Bewegungen in aller Welt, ließ sich täglich zahlreiche Zeitungen kommen – er las neben italienischen auch französische, spanische und englischsprachige –, schrieb und diktierte seinem Sekretär unzählige Briefe und versuchte, die Einigung Italiens mit allen Mitteln voranzutreiben.

Es muss sehr lebhaft hergegangen sein an den Abenden, wenn alle an einem großen Holztisch in der *Casa Bianca* zusammensaßen, diskutierten und die schlichten Speisen aßen, die Garibaldi liebte: Saubohnen mit Pecorino, Gemüsesuppe mit Pesto, selbst gefangenen Fisch, selbst angebaute Oliven und Tomaten oder auch mal ein auf dem Kohlefeuer gegrilltes Zicklein. Adelige Besucher saßen Seite an Seite mit den Angestellten und mussten sich wie diese selbst bedienen. Garibaldi hasste alles Prätentiöse, er wollte die Teilung der Welt in Herren und Knechte überwinden.

Seine Freiheitsliebe galt auch den Tieren. Als man im Haus ein zahmes Zicklein anbinden wollte, damit es nicht draußen bei den anderen Tieren verwilderte, sagte er: »Lasst es frei! Ich will keine Sklaven!« Und als seine Tochter Clelia einen aus dem Nest gefallenen Spatzen zähmte, bestand er darauf, dass dessen Käfig immer offen blieb. In den besten Zeiten war Caprera ein Tierreservat, Pferde, Mulis, Schafe, Ziegen und Hunde liefen frei umher. Drei Esel benannte er nach seinen Lieblingsfeinden: Pius IX., Napoleon III. und Oudinot. So hieß der Oberbefehlshaber der französischen Truppen, die 1849 die Römische Republik niederwarfen. Einen vierten Esel nannte der antiklerikal eingestellte Garibaldi Unbefleckte Empfängnis. Später gründete *Il Generale*, wie er gern genannt wurde, die erste Tierschutzorganisation Italiens.

Man darf sich das Leben auf Caprera in der Anfangszeit als heitere Landidylle vorstellen. Wer heute durch das Gut geht, die Windmühle bewundert, die Vitrinen in der *Casa Bianca* mit Garibaldis Rothemd und seinem Poncho betrachtet oder sich auf ein Mäuerchen unter die Zypresse im Hof setzt, der erlebt die gelassene Heiterkeit, die dieser Ort ausstrahlt. Gerne würde ich eine Zeitreise in die frühen 1860er Jahre machen, um als unsichtbarer Gast an Garibaldis grober Holztafel zu sitzen und zu lauschen, wie er seinem Sohn Menotti, seiner Tochter Teresa, den Enkeln, seinem Sekretär Giovanni Basso und den Arbeitern des Landguts von seinen Irrfahrten über die Weltmeere und seinen Kämpfen für die Freiheit erzählt. Danach geht Teresa ans Klavier, um ihren Vater zu begleiten, der patriotische Lieder schmettert. Und zugleich Pläne für seinen nächsten Feldzug auf dem Festland schmiedet.

Während ich an einem Novembermorgen als einziger Besucher durch das Gelände um das Gut streife, tritt ein Mann auf mich zu. »Enzo«, stellt er sich vor, »Enzo Massidda«. Von der Kassiererin an der Pforte hat er gehört, dass ich über Caprera und Garibaldi schreiben möchte. »Der General liebte Südamerika so sehr«, sagt er. »Deswegen hat er sein Landgut im Stil einer Hazienda erbaut.« Dann bestätigt mir Enzo, Garibaldi sei trotz all seiner Weltkenntnis und Bildung ein einfacher Mann geblieben, »der im Poncho herumlief, auch wenn er in Rom bei den Politikern und beim König aufgetreten ist«. Auf seiner Farm habe er so gut gewirtschaftet, dass er die Überschüsse nach La Maddalena verkaufen konnte.

Enzo zeigt mir die Schiffe des Generals, die gut erhalten sind, darunter ein Ruderboot für 14 Männer, das Garibaldi in ein Segelboot umgebaut hatte, um es mit nur zwei Mann benutzen zu können. Trotz aller Liebe zur Landwirtschaft ist der Eigentümer von Caprera nicht wirklich sesshaft geblieben. Das Schicksal Italiens bedrängte ihn zu sehr, um nur das Leben auf seiner Insel zu genießen. Es erboste ihn, dass die Österreicher, der Papst und die Bourbonen in Neapel noch immer den größten Teil des Landes beherrschten. Immer wieder brach er daher auf zu neuen Kämpfen, auch gegen den Willen des Königs von Sardinien-Piemont Carlo Alberto oder dessen Sohn und Nachfolger Vittorio Emanuele II sowie deren Regierungen. Die Mächtigen in Turin fürchteten, ein zu forsches Vorgehen könnte die Franzosen als Schutzmacht des Papstes auf den Plan rufen, wie es 1849 beim Kampf um Rom bereits geschehen war. Auch scheint ihr Interesse, sich das rückständige Süditalien einzuverleiben, gedämpft gewesen zu sein. Ihr Verhältnis zu Garibaldi war ambivalent. Mal nutzten sie ihn als Vorkämpfer für die Ausdehnung ihrer Macht, mal sahen sie in ihm einen Unruhestifter, den es in die Schranken zu weisen galt.

Garibaldi selbst war Demokrat und Republikaner, kein Monarchist. Er erkannte jedoch, dass er nicht alles sofort haben konnte, ein geeintes Italien und die Republik. Also opferte er die Republik und kämpfte dafür, das Land unter der Herrschaft der Savoyer in Turin zu vereinen. Die Niederlage von Rom hatte ihm gezeigt, dass er mit seinen Freiwilligenverbänden nicht dauerhaft gegen straff organisierte staatliche Heere wie die der Franzosen, Österreicher oder Neapolitaner bestehen konnte. Vielmehr brauchte auch er selbst ein solches Heer, und das hatten die Savoyer. Realpolitik würde man das heute nennen. In seinen Memoiren schrieb er: »Obwohl ich ein geborener Revolutionär bin, habe ich mich, wenn erforderlich, der Disziplin unterworfen, die für einen guten Ausgang jeder Unternehmung nötig ist. Seit ich mich davon überzeugt habe, dass Italien mit Vittorio Emanuele marschieren muss, um sich von der Fremdherrschaft zu überzeugen, halte ich es für meine Pflicht, mich um jeden Preis seinen Befehlen zu unterwerfen, auch wenn ich dafür mein republikanisches Gewissen zum Schweigen bringen muss.«[3]

Das brachte den General in scharfen Konflikt mit republikanischen, antiklerikal Kräften wie Giuseppe Mazzini. Andererseits brauchten sowohl die Republikaner als auch der König Garibaldi, um etwas in der italienischen Frage zu bewegen. Denn keiner konnte die Massen so begeistern wie der Mann auf Caprera mit seiner Heldengeschichte.

1859 kommen die Dinge ins Rollen. Österreich zieht, zum Kampf provoziert, in den Krieg gegen Sardinien-Piemont, das von Frankreich unterstützt wird. König Vittorio Emanuele ernennt Garibaldi zum Generalmajor. Anders als noch 1849 in Rom führt er nun reguläre Truppen ins Gefecht. Er verzichtet auf sein rotes Hemd, trägt Uniform. Nach zahlreichen Schlachten, in denen er wiederum Mut und taktisches Geschick beweist, kommt es zum Waffenstillstand. Österreich muss die Lombardei an Sardinien-Piemont abtreten, behält aber Venetien. Die Presse in ganz Europa berichtet von den neuen Heldentaten Garibaldis. Doch dessen größtes und ruhmreichstes Abenteuer steht noch bevor. Der Zug der Tausend, der Italiens Geschichte nachhaltig prägen wird.

Während der General, frustriert von der Zögerlichkeit in Turin, wieder auf Caprera weilt, brechen 1860 in Sizilien Aufstände aus. Ferdinando II, der Herrscher des maroden, rückständigen Königreichs beider Sizilien, ist gerade gestorben, sein Sohn und Nachfolger Francesco II gilt als frömmelnd und entscheidungsschwach. Dennoch schickt sich das neapolitanische Heer an, die Revolten blutig niederzuschlagen. Die Aufständischen hoffen, der Nationalheld Garibaldi werde ihnen mit einem Expeditionskorps aus Freiwilligen zu Hilfe eilen. Doch dieser zögert. Denn Vittorio Emanuele II, der König in Turin, und dessen Ministerpräsident Camillo Benso von Cavour verweigern ihm die Unterstützung. Schließlich bricht Garibaldi Anfang Mai doch von Genua nach Sizilien auf, mit einer abenteuerlich zusammengewürfelten, bunt gekleideten und miserabel bewaffneten Truppe aus Studenten, Anwälten, Ärzten, Seeleuten, Handwerkern und Bauern, darunter auch viele Jugendliche und sogar Kinder. Der General selbst trägt seine berühmte *camicia rossa*, das Rothemd, und darüber einen Poncho. Er ist mit Säbel, Dolch und Pistole bewaffnet. Friederike Hausmann schreibt in ihrer Garibaldi-Biografie über die Expedition der *Mille*, der Tausend: »Garibaldi kam auf seinem Wege so häufig der schiere Zufall zu Hilfe und seine Feinde machten so banale Fehler, dass es schwerfällt, nicht die ›unsichtbare Hand des Weltgeistes‹ als Erklärung zu bemühen.«[4]

Die Tausend landen in Marsala auf Sizilien und müssen sich den zahlenmäßig haushoch überlegenen Truppen Neapels stellen. Doch Garibaldis Männer – es sind nahezu alles Männer – werden von ihrem patriotischen Geist und ihrem charismatischen Anführer beflügelt. »*Qui si fa l'Italia o si muore!*«, gibt Garibaldi als Losung aus. »Hier erschaffen wir Italien oder wir sterben.«

Garibaldis Todesmut und seine Taktik, nie zurückzuweichen und auch einen überlegenen Feind ständig unter Druck zu setzen, führen zu ersten Siegen. Dadurch strömen ihm immer mehr Freiwillige zu. Bald darauf erobert er, unterstützt von einem Volksaufstand, Palermo von den Bourbonen. Dabei stürzt er sich selbst, hoch zu Ross, mitten ins Gefecht. Sein Erfolg gegen eine Übermacht wirkt auf die Zeitgenossen wie ein Wunder und fasziniert ganz Europa. Victor Hugo vergleicht ihn mit einem der Helden Homers. Friedrich Engels rühmt Garibaldis Sizilien-Feldzug in der »New York Daily Tribune« als »eine der erstaunlichsten militärischen Leistungen des Jahrhunderts«.[5] Und die französische Zeitschrift »Revue des Deux Mondes« schreibt verzückt, wenn ganz Europa in diesem Moment einen Anführer wählen könnte, so wäre es Garibaldi,[6] was zeigt, dass es schon zu dieser Zeit eine europäische Öffentlichkeit gibt, die sich für die Freiheit der Menschen und eine gemeinsame Zukunft begeistert. Zugleich bereichert Garibaldis Eroberung Süditaliens die Debatte, inwieweit einzelne Menschen Geschichte machen oder nur Werkzeuge der Geschichte sind. Natürlich war die Zeit damals reif für die italienische Einigung. Aber wäre sie ohne Garibaldi so – und so schnell – gekommen? Hätte sie auch ohne ihn Süditalien umfasst?

Garibaldi jedenfalls, nunmehr zum Diktator Siziliens ausgerufen, sieht sich auf einmal Klassenkämpfen auf der ganzen Insel gegenüber. Die geknechteten Bauern stehen gegen die Landbarone auf. Der General gerät unter Druck, die Ordnung wiederherzustellen. Die Aufstände werden blutig unterdrückt – und so ein Keim für die bis heute anhaltende Entfremdung des Südens vom italienischen Einheitsprojekt gepflanzt. »Garibaldi und seine Leute kannten die wahren Probleme Siziliens und des Südens nicht«, urteilt der neapolitanische Historiker Alfonso Scirocco. »Sie dachten, deren Gesellschaft, Wirtschaft und Klassengegensätze seien ähnlich wie im Norden.«[7]

Der General zieht unbeirrt weiter, überquert mit seinem Heer die Meerenge von Messina und rollt das Königreich beider Sizilien von Süden her auf. Kalabrien, Kampanien. Am 5. September gibt Francesco II seine Hauptstadt Neapel auf und zieht sich in die Festung Gaeta zurück. Kurz darauf fährt Garibaldi mit einem Sonderzug in Neapel ein. Die Strecke ist gesäumt von einer enthusiastischen Menge. Später präsentiert er sich von einem Balkon des Königspalastes den Massen und dankt ihnen »im Namen aller Italiener und der ganzen Menschheit«.[8]

Garibaldi ist auf dem Höhepunkt seines Ruhms. Allein in London soll sich sein Porträtbild eine Million Mal verkaufen.[9] Doch der Triumph währt nur kurz. Vittorio Emanuele II in Turin und seine Minister haben Angst, dass ihnen die Entwicklung entgleitet und Garibaldi in Süditalien zu einem revolutionären Rivalen des Königs erwächst. Garibaldi möchte weiter nach Rom vorstoßen, beißt sich aber an den verbleibenden bourbonischen Truppen nördlich von Neapel fest. Turin schickt ein Expeditionskorps und übernimmt von Garibaldi die Macht im Süden. Bald darauf stimmen die wahlberechtigten Süditaliener in einem Plebiszit mit überwältigender Mehrheit für ihre Eingliederung in das neu entstehende Königreich Italien unter Vittorio Emanuele.

Turin verweigert Garibaldi dessen Wunsch, für eine Weile als Statthalter im Mezzogiorno[10] zu bleiben. Sein Heer wird gegen seinen Willen aufgelöst. Stattdessen werden ihm alle möglichen Vergünstigungen angeboten: ein höherer Generalsrang, ein Adelstitel, ein Schloss. Garibaldi lehnt empört ab. Er lässt sich nicht kaufen. Dem Admiral Carlo Pellion di Persano sagt er verbittert: »Mit den Menschen macht man es wie mit den Orangen. Man presst den Saft bis zum letzten Tropfen aus ihnen heraus und wirft dann die Schale weg.«[11] Tief enttäuscht fährt der Eroberer auf einem amerikanischen Schiff nach Caprera zurück. Alfonso Scirocco schreibt: »Von den Reichtümern des Reichs (beider Sizilien) nahm er einige 100 Lire mit, einige Päckchen Kaffee und Zucker, einen Sack Gemüse, einen Sack Samen und einen Ballen getrockneten Kabeljau.«[12]

Doch sein Elan ist nicht gebrochen. Der Eroberer Süditaliens stürzt sich wieder ins Landleben. Er baut die Hazienda aus, errichtet eine Windmühle und empfängt wieder unzählige Besucherinnen und Besucher aus ganz Europa. Schriftsteller, Verehrerinnen, Politiker, Offiziere, Journalisten. Zugleich bereitet er den Kampf gegen seine verbleibenden Feinde in Italien vor: Österreich und den Papst. Er wird ins neue italienische Parlament gewählt und erlebt, wie sich Vittorio Emanuele II zum König Italiens ausrufen lässt. Als Abgeordneter kritisiert er die schlimmen Zustände in Süditalien, wo sich aufgrund der Auflösung seines Heeres das Brigantentum breitmacht.

Zu dieser Zeit leidet der General im Wartestand bereits an schwerem Rheuma, das ihn den Rest seines Lebens peinigen wird. Auch Verwundungen aus seinen Schlachten machen ihm zu schaffen. Als ihm die Nordstaaten der USA anbieten, als General im Bürgerkrieg gegen die Südstaaten zu kämpfen, fordert er den Oberbefehl der Truppen des Nordens und die Abschaffung der Sklaverei in den gesamten USA. Als ihm das verweigert wird, lehnt er ab.

Derweil setzen in ganz Europa Bünde von Demokraten und Arbeitern ihre Hoffnungen auf ihn. Auch in Süditalien, wo sich die Lebensbedingungen seit dem Sturz der Bourbonen kaum verbessert haben. So reist Garibaldi 1862 wieder nach Sizilien, um eine Freiwilligenarmee um sich zu scharen und von dort aus erst Rom vom Papst und dann Venedig von den Österreichern zu erobern. Vittorio Emanuele II widersetzt sich wieder einmal seinen Plänen, weil er sie für übereilt und gefährlich revolutionär hält. Im Aspromonte, dem Gebirgsstock an der Südspitze Kalabriens, kommt es zum Gefecht zwischen königlichen Truppen und Garibaldinern. Dabei wird Garibaldi schwer am Fuß verletzt. Sein Nimbus der Unbesiegbarkeit ist dahin. Er wird zunächst in Norditalien eingesperrt. Doch Vittorio Emanuele will den populären Volkshelden nicht gänzlich verprellen. Deshalb darf Garibaldi auf sein Caprera zurück. Der Vorkämpfer für die Freiheit auf seiner einsamen Insel wird zum romantischen Mythos in Europa. Bei einer Reise nach England umjubeln ihn in London eine halbe Million Menschen.

Gesundheitlich aber geht es Garibaldi immer schlechter. Er leidet auch an Arthritis, braucht dringend jemanden, der ihn versorgt. Da trifft es sich gut, dass 1865 eine junge Frau auf der Insel eintrifft. Francesca Armosino, eine 17-jährige Piemontesin aus armer Familie, soll sich um einen Enkel Garibaldis kümmern. In kurzer Zeit wird sie das Leben auf Caprera auf den Kopf stellen, oder, je nach Ansicht, auf die Füße.

Beim Streifzug durch das Museum in der *Casa Bianca* und über die Hazienda ist es später Mittag geworden. Doch auf Caprera ist im November nichts zu essen zu bekommen. Enzo Massidda, der Wärter, empfiehlt mir daher sein Lieblingslokal auf La Maddalena, die *Trattoria La Baracca*. Sie liegt versteckt und von außen unscheinbar hinter einer Tankstelle. Auf dem Parkplatz stehen Autos von Carabinieri und Küstenwache und auffallend viele Lieferwägen. Das ist ein gutes Zeichen, denn italienische Handwerker legen Wert auf gutes Essen. Im großen, rustikal eingerichteten Speisesaal sind fast alle Tische besetzt, und zwar ausschließlich von Männern. Sämtliche Handwerker, Matrosen und Polizisten der Inselgruppe scheinen sich eingefunden zu haben. Der Kellner empfiehlt eine Antipasti-Auswahl und serviert mir dann acht duftende kleine Teller und Schalen, dazu knusperdünnes Brot, *Pane Carasau*, und ein Glas Weißwein. Das Essen ist fantastisch: Scampi in Mandelkruste auf Orangenscheiben. Schwertfisch-Mousse in Auberginenmantel mit Pesto. Panierter Kabeljau. Mit kandierten Zwiebeln gefüllter Oktopus in süßsaurer Sauce. Seeteufel mit Tomaten und Parmesan. Calamari-Klößchen. Der Rest ist Schweigen – und Schlemmen.

Zum Verdauungsspaziergang geht es wieder hinüber nach Caprera. Die Wanderpfade der Insel führen durch Pinienwälder, über Granitberge und in stille Buchten mit türkisfarbenem Wasser, die jetzt, im Spätherbst, menschenleer sind. Im Sand unter der noch wärmenden Sonne ausgestreckt, lässt es sich über das weitere Leben Garibaldis auf der Insel sinnieren.

Der Held ist durchaus auch ein Frauenheld. Er beginnt bald eine Liebesbeziehung mit der jungen, energischen Francesca Armosino, aus der drei Kinder hervorgehen. Francesca übernimmt das Kommando auf Caprera. Über ihren Führungsstil gehen die Ansichten auseinander. Den Erinnerungen der gemeinsamen Tochter Clelia zufolge kümmert sich die Mutter rührend um den immer mehr verfallenden Vater und pflegt ihn hingebungsvoll bis zu dessen Lebensende. »Sie wusch ihm das Gesicht und die Hände, schnitt ihm den Bart und die Haare, kürzte seine Fingernägel und bewahrte sie als Reliquien auf«, schreibt sie.[13] Ihre Mutter sei jede Nacht zwei bis drei Mal aufgestanden, um Kaffee für Garibaldi zuzubereiten, der im Bett schrieb – Memoiren, Romane, Briefe.

Clelia Garibaldi schildert ein idyllisches, harmonisches Familienleben mit Reit- und Badeausflügen, Fischfang und gemeinsamer Arbeit auf den Feldern und in den Obst-, Reb- und Olivengärten sowie abendlichem Musizieren und Singen. Ihr Vater habe stets sein Rothemd getragen und sei zu jedermann freundlich gewesen. Einmal habe ihn der Schafhirte der Insel um Ersatz für seine zerrissene Kleidung gebeten. Garibaldi habe ihm daraufhin seine Generalsuniform des piemontesischen Heeres geschenkt. Die Besucher müssen sehr verdutzt gewesen sein, als sie auf ihren Spaziergängen über die Insel einem General begegneten, der die Schafe hütete.

Ganz anders schildert Giovanni Presutti die Atmosphäre auf Caprera nach der Ankunft Francesca Armosinos.[14] Die »gerissene Bäuerin« habe Garibaldis Besucher weggeekelt, seine Kinder aus der Ehe mit Anita und deren Familien vergrault und die Finanzen der Hazienda an sich gerissen. Sie habe ihre Familienmitglieder aus dem Piemont nach Caprera gebracht und im Gegenzug zahllose wertvolle Geschenke, die Garibaldi aus aller Welt erhielt, ins Piemont gebracht. Kurzum: Sie habe den Helden ausgebeutet und die Hazienda ausbluten lassen. Das einst so florierende Gut sei heruntergekommen, das Leben sei ärmlich, trist, bedrückend geworden. Aus Geiz habe Francesca die Tischdecken durch alte Zeitungen ersetzt. »Wo vorher fröhliches Lachen und Scherze in allen Dialekten Italiens erklangen, hört man nun nur noch die Verwandten dieser Frau in ihrer piemontesischen Mundart raunen.«[15] Zwar gibt auch Presutti zu, dass Francesca ihren Mann liebevoll gepflegt hat. Seine Insel aber habe sie nicht gemocht. Und die Farm so ausgebeutet, dass Garibaldi statt seines geliebten Bohnenkaffees nur noch Malzkaffee bekam.

Wie war es wirklich? Die Wahrheit liegt wohl irgendwo in der Mitte. Francesca stammte aus einfachen Verhältnissen. Garibaldi war sehr viel älter als sie, kränkelnd. Er heiratete sie wegen einer früheren Ehe, die er lange nicht annullieren konnte, erst kurz vor seinem Tod. Die junge Piemontesin musste also lange befürchten, nach dem Ableben des Helden mit ihren drei Kindern in Not zu geraten. Daher ist es nachvollziehbar, wenn sie Geld und Wertgegenstände im Piemont in Sicherheit brachte und die riesige, gefräßige Gästeschar Garibaldis vergraulte. Andererseits ist es bedrückend, dass einer der verdienstvollsten Männer der italienischen Geschichte, der sich stets mehr um die anderen als um sich selbst sorgte, sein Alter schwer krank und voller finanzieller Sorgen verbringen und dabei zusehen musste, wie seine beiden Lebenswerke verkamen. Das Königreich Italien wurde nicht der demokratische, soziale und einige Staat, für den er gekämpft hatte, sondern das Projekt einer norditalienischen, bürgerlichen Elite. Und seine mit den eigenen Händen aufgebaute einstige Musterfarm auf Caprera verfiel unter seinen Augen.

Aber vor seiner letzten Heirat, vor den von Alter und Gebrechen geprägten Jahren, stürzt sich der vollbärtige Mann im Rothemd in neue Abenteuer. 1866 nimmt er an einem Krieg des Königreichs Italien gegen Österreich teil, in dessen Folge die Italiener endlich das Veneto erlangen. Nun fehlt nur noch Rom. Wieder versucht es Garibaldi mit Freiwilligen im Alleingang, wieder einmal halten ihn die Herrschenden in Turin auf, weil sie Frankreich, die Schutzmacht des Papstes, nicht provozieren möchten. Wieder einmal muss Garibaldi ins Gefängnis, wieder wird er nach Caprera in eine Art Insel-Arrest entlassen. Doch diesmal möchte die Regierung in Turin erzwingen, dass der ewige Unruhestifter auch dort verbleibt. Also beauftragt sie neun Kriegsschiffe und zahlreiche kleinere Boote, Garibaldi an einer Rückkehr aufs Festland zu hindern. Diesmal, so scheint es, gibt es kein Entrinnen.

60 Jahre ist Garibaldi nun alt, er leidet zunehmend unter Schmerzen. Doch sein Geist ist hellwach. Ganz Italien hat er nun von Fremdherrschern befreit. Nur der Papst in Rom leistet seinem eisernen Willen noch Widerstand. Den will er brechen, und dafür muss er seinen Bewachern entwischen. Es ist der Abend des 14. Oktober 1867. Der Alte hat nicht viel Zeit. Gegen sechs Uhr abends schleicht er sich aus seinem Haus und läuft zu einer kleinen Bucht hinunter. Dort liegt ein flacher Kahn unter einem Mastixstrauch versteckt. Garibaldi legt sich

hinein und treibt das Boot mit sachten Ruderschlägen hinaus aufs Wasser. Der Scirocco hat die Meeresoberfläche aufgewellt, sodass seine Bewacher ihn von ihren Schiffen aus nicht ausmachen können. Er erreicht die kleine Insel Giardinelli, verlässt seinen Kahn und watet durch eine Furt hinüber nach La Maddalena. Dort versteckt er sich zunächst im Haus einer Komplizin. Dann gelingt ihm die Flucht hinüber nach Sardinien, von wo aus er zum Festland aufbricht. In dem toskanischen Örtchen Vada geht er an Land. 100 Jahre später wird die Gemeinde dem Helden auf ihrer zentralen Piazza ein Denkmal setzen, das bis heute dort steht.

Mit einer Kutsche fährt Garibaldi nach Florenz, wo ihn die Bevölkerung triumphal empfängt. Die Regierung des Königreichs Italien, dessen Hauptstadt nun nicht mehr Turin, sondern Florenz ist, wagt es nicht, ihn zu stoppen. Der General ruft die Italiener »zur heiligsten und ruhmreichsten Unternehmung unseres Risorgimento« auf.[16] Dann zieht er mit einem Heer von Freiwilligen gegen Rom. Doch der Aufstand in der Ewigen Stadt, auf den er setzt, bleibt aus. Zugleich trifft wieder einmal ein französisches Expeditionskorps zum Schutz des Papstes ein. Garibaldis kleine Truppe wird von den Soldaten Frankreichs und des Papstes geschlagen. Der Held muss sich Richtung Florenz zurückziehen und wird, man ahnt es, wieder gefangen genommen und nach Caprera geschickt.

Von dort aus wird er nur noch einmal zu einem Kriegszug aufbrechen. 1870 kämpft er ausgerechnet an der Seite seiner langjährigen Widersacher, der Franzosen, gegen Preußen. Dann, nach dreieinhalb Jahrzehnten der Schlachten, setzt sich Garibaldi, militärisch gesehen, endlich zur Ruhe. Die Arthritis lässt seine Hände und Füße verkrüppeln. Seine Hazienda kommt herunter. Doch Francesca betreut ihn, und seine kleinen Kinder erheitern sein Alter. »Papa war mein erster Lehrer«, erinnert sich Clelia Garibaldi. »Er brachte mir sehr früh lesen und schreiben bei.« In klaren Nächten hätten sie sich in der Nähe des Hauses auf einen Felsen gesetzt und die Sterne beobachtet. »Dort lehrte mich Papa, den Himmel zu lesen.«[17]

Politisch bleibt der alte Krieger weiter aktiv. Er setzt sich für eine internationale Friedensbewegung ein, für einen internationalen Gerichtshof, die Rechte der Arbeiter, ein allgemeines Wahlrecht und die Gleichheit der Menschen aus verschiedenen Völkern. Und er verfolgt den damals utopisch klingenden Gedanken einer Vereinigung der Staaten Europas.

1870 zieht Frankreich wegen des französisch-preußischen Krieges seine Schutztruppen aus Rom ab. Das Königreich Italien nutzt die Gelegenheit, die Stadt und den gesamten Kirchenstaat zu erobern. Ohne – Ironie der Geschichte – die direkte Mitwirkung Garibaldis. Dieser freilich zieht als Abgeordneter des italienischen Parlaments am Ende doch noch siegreich in der neuen italienischen Hauptstadt ein. Er hat gewaltige Pläne für eine Kanalisierung des Tibers, einen neuen Hafen, die Urbarmachung der Sümpfe in der Umgebung der Stadt. Und wieder einmal ist sein unruhiger Geist der Zeit zu weit voraus. Mit der Regierungspolitik geht er hart ins Gericht. Er wirft ihr, nicht zu Unrecht, vor, die Rechte des einfachen Volkes zu missachten. In Italien wird er zum moralischen Anführer der Demokratiebewegung.

Derweil verfällt sein Körper. Seit 1879 kann er sich nur noch im Rollstuhl fortbewegen. Einige der wuchtigen Maschinen sind in seinem Haus auf Caprera zu sehen. Die rote Farbe der Polster ist verblasst. Aber die

Mechanik scheint noch zu funktionieren. Man stellt sich den General darin vor, halb sitzend, halb liegend, das bärtige Gesicht mit den schmalen, dunklen Augen von Schmerzen gezeichnet, der Geist aber bereit zu neuen Höhenflügen.

Am Nachmittag laufe ich hoch zu der alten Festung Forte Arbuticci auf Caprera. Von hier fliegt der Blick hinweg über die schwarzgrün in der tief stehenden Sonne dösende Insel, über Buchten in stählernem Blau, hinüber nach La Maddalena und zu den anderen Inseln und bis weit hinein nach Korsika. Im Inneren des Forts ist das erste Museum Italiens eingerichtet, das sich einer einzigen historischen Persönlichkeit widmet. Mit modernster Technik wird Giuseppe Garibaldi präsentiert. In Videos, Bildern, Dokumenten und Erinnerungsstücken kann man seine weite Lebensreise von Nizza über Südamerika bis nach Rom und Caprera nachempfinden. Ein Leben zwischen flatternden Segeln, gezückten Säbeln, Pulverdampf, Schlachtengeschrei, Liebhaberinnen, enthusiastischen Massen, Farmarbeit, Reisen, Politik, Schreiben, Fischen, Kindererziehung, Leid und Leidenschaft, an dessen Ende zwar nicht das solidarische, soziale, demokratische Italien stand, das er sich erhoffte, aber immerhin ein einiges Italien. Ein Leben, das auch heute allen als Inspiration dienen kann, die sich von den Werten der Freiheit, der Gleichheit und der Geschwisterlichkeit angezogen fühlen. Wer Garibaldis Insel ganz auskosten möchte, dem verrät das Museum sogar die Lieblingsrezepte des Helden samt Kochanleitung: *Minestrone alla genovese,*[18] *Churrasco,*[19] *Olive in salamoia*[20] und *Stoccafisso alla genovese*[21]. *Buon appetito.*

»Caprera ist ein Ort voller Emotionen«, schreibt der italienische Patriot Candido Augusto Vecchi, der seine letzten Lebensjahre bei seinem Freund Garibaldi auf der Insel verbringt. »Es ist die Höhle des italienischen Löwen.« Der 2. Juni 1882 beginnt schlecht für den alten Löwen. Eine Bronchitis, unter der er schon länger leidet, hat sich verschlimmert. Er liegt im Bett eines Zimmers der *Casa Bianca*, von dem aus er das Meer und Korsika sehen kann. Am Nachmittag setzen sich zwei Mönchsgrasmücken auf das Fensterbrett. Seine Frau will sie verscheuchen, damit sie ihren Mann nicht mit ihrem Gezwitscher stören. Doch Garibaldi hält sie zurück: »Francesca, verjage sie nicht. Vielleicht sind es die Geister unserer Mädchen, die kommen, um mich zu holen.« Drei seiner Töchter aus verschiedenen Beziehungen sind früh verstorben. Um 18:22 Uhr stirbt auch er und geht, wie einer der homerischen Helden, in die Geschichte der Menschheit ein. Victor Hugo schreibt: »Es trauert nicht nur Italien und nicht nur Frankreich, sondern die ganze Menschheit.«[22]

Während ich zurück zur Hauptinsel des Archipels fahre, frage ich mich, welche Bedeutung Garibaldi heute noch hat im Leben der Menschen auf La Maddalena – und in ganz Italien. Über das selbstverständlich Denkmalhafte und Geschichtsstunden-Obligatorische hinaus. Um eine Antwort zu bekommen, treffe ich mich mit Antonio Frau. Wir haben uns im alten Zentrum des Ortes La Maddalena verabredet. Es ist einiges los hier am frühen Abend, die Leute schlendern mit ihren Einkaufstüten nach Hause oder steuern auf eine der Bars zu. Ich blicke mich um. Ein kleiner Mann mit grauem Vollbart im runden Gesicht und freundlichem, leicht melancholischem Augenausdruck steuert auf mich zu.

»Signor Uuulrick?«

Ich nicke.

»Antonio Frau. Mein Nachname klingt komisch für einen Deutschen, nicht wahr?«, fragt er mich und drückt mir kräftig die Hand. »Auf Sardinien ist er ziemlich häufig.«

»Wie haben Sie mich sofort erkannt?«

»Ich habe nach jemandem Ausschau gehalten, der anders aussieht wie die Leute hier, irgendwie nordisch.« Dann begleitet er mich zu einem bescheidenen Haus nahe der Kirche. Er sperrt auf und führt mich durch schummrig beleuchtete Räume, in denen es nach modrigem Papier riecht. Die Regale quellen über von Büchern, zwischendrin hängen alte Stiche und Fotografien. »Entschuldigen Sie den Geruch«, sagt der pensionierte Lehrer. »Wir haben einen Wasserschaden. Das Dach. Es muss repariert werden.«

Wir setzen uns an ein Tischchen inmitten der Bücher. Ich lasse meinen Blick über die Regale schweifen und sehe, dass unzählige der darin aufgestellten Werke in vielen Sprachen von einer Frau handeln. Maria Magdalena. »Ich habe mehr als 4000 Bücher über sie gesammelt«, sagt Frau und macht eine ausgreifende Handbewegung. »Und zahlreiche Bilder, Andenken, Devotionalien.«

Verblüfft schaue ich ihn an. Ich hätte nicht gedacht, dass es so viele Werke über Maria Magdalena gibt, jener jungen Frau aus dem Umfeld von Jesus, die als reuige Sünderin gilt und Zeugin von dessen Kreuzigung und Auferstehung geworden sein soll. Hure und Heilige. Das macht die Schutzpatronin der Frauen, der Winzer, Parfümeure und Verführten so ungewöhnlich und erklärt wohl, warum sich so viele Autoren mit ihr beschäftigt haben, auch solche, die sensationsfreudig behaupten, sie habe mit Jesus ein Kind gehabt. Auch die Maler liebten sie, weil sie sie unter Berufung auf die Bibel erotisch darstellen konnten, ohne mit der Kirche in Konflikt zu geraten. Tizians *Büßende Maria Magdalena* ist nur mit ihrer eigenen Lockenpracht bekleidet, wobei ihr Haar ausgerechnet ihre Brüste entblößt lässt. Eine menschliche Heilige ist sie jedenfalls, die gern gegen Gewitter und Ungeziefer angerufen wird, offensichtlich aber nicht vor Schimmel schützt.

Doch was hat die Heilige aus Magdala am See Genezareth mit einer Insel zwischen Sardinien und Korsika zu tun? Antonio Frau klärt mich auf. Der Legende nach soll Maria Magdalena eine Prinzessin und deren Sohn, die auf der Insel beerdigt worden waren, wieder zum Leben erweckt haben. Seit Jahrhunderten ist Maria Magdalena die Schutzheilige und Namenspatronin des Archipels. Zu der Inselgruppe forscht und sammelt Antonio Frau genauso hingebungsvoll wie zu der Heiligen. Seine dritte Leidenschaft ist Giuseppe Garibaldi. »Einer meiner Vorfahren hat ihm immer mit dem Boot die Post nach Caprera gebracht. Meine Familie ist eine der ältesten auf der Insel. Aber auch in jeder anderen Familie hier gibt es einen Bezug zu Garibaldi.«

Frau selbst hat noch Garibaldis Tochter Clelia gekannt. Sie starb 1959 auf Caprera, da war er neun Jahre alt. Heute ist er mit zwei Nachfahren des Einheitshelden befreundet, die manchmal auf die Insel kämen, aber untereinander zerstritten seien. »Ich wollte vermitteln, aber sie lassen sich nicht versöhnen.«

Alles auf La Maddalena erinnere an Garibaldi, sagt Antonio Frau, die Schulen, die Vereine, alles habe eine Verbindung zu ihm. Doch die sei eher oberflächlich. Der Name werde benutzt und konsumiert, um Touristen anzuziehen, »doch nur wenige haben ein lebendiges Interesse an ihm«. Klar, am 4. Juli, seinem Geburtstag, und am 2. Juni, seinem Todestag, kämen etliche Garibaldi-Verehrer hierher, manche im Rothemd. Im Ort würden Tagungen zu Garibaldi abgehalten. Ansonsten werde der Einigungsheld aber längst nicht mehr so stark verehrt wie früher. Im Gegenteil. »Heute gibt es viele Italiener, die Garibaldi überhaupt nicht mögen. Es werden etliche Bücher gegen ihn geschrieben.«

Manchen weit rechts stehenden Norditalienern passe es nicht, dass Garibaldi das ganze Land einte, sagt Frau. Sie würden gern auf Süditalien verzichten. Anhänger der Bourbonen und andere Süditaliener dagegen würden Garibaldi vorwerfen, er habe mit dazu beigetragen, dass der Süden vom Norden unterdrückt werde – ein Vorwurf, den ich auf Sizilien und den Inseln darum herum noch oft hören werde. Manche störe sein kriegerisches Auftreten, andere sein patriarchalisches Verhalten, wieder andere seine Sympathie für den Sozialismus. Zugleich aber würden alle möglichen Kräfte versuchen, ihn für sich zu vereinnahmen. »Mussolini hat das getan, und die Kommunisten taten das auch.« Dabei habe Garibaldi selbst immer dagegen angekämpft, vor irgendeinen Karren gespannt zu werden. »Er war ein Mann voller Widersprüche. Er war ein Romantiker und zugleich ein Mann der Praxis. Er war Feldherr und Friedensaktivist. Er hatte eine Idee von Europa und konstruierte zugleich die Idee eines italienischen Vaterlandes. Er war bescheiden bis zur Ärmlichkeit und wollte nie Geld vom Staat, hat dann aber eine bedeutende Summe angenommen. Man muss ihn aus seiner Zeit heraus verstehen.«

Und wie würde Garibaldi unsere Zeit sehen? Wäre er zufrieden damit, was aus seinem Werk geworden ist? Mit der Einheit Italiens?

Frau sagt erst einmal gar nichts. Er sieht bedrückt aus

in dem dunklen Raum voller alter Bücher. Dann bricht es aus ihm heraus. »Überhaupt nicht wäre er zufrieden! Bei all den Problemen, die wir in Italien heute haben! Die Linke ist keine Linke mehr. Und die Rechte, die derzeit regiert, will den Süden abhängen, weil er ihr zu teuer ist.«

»Wen würde Garibaldi heute wählen?«

Der alte Lehrer zögert keine Sekunde: »Den Partito Radicale.«

Eine interessante Antwort. Die Radikale Partei, 1955 gegründet, ist, wie es Garibaldi war, antiklerikal, internationalistisch, liberal und links zugleich. Sie setzt sich, wie es Garibaldi tat, für Demokratie, Bürgerrechte und Europa ein. Bei Wahlen in Italien spielt sie keine besondere Rolle mehr. Wie Garibaldi?

Antonio Frau lässt die Frage im Raum stehen. Sie ist wohl noch nicht zu beantworten. Italien ist vereint, aber nicht einig. Das beginnt schon in der rechten Koalition, in der eine post-faschistische und nationalistische Partei, die Fratelli d'Italia, mit einer post-separatistischen Partei, der Lega, paktiert. Die dritte Kraft im Bunde, die Forza Italia, ist liberal-konservativ und pro-europäisch. Wie passt das zusammen? Schlecht. Was hält sie zusammen? Die Macht. Das setzt sich fort in der sozialen Spaltung zwischen einem ziemlich reichen Norden und einem ziemlich armen Süden. Und das kulminiert im nach wie vor dominanten *campanilismo*, der Kirchturmpolitik. Die lokale Identität ist in Italien stark, die nationale – vom Sport einmal abgesehen – eher schwach. Wollte man lästern, könnte man sagen, Italien sei nicht viel mehr als ein lockerer Verbund von Familien. Garibaldi, der durchaus ein Familienmensch war, hätte das nicht genügt.

Auf dem Weg zu meiner Unterkunft auf La Maddalena laufe ich über die Piazza Giuseppe Garibaldi. Im warmen Licht der Straßenlaternen sieht sie mit ihren schmucken Palazzi heimelig aus. Auf einer halbrunden Steinbank sitzt, ganz allein, ein aufrechter älterer Herr mit Vollbart, einen Spazierstock in der Rechten, den Hut in der Linken. Aufmerksam schaut er den Passanten auf der Piazza zu. Er ist sehr präsent. Doch niemand scheint ihn wahrzunehmen. Der Herr ist aus Bronze. Es ist Giuseppe Garibaldi.

3

Sardinien – Hirten und Hightech

Sardinien, schreibt der sardische Schriftsteller Giulio Angioni, sei die inselhafteste Insel im Mittelmeer. »Es ist ein Ort, wo die Natur die Kunst, eine Insel zu schaffen, am besten entfaltet hat.« Das liegt zum einen an der schieren Entfernung zum Festland. Wie viel Wasser dazwischen liegt, kann jeder ermessen, der mit der Fähre von Livorno nach Olbia fährt. Siebeneinhalb Stunden ist man unterwegs – mit der schnellsten Verbindung. Am nächsten kommen sich Sardinien und der italienische Stiefel zwischen dem Capo Ferro und dem Monte Argentario in der Toskana. 188 Kilometer Luftlinie sind es da. Etwas näher liegt Afrika, Tunesien, in 178 Kilometer Entfernung. Nur Korsika ist Sardinien wirklich nahe, doch das ist wiederum eine Insel.

Zum anderen ist Sardinien so groß und vielgestaltig, dass es sich in sich selbst zurückziehen, in seinen schwer zugänglichen Bergen einigeln konnte. Denn von draußen kam selten Gutes. »*Furat chie venit da'e su mare*« – »Wer über das Meer kommt, will uns bestehlen«, lautet ein sardisches Sprichwort. Das traf über die Jahrtausende meistens zu. Die Menschen auf der Insel versuchten sich davor zu schützen, indem sie die Küsten mieden und ins Innere auswichen. Nicht einmal das Römische

Reich konnte die Insel ganz beherrschen. *Barbaria* – Barbarenland – nannten die Römer das wilde, schwer zugängliche Hochland um den 1834 Meter hohen Monte Gennargentu, das heute *Barbagia* heißt. Noch immer ist bei vielen Sarden ein Gefühl der Singularität zu spüren, die Überzeugung, eine eigene Nation, wenn auch ohne Staat, zu sein. Manche sardischen Autoren beschreiben ihr Land als Kontinent, wie Australien. Zugleich sagen die Sarden, wie die Briten, sie führen auf »den Kontinent«, wenn sie zum italienischen Festland reisen.

Das Inselhafte, das auch Isolation bedeuten kann, wird auf Sardinien als Vor- und Nachteil empfunden. Es gibt den Sarden eine starke Identität, die in Kultur und Sprache zum Ausdruck kommt. Es führt und verführt aber auch zu rückwärtsgewandter Selbstgenügsamkeit. Besonders die Jungen empfinden das als Rückständigkeit, die sie zum Auswandern zwingt. Zugleich hat Sardinien aber seit den 1960er Jahren eine vehemente, geradezu brutale Modernisierung durchgemacht, die der sardischen Gesellschaft viel abverlangt. Weite Teile Süditaliens und des ganzen Mittelmeerraums kennen diesen Entwicklungssprung aus einer vormodernen, fast archaischen Agrargesellschaft in die moderne Konsum- und Wohlstandsgesellschaft mit ihrer hohen Mobilität und disruptiven Wucht, mit Globalisierung und Digitalisierung. In wenigen Gegenden Italiens hat er sich so krass vollzogen wie auf Sardinien. Zwar erlebte ein kleiner Teil der Insel, der Iglesiente im Südwesten mit seinen Kohle-, Erz-, Silber-, Kupfer-, Blei- und Zinkvorkommen seit Mitte des 19. Jahrhunderts eine stürmische industrielle Entwicklung, die im Faschismus mit seinen Autarkiebestrebungen ihren Höhepunkt fand. Der Großteil der restlichen Insel aber schien bis Ende des Zweiten

Weltkriegs und darüber hinaus in der Vergangenheit einer rauen Hirtengesellschaft zu leben. Was das bedeutete, schildert der Hirtensohn und Schriftsteller Gavino Ledda in seinem autobiografischen Roman *Padre Padrone.*[1]

Noch 1951 waren 22 Prozent der Sarden Analphabeten, im italienischen Landesdurchschnitt waren es nur zwölf Prozent. Nur ein Drittel der Sarden waren erwerbstätig, die meisten in der Landwirtschaft. Wenn die berittene Polizei in die als »Banditenland« verschriene Barbagia einrückte, spielten die Männer das *Trimpanu*, wie die sardische Schriftstellerin Michela Murgia[2] erzählt. Es ist ein zylinderförmiges Instrument aus Kork mit einer Membran, das dunkle, tief schwingende Töne erzeugt, bei denen viele Tiere, insbesondere Pferde, in Raserei geraten. Auch die Pferde der Polizei.

Doch dann holte Sardinien vieles im gestreckten Galopp nach. Der italienische Staat bemühte sich um eine Agrarreform und um einen wirtschaftlichen Aufbau der Insel, zum Beispiel durch die Ansiedelung einer petrochemischen Industrie. Viele Sarden, die nicht auswanderten, verließen ihre Dörfer im Landesinneren und siedelten sich in den Städten an den Küsten an, insbesondere um die Hauptstadt Cagliari ganz im Süden. Dann kam Aga Khan.

Prinz Karim Aga Khan IV., damals erst Anfang zwanzig, aber bereits religiöses Oberhaupt der 20 Millionen Ismailiten, einer schiitischen Glaubensgemeinschaft, »entdeckte« Ende der 1950er Jahre einen fast menschenleeren Küstenstreifen im Nordosten Sardiniens. Die Hirten hielten das mit Granitfelsen und stacheliger Macchia überzogene Land für wertlos. Aga Khan erkannte darin einen touristischen Schatz, den es zu heben galt: unzählige einsame Inseln, Buchten, Sandstrände und Kaps, umspült von kristallklarem, türkisfarbenem Wasser, ein Paradies, nicht für Schafhirten, aber für gestresste Großstädter, das den Vergleich mit Trauminseln der Karibik oder Ozeaniens nicht zu scheuen brauchte.

Der Aga Khan überzeugte einige Geschäftsfreunde in London von seiner Idee. Sie gründeten ein Konsortium mit dem funkelnden Namen Costa Smeralda und kauften den Hirten den Küstenstreifen für – im Nachhinein betrachtet – lächerliche Beträge ab. Dann rückten die Bagger an. An der Costa Smeralda entstanden Yachthäfen, Luxushotels, exquisite Ferienanlagen und ein »sardischer Fischerort« namens Porto Cervo. Der Jetset, wie man das damals nannte, reagierte begeistert und fiel in Heeresstärke an der Smaragdküste ein. Sardinien wurde zum mondänen Urlaubsparadies. Die Zubetonierung mancher, zum Glück keinesfalls aller, seiner Küstenstreifen begann. Aus Hirten wurden manchmal Hoteliers, öfter Kellner oder Bauarbeiter. Sardinien bekam in der Sommersaison viele Jobs und mehr Anschluss an die Welt. Die Bau- und Tourismusgewinne aber gingen zu einem guten Teil ans Festland, an Konzerne in Rom, im Ausland. Viele Sarden sehen sich bis heute bestätigt: »Wer über das Meer kommt, will uns bestehlen.«

Doch der – meist gehobene – Massentourismus auf Sardinien hat zwei Seiten. Er hat nicht nur Traditionen zerstört und einst herrliche Landstriche verbaut, sondern auch neue Impulse gegeben, die alte Inselkultur zu bewahren, gerade in jüngster Zeit. Die ausgezeichneten Produkte der Insel, vom Schafskäse über den Wein und den Honig bis hin zur *bottarga*, getrocknetem Rogen der Meeräsche, werden wieder hoch geschätzt und lassen sich gut an Urlauber verkaufen. Höfe auf dem Land können sich durch den *agriturismo*, Ferien auf dem Bauernhof, ein Zubrot verdienen. Wanderrouten, Meeres- und Naturschutzgebiete und die vielen, geheimnisvollen Bauten aus der Vorgeschichte schaffen Jobs für Reiseleiter und Aufsichtspersonal.

Wie also dieser vielfältigen, auch widersprüchlichen Insel, diesem Mini-Kontinent näher kommen? Während ich an Deck der Fähre stehe, die mich von La Maddalena zurück nach Palau bringt, freue ich mich auf die bevorstehende Entdeckungsfahrt. Bisher habe ich erst wenig mitbekommen von Sardinien. Obwohl ich seit Jahrzehnten privat und beruflich kreuz und quer durch Italien reise, habe ich die zweitgrößte Insel des Mittelmeers lange ausgespart. Warum, ist mir selbst nicht so recht klar. Die lange, mit dem Schiff etwas umständliche Anfahrt spielte sicher eine Rolle; die – falsche – Vermutung, Sardinien habe außer tollen Stränden nicht so viel zu bieten wie andere italienische Regionen, sicher auch; und das von der Costa Smeralda geprägte Image einer sehr teuren Insel der Schickeria. Entscheidend war aber wohl, dass Sardinien für mich nicht so richtig zu Italien gehörte. Das Selbstbild vieler Sarden von der kulturellen Eigenständigkeit hatte auf mich abgefärbt. Wenn ich mir noch unbekannte Ecken Italiens erforschen wollte, zog es mich daher eher ins Delta des Flusses Po, in die Tuffsteinschluchten des nördlichen Latiums, zu den Bergen der Abruzzen oder ins tiefe Kalabrien als nach Sardinien.

Nur ein einziges Mal bin ich dorthin gefahren. Während ich als Auslandskorrespondent mit meiner Familie in Rom lebte, verbrachten wir 2008 die Sommerferien auf Sardinien. Viele Römer lieben die Insel, sie hatten uns von ihr vorgeschwärmt. Wir merkten schnell: Die Freunde hatten nicht übertrieben. Die Strände und Inselchen südlich von Olbia, die bizarren Granitküsten der Gallura und die hitzeflimmernden Küsten südlich von Alghero stellten sehr vieles in den Schatten, was wir bislang an landschaftlicher Schönheit am Mittelmeer erlebt hatten. Am meisten faszinierte uns die Steilküste im Westen, bei Arbatax. Zu den kleinen Sandbuchten gelangten wir nur per Boot oder über steile Ziegenpfade. Von der mondsichelförmigen Cala Luna aus schnorchelte ich mit meinen Kindern zu einem nahen Felsbogen hinaus. Nie habe ich so klares Wasser, so viele bunte Fische im Mittelmeer gesehen. Wir wollten nicht mehr heraus aus dieser Unterwasserwelt. Als wir uns dann doch im heißen Sand aufwärmten, überkam mich eine Welle der Zufriedenheit. Seither stelle ich mir immer die Cala Luna vor, wenn ich in einer Stresssituation zur Ruhe kommen möchte. Es hilft.

Dennoch bin ich nie mehr nach Sardinien gefahren. Es gibt einiges nachzuholen. Vor allem im Landesinneren und im Süden der Insel, Gegenden, in die wir damals nicht gelangt waren. Nun möchte ich eine Idee davon bekommen, wie die Insel ihren Spagat zwischen Hirtenkultur und Hightech bewältigt. Und was es mit den mysteriösen Zeugnissen ihrer Vergangenheit auf sich hat, jenen düsteren, konischen Steintürmen, die überall auf Sardinien stehen wie Relikte einer außerirdischen Welt.

Also fahre ich von Palau aus weg von der Küste und hinein in die innere Gallura. An Rebgärten und mit Granitblöcken gesprenkelten Feldern vorbei steigt die kurvige Landstraße langsam an. Nun geht es durch lichte Wälder aus mittelhohen, immergrünen Bäumen mit kräftigen, bizarr geschwungenen Ästen und ledrigen, kleinen, blassgrünen Blättern. Am auffälligsten ist die dicke, knotige, zerklüftete, graubraune Rinde, die die Korkeichen so wertvoll macht. An vielen Bäumen ist sie die Stämme hinauf bis zu den kräftigeren Ästen abgeschält, darunter leuchtet das Holz im Sonnenlicht orange- bis rostrot. Verletzt sehen diese Bäume aus, blutend, wie Gestalten, denen man die Haut abgezogen hat. Immer wieder verheilen die Wunden, lassen die Bäume ihre Borke nachwachsen. Alle zehn Jahre wird der Kork von Arbeitern mit einer scharfen Axt geerntet. Aus der Borke entstehen Schuhsohlen und Bodenbeläge, Dämmstoffe, Schalen, Taschen oder Schatullen. Nur der qualitativ beste Kork wird zu Korken verarbeitet, die dann die Weinflaschen schließen dürfen.

Ein Großteil der italienischen Korkproduktion stammt von hier, aus der Gallura. Je weiter ich ins Land hineinfahre, auf das schorfige Granitmassiv des Monte Limbara zu, desto größer und dichter werden die Korkeichenwälder. Zu Füßen des Berges liegt das Städtchen Calangianus. Hier dreht sich alles um den Kork. Sogar ein Korkmuseum gibt es hier. Fast jede Familie hatte oder hat etwas mit der trockenen, gummiartigen Borke zu tun. Fabio Molinas ist im Ort aufgewachsen. »Mein Großvater hatte eine kleine Korkenproduktion«, erzählt er. In der Werkstätte des Opas beobachtete er, wie der getrocknete Kork gekocht und in Streifen geschnitten wurde. Dann stanzte sein Großvater die Korken heraus. Natürlich fielen dabei viel Reste und Korkstaub an. »Als Kind habe ich gerne damit gespielt«, erinnert sich Fabio, ein drahtiger Bursche in verwaschenen Jeans und hellbraunem Hoodie. Er bastelte Figuren aus den Korkresten. Ohne zu ahnen, dass er auf diesem Abfall seine Zukunft bauen würde.

Erst einmal zog es ihn hinaus in die Welt. Im Inneren Sardiniens sah er keine Zukunft für sich. »Hier gibt es nichts für junge Leute«, sagt er. »Wenn du etwas anpacken, vielleicht sogar ein Start-up gründen willst, musst du weggehen.« Nach Cagliari, in die sardische Hauptstadt im Süden. Oder aufs Festland, nach Mailand, in Nachbarländer. »Hier im Norden Sardiniens bekommst du keine Unterstützung. Viele Leute sind misstrauisch gegenüber neuen Ideen. Die Firmen interessieren sich nur für die Bauwirtschaft und den Tourismus.«

Also machte es Fabio wie viele in seinem Alter: Er zog weg. Nach Lissabon, dann nach Madrid, wo er Industriedesign studierte. Doch die Erinnerung an den Kork seiner Kindheit in der Gallura begleitete ihn. Er dachte darüber nach, was man aus den Abfällen und dem Staub alles machen könnte. Sardinien brauchte neue Ideen auch jenseits des Tourismus. Die Welt brauchte nachhaltige Produkte. Er begann, mit Korkstaub zu experimentieren. Da kam ihm der Einfall: Leder für Vegetarier. Leder, für das keine Tiere sterben müssen. Das wollte er aus dem Korkabfall herstellen.

Nach jahrelangen Experimenten kehrt Fabio nach Calangianus zurück. Dort trifft er zufällig auf einen anderen jungen Mann, der etwas Neues anpacken will. Alessandro Sestini kennt sich aus in der Welt der Start-ups. Auch er kommt aus Nordsardinien, hat auf dem Kontinent studiert und in verschiedenen Firmen gearbeitet. Schließlich wagte er sich an ein eigenes Start-up zur Vermietung von Schiffen. Eine Art Booking der Meere. Später hat er seine Anteile verkauft. Dann erzählte ihm eine Verwandte von Fabio. »Wir trafen uns auf einen Espresso. 2020 gründeten wir dann die Firma Lebiu.« Ihr Ziel: Aus den Korkabfällen Sardiniens Stoffe für Kleidung, Autos oder Sofas herzustellen, um die Umwelt zu schonen und der Insel einen Impuls zu geben.

Jetzt stehen die beiden in einer Halle im Untergeschoss eines Wohnhauses von Calangianus. Seltsame Geräte sind hier installiert, überdimensionierte Waschmaschinen und Trockner. Stellagen mit Rollen von lederartigen, angenehm kühl und glatt anzufassenden Stoffen. Auf Werkbänken aus dunkelblauem Metall stehen Behälter mit Korkstaub und Flüssigkeiten. Es ist das Labor von Lebiu. Hier arbeitet Fabio daran, wenn schon nicht, wie die alten Alchemisten, Gold aus Blei herzustellen, dann doch schöne, nappalederartige Stoffe aus Korkabfall. Die Proben, die Alessandro auf einem Tisch ausbreitet, demonstrieren die Fortschritte. Die frühen Stoffe sind noch brüchig und rau, die Unebenheiten des Korks sind zu sehen. Die neuen Proben fühlen sich angenehm geschmeidig an, den Unterschied zu echtem Leder würden wohl nur noch Experten erkennen. Die Stoffe lassen sich in verschiedenen Strukturen herstellen, in allen Tönen färben und auch bedrucken.

Mit ihrer neuen Technik wollen die beiden jungen Unternehmer Korkabfall verwerten, gegenüber der klassischen Herstellung von Leder und Stoffen viel Wasser, Energie und CO_2 sparen, auf giftige Chemikalien verzichten und den jungen Sarden zeigen, was man auf ihrer Insel alles anstellen kann. Gerade stehen Fabio und Alessandro in Verhandlungen mit Modefirmen, um Aufträge für ihre Korkstoffe zu bekommen. Eine »umwelt- und tierfreundliche« Alternative zur klassischen Stoffherstellung wollen sie bieten. Zum Beweis zeigen mir die beiden einige Prototypen aus ihrem besonders lange haltbaren Korkstoff. Jeans im Used-Look in verschiedenen Farben, die sich wie echte Jeans anfühlen, aber viel umweltschonender herzustellen sind, indem feinster Korkstaub, den sie *Nanocork* nennen, in speziellen Maschinen auf Baumwollstoffe aufgetragen wird. Blaue Handschuhe aus scheinbar feinstem Leder, die doch aus Kork sind. Rehbraune Hemden, die wie Wildleder wirken. Und leichte, geschmeidige, halbhohe Damenschuhe, die eine Cleopatra geschmückt hätten.

Mit ihrem Startup wollen Fabio und Alessandro beweisen, dass junge Leute im Inneren ihrer Insel eine Zukunft haben können. Leicht ist es nicht. »Wir stoßen auf viel Skepsis«, sagt Fabio. »Du brauchst eine große Leidenschaft, um hier etwas aufzubauen.« Allgemein sei es für junge Leute in Italien schwer, Startkapital zu bekommen. Alessandro hat diese Erfahrung auch bei seinem digitalen Boots-Vermietungs-Start-up gemacht: »Unser deutscher Konkurrent bekam 20 Millionen Euro Kapital zusammen. Unser französischer zwölf, wir 1,5 Millionen.« Doch gebe es auch Fortschritte in Sardinien, unten im Süden, in Cagliari. Dort sei die Mentalität offener, es sei ein Inkubator aufgebaut worden, eine Art Brutkasten, also eine Fördereinrichtung für Start-ups. Aber in Cagliari gibt es keinen Kork. Außerdem wollen Alessandro und Fabio hier oben in der Gallura etwas bewegen.

Tragen sie damit nicht zu einer Modernisierung bei, deren Tempo die Inselkultur überfordert? Fabio schüttelt den Kopf. Er trauert den alten Zeiten nicht nach. Als Junge habe er sich in Calangianus abgeschnitten gefühlt von der Welt draußen. »Obwohl Sardinien im Zentrum des Mittelmeers liegt, waren wir isoliert. Hier gab es nicht viel für uns Junge. Die sozialen Medien haben da etwas verändert und uns geholfen, uns ein bisschen weniger allein zu fühlen.«

Digitalisierung und die Globalisierung hält Fabio für gute Entwicklungen, jedenfalls für junge Sarden wie ihn. »Aber wir sollten sie auch nutzen, statt nur auf Hilfe von außen zu warten.« Das sei ein altes Mentalitätsübel der Insel. Neben die historisch bedingte Angst vor Fremden sei eine passive Haltung getreten, die auf Unterstützung aus Rom oder Brüssel warte, statt die Dinge anzupacken.

»Nimm etwa die Bauindustrie«, fällt Alessandro ein. »Wir könnten sie selbst managen. Stattdessen ist sie in der Hand von Römern, die die Gewinne einstecken.« So optimistisch wie sein Freund sieht Alessandro den Wandel auf Sardinien nicht. »Es gab schon gute alte Werte, die verloren gehen. Früher halfen sich die Leute in den Dörfern, etwa wenn einer eine Familie gründen und ein Haus bauen wollte. Das verschwindet. Oder nimm das Fast Food und die Lebensmittel-Discounter. Sie verderben unsere gute, gesunde, traditionelle Küche. Und dann führt die Globalisierung halt auch zur Nivellierung. Schau dich mal um in Calangianus. Und dann in Rom. Oder bei dir zu Hause in München. Alle tragen die gleiche Kleidung.«

Da wollen Alessandro und Fabio ansetzen und mit ihrer Firma Lebiu einen Gegentrend mitgestalten, der sich auf Sardinien bereits bemerkbar macht. Eine Besinnung auf Qualität, Nachhaltigkeit und gewachsene Produkte wie eben den Kork. »Wir möchten beides vereinen«, sagt Fabio, »ein traditionelles Material und eine innovative Technik.« Identität und Wandel ließen sich vereinen. »Durch Kreativität.«

Ich verlasse die Gallura und ihre noch recht liebliche Landschaft und fahre Richtung Süden, hinein in die Barbagia, das Herz des Südens, das »echte« Sardinien, wie viele Sarden finden. Die Gegend wird einsamer, Einzelgehöfte werden noch seltener, die Häuser der kompakten Orte scheinen sich zu Trutzburgen zusammenfügen zu wollen. Es geht nur langsam voran, und ich bekomme einen Eindruck, wie groß Sardinien tatsächlich ist. Hierher, in die spröde Bergwelt der Barbagia, zogen sich die Sarden schon vor Jahrtausenden vor Eroberern zurück. Hier, fern staatlicher Ordnung, entwickelten sie keine Mafia wie in Kalabrien oder Sizilien, aber eine auf einem eisernen Ehren-Kodex – *Codice barbaricino* genannt – beruhende Hirtengesellschaft. Sie artete immer wieder in Blutfehden und regelrechte Kriege der Dörfer gegeneinander aus. Die Hirten aus Bitti etwa, heute ein freundliches Bergstädtchen am Rand einer Granithochebene, stritten sich über Generationen aufs Blut mit den Hirten des nahen Orune um Weiderechte.

Es wird früh dämmrig im November, doch Orune liegt auf seinem 750 Meter hohen, kahlen Berg noch in der Sonne. Die eng zusammenstehenden gelb, rosa oder orange angestrichenen Häuser lassen es freundlicher aussehen, als sein Ruf vermuten lässt. Ich halte an einer Biegung an, um den Ort von unten zu betrachten. In meinem Reiseführer lese ich: »Orune gilt selbst bei abgehärteten Barbagia-Hirten als ein Platz, an dem nur die Zähesten verharren.«[3] Die als »menschenscheu und eigentümlich geltenden Einwohner« des »berüchtigten Bergdorfs« seien jedoch durchaus freundlich und hilfsbereit. Blutrache? Tempi passati! Größtenteils jedenfalls. Am Abend werde ich in meiner Unterkunft im Internet einen Artikel der Seite »Sardegna Live« vom August 2021 lesen. Die Überschrift lautet: »Viehzüchter in Orune ermordet, der Pfarrer: ›Folgt nicht dem Wege des Hasses und der Blutrache‹«.[4]

Da es bald dunkel wird und ich noch etwas Besonderes anschauen möchte, fahre ich am Rande des fast menschenleer erscheinenden Orune und seinem Friedhof vorbei. Dann geht es ein schmales Sträßchen hinab zu einem Plateau. Von hier aus fällt das Gelände steil in ein bewaldetes Tal ab. Inmitten von Ginsterbüschen und Steineichen steht ein Landhaus, der Eingang zum Brunnenheiligtum Su Tempiesu. Da sich kein einziges Auto auf dem Parkplatz befindet, befürchte ich schon, es sei geschlossen. Dann sehe ich im Halbdunkel auf der Veranda eine Zigarette aufglühen. Ein kräftiger Mann um die 50 winkt mich herbei. Der Wärter. Ob ich das Heiligtum besuchen wolle?, fragt er erfreut. Dann folgt das Unvermeidliche, egal ob man an einem abgelegenen Ort in Afrika, Südamerika, Asien oder in der sardischen Barbagia unterwegs ist: Als er hört, dass ich aus München komme, scheint sein Gesicht aufzuleuchten. Er klatscht in die Hände: »*La festa della birra!*« – »Das Oktoberfest!« Er selbst sei noch nicht dort gewesen, aber ein Kumpel … »Und die tanzen da wirklich auf den Tischen?«

Der korpulente Mann in Arbeitshosen lädt mich auf einen Espresso ein. Ich solle in aller Ruhe in das Tal hinabsteigen und das Heiligtum betrachten. Er werde hier oben warten, egal wie spät ich zurückkomme. So steige ich auf einem Serpentinenpfad in die Tiefe. Auf Holztafeln werden die Pflanzen und Tiere des Waldes erklärt. Etwa 20 Minuten geht es so in völliger Einsamkeit bergab, dann erreiche ich das dicht bewachsene Tal. Gegenüber leuchten die Felswände des Monte Albo in der Abendsonne. Vor mir, am Fuß des Hanges, den ich gerade hinabgestiegen bin, steht ein Bau aus rötlichen, perfekt behauenen Vulkanquadern, streng, feierlich, verschwiegen. Er wirkt so mysteriös, ja außerirdisch wie die Dschungeltempel in Guatemala oder die Figuren auf den

Osterinseln. Die Wände aus Trachyt verjüngen sich nach oben zu einem Dreiecksgiebel, der größtenteils noch erhalten ist. Sie überdachen eine Vorhalle. Von dort geht es zur eigentlichen Quelle hinunter. Stumm und zeitentrückt scheint der Tempel über den Besucher hinweg auf das menschenleere Tal zu blicken. Stoisch, unbeeindruckt vom Vergehen der Jahrtausende.

Sardinien ist reich an prähistorischen Bauten, überall stehen die massigen Nuraghentürme herum, von denen manche fast 4000 Jahre alt sind. Ich werde sie noch besuchen. Su Tempiesu aber ist noch einmal besonders. Vor 3200 Jahren von den Nuraghern erbaut, ist es das einzige fast vollständig und unverändert erhaltene Brunnenheiligtum Sardiniens.

Das eigentlich Faszinierende an diesem unterirdischen Tempel aber ist: Er funktioniert immer noch, beziehungsweise, seit seiner Ausgrabung, wieder. Selbst im heißesten Hochsommer gebe es hier klares, kühles Wasser, hat mir der Wärter erzählt. Nun höre ich ein Plätschern vor der Kulisse der Abendstille. Wie vor Jahrtausenden speist eine aus dem Berg tretende Wasserader eine Quelle, die im Allerheiligsten der Anlage, einem unterirdischen Raum, eingefasst ist. Dank eines Absetzbeckens ist das Wasser kristallklar. Es steigt über eine trapezförmige Treppe Richtung Ausgang an und fließt in eine Rinne, durchquert einen Vorraum mit steinernen Sitzbänken und ergießt sich dann in ein weiteres Becken. Eine beeindruckende Konstruktion, zumal unklar ist, wie die Nuragher in der Bronzezeit die schweren Trachytblöcke aus großer Entfernung herbeischafften, denn in der Umgebung gibt es kein Vulkangestein. Das zeigt, wie heilig ihnen auf ihrer meist viel zu trockenen Insel das Wasser war. Sie verehrten es als eine weibliche Gottheit. Der Wasserkult stand mit im Zentrum ihrer Religion. Das haben die Archäologen anhand der Votivgaben herausgefunden, die sie in Su Tempiesu und an anderen Orten ausgegraben haben: Amulette in Form von Dolchen, Reifen und Ringen, mit Tierköpfen verzierte Knöpfe und vor allem etliche kleine Figuren aus Bronze, die heute zum Beispiel im Archäologischen Museum von Cagliari ausgestellt sind. Opfer darbringende Menschen etwa, ein der Gottheit huldigendes Paar, Krieger oder Figuren mit Umhang und Stock. Eine Zauberwelt, deren Bedeutung es noch zu erschließen gilt.

Es ist einer Katastrophe zu verdanken, dass Su Tempiesu die Zeiten so gut überdauert hat und nun Einblicke in die ferne Vergangenheit gewährt. Im 9. Jahrhundert vor Christus begrub ein Erdrutsch das Areal und konservierte es so. Fast 3000 Jahre später, im Sommer 1953, terrassierten einige Männer der Familie Sanna, denen der Grund gehörte, den Hang, um einen Garten anzulegen. Dabei stießen sie auf Quader aus behauenem Vulkangestein. Schwarz-Weiß-Fotos zeigen noch, wie sie in Pluderhosen, weißen Hemden, Westen und mit Mützen auf dem Kopf den oberen Teil des Heiligtums freischaufeln. Godeval Davoli, ein Archäologe aus Orune, begann noch im selben Jahr mit der ersten systematischen Ausgrabung. Doch erst in den 1980er Jahren gelang es seiner Kollegin Maria Ausilia Fadda, das Brunnenheiligtum ganz freizulegen und für Besucher zugänglich zu machen.

Dank der Freiwilligen-Kooperative, die sich heute um Su Tempiesu kümmert, kann ich nun hier in der Dämmerung diese mystische Atmosphäre erleben. Ich setze mich auf die Reste einer Umfriedungsmauer und lausche dem

Wasser. Wie es wohl war, als hier vor Jahrtausenden die alten Nuragher zusammenkamen? Haben sie gesungen und Gebete gesprochen, um der Wassergöttin zu huldigen? Oder still meditiert? Haben sie lebende Tiere und sogar Menschen als Opfer dargebracht? Es gibt nur Vermutungen, Gewissheit haben die Archäologen noch nicht erlangt. Das liegt auch daran, dass die Nuragher keine Schrift kannten, was die Entzifferung ihrer Kultur sehr erschwert. Unklar ist auch, woher diese frühen Sarden stammten. Manche behaupten sogar, Sardinien sei das sagenhafte Atlantis, das Platon in seinen Dialogen erwähnte und dessen Bewohner er als »Turmbauer« bezeichnete. Nach dieser Theorie ist Atlantis nicht untergegangen, sondern »nur« von einem Tsunami zerstört worden. Zum Beweis werden Luftaufnahmen vorgelegt, die zeigen sollen, dass fast alle tief gelegenen Nuraghentürme von Schlamm bedeckt gewesen sind. So sei die berühmte Nuraghe von Barumini zwölf Meter tief begraben gewesen. Es habe 14 Jahre gedauert, sie auszugraben. Die höher gelegenen Nuraghen seien dagegen intakt geblieben. Zudem passten Platons Beschreibungen von Atlantis exakt auf Sardinien.

Der Journalist und Buchautor Sergio Frau behauptet jedenfalls, die sagenhaften Atlantier seien mit den Menschen der Nuraghenkultur identisch.[5] Unterstützung bekommt er von dem italienischen Geologen und Wissenschaftspublizisten Mario Tozzi. Die Theorie ist suggestiv: Atlantis lebt, vor unserer europäischen Haustür. Ein Seebeben habe den geheimnisvollen Kontinent samt seiner Kultur zwar zerstört, aber die Nuragher hätten im Landesinneren überlebt, sofern sie nicht übers Meer geflohen seien, um das Volk der Etrusker zu gründen. Kann das stimmen? Die Zweifel beginnen bei der Lektüre

Platons. Danach ging Atlantis in einer Zeit unter, als es noch keine Nuraghenkultur gab. Zudem lag Atlantis im, nomen est omen, Atlantik, während Sardinien im Mittelmeer liegt.

Rätselhaft genug ist die Nuraghenkultur trotzdem. Ihre steinernen Zeugnisse auf Sardinien sind für »neopaganische Gemeinschaften, Astrologen, Mystiker, verschiedene Esoteriker, Ufologen, Genre-Drehbuchautoren und Pseudo-Wissenschaftler« ein wahres Paradies, wie die sardische Schriftstellerin Michela Murgia weiß.[6] Als wahrscheinlich gilt, dass sich die Nuraghenkultur aus noch älteren Kulturen des Mittelmeerraums entwickelt hat. Auch davon werde ich auf meiner Reise viele Zeugnisse sehen: Dolmen, große Grabstätten aus Felsen, Menhire, längliche, aufgestellte Steinbrocken, vulgo Hinkelsteine, sowie die domus de janas, was wörtlich Feenhäuser bedeutet. Tatsächlich waren es Gräber, die in Felshänge geschlagen wurden. Aus solchen Anfängen entwickelte sich die Nuraghenkultur mit ihren Türmen, Wasserheiligtümern, Gigantengräbern und den riesigen Steinfiguren, die im sardischen Mont'e Prama gefunden wurden.

Die Bauformen der Nuraghen und Funde von Schmuck und Keramik deuten darauf hin, dass die Vorfahren der Sarden Handel mit den Mykenern und anderen Völkern des östlichen Mittelmeers sowie mit den Etruskern in Mittelitalien trieben. Das Mittelmeer war schon damals Treffpunkt unterschiedlichster Kulturen. Das brachte Austausch, Wohlstand und Entwicklung mit sich, aber auch Konflikte und Kriege. Die Phönizier und deren Abkömmlinge, die Punier aus Karthago, setzten sich ab dem neunten Jahrhundert an den Küsten Sardiniens fest, um es zu kolonialisieren. Die Nuragher wehrten sich erst und zogen sich dann in die Berge zurück. Am längsten hielten sie sich in der Barbagia.

Das Brunnenheiligtum Su Tempiesu macht mich neugierig darauf, mehr von dieser versunkenen Welt zu erfahren. Doch jetzt geht es erst einmal zurück in die Neuzeit: in das Barbagia-Städtchen Orgosolo, das einen ähnlich finsteren Ruf wie Orune hat. Der Ort liegt südlich der Provinzhauptstadt Nuoro im bis zu 1500 Meter hohen Supramonte-Gebirge, dem steinernen Herzen der Insel. Es ist eine verkarstete, von Höhlen und Spalten durchsetzte und von steilen Schluchten durchzogene Kalksteinlandschaft, ideal für Menschen, die sich verbergen wollen. Doch von der Landschaft sehe ich erst einmal nichts. Es ist stockdunkel, als ich in das an einem Berghang gelegene Orgosolo hinauffahre. Ich folge der Navigationsapp zu meiner Unterkunft, parke am Rand eines steilen Sträßchens. Unbehaglich schaue ich mich um. Die menschenleere Straße wird von einer Laterne in ein trübgelbes Licht getaucht. Eine Katze streicht um mich herum. Die Fensterläden der spartanisch aussehenden, blumenschmucklosen Häuser sind verschlossen, nur hie und da dringt ein Lichtstrahl hindurch. Wind bläst vom Tal herauf. Mich fröstelt, als ich vor dem verschlossenen Tor meines Bed and Breakfast stehe und eine Telefonnummer wähle. »Warten Sie, wir kommen!«, brummt eine männliche Stimme.

Also warte ich in der Dunkelheit und kann nicht verhindern, dass mir die Geschichten in den Sinn kommen, die ich über Orgosolo gehört habe. Als »berüchtigtstes Dorf der Insel« wird es gern beschrieben, da scheint es in Konkurrenz zu Orune zu stehen. Misstrauisch, abweisend und gewaltgeneigt sollen viele Bewohner sein, geprägt von einer besonders harten und grausamen Geschichte. Wenn vom sardischen Banditentum und den seit Römerzeiten beschriebenen Bardanas, den Raubzügen sardischer Hirten, die Rede ist, wird Orgosolo als Beispiel genannt. Nicht ohne Grund. So fielen in einer Novembernacht des Jahres 1894 bis zu 500 Banditen aus Orgosolo und anderen Orten des Berglandes über den Küstenort Tortolì her. Sie belagerten die Carabinieri-Kaserne und zogen plündernd durch den Ort. Im Haus des Großgrundbesitzers Vittorio Depau ermordeten sie einen Diener und machten Beute. Dann verschwanden sie in den Bergen, aus denen sie gekommen waren.

Zurück ließen sie die Leiche eines von den Carabinieri erschossenen Spießgesellen. Allerdings ohne Kopf. Den hatten sie abgehackt und mitgenommen, damit der Tote nicht identifiziert werden konnte.

In den Jahren 1903 bis 1917 eskalierte ein Erbschaftsstreit im Dorf. Mehr als 50 Menschen sollen damals der Blutrache zum Opfer gefallen sein. Auch noch nach dem Zweiten Weltkrieg geriet Orgosolo wegen Mordtaten in die Schlagzeilen der italienischen Zeitungen. Der damalige Polizeichef von Nuoro behauptete 1953, bei den Orgogliesi sei der Hang zum Verbrechen »normal«. Die Zeitung »Quotidiano Sardo« schrieb im selben Jahr, in Orgosolo würden »das Verbrechen und der Hass mit der Muttermilch aufgesaugt«.

Wie immer hat die Geschichte auch eine andere Seite. Die vielen fremden Eroberer, die die Insel beherrschten, beuteten Sardinien oft hemmungslos aus, ohne in seine Entwicklung zu investieren. Sie siedelten sich an den Küsten an und verdrängten die Hirten ins Hinterland. Wer sich wehrte, wurde erschossen, eingesperrt. Oder er floh in den Untergrund. Die Obrigkeit erklärte die Hirten oft pauschal zu Banditen und hielt deren Dörfer in den Bergen in Armut und Elend. Aufgrund furchtbarer Lebensumstände wurden etliche Hirten tatsächlich Banditen und rächten sich mit Raubzügen an der Küste. Daraufhin rückte die Polizei zu Razzien in den Bergdörfern ein. Es entstanden rassistische Stereotype. Daran änderte sich zunächst wenig, als Sardinien 1861 Teil des Königreichs Italien und 1946 der Republik Italien wurde. Grundbesitz und Reichtum blieben extrem ungerecht verteilt. Viele Sarden, insbesondere in der Barbagia, erlebten den Staat nicht als fürsorgenden, sondern als züchtigenden Vater. Und wehrten sich dagegen.

Ähnlich verlief die Entwicklung in anderen Teilen Süditaliens, in Kalabrien, auf Sizilien. Das Land wurde auch nach der italienischen Einigung oft mehr ausgebeutet als gefördert. Seine Menschen wurden eher als »Stimmvieh« denn als mündige Bürger wahrgenommen. Politiker, Großgrundbesitzer im Süden und Industrielle im Norden wirkten bewusst oder unbewusst zusammen, damit die Verhältnisse trotz aller Umbrüche letztlich so blieben, wie sie immer waren. Die Regierenden in Turin und später in Rom verstanden die Lage im Mezzogiorno kaum oder taten zumindest nicht genug, um sie zu verbessern. Was umso erstaunlicher ist, als viele einflussreiche nationale Politiker aus dem Süden kamen.

Das alles entschuldigt Entführungen, Raubzüge und Morde sardischer Banditen, kalabrischer ’Ndrangheta-Mitglieder und sizilianischer Mafiosi nicht. Aber es hilft zu verstehen, warum die Dinge so ausarten konnten. Später hat der italienische Staat versucht, Versäumtes nachzuholen, etwa mit der *Cassa per il Mezzogiorno*, die Abermilliarden nach Süditalien auszahlte, um dessen Wirtschaft zu stärken und das Leben der Menschen zu verbessern.[7] Mit sehr gemischtem Erfolg. Doch das zu erzählen, würde ein anderes Buch füllen.

Inzwischen sind meine Gastgeber eingetroffen. Ein Ehepaar mittleren Alters in aufgeräumter Stimmung. Sie seien bei einem Geburtstagsfest von Verwandten gewesen. »Wir haben stundenlang gegessen und getrunken!« Dann zeigen sie mir ihr liebevoll restauriertes Haus mit den Gästezimmern voller schöner alter Möbel, sardischer Trachten, Jugendstillämpchen und Blumenvasen. Auf der Dachterrasse bewundere ich den funkelnden Sternenhimmel in der kühlen Nacht. Schon hat sich mein Unbehagen gegenüber Orgosolo aufgelöst.

Am nächsten Tag, es ist kalt, klar und sonnig, streife ich durch den Ort. Er ist karg und sauber. Man sieht weniger Blumen als sonst in italienischen Dörfern. Dafür schmücken sich die Häuser mit etwas anderem: mit unzähligen großflächigen *Murales*.[8] Hier heben zwei Dutzend Hände einen jungen Mann im weißen Unterhemd in die Luft. »Carlo Giuliani«, steht darüber. So hieß ein Student, der während der Ausschreitungen beim G8-Gipfel in Genua 2001 von Carabinieri erschossen wurde. Dort stürmt eine barbusige Frau mit einer Trikolore in der einen und einem Gewehr samt aufgepflanztem Bajonett in der anderen Hand einer Menge von Aufständischen voran. *»Libertà«*[9] steht darüber. Eine Adaption des Gemäldes »Die Freiheit führt das Volk« von Eugène Delacroix. An einer anderen Wand demonstrieren zwei im Picasso-Stil aufgemalte Frauen für gleiche Rechte in Familie und Arbeit. *»Free Assange«* steht unter einem Porträt des WikiLeaks-Gründers Gründers Julian Assange, sein Mund ist mit einer US-Flagge verschlossen. Ein Stück weiter reckt eine Mutter mit Baby verzweifelt ihre Hand gen Himmel, während um sie herum Halbstarke auf Motorrädern durch die Luft knattern. Auf dem Rücksitz einer Maschine fährt ein Skelett mit. Dann sind da Flüchtlinge auf einem Boot zu sehen, die vor der Festung Europa eine Leiche aus dem Meer ziehen. Ein paar Schritte weiter ist ein Kinoplakat auf eine Wand gemalt. Es wirbt für den neorealistischen Film *Banditi a Orgosolo*, den Vittorio de Seta 1961 drehte. Darin erzählt er, wie ein armer, ehrlicher Schafhirte aus Verzweiflung zum Banditen wird. Ein Bild feiert den Sieg des Dorfes über die Nato im Jahr 1969. Als seinerzeit Soldaten und Panzer anrückten, um aus dem traditionellen Weide- einen Truppenübungsplatz zu machen, marschierte der ganze Ort dagegen auf. Die Nato blies zum Rückzug.

Am meisten beeindruckt mich ein Bild, das einen alten, weißbärtigen Mann mit Stock und Armprothese zeigt. Über ihn hat der Künstler an die Wand geschrieben: *»Felice il popolo che non ha bisogno di eroi«,* glücklich das Volk, das keine Helden nötig hat, so kommt Bertolt Brecht nach Sardinien.[10]

Mir fällt auf, wie ausdrucksstark und technisch anspruchsvoll viele der 200 *Murales* dieses Freilichtmuseums gestaltet sind. Sie orientieren sich künstlerisch oft am Kubismus, wirken mit ihren kräftigen, gut aufeinander abgestimmten Farben lebendig, direkt und emotional und thematisieren einerseits politische Themen, andererseits die Kultur und Natur Sardiniens, die Spannungen zwischen dem italienischen Staat und den Sarden, den Alltag der Frauen und Männer und den Kampf gegen Klischees über den Ort. Meist sind die Wandbilder, auch durch die dazugeschriebenen Texte, dezidiert aktivistisch, und man muss nicht immer mit allen Botschaften einverstanden sein. Es geht auch um Provokation, um Anstöße zum Nachdenken. Dank seiner *Murales* ist es Orgosolo jedenfalls gelungen, ein anderes Bild von sich zu vermitteln. Früher kamen Touristen in den Ort, um ein, wie sie meinten, Verbrechernest zu bestaunen. Peter Höh schildert die Auswüchse dieses Phänomens: »Im Auftrag geschmackloser Reiseveranstalter überfielen fellbehangene Banditen ausländische Reisebusse. Im Anschluss an den ergötzlichen Nervenkitzel gab es *porcheddu*[11] für alle, danach besichtigte man Orgosolos Friedhof.«[12] Mit den vielen Gräbern von Gewaltopfern. Heute werden im Ort Street-Art-Touren angeboten. Die Straßenkunst wirbt für Frieden, Umweltschutz und Menschlichkeit. Aus dem »Banditennest« ist das »Dorf der *Murales*« geworden.

Begonnen hat der Wandel im Umbruchjahr 1968, als der toskanische Künstler und Zeichenlehrer Francesco Del Casino nach Orgosolo zog. Dort kam er auf die Idee, mit Schülerinnen und Schülern aufrüttelnde Bilder an die Wände zu malen. Das zog weitere Künstler in den Ort, neue Kunstwerke entstanden, während viele alte inzwischen verblasst sind, andere restauriert werden. Die *Murales* helfen den Bürgern des 4000-Einwohner-Dorfes, dazubleiben und hier ihren Lebensunterhalt zu verdienen. Inzwischen gibt es fast zwei Dutzend Bed and Breakfast, Agriturismi und Pensionen und eher noch mehr Restaurants, Kneipen, Bars und Weinstuben. Dazu einige Museen, etwa ein Geier-Museum und ein Brot-Museum, das dem hauchdünnen, knusprigen *Pane carasau* gewidmet ist. Als Francesco Del Casino 2022 wieder nach Orgosolo kam, wo er ein halbes Jahrhundert vorher die Kunst auf Mauern erblühen ließ, sagte der stellvertretende Bürgermeister: »Francesco war, ist und bleibt eine wichtige Ressource dieses Ortes.«

Auf der Weiterfahrt durchs Innere Sardiniens nach Süden erlebe ich wieder, wie weiträumig und schwer zugänglich diese Insel sein kann. Es wird früh dunkel, ich kenne mich nicht aus – und mein Navi offensichtlich auch nicht. Es lotst mich zu Abkürzungen und auf Schleichwege, die in Feldwegen und schließlich im Wald enden. Es wird immer später, ich werde müde – und hungriger. Eigentlich will ich bis zu dem Dorf Serri im Süden Sardiniens fahren, wo ich am nächsten Tag eine Verabredung habe. Stattdessen halte ich nun am Straßenrand an und suche auf meinem Handy nach der nächstbesten Unterkunft. Unverhofft, wie im Märchen, lande ich in einem schicken, modernen, stylishen Hotel am Rande des Ortes Abbasanta. Alles ist hell, freundlich, sauber, fast luxuriös. Zwei junge *signore* strahlen mich hinter dem Empfangstresen an, als seien sie die Feen aus dem Märchen. Ja, es gibt hier Landwirtschaft, einige mittelständische Firmen und, wegen der Nuraghen, Menhire und uralten Heiligtümer in der Nähe, auch Tourismus. Aber dass sich ein derart aufwendig gestaltetes Hotel hier lohnt?

Andererseits passiert es dem Reisenden häufiger, dass er mitten im ländlichsten Italien auf verblüffend luxuriöse Unterkünfte stößt, die nicht zu der Umgebung zu passen scheinen. Warum fällt mir jetzt ausgerechnet die *scappatella* ein, der Seitensprung, der in Italien angeblich mit besonderer Kunstfertigkeit gepflegt wird? Distinguierte ältere Männer und auffallend hübsche jüngere Frauen, die nach dem Gesetz nicht »ihre« Frauen sind, verabreden sich gern einmal zu Landpartien und benötigen passende Unterkünfte. Mir ist es vor vielen Jahren in der Toskana passiert, dass ich mit Wanderfreunden in eine solche Kurzzeit-Honeymoon-Herberge geraten bin, mit schwerem Rucksack, verschwitzt und mit Lehm an den Bergstiefeln. Es war für alle Beteiligten ein peinliches Erlebnis.

Wie auch immer. Hier, am Rande von Abbasanta, bin ich jedenfalls hervorragend untergebracht. Es geschieht nichts, was meine ersten Zweifel an der Seriosität des Etablissements nähren würde. Doch ich habe immer noch Hunger. Als ich die nachtschichthabende Dame am Empfang nach einem guten Lokal frage, ruft sie: »Da müssen Sie natürlich zu Serra! Zu Roberto Serra!«

Ich muss ein einfältiges Gesicht machen, daher erklärt sie mir nachsichtig, dies sei DAS Restaurant weit und breit – und nur ein paar Schritte entfernt. Es sei kaum vorstellbar, dass ich von diesem Restaurant nie gehört habe. Nun muss man wissen, um meine Verblüffung zu verstehen, dass Abbasanta ein 2500-Einwohner-Dorf auf einem kargen Hochplateau im Inneren Sardiniens ist, das seit der Nuraghenzeit nicht sonderlich aufgefallen ist. Bis Roberto Serra kam. Oder besser zurückkam.

Aber der Reihe nach. Ich gehe im Abenddunkel hinüber zur »Trattoria Armidda«, »Wilder Thymian«, wie das Lokal heißt. Reisemüde, in Jeans und Turnschuhen, trete ich in einen eleganten Saal, der von einer zeltkuppelförmigen Holzdecke grandios überspannt wird. Das Licht ist angenehm weich und gedämpft. Steinböden, Vorhänge und Mobiliar sind in Braunrot- und Sandtönen gehalten und strahlen eine orientalisch anmutende Behaglichkeit aus. Ich schaue mich um. Ich bin allein. Schon will ich kehrtmachen und mir irgendwo ein Stück Pizza holen, als Roberto Serra auf mich zutritt. Ein kahl rasierter Schädel, kurzer, gepflegter Vollbart, energisches Kinn, hohe Wangenknochen und runde, leidenschaftlich dreinblickende Augen – kurzum, er sieht aus wie ein jüngerer Bruder Pep Guardiolas. Ohne viele Worte weist er mir einen schönen Platz mit Blick in den Raum zu, fragt, ob ich mich ihm anvertrauen möchte, und verwöhnt mich mit einem *Menu degustazione* samt den passenden Weinen, dass mir ist, als sei ich im Vorhof des Paradieses gelandet. Handgezogene Grissini mit *Prosciutto crudo*,[13] Limonenrisotto mit Perlhuhn, Meeräsche an Vernaccia mit Artischocken und *bottarga*.[14] Käse aus der Region. Variationen von Schokolade.

Beim Käse ist es auch, dass Roberto Serra beginnt, sich in ein Gespräch mit mir einzulassen. Er erzählt aus seinem Leben, eine Geschichte, die nicht untypisch für große Köche und allgemein für erfolgreiche junge Italiener aus den verschiedensten Berufen ist. »Ich komme von hier, aus Abbasanta«, sagt er, »mein Großvater war Metzger, mein Vater Koch. Er hat im Zentrum ein Lokal betrieben.«

So kam Roberto früh auf den Geschmack. Doch um seinen eigenen Stil zu entwickeln, ging er erst einmal weg. Er besuchte eine Hotelfachschule im Norden Sardiniens, bevor er sich in Hotels an der Costa Smeralda erprobte. Dann führten ihn seine Lehr- und Wanderjahre auf den Kontinent. Er kochte in Sankt Moritz und in der *Harrys Bar* in London sowie in einem Spitzenrestaurant in Verona. Da habe er alles über Genauigkeit, Disziplin und Qualität gelernt, über Küchentechniken und den Service. Es folgten weitere Lokale in Italien. »Erst dann kehrte ich nach Abbasanta zurück.« Hier übernahm Serra 2012 das *Su Carduleu*, das alte Restaurant seiner Familie, um es ganz nach oben zu führen.

Diese Lebensgeschichte ist so typisch, weil sie zwei Eigenschaften von Italienerinnen und Italienern kombiniert, die auf ihrem Gebiet exzellent geworden sind:

Weltoffenheit und Traditionsverbundenheit. Sie knüpfen an ihr kulinarisches, artistisches und kulturelles Erbe an und entwickeln es mit Anregungen aus aller Welt weiter. Tradition dient nicht als Ruhebett für behäbiges Beharren, sondern als Basis für Kreativität. Das Ergebnis ist unschlagbar: *Made in Italy*, global inspiriert. Tradition und Innovation, Handwerkskunst und Esprit, Qualität und Experimentierfreude balancieren einander aus und machen so viele italienische Produkte weltweit begehrt, in der Küche, der Mode, im Design, beim Wein. »Ich habe die traditionellen Gerichte meines Vaters übernommen, aber modern und leicht interpretiert.« Das ist der Punkt.

Als ich bei Roberto Serra esse, wird sein Stammlokal gerade restauriert. Deshalb hat er das *Armidda* aufgemacht. Hier entwickelt er die sardische Küche mit ihren lokalen Produkten weiter, aus traditionellen Rezepten mit weniger Fett und mehr Präzision bei den Garzeiten. Wenn er nicht gerade kocht oder serviert, fährt er über die Dörfer, um hier einen besonders würzigen Pecorino, dort das Fleisch der kleinen braunen sardischen Rinder zu erstehen, die schon die alten Nuragher gehalten haben. Natürlich macht er die Pasta selbst, und das Fleisch für das Ragout kommt in seiner Küche nicht in den Mixer, sondern wird mit dem Messer ganz fein geschnitten.

Aber das sind nur – wichtige – Details. Während ich mit Roberto Serra spreche, wird mir klar, dass neben Traditionsbewusstsein und Weltoffenheit etwas Drittes hinzukommt zum Erfolgsrezept *Made in Italy*. Der feste Glaube an sich selbst, an die eigene Bestimmung. Der junge Roberto hätte sich begnügen können, das Familienrestaurant weiterzuführen. Hat er aber nicht. Er wollte Vorreiter der modernen sardischen Küche werden. Woher kommt dieses Selbstvertrauen, das ich bei Italienerinnen und Italienern verblüffend oft erlebe, all der sozialen, politischen und wirtschaftlichen Probleme Italiens zum Trotz? Wurzelt es in der Gewissheit, der Nation mit dem reichsten kulturellen Erbe der Welt anzugehören? Gibt dies in Italien mehr Menschen als anderswo ein Urvertrauen, das die Miseren der Gegenwart nicht zerstören können? Oder liegt es daran, wie die Kinder in vielen Familien in den Mittelpunkt gestellt und mit Liebe getränkt werden? Gewiss, das kann bei den einen zu schlaffer Selbstgefälligkeit verführen, die ein angenehmes Leben als Pfründe einfordert. Aber es entfacht in anderen einen Glauben an das eigene Talent, der die sprichwörtlichen Berge versetzt.

Roberto Serra hat es geschafft. Der *Gambero Rosso*, Italiens illustrer Gourmet-Führer, hat seine *Trattoria Armidda* mit drei Gamberi ausgezeichnet und damit als eine der besten Trattorien Italiens prämiert. Mehr geht in dieser Kategorie nicht. Doch wie ich Roberto Serra erlebe, wird er sich nicht auf seinen Garnelen ausruhen. Sondern weiter daran arbeiten, es immer wieder anders und womöglich noch besser zu machen.

Auch Federico Porcedda nahm sich schon als kleiner Junge vor, einmal etwas Besonderes zu machen. Allerdings wollte er keine angestaubten Rezepte auffrischen, sondern modrige Geheimnisse lüften. Dazu inspirierte ihn die Umgebung, in der er aufwuchs. Porcedda, ein zierlicher, behänder Mann in gelben Cargo-Hosen und gelbem T-Shirt, stammt aus Serri, einem 600-Seelen-Dorf im Inneren Südsardiniens. Auch hier stehen etliche Hinterlassenschaften der Nuragher in der Landschaft herum, und die hatten es Federico schon als Kind angetan.

»Ich lebte hier, und das war es, was es hier gab«, sagt er. Archäologe habe er daher werden wollen. Doch dann entwickelte er andere, realistischere Berufswünsche, Steuerberater, Zahnarzt, solche Sachen. Nur: Die alte Leidenschaft ließ ihn nicht los. So studierte er Archäologie in Cagliari und promovierte im spanischen Granada über Serri, sein Heimatdorf. Genauer genommen, über das, was einmal dort war. Und das ist allerhand.

»Siehst du die Mauern hier!«, ruft er, während er zwischen den Steinbrocken der Ausgrabungsstätte Santa Vittoria am oberen Rand eines Basalt-Plateaus bei Serri herumspringt. »Da standen einmal die Rundhäuser, in denen sich die Nuragher versammelten. Und das hier war der Tempel. Hier drüben, unter den Steinen, haben wir eine wunderschöne Vase gefunden. Und Bronzefiguren. Die stehen jetzt im Museum von Cagliari.«

Während ich mir das vorzustellen versuche, saust Federico Porcedda schon weiter. Es ist frühlingswarm an diesem Spätherbstvormittag, Bienen und Schmetterlinge umschwirren gelbe Blumenpolster zwischen den Mauern. Ich komme ins Schwitzen, während ich Federico hinterherhaste. Er deutet auf eine kreisrunde Öffnung zwischen den Grundmauern, führt mich die Stufen hinunter, zeigt auf die präzise zurechtgehauenen Basaltsteine, die das Brunnenrund formen. Wenn ich daran denke, wie aufwendig und langwierig heute Infrastrukturprojekte sind, verblüfft es mich umso mehr, was sie damals geschaffen haben, ohne Maschinen, Strom, Computer, ja nicht einmal mit Rechenschiebern. Dennoch verbauten sie solche Massen an Stein in dieser Präzision! Der wahrscheinliche Preis: ein immenses Opfer an Glück, Gesundheit und Leben der Arbeiter, deren Schicksale der Sache gnadenlos untergeordnet wurden. Was ich hier bewundere, ist aus Schmerz, Leid und Blut gebaut. Bevor ich da weiter ins Grübeln komme, saust Porcedda schon wieder raus aus dem Brunnen. Wir setzen uns auf eine rohe Holzbank im Schatten von Steineichen, und er erzählt mir, wie er bei den Ausgrabungen versucht, diese knorrigen, immergrünen Bäume so gut wie möglich zu schonen. Die Begeisterung für die Schätze der Vergangenheit hat ihn nicht blind für die Gegenwart gemacht. Das merke ich auch an der Art und Weise, wie er mit den Arbeitern scherzt, die ihm unterstehen, und denen er nun Espresso bringt.

Was mich überrascht, weil es gerade in Italien ungewöhnlich ist: Der Archäologe beschwert sich nicht über mangelnde Hilfe vom Staat. »Wir haben 600 000 Euro für die weiteren Ausgrabungen bekommen«, sagt er zufrieden. »Da drüben, wo der Lehm dunkel und feucht ist, haben wir gerade begonnen.« Außerdem wolle er hier bald ein Museum errichten. Ausstellungsstücke würden sie genug finden. Im Gegensatz zu anderen Gegenden Italiens, etwa in den Etrusker-Regionen nördlich von Rom, gebe es auf Sardinien kaum *tombaroli*, Grabräuber. »Dafür wird zum Glück zu viel kontrolliert.« Und noch etwas schütze die Ausgrabungsstätten. »Wir Sarden finden uns in der Nuraghenkultur wieder. Sie ist ein Teil von uns.«

Doch wenn es um die Enträtselung dieser Kultur geht, hält es der Archäologe bescheiden mit Sokrates: Ich weiß, dass ich nichts weiß. Woher kamen die Nuragher?

»Das wissen wir nicht.«

Welche Sprache haben sie gesprochen?

»Das ist uns nicht bekannt.«

Warum ist ihre Kultur untergegangen?

»Auch das wissen wir nicht.«

Dafür haben Porcedda und seine Kollegen einiges andere herausgefunden. So hätten die trutzigen Nuraghentürme zunächst vor allem als militärische Befestigungen gedient. Später seien sie zu Verwaltungszentren geworden, zu einer Art Rathäuser. Um die Nuraghen herum hätten sich Hüttendörfer gebildet. Noch später hätten die Menschen die Nuraghen in Heiligtümer umgewandelt. Funde, etwa goldene Schmuckstücke aus Phönizien, belegten, dass die Nuragher in Kontakt mit dem ganzen Mittelmeerraum standen. Doch ob sie selbst zur See fuhren, sei ungewiss. »Vielleicht hatten sie Schiffe, aber da haben wir noch nichts gefunden.«

Viel besser wissen die Archäologen inzwischen über das Alltagsleben der Ur-Sarden Bescheid. Sie buken Brote aus Getreide und Eicheln, aßen Käse und Rosinen. Sie waren begabte Architekten und Künstler. Und sie verehrten besonders das Wasser. Das wird auch hier in Santa Vittoria deutlich.

Um das rund 3000 Jahre alte Brunnenheiligtum herum, das im Grundriss einer Vulva ähnelt, auch wenn schamhafte Autoren von einem Schlüsselloch sprechen, haben Porcedda und seine Kollegen zahlreiche Stücke von kleinen Statuen, Schwertern, Armbändern und Haarspangen gefunden, aber auch Reste von Statuen und einem Stierkopf. In der Nähe gruben sie kleine Modelle von Nuraghen aus, winzige Vasen und eine Bronzefigur einer Mutter mit Kind im Arm – die an spätere Darstellungen Marias mit dem Jesuskind erinnert. Etliche Archäologen vermuten, dass Santa Cristina das Bundesheiligtum der sardischen Stämme war, vergleichbar vielleicht mit dem antiken Olympia in Griechenland oder dem Fanum Voltumnae[15] der Etrusker. Soweit wir heute wissen, beteten die Nuragher hier in einem vom Grundwasser gespeisten unterirdischen Becken eine weibliche Muttergottheit des Wassers an, die alles Leben spendet.

Wenn Federico Porcedda unter den Steineichen davon erzählt, verliert er alle Hektik und wird geradezu feierlich. »Die Nuraghenkultur lebt in uns fort. In manchen Ausdrücken unserer Sprache, im sardischen Tanz, sogar in manchen Rezepten. Etwa im *porceddu*, unserem Nationalgericht.« Das gegrillte Milchschweinchen wird auch Touristen gern bei Jeep-Touren durchs Hinterland oder in rustikalen Agriturismi aufgetischt. Ein Klassiker, den schon die Nuragher zu schätzen wussten.

Gedruckte Landkarten gelten in Zeiten von Google Maps und Navigatoren-Apps als überflüssig. Doch sind sie das wirklich? Zu Recht wird beklagt, dass den Orientierungssinn verliert, wer nur noch mit Hilfe einer App den Weg zur nächsten Pizzeria, geschweige denn nach Rom findet. Doch das ist nicht alles. Vielleicht liegt der Zauber des Reisens gerade in der Möglichkeit des Abschweifens. Und vielleicht liegt darin auch der Zauber des Lesens und des Denkens überhaupt. Von A nach B zu gelangen ist im besten Falle langweilig. Umso herrlicher ist es, plötzlich nach Y abzubiegen.

So ergeht es mir jetzt im Süden Sardiniens. Eigentlich möchte ich von Serri aus nach Cagliari durchfahren, um dort die Sardinienreise zu beenden und nach Elba überzusetzen. Ach, Pläne! Dummerweise überkommt mich auf dem mittagsgrellen Parkplatz von Santa Vittoria die Lust, meine Sardinien-Karte über dem Lenkrad auszubreiten und mich umzusehen. Cagliari liegt im Süden meines Standorts. Im Westen aber lockt die Costa Verde, die Grüne Küste. Ein Landstrich, der mir einst schon im Kinderzimmer auf der Landkarte aufgefallen war. Weil die Sträßchen hier die Farbe von Gelb auf Weiß wechseln. Und dann ganz verschwinden. »Hic sunt leones«, haben die alten Römer auf ihren Landkarten über solche Gegenden geschrieben. »Hier leben Löwen.«

Wie magnetisch angezogen fahre ich nach Westen, Richtung Grüne Küste, ins Blaue. Über altersräudige, nur aus Kurven bestehende Sträßchen erreiche ich ein Plateau, das steil zur Küste abfällt. Ich durchquere einen Dünengürtel, parke, laufe zum Strand. Es ist nicht das Ende der Welt, das auf einer Kugel auch schlecht zu erreichen wäre. Aber es wirkt so. Goldfarbene Dünen. Die weiße Gischt der Wellen. Ein metallblaues, leicht gekräuseltes Meer bis zum abendroten Horizont. Sonst nichts. Keine Sonnenschirme. Keine Bars. Keine Menschen. Die Abendsonne wärmt mein Gesicht. Salzige Luft strömt in die Lungen. Ein gleichmäßiges Rauschen besänftigt meine Gedanken. Ich setze mich in den Sand und denke an nichts. Oder versuche es zumindest. Aus mir unerfindlichen Gründen breche ich nach einer Stunde auf, statt mir hier eine einsame Pension mit Blick aufs Westmeer zu suchen. Wer weiß, wie mein Leben dann verlaufen wäre. Die Theorie vom Schmetterlingseffekt besagt ja, dass sich kleinste Änderungen dramatisch auf die weiteren Ereignisse eines Systems auswirken können. Seltsamerweise habe ich das Gefühl, dass sich so ein Effekt in meinem Leben entfaltet hätte, wenn ich an der Costa Verde geblieben wäre. Stattdessen geht mein Leben in anderer Bahn weiter. Die führt nun nach Cagliari.

Ich hatte bislang keine Ahnung von der Regionshauptstadt Sardiniens. Ich erwartete eine langweilige, moderne Provinzhafenstadt. Und bin umso angenehmer überrascht. Cagliari ist weltläufiger und mondäner, als es die Zahl von 150 000 Einwohnern erwarten lässt. Wobei im Großraum mehr als eine halbe Million Menschen leben. Schon die Farbpalette der Stadt mit ihren Orange-, Gelb-, Rosa- und Rottönen ergibt ein spektakuläres Bild, insbesondere, wenn man sie vom Meer aus betrachtet. Fast alle Kulturen des Mittelmeerraums haben hier ihre Spuren hinterlassen. Hierzu zählen stimmungsreiche Orte wie das römische Amphitheater, dessen Sitzreihen zum Teil in die Felshänge über dem Meer gehauen sind; das Kastell der einst aus Pisa stammenden Herrscher, in dem heute das Archäologische Museum mit den Schätzen der Nuragher untergebracht ist; die palmengeschmückte, geradezu erhabene Terrazza Umberto I mit Blick auf die Altstadt, die Lagunen und den Golf der Engel. Er heißt wirklich so.

Eine zauberhafte Atmosphäre hüllt das nächtliche, hoch oben in der Stadt gelegene Castello-Viertel ein. Von der Kathedrale Santa Maria di Castello führt eine breite Freitreppe auf die heimelige Piazza Alberto. Palazzi in Orange- und Gelbtönen mit blumengeschmückten, schmiedeeisernen Balkonen blicken auf den Platz mit seinem Franziskus-Denkmal hinab. Unten beleuchtet das mattgelbe Licht der Laternen die wenigen Passanten, die sich auf der Terrasse einer Trattoria niederlassen. Ich vergesse die Zeit, weiß nicht, wie lange ich auf der Treppe sitze und die Stimmung auf mich wirken lasse. Nichts scheint mir in diesem Moment den Zauber Italiens besser auszudrücken als diese nächtliche Bühne. Dann schreckt mich das Klappern der Absätze einer Frau im korallroten Abendkleid aus den Träumen, die den Platz überquert und in der Trattoria verschwindet.

Am nächsten Morgen sitze ich im Antico Caffè auf der

Piazza Costituzione unterhalb der Bastei. Es ist, wenn das Stereotyp erlaubt ist, die gute Stube der Stadt. 1838 von einem Ligurer gegründet, wurde das Café bald zum Treffpunkt der Künstler und Intellektuellen. Hier verkehrten später die sardische Literatur-Nobelpreisträgerin Grazia Deledda, der englische Schriftsteller D.H. Lawrence, der exzentrische Poet Gabriele D'Annunzio und der Lyriker und Nobelpreisträger Salvatore Quasimodo. Nach einer sensiblen Restaurierung ist das Antico Caffè heute wieder ein mondäner Ort, mit seinem stuckverzierten Gewölbe, dem Fliesenboden im Schachbrettmuster und dem Mobiliar aus dunklem Holz. Zum gepflegten Retro-Stil passen die Honoratioren, die an den kleinen Tischen sitzen, Herren über sechzig, die bei *Caffè* und *Cornetto* die Weltläufe erörtern, insbesondere das Schicksal ihrer Insel. Luciano Marrocu kommt herein, nickt ihnen wohlwollend zu, man kennt sich. Dann setzt er sich mir gegenüber an den kleinen, mit einer goldgelben Decke versehenen Tisch.

Der Mitsiebziger ist Historiker, Kulturpolitiker und Schriftsteller. Zur Vorbereitung auf unser Gespräch habe ich eines seiner Bücher gelesen[16] und darin einige verblüffende Dinge erfahren: Zur Zeit der nationalen Einigung im Jahr 1861 sprachen nur zehn Prozent der Italiener Italienisch – und »in Sardinien waren es noch viel weniger«.[17] Die Inselbewohner sprachen hauptsächlich Sardisch, eine eigenständige romanische Sprache, zum Teil aber auch Katalanisch, insbesondere in der Stadt Alghero und deren Umgebung. Erst seit 1823 gab es auf der Insel eine elementare staatliche Schulbildung. Ende des Zweiten Weltkriegs konnten immer noch 40 Prozent der sardischen Gemeinden ihre Bürger nicht mit fließendem Wasser versorgen. Der Frust der Sarden über ihre

Vernachlässigung durch die nationalen Regierungen war damals so groß, dass viele von ihnen Italien verlassen, einen eigenen Staat gründen und eine Zollunion mit den angelsächsischen Ländern eingehen wollten. Die ehrgeizigen Aufbaupläne der folgenden Jahrzehnte brachten nur bedingt Erfolge – und hinterließen viele Industrieruinen insbesondere im Südwesten der Insel, im Bergbau und in der Petrochemie. Am Ende des Buches schreibt Marrocu, dass Sardinien es weder alleine schaffen noch auf große Hilfe von außen bei seiner Modernisierung hoffen könne. Aber was dann?

Sardinien, sagt der *professore* nun, während er an seinem Espresso schnuppert, sei wirklich eine besondere Insel, weit weg von allen Kontinenten, von Europa, Afrika und Asien. »Es ist wie ein großer Korken, der auf den Wellen treibt.« Wie einsam Sardinien im Meer liege, habe er zum ersten Mal erfasst, als er als Bub mit der Fähre nach Civitavecchia reiste, einer Hafenstadt nördlich von Rom. »So eine Ferne habe ich später erst wieder empfunden, als ich als Gastprofessor nach Neuseeland kam.«

Dieses Gefühl der Ferne – und die lange Vernachlässigung erst durch das Königreich Sardinien-Piemont mit Sitz im fernen Turin, dann durch Italien – lasse viele Sarden träumen, ein eigenes Land, ein unabhängiger Staat zu werden und sich so doch noch gegen die vielen Eroberer seiner Geschichte zu behaupten. Aber dazu fehle es der Insel an Ressourcen. »Und unsere politische Klasse war nicht in der Lage, das Nationalgefühl der Sarden umzusetzen. Daher sind wir eine gescheiterte Nation.« Er selbst habe den Traum von der Unabhängigkeit sowieso nie gehegt, anders als viele seiner Freunde. »Denen sage ich: Ich möchte nicht auf die neapolitanischen Lieder verzichten.« Er schreibe auf Italienisch. Und fühle sich als »Italiener aus Sardinien«. Für ihn liege die Lösung der sardischen Frage in einer weitreichenden Autonomie. »Wir sollten unsere Probleme selbst regeln, ohne Italien zu verlassen.«

Tatsächlich gehe es seinen Landsleuten heute immer weniger um staatliche Unabhängigkeit. Stattdessen kämpften sie in der globalisierten Welt um ihre Sprache, ihre Traditionen und ihre kulturelle Identität, sagt Marrocu, der auch einmal Kulturreferent der Provinz Cagliari war. Da geht es Sardinien so wie vielen anderen Regionen in Europa. Innerstaatliche Autonomie in einem Europa der Regionen erscheint vielen heute als realistischer als die Unabhängigkeit. Katalonien ist da eine Ausnahme.

Auf die Frage, welche Ideen er für die Stärkung der sardischen Kultur habe, antwortet er ohne zu zögern: »Ich würde die alten Dörfer im Inneren der Insel wiederbeleben. Mit Rentnern und Tele-Arbeitern aus ganz Europa.« Heute seien die Menschen weniger denn je an einen bestimmten Arbeitsort gebunden. Die Dörfer Sardiniens böten viel. Günstige Häuserpreise, Ruhe und gute Luft, gelebte Traditionen, Feste, eine ausgezeichnete Küche, Berge und das Meer in der Nähe. Sardische Autonomie sei nicht mit identitären Blut-und-Boden-Konzepten zu erreichen. Sie müsse heimatverbunden und weltoffen zugleich sein. Der Tourismus könne dazu beitragen, »ohne dass wir gleich ein Volk von Kellnern werden wollen«. Er müsse nur vernünftig verteilt werden. »Die Urlauber sollten nicht nur an die Küsten, sondern auch ins Landesinnere gebracht werden.« Das helfe der auf Sardinien traditionell starken Landwirtschaft, den Hirten, den Käseerzeugern, den Weinbauern. »Sardiniens Weine erobern bereits den Weltmarkt.« Auch die sardischen Hirten könnten durchaus einen Platz in der Globalisierung finden.

Auf der Rückfahrt von Cagliari nach Olbia, wo ich die Nachtfähre nach Livorno nehmen werde, erfahre ich noch einmal, wie groß und dünn besiedelt dieses Sardinien ist, das seinen Platz in Italien, Europa und der modernen Welt sucht. Ich erinnere mich daran, was der sardische Historiker Manlio Brigaglia geschrieben hat:[18] Sardinien werde von zwei Entwicklungen geprägt: von Öffnung und Verschließung, von einer Angleichung an das übrige Italien und einer Rückbesinnung auf die insulare Identität. Die Geschichte Sardiniens lasse sich als dialektischer Austausch zwischen diesen Prozessen erzählen. In der Vergangenheit seien die Sarden dabei immer ein Objekt der Geschichte gewesen, sie hätten diese nicht selbst geschrieben, sondern erlitten. »Heute stehen sie vor der Herausforderung, zum Subjekt der Geschichte zu werden. Dabei müssen sie mit ihrer eigenen beginnen.«

4

Ventotene – Aufschrei der Verbannten

Die Schülerinnen stehen vor einem weiten, öden Platz hinter der Kaserne der Finanzpolizei auf der Insel Ventotene. Die Septembersonne brennt auf Reifenspuren im grauen Kies, mattgrüne Büschel von Unkraut und ein paar abgestellte Kleintransporter.

»Was seht ihr hier?«, ruft Umberto Migliaccio, ein stämmiger, vollbärtiger Mann mit dunkler Sonnenbrille, blauem Polohemd und hellen Bermudas gegen den Wind an.

Die Gymnasiastinnen – es sind nur wenige Jungen dabei – schauen verdutzt über den Platz. »Nichts!«, ruft eines der Mädchen.

»*Giusto!*« – »Genau!« – bekräftigt Migliaccio. »Einst standen hier die zwölf Baracken der Verbannten von Ventotene. Das Mussolini-Regime hatte sie 1939 erbauen lassen, um die Gegner des Faschismus dort einzuquartieren. In den 1970er Jahren wurden die Baracken dem Erdboden gleichgemacht. Damit sollte auch die Erinnerung an diese Zeit ausgelöscht werden. *Damnatio memoriae*[1] haben das die alten Römer genannt. Tatsächlich wurde hier auf Ventotene bis in die 1990er Jahre überhaupt nicht mehr über die Zeit der Verbannung gesprochen.«

Dass dies heute anders ist, dass Ventotene zum Symbol für die Verbrechen des Faschismus, aber auch für den Widerstand und für die Geburt eines vereinten Europas werden konnte, ist Leuten wie Umberto Migliaccio zu verdanken. Der Mann um die vierzig stammt aus Ponza, der Hauptinsel des Pontinischen Archipels im Tyrrhenischen Meer zwischen Rom und Neapel, zu dem auch Ventotene gehört. Er hat mehrere Filme über die *Resistenza*, den Widerstand gegen die deutschen Besatzer und die Faschisten in Italien, gedreht und arbeitet nun an Filmen über die Verbannung, in die Benito Mussolini seine Gegner schickte, vorzugsweise auf kleine Inseln. Zudem führt er Schulklassen nach Ventotene, um sie über die Vergangenheit und deren Einfluss auf die Gegenwart aufzuklären. In einer Zeit, in der die oft als Postfaschistin bezeichnete Politikerin Giorgia Meloni Italien regiert, an der Spitze der rechtesten Regierung seit dem Ende Mussolinis, hat das eine besondere Bedeutung.

Umberto zeigt der Abi-Klasse aus der Hafenstadt Anzio bei Rom[2] nun die Carabinieri-Kaserne am Rand des Platzes. »Sie ist das letzte Gebäude, das noch von dem Verbannungs-Lager steht.«

Wenige Schritte weiter deutet er auf eine 14 Meter lange weiße Mauer, auf der in ameisenkleinen schwarzen Druckbuchstaben die Namen von 2330 Menschen zu lesen sind. Es ist die immer noch unvollständige Liste all jener Mussolini-Gegner, die hier auf Ponza in der Verbannung leben mussten. Berühmte wie der spätere italienische Staatspräsident Sandro Pertini und der spätere EG-Kommissar Altiero Spinelli sind dabei und eher Unbekannte wie der Friseurlehrling Gino Longagnani. Das Monument, das im September 2023 eingeweiht wurde, wolle ihnen allen das gleiche Gedächtnis zukommen lassen, sagt Umberto Migliaccio. Dann erzählt er der Schulklasse, warum Ventotene überhaupt zu einer faschistischen Verbannungsinsel wurde.

Die Faschisten unter Benito Mussolini, die Italien von 1923 bis 1943 und dann noch ein Rumpfitalien im Norden bis 1945 regierten, konnten bei ihrer Verbannungspolitik auf uralte Vorbilder zurückgreifen. Schon die Kaiser des antiken Roms nutzten kleine Inseln ihres Reiches als Zwangsexil für politische Gegner und unliebsame Familienmitglieder. Augustus, der erste römische Kaiser, ließ an der Nordspitze Ventotenes zunächst eine luxuriöse Sommerresidenz erbauen. Aus dieser Zeit erhalten sind noch ein perfekt angelegter, aus dem vulkanischen Tuff geschlagener Hafen, der bis heute genutzt wird, Zisternen, die Becken einer Fischzuchtanstalt und Reste der Paläste.

Im Jahr 2 v. Christus verbannte Augustus dann seine Tochter Julia auf die Insel. Über die Gründe sind die Historiker uneins. Offiziell wurde Julia wegen eines unsittlichen Lebenswandels nach Ventotene geschickt. Die Kaisertochter soll zahllose Liebhaber gehabt, unmäßig getrunken und sich mitten im alten Rom öffentlich prostituiert haben. Moderne Historiker halten diese Behauptungen zumindest für übertrieben und vermuten, dass Machtkämpfe oder auch religiös bedingte Auseinandersetzungen im Umfeld des Kaiserhauses Julia zum Verhängnis wurden. Später durfte Julia Ventotene verlassen und ins heutige Reggio Calabria übersiedeln. Dort soll sie im Jahr 14 n. Chr. verhungert sein, während ihr zeitweiser Ehemann Tiberius, der Stiefsohn des Augustus, in Rom als Kaiser regierte.

Die Verhältnisse im frühen Kaiserhaus waren bizarr, tragisch und voller unheilvoller Verstrickungen, kein Aischylos oder Shakespeare hätte sie sich in ihrer Abgründigkeit ausdenken können. Die Verbannungsgeschichte ist dabei nur ein Seitenstrang. Julias Tochter, Julia die Jüngere genannt, wurde 8 n. Chr. angeblich ebenfalls wegen ihrer Freizügigkeit verbannt, allerdings nicht nach Ventotene, sondern auf die Tremiti-Inseln in der Adria, wo sie im Jahr 28 starb. Alle ihre Kinder wurden ermordet. Auch Ventotene blieb weiter römische Verbannungsinsel. Kaiser Tiberius ließ hier Agrippina einsperren. Sie war eine weitere Enkelin von Kaiser Augustus und außerdem die Mutter des künftigen Kaisers Caligula und die Großmutter Neros. Ja, es ist kompliziert. Agrippina soll auf der Insel angeblich freiwillig verhungert sein. Kaiser Nero verbannte später seine erste Frau Ottavia nach Ventotene. Die Reihe ließe sich fortsetzen.

Dann ereilte Ventotene das Schicksal vieler kleiner italienischer Inseln: Die Einfälle muslimischer Piraten vertrieben die Menschen und machten die Inseln unbewohnbar. Bis im Jahr 1768 ein neuer Herrscher mit dem schönen, aber etwas unpraktischen Namen Ferdinando Antonio Pasquale Giovanni Nepomuceno Serafino Gennaro Benedetto von Bourbon – König Ferdinand IV. genannt – auf einen bizarren Einfall kam. Es ist die Zeit der Aufklärung. Kurz gesagt soll die Vernunft, gestützt auf die Naturwissenschaften, den Glauben und den Aberglauben überwinden, die Freiheit des Einzelmenschen fördern und den Fortschritt der Gesellschaft ermöglichen. Eine der wichtigsten Stimmen dieser Zeit ist der französische Philosoph Jean-Jacques Rousseau. Vielleicht gerade, weil er auch einen Kontrapunkt zur Aufklärung setzt. Nach Rousseaus Ansicht geht die Entwicklung der Menschheit nicht vom barbarischen Schlechten zum zivilisierten Guten, sondern vom natürlichen Guten zum dekadenten Schlechten. Die Geschichte der Menschheit wäre demnach keine Geschichte des Fortschritts, sondern des Niedergangs. Rousseau wird daher bis heute gern das Schlagwort »Zurück zur Natur!« in den Mund gelegt. Dabei hat der Philosoph durchaus eingeräumt, dass sich die menschliche Entwicklungsgeschichte nicht einfach in den Naturzustand zurückdrehen lässt.

König Ferdinand IV. und seine Berater nahmen das »Zurück zur Natur« jedoch wörtlich und machten sich an ein Experiment. Sie ließen in Neapel mehr als 400 Menschen am Rande der Gesellschaft – Obdachlose, Kriminelle, Prostituierte – zusammensammeln und schickten sie auf die unbewohnte Insel Ventotene. Dort sollten sie, so die Hoffnung, auf sich allein gestellt im Naturzustand leben und sich zum Guten entwickeln. Die Quellen zum Ausgang dieses Menschenversuchs sind spärlich, doch im Ergebnis eindeutig: Der Versuch scheiterte kläglich. Zum einen, weil den ausgesetzten Stadtbewohnern die Kenntnisse und Erfahrungen fehlten, um die unwirtliche Insel zu bebauen, Fische zu fangen und eine ländliche Gemeinschaft aufzubauen. Zum anderen, weil der »Naturzustand« aus den Herumtreibern und Prostituierten eben nicht – im Sinne des Königshauses – gute Menschen machte. Eher im Gegenteil. Auf Ventotene muss es bald in jeder Hinsicht drunter und drüber gegangen sein. Schließlich schaltete sich der Bischof von Gaeta ein und erwirkte, dass das Experiment abgebrochen wurde und die Leute nach Neapel zurückgebracht wurden.[3]

Danach verfolgte der Hof in Neapel einen realistischeren Ansatz. Er schickte nun Bauern und Fischer aus der Gegend um den Vesuv und aus Ischia nach Ventotene, gewährte ihnen Grund und Steuervergünstigungen, ließ einen Ort mit Kastell und Kirche anlegen. Diesmal funktionierte die Kolonisierung. Allerdings holzten die Neuankömmlinge die Insel komplett ab, sodass seither der Wind ungebremst aus allen Richtungen über diesen Rest eines ansonsten versunkenen Vulkans hinwegfegen kann.

Damit aber war der Reformfuror und Aufklärungsglaube der Bourbonen in Neapel nicht erschöpft. Sie wollten nun auf Santo Stefano, einer sehr kleinen Nachbarinsel Ventotenes, das modernste Gefängnis Europas errichten, und zwar in Form eines Panopticons.[4] So wurde ab 1774 auf Santo Stefano eine Haftanstalt erbaut, die den Grundriss des barocken Opernhauses San Carlo in Neapel übernahm. Es entstand auf der Insel ein dreistöckiges, hufeisenförmiges Gebäude, dessen Zellen sich wie die Logen eines Theaters zum Hof hin öffneten. An der Stirnseite des Hufeisens – wo sich im Theater die Bühne befindet – wurde ein Bau für die Verwaltung und die Wächter errichtet. Da alle Fenster und Türen des Gefängnisses auf diese Stirnseite ausgerichtet waren, ließen sich die Eingekerkerten mit ganz wenig Personal, ja von einem einzigen Wärter überwachen. Und selbst wenn einmal gar kein Aufpasser anwesend war, fühlten sich die Häftlinge ständig beobachtet – ein Panopticon eben.

Das Prinzip eines Theaters wurde folglich umgedreht: Auf der Bühne saßen die Wärter als Zuschauer. In den Logen saßen die Gefangenen als Akteure.

Im Vergleich zu den furchtbaren Gefängnisverliesen jener Zeit war dieser streng rationale Bau tatsächlich modern, ja fortschrittlich. In der Folge aber sollte er zu einem Inferno werden. Die Zellen wurden schnell geteilt und überbelegt. Die Gefangenen durften sie kaum verlassen. Sie mussten darin selbst kochen und ihre Notdurft verrichten. Die verrauchte Luft, Ungeziefer, der kalte Winterwind durch die Fensteröffnungen ohne Scheiben, Mangelernährung, das abgestandene Wasser aus den Zisternen und der immer gleiche, trostlose Blick auf den Hof zerrütteten die Gesundheit der Menschen. Zudem kerkerte die Bourbonen-Monarchie auf Santo Stefano gewöhnliche Kriminelle und politische Gegner gemeinsam ein. Es kam zu Übergriffen, Gewalttaten und vielen Morden, denen die Wächter von ihrer Bühne aus oft untätig zuschauten. So wurde Santo Stefano zum Symbol brutalster Repression.

Erst 1965, Italien war längst Republik, wurde das Gefängnis geschlossen. Seitdem verfällt das Panopticon. Seit vielen Jahren gibt es Pläne, ein Studienzentrum, Museum oder Ähnliches daraus zu machen. Selbst ein Luxushotel war in dem Kerker mal geplant, scheiterte aber mangels Stränden auf Santo Stefano. Nun sind Arbeiten im Gange, den ebenso faszinierenden wie furchteinflößenden, düsteren Gebäudekomplex zu sanieren. Mit etwas Glück kann man in der guten Jahreszeit an einem geführten Bootsausflug von Ventotene aus nach Santo Stefano teilnehmen, in den Hof des Panopticons gehen und einige der Zellen besichtigen. Ein geschulter Begleiter gibt einen exzellenten Einblick in die Geschichte der Insel und des Gefängnisses, er erzählt von berühmten Häftlingen aus verschiedenen Zeiten, von einem idealistischen Direktor und seinen Reformen, von gescheiterten Ausbruchsversuchen.

Aber zurück nach Ventotene und in die Zeit des Faschismus. Während Umberto Migliaccio die Schülerinnen durch den Inselort führt und die einstöckigen, aneinandergebauten Häuschen der Via Rose und Via Olivi zeigt, in denen die Verbannten kleine Werkstätten betrieben und ihre Mensen führten, erzählt er, wie 1926 der 15 Jahre junge Anarchist Anteo Zamboni versuchte, Mussolini bei einer Parade in Bologna zu erschießen. Der Schuss verfehlte den *Duce*. Der Junge wurde von den umstehenden Schwarzhemden[5] auf der Stelle gelyncht. Das Regime nutzte den Anschlag, um die politische Repression zu verschärfen. Es verbot die verbliebenen Parteien und Oppositionszeitungen und führte den *confino di polizia* ein, die Verbannung missliebiger Menschen durch die Polizei. Sie galt nicht als Strafe, sondern als vorbeugende Maßnahme, weshalb sie auch nicht von Gerichten, sondern von Kommissionen der Behörden verhängt wurde. Praktisch konnte jeder Bürger aus geringfügigen Anlässen – oder auch nur aus Neid oder persönlicher Animosität – denunziert und auf eine Insel oder in ein abgelegenes Dorf Süditaliens verbannt werden, um dort isoliert und demoralisiert zu werden. Das Mussolini-Regime versuchte damit, Antifaschisten, aber auch in Ungnade gefallene Faschisten sowie Homosexuelle loszuwerden, ohne sich den Mühen eines Gerichtsverfahrens mit Beweisaufnahme zu unterziehen. Politische Gegner ließ der *Duce* zunächst auf die um Sizilien herum gelegenen Inseln Favignana, Ustica und Lipari verbannen. Später wurden sie vor allem auf die Insel Ponza geschickt.

»Dort terrorisierten die faschistischen Milizionäre sowohl die Verbannten als auch die Einheimischen«, erzählt Umberto Migliaccio. »Sie schikanierten, beraubten und vergewaltigten die Leute. Die Folge: Die Einheimischen solidarisierten sich mit den Verbannten. Es kam sogar zu etlichen Eheschließungen zwischen beiden Gruppen.«

Das faschistische Regime reagierte darauf 1939, indem es eine neue Massen-Verbannungsinsel für politische Gegner bestimmte: Ventotene. »Die Insel bot sich dafür an. Sie ist mit nur 1,5 Kilometern Länge und 800 Metern Breite sehr klein und hat kaum Strände, sondern größtenteils steil abfallende Felsküsten. Daher lässt sie sich leicht überwachen.«

Auch durften die Verbannten, anders als auf Ponza, keine Wohnungen bei Einheimischen anmieten. Für sie wurden vielmehr die Baracken gebaut. Bereits 1940 lebten darin, bewacht von 300 Polizisten, ungefähr 900 Verbannte. Die stärkste Gruppe waren die Kommunisten. Dahinter folgten Anarchisten, Sozialisten, Republikaner und Liberal-Sozialisten. Etliche von ihnen waren wegen ihrer politischen Überzeugungen schon vorher Jahre in Gefängnissen gesessen. Auf Ventotene wurde ihr Leben besonders strikt reglementiert. Die wunderbare kleine Verlagsbuchhandlung L'Ultima Spiaggia am Hauptplatz des Ortes, die über alle erdenkliche Literatur über die Insel – und nicht nur darüber – verfügt, verkauft ein Pergamentblatt mit den »Regeln der Verbannung«. Danach durften sich die Mussolini-Gegner nur innerhalb eines kleinen Rechtecks aus ein paar Straßen im Zentrum des Ortes bewegen. Sie mussten sich von morgens bis abends in den Baracken aufhalten und zweimal täglich zu Zählappellen antreten. Radios, Schreibmaschinen, Telefone waren ihnen wie vieles andere verboten. Auch durften sie ohne Sondererlaubnis keine Gottesdienste, Bars und Restaurants besuchen.

Draußen durften nicht mehr als zwei Verbannte beieinanderstehen. Einige als besonders gefährlich geltende Antifaschisten mussten ganz allein bleiben und wurden auf Schritt und Tritt in einem Meter Abstand von einem Polizisten verfolgt. Tagein, tagaus. Politische Gespräche waren verboten. Das Flirten mit Frauen ausdrücklich auch.

Die Verbannten richteten sich so gut sie konnten in diesem Quasi-Gefangenen-Leben ein. Sie betrieben mehrere Mensen und, als die Nahrungsversorgung während des Zweiten Weltkriegs immer schlechter wurde, mit Erlaubnis der Lagerleitung sogar eine Landwirtschafts-Kooperative. Die endlosen, eintönigen Tage verbrachten sie mit kleinen Arbeiten, mit Lesen und, wie Tiger im Käfig, mit dem Ablaufen der ihnen erlaubten Straßen. 700 Meter kurz war der komplette Rundgang. Umberto Migliaccio lässt ihn seine Schüler nachlaufen. »Und jetzt müsst ihr euch vorstellen, ihr lauft diese Strecke jeden Tag mehrere Male ab. Wochen-, monate-, jahrelang. Immer diese kurze Strecke. Wenn ihr weiterlaufen wollt, um etwas von der Insel zu sehen, steht da ein bewaffneter Polizist und sagt: ›Halt!‹«

Immerhin konnten die Verbannten eine kleine Bibliothek betreiben. Offiziell erlaubte Bücher und Zeitschriften gab es dort, aber auch verbotene. Politische Literatur und ausländische Zeitungen wurden von Besuchern auf die Insel geschmuggelt, marxistische Bücher per Hand abgeschrieben und so vervielfältigt. Die intellektuellen Köpfe unter den Verbannten richteten ein regelrechtes klandestines Bildungssystem ein. Beim Zweier-Spaziergang unterrichtete ein Verbannter einen Leidensgenossen. Dieser suchte sich beim nächsten Spaziergang einen anderen Verbannten und gab ihm das Wissen weiter. So erreichte das Regime das Gegenteil seines Ziels, die Gegner zu isolieren. Ventotene wurde zu einer Kaderschmiede für Antifaschisten, ja zu einer Art geistigen Hauptstadt des italienischen Widerstandes. Viele der Verbannten, von denen die meisten Arbeiter waren, erhielten hier Bildung und politische Schulung. Aus manchem Analphabeten wurde ein Schriftsteller.[6] Mitten in Faschismus und Weltkrieg wurden so auf der Insel Ideen entwickelt, die nach dem Krieg Geschichte machen sollten. Doch davon später.

Trotz aller Selbsthilfe war das Leben der Verbannten äußerst hart. Die Jahre der Ungewissheit über ihr Schicksal, das Herausgerissensein aus ihrem Leben, ihren Familien, dem Beruf zermürbte sie. Hinzu kamen eingeschleuste Spitzel und Provokateure, Hunger, Einsamkeit und Schikanen der Wärter. »Das, was uns das Leben schwer und gleichsam unerträglich macht, ist die Willkür. Nicht das harte Gesetz, sondern die Nichtbeachtung des Gesetzes«, schreibt der Sozialist Alberto Jacometti in einem Erinnerungsbuch an seine Verbannungszeit.[7]

Welchen Brief darf man schreiben? Welchen Verwandten zu Besuch empfangen? Mit wem spazieren gehen? Was essen? Was lesen? Auch Kleinigkeiten des täglichen Lebens hingen komplett von den Launen der Bewacher ab. »Die Absicht des Regimes war es, die Opposition auszulaugen, sie zu erniedrigen und in elementarster Weise zu entwürdigen.«[8] Und dann war da noch das Ungeziefer, das sich in den Nächten über die Verbannten in ihren Massenschlafsälen hermachte. Jacometti beschreibt, wie er die vier Füße seiner Pritsche in leere Milchdosen stellte, die er mit Petroleum füllte, um die Krabbeltiere fernzuhalten. Doch was machten die hungrigen Wanzen? Sie krabbelten die Wände hoch zur Decke und ließen sich von dort auf ihre schlafenden Opfer fallen.[9] Interessant ist auch Jacomettis Schilderung, was er und seine Mit-Verbannten in den endlosen Winternächten in ihren Baracken besprachen, wenn nur das Heulen des Windes zu hören war und die politischen Themen erschöpft waren. Es sind nicht die großen Erlebnisse aus der Vergangenheit wie Theaterbesuche, Städtereisen oder Amouren. Sondern die kleinen Dinge des Alltags in Freiheit. »Ein züngelndes Feuer, das Grün einer Wiese, ein Pinienwäldchen, ein Liegestuhl in einem Garten und eine Pfeife, eine Tasse Tee, ein Spaziergang im Mondlicht.«[10] Es sind die Gespräche von in jeder Hinsicht ausgehungerten Menschen.

So war Ventotene, die Insel der Verbannten. Doch dann gibt es da noch Ventotene, die Insel der Seligen. Ich komme an einem Abend Ende September mit der Fähre von der Hafenstadt Formia aus in Ventotene an. Die Sonne steht tief, färbt das Wasser schwarzblau und lässt die vom Hafen zur Piazza aufsteigenden Häuser des Ortes in ihren Gelb-, Orange- und Rottönen leuchten. Der Weg entlang des römischen Hafens ist eindrucksvoll, die vor 2000 Jahren in den weichen, hellbraunen Tuff geschlagenen Arkaden und Höhlen werden heute von Trattorien, Bars und Tauchshops genutzt. Eine junge Frau läuft aus der Pizzeria Mar Pizza unvermittelt auf das Hafensträßchen hinaus. Ein Kleinlaster mit zwei Burschen auf der Ladefläche und einem Boot auf dem Anhänger stoppt abrupt. *»Ehi! Un po' distratta! Sei innamorata?«*, ruft einer der Burschen lachend, »Hey! Wohl etwas zerstreut! Bist du verliebt?« Die Frau winkt ihm zu und läuft weiter.

Auf der Höhe angekommen, geht mein Blick hinüber zur Insel Santo Stefano, die mit ihrem verlassenen Kerker wie ein Traumbild auf dem Meer schwimmt. Tief unter mir liegen noch ein paar Sonnenhungrige auf dem dunklen Hauptstrand von Ventotene, andere schwimmen um die vom Meer abgeschliffenen vorgelagerten Miniinseln aus Vulkangestein. Schnell bin ich aus dem Ort heraus, laufe auf einem Sträßchen das Rückgrat der kleinen Insel entlang, hindurch zwischen Ginsterbüschen, Feigenkakteen und Agaven mit ihren stolzen Blütenständen. Der Wind raschelt durch Schilfgestrüpp, Insekten schwärmen durch die handtuchkleinen Felder, auf der Suche nach letzten Blüten. Ein selbst bemaltes Schild weist auf die Spezialität der Insel hin: Linsen. An den Hängen über der Steilküste hebt sich das vieltönige Grün der Macchia grell vom tintenblauen Meer ab. Oben auf dem Höhenrücken herrscht das fahle Gelb vertrockneter Gräser vor. Der Wind dreht munter unter dem Abendhimmel, kommt mal von vorne, mal von der einen oder anderen Seite.

Ich blicke über silbergrüne Olivenbäume und frisch geweißelte Häuserkuben in gepflegt verwilderten Gärtchen hinweg übers Wasser und hinüber zu der lang gezogenen Silhouette der Insel Ponza und zum mythenschweren Kap der Circe. Vergorene Kaktusfeigen liegen auf dem Weg und strömen einen fauligsüßen betäubenden Duft aus. Ich esse im Restaurant La Terrazza di Mimi hoch über dem Meer zu Abend. Ein fast voller Mond schimmert zwischen Wolkenschleiern hindurch und malt eine silberne Straße auf die schwarze Leinwand des Meeres. Jenseits davon leuchten die Positionslampen von zwei Segelyachten aus dem Dunkel. Der Kellner serviert hauchdünne, mit Knoblauchbutter bestrichene geröstete

Scheiben Brot zu den im Wein-Kräutersud gekochten Mies- und Venusmuscheln, Pfahlmuscheln und Seeschnecken. Der Weißwein namens Pandataria stamme von der Insel, versichert er. Eine Cuvée aus den Rebsorten Falanghina, Greco und Fiano. Pandataria – so nannten die Alten die Insel Ventotene.

Am Morgen liegt die Sonne gleißend über dem liebevoll angelegten Kakteengarten meines Bed and Breakfast namens Le Parracine hoch über dem Meer. Ich frage Ugo, den Vermieter, was Parracine bedeutet. »Das ist eine lokale Bezeichnung für die Trockenmauern aus Vulkangestein, die du überall auf der Insel siehst«, erklärt er mir.

Vittoria, seine Frau, hat für ihre Gäste die Frühstückstischchen unter einer Pergola unmittelbar vor den Klippen gedeckt. Der Blick geht über Weinreben hinweg nach Santo Stefano. Vittoria serviert sechs verschiedene Sorten selbst gemachter Marmeladen, alles aus eigenem Anbau im Garten. Darunter Feigen-, Birnen-, Trauben-, Kaktusfeigenmarmelade. Drei Sorten hausgemachter Kuchen. Mandelcreme. Biojoghurt mit einem ebenfalls hausgemachten Sirup aus Ingwer-Wurzeln. Ein paar Schritte weiter wartet eine Hängematte. Und ein Liegestuhl mit Blick aufs Meer. Warum sollte ich mich je wieder aus diesem Paradies wegbewegen? Aber ich bin schließlich nicht zum Vergnügen auf den italienischen Inseln unterwegs, auch wenn das alle immer glauben.

Am Nachmittag sitze ich mit Filomena Gargiulo in einem Café auf der Piazza Castello, dem geräumigen Platz, auf dem sich alle in Ventotene treffen. Das Rathaus mit dem Archäologischen Museum steht hier, die Buchhandlung

L'Ultima Spiaggia, der Supermarkt, und auch Umberto Migliaccio und seine Gymnasiastinnen haben sich auf der Piazza zu einer Kaffeepause niedergelassen. Eine Palme, Pinien und Steineichen spenden Schatten. In der Mitte ragt ein Denkmal empor, eine Amphore auf einer Säule. »*Anno XI Era Fascista*«, ist auf den Sockel eingraviert. »Im elften Jahr der faschistischen Ära.« Der Umgang Italiens mit seiner Vergangenheit kann verstörend unbefangen sein. In Rom steht immer noch ein riesiger Obelisk aus weißem Carrara-Marmor, auf dem die Worte »*Mussolini Dux*« prangen. Im olympischen Sportzentrum Foro Italico feiern die Mosaiken einer Aufmarschallee bis heute die Taten des Duce. Ein Mosaik zeigt einen Lastwagen, auf dem faschistische Kämpfer gen Rom fahren. Eine Inschrift lautet: »Führer, unsere Jugend widmen wir dir«. Doch an diesem heißen Herbstnachmittag im Café auf Ventotene scheint das alles weit entfernt zu sein. Wer liest schon die Inschrift auf dem Sockel?

Ich deute auf die Piazza mit den spielenden Kindern, den Alten auf den Bänken, den Menschen in den Cafés und hinaus über den farbenfrohen kleinen Ort aufs lichte Meer. »Schwer vorstellbar, dass dies hier einmal eine faschistische Verbannungshölle war!«

»Kommen Sie einmal im Winter hierher!«, sagt Filomena Gargiulo trocken. »Dann verstehen Sie es besser.«

Im Winter, wenn Wind und Regenschauer Ventotene zerzausen, sind keine Touristen mehr da. Die meisten Bars, Restaurants und Geschäfte haben geschlossen. Hoher Seegang unterbricht die Fährverbindungen. Die knapp 200 Menschen, die dann noch hier ausharren, sind ganz auf sich selbst zurückgeworfen. Kino, Diskothek? Gibt es dann alles nicht. Zum Schwimmen ist es zu kalt, zum Sonnenbaden auch. Selbst auf der Piazza ist es ungemütlich. Wenigstens die Schule hat aber auch dann offen. Filomena Gargiulo unterrichtet die Grundschüler. 21 Mädchen und Jungen sind es insgesamt, verteilt auf fünf Jahrgangsstufen. Die Mittelschule besuchen vier Schülerinnen. Filomena, die *Maestra*, dezent gekleidet, kurze blondierte Haare und ein zurückhaltendes, warmes Lächeln, ist auf Ventotene aufgewachsen. Als sie ein Mädchen war, war die faschistische Vergangenheit offiziell kein Thema. *Damnatio memoriae*. Doch sie war neugierig und ließ sich von den alten Leuten berichten, was damals auf Ventotene geschehen war. Von den alten Männern, müsste man sagen, »denn die Frauen hatten wenig zu erzählen. Sie durften mit den Verbannten keinen Kontakt haben.«

Was sie erfuhr, schrieb sie auf, »denn ich hatte das Bedürfnis, die Geschichten der Alten vor dem Vergessen zu bewahren.« So wurde Filomena Gargiulo zur Historikerin Ventotenes. Ihre Bücher sind in der Buchhandlung auf der Piazza zu kaufen. Darin schreibt sie unter anderem von den *cameroni*, den Baracken, in denen die Anti-Faschisten hausen mussten. »Als ich ein Mädchen war, standen die *cameroni* noch. Dann wurden sie abgerissen, weil man diese unbequeme Seite unserer Geschichte loswerden wollte.« Dagegen wollte sie anschreiben. Seit den 1980er Jahren sei die Geschichte dann langsam zurückgekehrt. Denkmäler und Erinnerungsorte seien entstanden, Hinweistafeln an der früheren Bibliothek und den einstigen Mensen der Verbannten, Straßennamen. Inzwischen hätten ihre Mitbürger erkannt, dass die Erinnerungspolitik eine große Chance für die Insel sei. »Wir verkaufen das, manchmal auch zu viel.« Das habe ich bei meinen Spaziergängen auch schon bemerkt. So werden in den Boutiquen T-Shirts mit der Aufschrift

»*Evaso*«, »*Ricercato vivo o morto*« und »*Confinato*« verkauft, »Ausbrecher«, »Lebend oder tot Gesuchter«, »Verbannter«.

Was hält die Lehrerin und Historikerin davon, dass heute wieder eine Partei in Italien regiert, die Fratelli d'Italia,[11] deren Wurzeln im Faschismus liegen? In einer Koalition mit der nationalistischen und fremdenfeindlichen Lega und der rechtsliberalen Berlusconi-Partei Forza Italia? Silvio Berlusconi, das war jener mehrfache Ministerpräsident Italiens, der einmal sagte: »Mussolini hat nie jemanden umgebracht. Mussolini schickte die Leute in die Verbannung, um Ferien zu machen.«[12]

Das Verhältnis der Italiener zum Faschismus habe sich in der jüngsten Vergangenheit nicht groß verändert, antwortet Filomena Gargiulo. »Die Erinnerungspolitik wurde auch früher immer nur von der Linken betrieben.« Trotzdem überrasche es sie, dass die Italiener im September 2022 eine derart weit rechts stehende Regierung gewählt haben. »Es überrascht mich immer noch. Und ich verstehe nach wie vor nicht, warum derart viele Süditaliener die Lega gewählt haben, die sie so lange beschimpft hat.«[13]

»Es tut mir weh festzustellen, dass die meisten Jungen nichts mehr von der Politik wissen wollen«, sagt die Lehrerin. »Auch meine eigenen Kinder haben nicht mehr die politische Passion, die ich und meine Altersgenossen einst hatten. Für die Jungen ist die ganze Politik nur noch korrupt.«

Das wirke sich inzwischen auch auf Ventotene aus. Das Bewusstsein für die Geschichte der Insel schlummere wieder ein. »Wir diskutieren hier untereinander nur noch wenig. Die Insel ist seit einigen Jahren wieder eine andere geworden.«

Am Abend esse ich in einem Lokal auf der Piazzetta Europa. Unter einer windschiefen Pinie im Zentrum des kleinen Platzes steht eine Stele. In den hellen Stein sind einige Sätze Altiero Spinellis vom 18. August 1943 eingraviert, als Mussolini gestürzt war und die Verbannten die Insel verlassen konnten. Übersetzt lauten sie: »Ich sah die Insel verschwinden, auf der ich die tiefste Einsamkeit erlebte, auf der ich die entscheidenden Freundschaften meines Lebens schloss, wo ich hungerte, wo ich wie von einer fernen Loge aus der Tragödie des Zweiten Weltkriegs zusah, wo ich meine Schlüsse daraus zog. … Keine politische Gruppierung erwartete mich nun, um mich zu feiern und in ihren Reihen aufzunehmen. Außer mir selbst nahm ich nur ein Manifest mit, einige Gedanken und drei oder vier Freunde.«

Altiero Spinelli. Er ist der bedeutendste, wirkungsmächtigste Verbannte aus Ventotene, obwohl auch der spätere Staatspräsident Sandro Pertini hier leben musste und Luigi Longo, der spätere Generalsekretär der Kommunistischen Partei Italiens (KPI). Spinelli, 1907 in Rom geboren, schrieb sich schon als Jugendlicher bei der KPI ein, weniger aus ideologischer Überzeugung, sondern weil er deren Geschlossenheit und Kampfgeist schätzte. Er agierte – die Faschisten waren bereits an der Macht – im Untergrund in einem römischen Stadtviertel, wurde 1927 verhaftet und zu mehr als 16 Jahren Gefängnis verurteilt, von denen er zehn Jahre in Haftanstalten auf dem Festland absaß. Von unbeugsamem Charakter, verstand er es, diese Zeit für ein umfassendes Selbststudium zu nutzen. Philosophie, Geschichte, Wirtschaft, Fremdsprachen, Literatur. Darüber entfremdete er sich allmählich vom Marxismus und der KPI. 1937 schickten ihn die Faschisten in die Verbannung nach Ponza. Im selben Jahr wurde er aus der KPI ausgeschlossen, weil er sich deren Orthodoxie und dem Stalinismus verweigerte. 1939 kam er auf Ventotene an.

Sein sozialistischer Mit-Verbannter Jacometti beschrieb Altiero Spinelli so: »Sie haben ihn ins Gefängnis gesteckt, als er noch keine 21 Jahre alt war. Nun ist er 36. Groß, breitschultrig, fast athletisch.« Spinelli sei der klügste, am umfassendsten gebildete Kopf, den er in der Verbannung getroffen habe. »Er spricht sieben Sprachen, und zwar richtig. (…) Und Spinelli hat das Potenzial, eine große Bewegung zu gründen.«[14] Ähnlich beschreibt ihn ein anderer Verbannter, der linksliberale Ernesto Rossi: Spinelli sei der »wertvollste Mensch, den ich bislang in der Verbannung getroffen habe. (…) Er hat einen hervorragenden Charakter. Tolerant, vergnügt.«[15]

Es ist dieser Altiero Spinelli, der von seiner Ankunft an dafür sorgen wird, dass die faschistische Verbannungsinsel Ventotene, dieses Stückchen Vulkanauswurf draußen im Meer, zum Leuchtturm Europas wird. Bei den endlosen Spaziergängen über die Insel, in den zäh zerfließenden Stunden in den Baracken, tut sich der junge Römer mit dem Süditaliener Ernesto Rossi und dem Mailänder Eugenio Colorni zusammen, um heimlich darüber zu diskutieren, wie es nach einem möglichen Sturz der Nazis und der Faschisten sowie dem Ende des Zweiten Weltkriegs in Europa weitergehen könnte. Spinelli und seine Freunde lassen dabei den Geist ganz weit aus ihrem tristen Lagerleben hinausfliegen. An den Diskussionen beteiligen sich auch Rossis Frau Ada, eine Antifaschistin und Partisanin, sowie Colornis Frau, die Berliner Jüdin und Antifaschistin Ursula Hirschmann.

So kommt es, dass am Zenit des Nazifaschismus und der militärischen Erfolge Adolf Hitlers und Benito Mussolinis auf Ventotene der geistige Samen für ein vereintes, freies Europa gesät wird. Spinelli, der den freiheitsfeindlichen, orthodoxen Kommunismus sowjetisch-stalinistischer Prägung ablehnt, ist der treibende Kopf hinter dem Unternehmen. Er verfasst, unter Mitwirkung der anderen, die Geheimschrift, die unter dem Namen *Manifest von Ventotene* in die Geschichte eingehen wird. Die Gefangenen haben keinen freien Zugang zu Papier. Spinelli schreibt das Manifest daher auf Zigarettenpapier, das er mit winzigen Buchstaben überzieht, dann in ein Schilfrohr steckt und unter dem Hühnerstall vergräbt, um es vor den Kontrollen der Faschisten zu schützen. Auf diese Weise entsteht, buchstäblich im Dreck, eine Utopie, die in den Jahrzehnten nach dem Krieg in Teilen Wirklichkeit werden sollte: ein vereintes Europa.

Spinelli geht zunächst von einer Analyse der damaligen Gegenwart aus, die zu einer Abrechnung mit dem Nationalismus wird. »Die Nation ist (...) zu einem göttlichen Wesen geworden, das ausschließlich seine eigene Existenz und Entwicklung im Auge behalten soll, ohne Rücksicht darauf zu nehmen, dass es anderen Schaden zufügt.«[16] Der Staat habe sich »vom Hüter der Freiheit seiner Bürger zum Herren über geknechtete Untertanen« entwickelt. »Menschen sind keine Rechtssubjekte mehr, sondern werden in eine Hierarchie eingereiht und zum widerspruchslosen Gehorsam gegenüber übergeordneten Autoritäten gezwungen.« Dieser bis heute gültigen Beschreibung nationalistisch-autoritärer bis -totalitärer Regime wird nun eine Vision entgegengesetzt: die Überwindung der Nationalstaaten und die Schaffung einer »Organisation der Vereinigten Staaten von Europa«. So sollen Kriege zwischen den Staaten künftig verhindert und die Freiheiten der Bürger geschützt werden. »Es gilt, einen Bundesstaat zu schaffen, der auf festen Füßen steht und anstelle nationaler Heere über eine europäische Streitmacht verfügt.« Allererste Aufgabe aber sei »die endgültige Beseitigung der Grenzen, die Europa in souveräne Staaten aufteilt«. Der neue Bundesstaat dürfe dabei kein zentralistischer Einheitsstaat werden, sondern müsse den Mitgliedstaaten angemessene Autonomie belassen. Wirtschaftlich plädieren die Verbannten für die Beseitigung der Handelsbarrieren zwischen den europäischen Ländern und für stark sozialistische Elemente, jedoch keinesfalls im Rahmen einer Diktatur des Proletariats, sondern einer freiheitlich-pluralistischen Ordnung.

Dieses in vielem seherische Manifest wurde auf abenteuerliche Weise aus Ventotene herausgebracht und auf dem Festland verbreitet. Eine entscheidende Rolle kam Ursula Hirschmann zu, die ihren Mann auf Ventotene besuchen konnte. Sie schmuggelte die Fetzen aus Zigarettenpapier mit dem 80 Seiten langen Manifest aus der Zitadelle der Verbannten. Dabei soll sie eine Wärterin, die sie durchsuchen wollte, mit etwas Geld bestochen haben. Auch wird erzählt, Ursula Hirschmann habe das Manifest in einem Brathuhn versteckt, das sie eigentlich ihrem Mann zum Essen mitbringen wollte. Das Brathuhn sei von der Lagerleitung aber als zu luxuriös zurückgewiesen worden, sodass sie es wieder mitnehmen musste. *Se non è vero è ben trovato.*[17]

Nach dem Sturz Mussolinis im Jahr 1943 kamen die Verbannten frei. Spinelli und seine Mitstreiter gründeten in Mailand die »Föderalistische Bewegung Europas« und kämpften für die Umsetzung ihrer Ideen. Spinelli selbst wurde 1970 Mitglied der EG-Kommission, dem Vorläufer der heutigen EU-Kommission. Seit 1976 war er Abgeordneter im Europäischen Parlament. Bis zu seinem Tod 1986 in Rom setzte er sich für eine europäische Verfassung ein und für die Stärkung der Rechte des Parlaments gegenüber den Regierungen der Mitgliedstaaten. Die Urne mit seiner Asche ruht auf dem Friedhof von Ventotene.

Viele der Ideen aus dem Manifest sind heute Wirklichkeit. Andere harren noch ihrer Umsetzung, wie die Verabschiedung einer Europäischen Verfassung und die Gründung einer gemeinsamen europäischen Armee. Zugleich bröckelt das Erreichte an vielen Stellen. Der Nationalismus, dessen Exzesse Spinelli und seine Generation durchleiden mussten, erhebt in vielen EU-Staaten wieder sein Haupt. Die Erinnerung an das Grauen von Weltkrieg, Nazismus und Faschismus scheint zu verblassen. Die Italiener selbst, lange das europafreundlichste Volk des Kontinents, werden immer mehr zu EU-Skeptikern. In Rom regieren die rechtsnationalen Fratelli d'Italia mit Giorgia Meloni, die im Wahlkampf 2022 stark anti-europäisch agitierte. Seit sie an der Macht ist, verhält sie sich jedoch weitgehend konstruktiv in der EU. Jedenfalls bis zum Zeitpunkt des Verfassens dieses Buches. Dennoch setzt sie ihre Akzente. In der Flüchtlingspolitik treibt sie die EU zu einem besonders forschen Kurs an. Innenpolitisch schraubt sie liberale Reformen zurück. Vor allem aber versucht sie, in Kulturbetrieben, an Universitäten und in den staatlichen Medien Schlüsselstellungen mit ihr ideologisch nahestehenden Leuten zu besetzen. Es muss sich noch zeigen, was das langfristig für Italien bedeutet. Spinelli jedenfalls wäre kaum glücklich, wenn er sehen könnte, in welchem Zustand sich Europa heute befindet.

Auf Ventotene versuchen engagierte Europäer, dem Trend entgegenzuwirken. Italienische Schulklassen werden dort über den Faschismus und das Europa-Manifest aufgeklärt. Denkmäler halten die Erinnerung an die Verbannten aufrecht. Sommerakademien, Konferenzen und Festivals stärken den Geist eines vereinten Europas. Junge Leute aus ganz Europa kommen jährlich hierher, um sich über das Einigungswerk weiterzubilden. Und wenn heute viele Touristen nach Ventotene reisen, dort essen, übernachten und Andenken kaufen, dann liegt das in erster Linie nicht an den wenigen kleinen Stränden, den romantischen Vulkanklippen, der guten Inselfischküche und den klaren Tauchgründen, sondern am Mythos als Europainsel.

»Die Vergangenheit, die man verdrängen wollte, ist zu einer Ressource für die Gegenwart geworden«, sagt die Lehrerin Filomena Gargiulo mit einem schalkhaften Lächeln. Wirklich optimistisch ist sie jedoch nicht. Die proeuropäische italienische Linke sei notorisch zerstritten. Und die derzeit in Rom regierende radikale Rechte sei von der Idee Europas nicht überzeugt. Auch nicht von der Gemeinschaftswährung, dem Euro. »Viele wollen heute die Lira zurück.«

»Glauben Sie, dass sich das in Italien bald wieder ändert?«

Filomena Gargiulo faltet die Hände und schaut in den Himmel. »Ich hoffe es.«

5

Capri – Der Traum vom Süden

Es ist fast Mitternacht, als ich in Neapel lande. Um nicht noch herumfahren zu müssen, habe ich mir eine Unterkunft direkt am Flughafen gesucht. Weil sonst alles belegt war, ziehe ich meinen Rollkoffer in ein Etablissement, das als »Kapselhotel« eingruppiert wird, eine Übernachtungsgelegenheit, wie ich sie bisher nur in Tokio vermutet hätte. In einer riesigen, mit Birkenfeigen möblierten Halle stehen die Reihen der Schlaf-Kapseln, die wie eine Kreuzung aus Container und Tresor anmuten. Drinnen befindet sich in blitzsauberem OP-Weiß alles, was man zur Übernachtung braucht. Ein Bett, eine Klappe für die Schuhe, ein Spiegel, der die Räumlichkeit optisch erweitert, eine Wand-Klappe für das Notebook, Lüftungsschlitze, exakt ein Kleiderhaken und, natürlich, ein großer Fernseher. Ich hänge mein Sakko an den Haken, werfe die Kleider auf den Boden, sinke aufs Bett und lösche das Licht. Wenn es jetzt zu rattern anfangen würde, könnte ich mich wie in einer Computertomografie-Röhre fühlen. Um nicht in Panik zu geraten, male ich mir mein Ziel für den morgigen Tag aus. Capri.

Capri! Ohne irgendetwas wollen oder wünschen zu müssen oder auch nur kontrollieren zu können, rauschen

Bilder durch den Kopf. Eine helle Felsinsel im kobaltblauen Meer, weiße Inselhäuschen mit von Bougainvilleen überrankten Terrassen, duftig-gelbe Zitronen im dunkelgrünen Laub, die *Faraglioni*, von einem antiken Schöpfergott ins Meer getupfte Fels-Skulpturen, um die Segelschiffe und Motorboote schwirren wie nächtliche Mücken um die Laternen, Ruinen römischer Kaiservillen, schattige Gärten, Pfade über Felsen und durch Macchia, immer mit Blick auf die See, und natürlich die *Piazzetta*, der Freilicht-Salon der Insel, wo sich alles verdichtet zu einem Mix aus Mondänität und Massentourismus. Die blaue Grotte taucht auf, klar. *La dolce vita*. Und dann all die schönen Dinge, die sich von Capri ihr Sommerglitzern borgen: Capri-Hosen, *Insalata Caprese*, die orange-blauen Getränketüten namens Capri-Sun, die in meiner Kindheit noch Capri-Sonne hießen, mit den kleinen spitzen Trinkhalmen, die man immer ein bisschen mühsam in die Verpackung stoßen muss, um an den Nektar zu gelangen.

Während ich in meinem Schlafsarg liege, sehe ich Restaurants und Pizzerien namens »Capri« oder »Grotta Azzurra« an mir vorbeiziehen, gern mit auf die Wände gepinselten Veduten von der Insel. Capri ist in der ganzen Welt zur Chiffre für Italien und den mediterranen Süden geworden. Auch wer noch nie auf der Insel war, verbindet mit ihr ein schwereloses Leben am Meer und in der Sonne, grundiert von Mythos und Geschichte, mit Göttern, Odysseus, römischen Kaisern. Und *bellezza* natürlich. Capri steht für mediterrane Schönheit der Landschaft, der Keramiken, der Stoffe, der Frauen und Männer. Eine starke Prise Prominenz kommt noch dazu. Sophia Loren, Norman Douglas, Liz Taylor, Richard Burton, Elton John, Jennifer Lopez, Beyoncé, Leonardo di Capri, pardon, di Caprio. Anderswo auf Exklusivität bedacht, scheuen sich die Reich-Berühmt-Schönen auf dieser Insel nicht, sich unter die Massen zu mischen und auf der *Piazzetta* ihren *caffè* zu schlürfen. Auf Capri verzichten, nur weil die Sterblichen auch dorthin strömen? *Ma dai!*[1]

Auch Millionen von Tagestouristen und Milliarden von Ansichtskarten und Fotos haben den Capri-Mythos nicht verblassen lassen. Es wirkt, als sei die Insel immun gegen jede Art der Banalisierung. Die Zauberinsel, die Paradiesinsel schlechthin, mehr noch als Bali oder Bora Bora. Ein Lied geht mir durch den Kopf. »Wenn bei Capri die rote Sonne im Meer versinkt …« Dann sinke ich in den Schlaf.

Schon am frühen Morgen sticht die Maisonne angriffslustig auf Neapel herab. Ich nehme ein streng illegales Sammeltaxi zum Hafen. Das Angebot dort ist groß. Tagestouren nach Capri mit oder ohne Blaue Grotte. Fährüberfahrt. Tragflügelboot. Katamaran. In einem mit äußerst munteren Schülerinnen und Schülern vollgepfropften Tragflügelboot setze ich über. Einige schauen durch die Fenster hinaus auf den Meeresgolf. Andere starren auf die Fernsehschirme, auf denen Szenen aus Capri zu sehen sind. Felsen, Villen, Zitronen, die *Piazzetta*. Verkäufer in weißen Hemden schnüren durch die Reihen, die Blaue Grotte mit Skonto im Last-minute-Angebot. Capri-Mützen für fünf Euro. Capri-Taschen kosten einen Euro mehr. Wir laufen in die Marina Grande ein. Der Anblick ist überwältigend. Schroffe Felsabstürze wie in den Dolomiten im Hintergrund. Davor weiße Inselvillen in Steineichenwäldchen und Orangengärten, die weiter unten in die fröhlich-bunten Fassaden am

Hafenquai übergehen. Davor Segelschiffe, Ruderkähne, Motorboote, Fischerboote, an Bojen befestigt, so dicht nebeneinander, dass man darüberlaufen könnte. Dazwischen schieben sich die Fähren und Schnellboote hindurch wie Haie durch einen Heringsschwarm. Unablässig landen sie an den Quais, lassen Menschenmassen herausquellen und fahren gleich wieder ab, um Platz für das nächste Ausflugsschiff zu machen. Auch ich werde jetzt aus der Geborgenheit des Tragflügelbootes hinaus nach Capri gedrückt.

Plötzlich ist mir, als verwandle sich der Inseltraum in einen Alptraum.

Es ist ein Wochentag außerhalb der Ferienzeit. Doch was heißt das schon auf Capri. Auf dem Quai und der Hafenpromenade staut sich eine erregte Masse. Reiseführerinnen versuchen, ihre Schützlinge beieinander zu halten wie Entenmütter ihre Küken. Schülerinnen stürmen die erste Eisdiele. Englische Ehepaare fächeln sich Luft zu, Japanerinnen bemühen sich stoisch, Platz für ein Selfie vor dem Hafen zu finden. Busse quetschen sich hupend durch die Massen, um Menschen raus- beziehungsweise reinzulassen. Die Ordner der Ausflugsagenturen versuchen schreiend, Touristen zu ihren Schiffen zu lotsen. Capri-Rundtour. Capri-Blue-Grotto-Tour. Capri-Exklusiv-Tour mit Bad im Meer und Limoncello. Draußen dröhnen die Schiffshupen genervter Kapitäne, die anlegen wollen, um noch mehr Menschen auszuspucken. Es ist heiß. Es riecht nach Schweiß. Jeder will hier weg, nach oben, in den Schatten. Ein Hauch von Panik liegt in der Luft. Die Terrasse der Bar Grotta Azzurra könnte Linderung bringen, ist jedoch überfüllt.

Auf dem Online-Portal »Capri News« werde ich später über diesen Tag lesen: »Auch heute wieder ein sehr schwieriger Tag im Hafen von Capri, zwischen Überfüllung, Chaos, praktisch gleichzeitigen An- und Abfahrten und einer Flut von Menschen auf dem Quai.« »Es war ein absurdes Durcheinander«, zitiert die Redaktion einen Augenzeugen. »Beinahe hätte es eine Prügelei zwischen Pendlern und Touristen gegeben.« Der Bürgermeister von Capri forderte den Präfekten von Neapel zum Eingreifen auf. Das Übliche.

Fünf Möglichkeiten gibt es, der Marina Grande zu entkommen: Ein rappelvolles Ausflugsboot. Die Scala Fenicia, eine in den Felsen gehauene antike Treppe vom Hafen hoch nach Anacapri, 921 Stufen in der prallen Sonne. Die kompakten, kräftigen, mit Menschen vollgepfropften Inselbusse, die wie Hummeln über die Inselstraßen brummeln. Die seit 1907 betriebene, ebenfalls vollgequetschte Funicolare, eine Standseilbahn, die hoch in den Hauptort mit der Piazzetta führt. Oder, bequemer, Taxi-Limousinen mit offenem Verdeck, die auch nicht schneller vorankommen.

Ich entscheide mich für die Funicolare, weil die meinem persönlichen Capri-Bild entspricht. Ein riesiger Keil aus Menschen hat sich vor dem Eingang gebildet, dicht gedrängt wie Skifahrer an einer Gondel in den Faschingsferien. Ich stehe eine 30 Minuten an und erfahre dann, dass es das Ticket nicht in oder bei der Seilbahn zu kaufen gibt, sondern an einem Häuschen bei der Busstation. Dort stehe ich wieder eine halbe Stunde an, um dann, nun mit Ticket, erneut eine halbe Stunde im Menschenkeil vor der Funicolare zu warten. In der Mittagssonne, mit Koffer und Rucksack. Während die Seilbahn nach oben ruckelt und mich gegen die verschwitzten Mitreisenden drückt, habe ich Zeit, mir zu überlegen, warum Capri trotz all dem eine solche Anziehungskraft behält.

Warum dieses Soufflé aus Ferienträumen nicht zusammensackt. Warum die Insel ihrer »Blaugrottisierung« standhält, wie es der Schriftsteller Raffaele La Capria so treffend ausdrückte.[2] Die Fahrt ist zu kurz, um dem Geheimnis schon jetzt auf die Spur zu kommen.

Dann darf ich oben im Hauptort von Capri nach draußen. Auf der Piazza Umberto drängen sich die Massen in der prallen Sonne, um ein Eis zu kaufen, Selfies zu machen oder sogar das großartige Panorama zu bewundern, das sich von hier aus öffnet. Wohltuend grüne Gärtchen und Rebhänge, dazwischen übereinandergestaffelt die weißen Landhäuser mit ihren Säulen, Terrassen, Loggien und Bogengängen und dahinter wilder Kalkfels, der verhindert, dass der liebliche Anblick ins Kitschige umschlägt. Viel Zeit bleibt den Reisegruppen nicht. Schon werden sie die paar Schritte hinüber zur Piazzetta bugsiert, dem Epizentrum des Capreser Touristenbebens. Wer auf die Insel kommt, muss auf die Piazzetta. Unbedingt. Wer sich verweigert, fährt sofort in die Hölle. Was allerdings noch niemand ausprobiert hat.

Die Piazzetta, die offiziell Piazza Umberto I heißt, aber von niemandem so genannt wird, war einmal ein Marktplatz. Hier wurden Obst und Gemüse an die Dörfler verkauft, Salami und Käse. Eine Piazza eben, wie in anderen ländlichen Gegenden Italiens auch. Doch der Tourismus begann sich schon zu entwickeln. Die Funicolare wurde 1892 eröffnet, ein neuer Hafen gebaut, und so wurde es bequemer, hinauf in den Ort zu kommen. Die faschistische Prominenz entdeckte Capri, Künstler und Intellektuelle waren bereits da, der Futurist Filippo Tommaso Marinetti schrieb, die Insel sei »das Refugium jedes wirklichen Exzentrikers, der aus der Normalität herausfallen will«.[3] Doch all die Prominenz brauchte einen Ort, um sich zu treffen und gesehen zu werden. Eine Bühne. Die Zeit war reif, aus der Piazza Umberto I die Piazzetta zu machen und aus dem Markt einen Jahrmarkt der Eitelkeiten.

Das spürte Raffaele Vuotto. Als Junge hatte er bei einem Bäcker auf der Piazza gearbeitet. Nun stellte er kleine Tische auf den Platz, um dort Espresso, Eis und Backwaren zu servieren. Zur Eröffnung spielte der Musiker Paolo Falco auf einer Stradivari auf. Wiener Kaffeehaus auf Capri. Vuotto sagte: »Dieser Platz muss ein Salon werden. Die Leute sollen sich die Füße sauber machen, bevor sie hier eintreten.« Das war 1938. Andere Capresen taten es Vuotto nach und eröffneten ebenfalls Bars und Cafés. Die Piazzetta trat nach dem Zweiten Weltkrieg ihren Siegeszug um die Erde an, wurde zum *Salotto del mondo*.[4]

In den folgenden Jahren und Jahrzehnten kamen sie alle zu Raffaele Vuotto auf die Piazzetta. Jacqueline Kennedy und Aristoteles Onassis, die Callas, Ernest Hemingway, der hier nicht nur Kaffee trank, Simone de Beauvoir, Jean-Paul Sartre oder der New Yorker Mafia-Boss Lucky Luciano. Fortan brauchte Capri eigentlich keine Fremdenverkehrswerbung mehr zu machen. Seine prominenten Gäste übernahmen das.

Am frühen Morgen ist Capri herrlich. Die Luft ist frisch, um die Felsen weht ein Dunstschleier. Er gibt der Landschaft etwas Sanft-Geheimnisvolles. Im Ort herrscht Ruhe, die Tagestouristen frühstücken noch in den Hotels in Neapel oder Sorrent. Ich schlendere durch die schmalen Gassen, die mit ihren weiß gekalkten Häusern, Bögen, Durchgängen und kleinen Geschäften anmuten wie ein arabischer Souk. Allerdings ein sehr aufgeräumter. Die

Straßenkehrer sind emsig unterwegs, und auf der Via Vittorio Emanuele, die früher einmal Via Hohenzollern hieß, wuseln Elektro-Minilaster wie Ameisen auf und ab, um den Hotels und Restaurants frischen Fisch und Gemüse zu bringen oder Baumaterialien herbeizuschaffen. Ich laufe hinunter zum nobelsten Hotel der Insel, dem Quisisana, einst Domäne der englischen Reisenden, heute Anlaufpunkt begüterter Urlauber von allen Kontinenten. Wer wirklich mondäne Paare betrachten will, der komme am Abend hierher, wenn sie aus dem Quisisana herausschwärmen, um in den Gassen spazieren zu gehen. Graumelierte oder kahlköpfige Männer mit bedeutenden Uhren schlendern Arm in Arm mit ihren einen Kopf größeren, langbeinigen Töchtern in Versace-Kleidern herum – oder sind es gar nicht die Töchter? Ich weiß, das klingt klischeehaft, aber wer es nicht glaubt, der komme und schaue. Ich spaziere wieder hinauf zum Hotel La Palma, einem schneeweißen, von exotischen Pflanzen umspielten Ferienpalast. Hier stand einst die Pension der deutschen Maler, Zeichner und Schriftsteller des 19. Jahrhunderts, das Hotel Pagano, eine innen komplett von den Künstlern ausgemalte Institutionen, von der leider nichts mehr geblieben ist. Und auch die Bar Zum Kater Hiddigeigei, in der sich ebenfalls im 19. Jahrhundert die deutschen Capri-Künstler Münchner Fassbier zu deutschen Wurstwaren schmecken ließen, existiert nicht mehr. An ihrer Stelle schillern heute die Schaufenster einer Boutique von Salvatore Ferragamo.

Anderes ist geblieben und hält die Traditionen hoch. Das Gran Caffè R. Vuotto etwa, mit seinen Korbsesselchen und Bistrotischen unter den Sonnenschirmen. Von hier aus lässt sich die 25 auf 28 Meter kleine Piazzetta bei einem *caffè* und einem *cornetto* betrachten: die apricotfarbenen, einstöckigen Palazzi, die trotz aller Restaurierung noch etwas behaglich Dörfliches ausstrahlen; der frei stehende Uhrturm mit seinem Ziffernblatt aus farbigen Fliesen; der mittelalterliche, verschachtelte Palazzo Cerio; und die blumengeschmückte Freitreppe, die hinauf zur weiß getünchten Barockkirche Santo Stefano führt. Und dann, auf der Piazza, die anderen Cafés, die nur fast so berühmt wie das Gran Caffè sind.

Zwei Männer begrüßen mich und setzen sich mit an den Tisch, Marco Strina, der Besitzer, und sein treuester Kellner Mario. Die beiden wollen mir ein bisschen erzählen über Capri und wie es sich verändert hat. »Als mein Großvater Raffaele Vuotto das Café eröffnete, war es noch nicht üblich, im Freien zu sitzen«, sagt Marco Strina. »Doch es wurde ein enormer Erfolg.« In den 1960ern habe dann die *Dolce Vita* das Café berühmt gemacht. »Und das ist es bis heute geblieben.«

Einen Grund dafür sieht Strina darin, dass das Gran Caffè und die gegenüberliegende, ebenfalls ihm gehörende Piccolo Bar ein Familienbetrieb geblieben sind. »Wir haben insgesamt 50 Angestellte, geben also 50 Familien auf Capri Arbeit. Nicht nur irgendwelche Jobs. Bei uns herrscht ein Teamgeist. Das spüren auch die Gäste.«

Mario nickt. »Ich habe 43 Jahre als Kellner hier gearbeitet. Seit zwei Jahren bin ich in Rente. Aber ich lebe nur 30 Meter von hier entfernt und komme jeden Morgen vorbei, um meinen *caffè* zu trinken und mit dem Personal zu plaudern.«

»Mario ist unser Leuchtturm für die Jungen«, sagt Marco Strina, »ein Vorbild.«

»Ich habe hier die ganze Welt bedient«, sagt Mario.

Einen Grund für den Erfolg Capris sieht er in der Herzlichkeit der Capresen und in deren dezentem Charme. Die Besucher fühlten sich daheim bei ihnen, weil sie mehr als Gäste denn als Touristen behandelt würden. Daran habe selbst der Massenansturm auf die Insel nichts geändert.

Das kann ich nach einem Tag auf Capri schon bestätigen. Die unbeirrbare, gelassene Freundlichkeit der Capresen bei allem Stress ist verblüffend. Marco Strina und Mario sind mit ihrer unaufdringlichen Liebenswürdigkeit Beispiele dafür. Ich habe nach fünf Minuten das Gefühl, als würden wir uns schon lange kennen.

»Ein guter *cameriere* hält die Balance zwischen Zugewandtheit und Diskretion«, sagt Mario. »Er sorgt dafür, dass sich die Gäste willkommen fühlen, wird dabei aber niemals zu vertraulich. Er weiß alles über seine Stammgäste, spricht aber nicht darüber.« Diese Tugenden finde man in den Bars und Restaurants auf Capri auch heute noch.

»Dafür bilden wir auch viele junge Leute selbst aus«, sagt sein früherer Chef. »Wir bringen ihnen die Liebe zu diesem Ort nahe. Und wir lehren sie, auch im Getümmel Ruhe auszustrahlen.«

Das bedeutet jedoch nicht, dass die beiden mit der Entwicklung ihrer Insel und der Piazzetta rundum zufrieden sind. »Es hat sich schon viel verändert«, sagt der pensionierte Kellner. »Früher kamen weniger Leute, aber die hatten Stil. Sie kamen zum Frühstück, zum Mittagessen und dann wieder zum Aperitif und zum Abendessen. Am Nachmittag war nichts los. Da konnten wir Kellner zwischendurch nach Hause gehen. Heute ist das vorbei. Das brummt vom Morgen bis zum Abend durch.«

»Zugleich haben sich die Bedürfnisse verändert«, sagt Strina. »Zur Zeit der *Dolce Vita* wollten die Besucher erkannt werden. Heute möchten viele unserer reichen Gäste, oberitalienische Unternehmer etwa, das gerade nicht. Sie setzen sich unauffällig an einen der Tische und schließen in größter Diskretion ihre Geschäfte ab.«

Erstaunlicherweise aber kommen sie hierher, ins Auge des Touristenorkans. Womöglich hat die Piazzetta eine magische Anziehungskraft, der man, einmal auf der Insel, nicht entgehen kann. Womöglich ist es aber auch einfach die Lage des Platzes. »Wohin du auf Capri auch gehst, du kommst hier vorbei.«

Mario Strina macht sich um seine Insel aus zwei Gründen Sorgen. Erstens ist das die Konzentration der Touristen auf bestimmte Stunden am Tag und auf einige wenige Orte. Die Menschen kämen am Vormittag und führen am Nachmittag wieder ab. »Wenn sich dann 4000 Menschen in unserem kleinen Hafen ballen, ist das einfach zu viel. Das müssten wir entzerren, zum Beispiel durch günstigere Tickets am frühen Morgen und späteren Abend. Es geht darum, die Besucher besser zu verteilen.« Von einer Zugangsbeschränkung für Touristen und Eintrittspreisen für die Insel, wie sie in Venedig und manchen Alpenorten diskutiert werden, hält Strina nichts. »Denn wie wollen Sie entscheiden, wer kommen darf? Nur die Vermögenden? Dann würde Capri steril.«

Das ist die zweite Entwicklung, die den Caféhaus-Besitzer umtreibt. »Das Gran Caffè ist einer der wenigen Traditionsbetriebe, der sich noch nicht im Besitz internationaler Marken und Konzerne befindet.« Dieses auswärtige Kapital treibe die Preise und führe dazu, dass sich viele Capresen das Leben auf ihrer Insel nicht mehr leisten könnten. »Die wandeln dann ihr Haus in ein Bed and Breakfast um und ziehen selbst weg aufs Festland.«

Inzwischen ist es später Vormittag geworden, und die Funicolare gießt immer weitere Menschenmengen auf die Piazzetta, wie eine übersprudelnde Quelle. Sobald die Tagesbesucher ihre Fotos geschossen und vielleicht eine Kleinigkeit konsumiert haben, geht es mit den Inselbussen nach Anacapri. Die höher gelegene Gemeinde auf der Westseite der Insel gilt als ländliche, noch ursprünglichere Alternative zum Hauptort. Doch als ich auf der Piazza Vittoria aussteige, kommt mir alles recht ähnlich vor. Sehr viele Menschen. Die einen setzen sich in die Cafés, um mit einem Strohhalm einen Aperitif aus einer Zitronatzitrone zu saugen, einer überdimensionalen Zitrusfrucht. Die anderen bummeln durch die heiter-geschwungenen Gassen mit ihren weißen Häusern, die an Griechenland erinnern. Wieder andere nehmen den altmodischen Einersessellift hinauf zum knapp 600 Meter hohen Monte Solaro.

Schon das sanfte Schweben über die Höfe, Gärten, Macchiahänge und Wäldchen hinweg lohnt diesen Ausflug. Capri erscheint aus der Vogelperspektive als kleinbäuerliche, mediterrane Idylle. Vom Getümmel auf der Piazza ist nach zwei, drei Minuten Fahrt nichts mehr zu erahnen. Oben angekommen, verlaufen sich die Touristen. Ich suche mir einen der vielen Aussichtspunkte, blicke hinab und verfalle dem Capri-Zauber. Senkrecht stürzen die Felswände zu einem überirdisch blauen Meer hinab, aus dem die Kalkkegel und -nadeln der *Faraglioni* ragen. Größere und kleinere Boote malen Arabesken aus weißer Gischt ins Blau. Dazu Wind, Sonne, Möwenschreie, der Geruch von Macchia-Kräutern. Ich kann mich nicht losreißen von diesem Spiel der Schiffe, der Felsen und des Meers. Es ist ein Bild, das vollkommener Schönheit nahekommt.

Wieder unten in Anacapri, mache ich eine für mich überraschende Entdeckung. Es reicht, ein, zwei Minuten vom Hauptweg des Massentourismus abzuweichen, um Capri fast für sich allein zu haben. Die Gassen sind zu schmal für Autos, kleine, weiße Plätze ruhen menschenleer in der Nachmittagssonne, zeitlose Räume mediterraner Kultur. Nach 18 Uhr leeren sich auch die Bars um die Piazza Vittoria. Die Tagesbesucher sind auf dem Rückweg. Anacapri, Bus, Capri, Bus, Marina Grande, Fähre, Neapel. Die Anacapresen und die wenigen Übernachtungsgäste haben den Ort jetzt für sich. Die Kellner drosseln ihr Tempo, die Verkäuferinnen treten aus den Boutiquen auf die Gasse, um Ruhe und Abendkühle zu genießen. Anacapri atmet auf.

Ich setze mich mit Cecilia Walch auf ein Glas Weißwein auf eine der Terrassen. Dort erzählt mir die Österreicherin, wie sie Capri verfallen ist. Als sie elf Jahre alt war, brachte ihr Bruder einen Studienfreund nach Hause. Er stammte von der Insel. Die Familien freundeten sich an, und Cecilia und ihr Bruder fuhren jeden Sommer in Ferien dorthin. »Capri wurde zu meinem Kindheitsparadies«, sagt sie. Als junge Frau kehrte sie zurück, fand einen Job als Tellerwäscherin in einer Bar bei der Blauen Grotte. Irgendwann lernte sie ihren Mann, einen Capresen, kennen. »Deutsche Fremdenführer gab es damals hier und in Neapel nicht viele.« Cecilia Walch spezialisierte sich darauf. Anfangs sei sie misstrauisch beäugt worden. »Die Österreicherin nimmt uns die Arbeit weg«, hätten manche geschimpft. »Heute sagt das keiner mehr. Es gibt hier so viel Arbeit, dass man froh ist, dass ich da bin.«

Obwohl sie vom Fremdenverkehr lebt, findet Cecilia Walch: »Es ist heute absolut zu viel. Irgendwann wird Capri untergehen vor lauter Menschen.«

Wie erklärt sie sich diese Anziehungskraft? »Ich frage manchmal meine Kunden vor der Anreise, was sie mit Capri verbinden. Sie nennen Palmen, Orangenbäume, Sandstrände. Ein tropisches Paradies. Irgendwie löst das Wort Capri im Gehirn Traumvorstellungen aus, die mit der Wirklichkeit nichts zu tun haben müssen. Gewiss, die Insel ist wunderschön. Aber es gibt gar keine Sandstrände.« Sie selbst fasziniere vor allem die Natur. Und die Atmosphäre, das Klima. »Ich hatte als Jugendliche oft Migräne. Dann kam ich hierher und konnte plötzlich klar denken.«

Auf der Suche nach dem Capri-Mythos ist es nun Zeit, tiefer in die Vergangenheit einzutauchen. So begebe ich mich auf eine Wanderung über kleine Wege durch überbordendes Grün in den Osten der Insel. Dort liegen auf einem Felsplateau, das auf drei Seiten senkrecht zum Meer abbricht, die Ruinen eines antiken Palastes, der Villa Jovis. Zwölf solcher Villen soll der römische Kaiser Tiberius auf Capri besessen haben. Schon dessen Vorgänger und Stief- sowie Adoptivvater Augustus – die Verwandtschaftsverhältnisse des Kaiserhauses waren komplex – verguckte sich förmlich in die Insel. Der römische Schriftsteller Sueton berichtet, Augustus, der damals noch Oktavian hieß, sei im Jahr 29 v. Chr. auf Capri gelandet. Dort sei eine alte, abgestorbene Steineiche vor Freude über seinen Anblick wieder ergrünt. Oktavian nahm das als göttliches Zeichen und tauschte

Ischia, das ihm gehörte, gegen Capri ein. Womöglich hat ihn dazu nicht nur die Steineiche, sondern auch die klassisch griechische Anmutung Capris bewogen. Die Küsten um Neapel, an denen die römischen Patrizier ihre Sommervillen hatten, sind vulkanische Feuer-Landschaften, geprägt von rötlich dunklen Erdfarben. Umso wunderbarer hebt sich der helle Kalk Capris davon ab.

Kaiser Tiberius, früher ein bedeutender Feldherr und auch als Imperator ein fähiger, aber zunehmend misanthropischer, verschlossener und misstrauischer Mann, verlegte 26 n. Chr. seine Residenz aus der Hauptstadt seines Weltreichs nach Capri. Manche Quellen behaupten, er habe sich Attentatsversuchen entziehen wollen, andere, seine Ärzte hätten ihm zum Umzug auf die Insel geraten. Als gesichert gilt, dass sich Tiberius abgestoßen fühlte von Rom und den Römern, mit ihrer Dekadenz, den Intrigen, Meutereien und Palastrevolten. Der Schriftsteller Humbert Kesel imaginiert die Stimmung im Rom jener Zeit eindrucksvoll: »Die große Masse kannte nur den Schrei nach Brot und Zirkusspielen, und die Equites, der Stand der römischen Ritter, dieser Kriegsgewinnler aus den Bürger- und Kolonialkriegen, sorgten sich nur um die Vermehrung ihrer Riesenvermögen.« Und weiter: »Rom, das Herz dieser Mittelmeerzivilisation, war nur noch ein riesiges Verwaltungszentrum, dem jeder Schwung zur Erneuerung, zu Reformen fehlte.«[5]

Man kann nachvollziehen, dass sich Tiberius da lieber auf seine meeresumwogte Felseninsel zurückzog, in eine klare Landschaft und reine Natur, um von hier aus das Imperium zu lenken. Doch ungewöhnlich war das schon. Kesel macht sich darauf einen Reim: »Insel, so klein du auch bist, einst warst du doch Romas Rivalin, würdig befunden, ein Hort cäsarischer Männer zu sein.«[6]

Elf Jahre lang, bis zu seinem Tod im Alter von 77 Jahren, herrschte der zweite Kaiser des Römischen Imperiums von der Insel aus. Seine Hauptresidenz, die gut 300 Meter über dem Meer gelegene Villa Jovis, darf man sich dabei nicht als Felsennest eines Asketen vorstellen. Sie war vielmehr ein 7000 Quadratmeter umfassender, vermutlich acht Stockwerke hoher, prunkvoller Palast mit Mosaikböden, Wandfresken und viel Marmor, ausgestattet mit allen Annehmlichkeiten der damaligen Zeit, der mehrfach erweitert wurde, um für einen Teil des Regierungsapparats aus Rom Platz zu schaffen. Riesige Zisternen sorgten auch im Sommer für reichlich Wasser und speisten die kaiserlichen Bäder. Tiberius liebte es, allein in einem 100 Meter langen, offenen Wandelgang umherzuschreiten und die Blicke über den Golf von Neapel und die Halbinsel von Sorrent schweifen zu lassen. Dabei ließ der Kaiser die Staatsgeschäfte nicht schleifen. Über ein System von Signaltürmen konnte er rasch Nachrichten mit Rom austauschen.

Von der 2000 Jahre alten Herrschervilla ist einiges an Mauerwerk auf verschiedenen Ebenen erhalten. Es lohnt sich, hier herumzustreifen, schon allein wegen der herrlichen Aussicht. Gerne würde man dem Geist des Kaisers begegnen, um ein paar Fragen zu stellen. Denn über diesen Capri-Caesaren sind unerhörte Dinge im Umlauf. Tiberius hatte in Rom viele Menschen gegen sich aufgebracht. Etliche Mächtige ärgerten sich darüber, dass er sich ihrem Einfluss durch den Umzug auf die Insel entzogen hatte. Das einfache Volk nahm ihm die vielen Hinrichtungen übel, die er vor allem gegen Ende seiner Herrschaftszeit befohlen haben soll. So bekam Tiberius nach seinem Tod eine schlechte Presse. Römische Geschichtsschreiber wie Tacitus und Sueton zeichneten das Bild eines düsteren, sadistischen, sexbesessenen, von Krankheiten entstellten Greises, der im Verborgenen seiner Insel Orgien veranstalten ließ, um seinen perversen Lüsten zu frönen.

»Dagegen ließ er jetzt endlich, durch die Verborgenheit jeden Zwanges ledig und, sozusagen, den Augen des Publikums entrückt, allen seinen Lastern, die er lange nur mühsam verhehlt hatte, auf einmal völlig freien Lauf, wovon ich mit Rücksicht auf die Anfänge derselben im Einzelnen berichten will«, versucht Sueton seinen Lesern den Mund wässrig zu machen.[7] Dann erzählt er, der Kaiser habe seine Begierden aufgestachelt, indem er zuschaute, wie »Scharen von überall zusammengebrachten Mädchen und Lustknaben und Erfinder unnatürlicher Beischlafsweisen (...) zu dreien verbunden miteinander Unzucht treiben mussten«. Außerdem legte er in Parks und Gehölzen »sogenannte Venusplätze an, wo in Grotten und Felshöhlen junge Leute beiderlei Geschlechts als Panisken und Nymphen verkleidet zur Wollust einluden«. Der Kaiser habe Kinder sexuell missbraucht und eine Frau aus edler Familie, die sich ihm nicht hingeben wollte, in den Tod getrieben. Auch sei er geizig, räuberisch und voll Hass sogar auf seine engsten Verwandten gewesen. Einem Fischer, der seine Einsamkeit störte, indem er ihm eine besonders große Seebarbe schenken wollte, ließ er »mit demselben Fische das Gesicht zerhauen«. Selbst an den heiligsten Feiertagen des Reiches habe der Henker arbeiten müssen. Da es als Frevel galt, Jungfrauen zu erdrosseln, habe er sie zuvor vom Henker schänden lassen.

So geht es weiter, Absatz um Absatz. Besuchern wird noch heute bei der Villa Jovis ein Felsen gezeigt, *Salto di Tiberio*[8] genannt, von dem der Kaiser angeblich Menschen in die Tiefe zu springen zwang. Wer nicht an den Felswänden zerschellte, soll im Wasser von Ruderbooten aus mit Stangen erschlagen worden sein.

Nun, der Angeklagte kann sich nicht mehr selbst verteidigen. So verdüsterte der Rufmord, denn ein solcher war es wohl in weiten Teilen, über Jahrhunderte sein Bild in der Geschichte. Erst die neuere Geschichtsschreibung korrigierte, ähnlich wie bei Nero, das Bild des Kaisers. Demnach war Tiberius im Alter gewiss ein Herrscher mit despotischen Zügen, der zahlreiche Prozesse gegen Senatoren und Bürger betrieb, etwa wegen Majestätsbeleidigung, und viele Menschen hinrichten ließ. Auch entmachtete er den Senat und bereitete so künftigen Tyranneien in Rom den Weg. Ein Großteil der Exzesse auf Capri aber, die ihm nachgesagt werden, dürften maßlose Übertreibungen oder reine Erfindungen sein. Sein Nachfolger jedenfalls war mit Sicherheit nicht besser. Er hieß Caligula.

Tiberius wirkt auf Capri auf zweierlei Weise fort. Zum einen schenkte er der Insel das bis heute andauernde Gefühl der Auserwähltheit, da er sie zur Kaiserresidenz und damit zum Mittelpunkt der mediterranen Welt machte. Zum anderen haftet Capri seither der Ruf der Libertinage an, der Freizügigkeit, der Homosexualität und einer orgiastischen Exzentrik. Hierzu mögen die Grotten – es gibt keineswegs nur die Blaue – beitragen, in denen sich die Fantasie allerlei ausmalen kann.

Erst einmal aber sank die Insel nach Tiberius in den Schlaf der Geschichte. Statt Kaiser kamen Sarazenen, ein wachteljagender Bischof und die Pest. Die alten Villen verfielen. Auch in der Zeit der Grand Tour, der in der Renaissance wurzelnden Bildungsreise junger Adeliger durch Europa, blieb Capri außen vor. Die meisten wagten sich nur bis Rom, allenfalls bis Neapel und Pompeji. Goethe betrat auf seiner italienischen Reise[9] die Insel nicht, erlitt an ihren Klippen jedoch beinahe Schiffbruch. Die Franzosen eroberten Capri für kurze Zeit. Dann kam Kopisch.

Der Maler, Schriftsteller und Erfinder August Kopisch macht sich 1824 auf nach Italien, so wie viele junge deutsche Künstler. Im Sommer 1826 landet er mit seinem Malerfreund Ernst Fries auf Capri. Sie steigen in der Herberge des Notars und Gastwirts Giuseppe Pagano ab. Man sitzt abends beisammen am Tisch, spricht dem heimischen Wein zu, erzählt sich Geschichten. Die beiden Künstler horchen auf, als ihr Wirt etwas von einer Höhle unter Wasser erwähnt, in der der Teufel sein Unwesen treibe. Es ist die Zeit der Romantik. Sagen, Mythen und eine geheimnisvoll beseelte Natur treiben die Geister um. Höhlen sind da *en vogue*, als Pforten ins Erdinnere und Unbewusste. Am 17. August machen sich die beiden Deutschen, Pagano und dessen Sohn auf Entdeckungstour. Sie schwimmen in die Höhle. Begleitet von einem alten Fischer, der ihnen mit einer Pfanne voll brennendem Pech leuchtet. Zurück in der Herberge schreibt Kopisch ins Gästebuch: »Wir benannten diese Grotte die blaue (*la grotta azzurra*), weil das Licht aus der Tiefe des Meeres ihren weiteren Raum blau beleuchtet. Man wird sich sonderbar überrascht finden, das Wasser blauem Feuer ähnlich die Grotte erfüllen zu sehen, jede Welle scheint eine Flamme.«[10]

Haben Kopisch und seine Gefährten die Grotte entdeckt? Allenfalls so, wie Kolumbus Amerika entdeckt hat. Sie haben sie in Europa bekannt gemacht. Denn natürlich wussten nicht nur die Capri-Fischer um die

Meereshöhle, sondern auch schon die alten Römer. Unterwasserarchäologen haben vom Boden der Grotte Statuen antiker Meeresgötter geborgen. Kopisch selbst schreibt ins Gästebuch über die Höhle: »Im Hintergrund führt ein alter Weg in den Felsen vielleicht nach dem darüber gelegenen Damicuta, wo der Sage nach Tiber Mädchen verschlossen haben soll, und es ist möglich, dass diese Höhle sein heimlicher Landungsplatz war.« Wohl aber lässt sich sagen, dass Kopisch die Grotte für den Tourismus entdeckt hat. Und in gewisser Weise hat er mit dieser Höhle den Ausgangspunkt des modernen Tourismus überhaupt gesetzt. »Die Blaue Grotte im fernen Sehnsuchtsland Italien wurde zur Erfüllung aller Blauträume und Grottenfantasien der romantischen Generation«, schreibt Dieter Richter. Und: »Capri wird zur ersten Inseldestination des modernen Tourismus, Prototyp aller späteren Ferieninseln.«[11]

Zunächst strömen vor allem deutsche Sehnsuchtskünstler auf das Eiland mit seiner famosen Höhle. Maler, Dichter, Schriftsteller, Komponisten. Sie bejubeln die Insel mit ihrer zauberhaften Natur und gewaltigen Geschichte in Gedichten, Reisebüchern, Romanen, Gemälden und Liedern. Das wirkt wie eine riesige Werbekampagne. Der Poet Wilhelm Waiblinger etwa dichtet:

»Capri werde mir stets der Edelsteine
Wundervollster genannt, den Vater Ocean
Mit der Wogen Azur umfängt;
kein Eiland sei ihm gleich.«[12]

Zur Jahrhundertwende kommen immer noch mehr. Damals sollen sich allein von den bildenden Künstlern deutscher Sprache mehr als 250 auf Capri aufgehalten haben.[13] Gerhart Hauptmann jubiliert im Rückblick auf seine Zeit auf Capri: »Wenn wir des Morgens … zum köstlichsten Bade der Welt, zur Kleinen Marina hinunterzogen, verloren wir uns in Wärme, Farbe und Glanz und bestanden nur noch aus lachender Seele.«[14] Darunter ging es nicht mehr auf Capri. Und das war noch nicht alles. Der Schriftsteller Martin Mosebach resümiert: »Es gab dazu noch Raum für kauzige Existenzen, die hier, lange vor den Hippies, der Nacktkultur, neuheidnischen Riten, Opiumexzessen und andernorts verbotenen sexuellen Vorlieben nachgehen konnten.« In Capri habe man die erschreckenden Veränderungen der Welt durch die industrielle Revolution vergessen können »wie später oder gleichzeitig auch in Tetuan, Ibiza und dann vor allem in Indien«.[15]

Ganz schön viele Träume und Erwartungen für so eine kleine Insel. Es wurden noch mehr. Nach den deutschen Künstlern und Exzentrikern kamen die Briten und dann auch die Italiener, um sich ihren »himmelblauen Caprischwips«[16] abzuholen. Auch Großindustrielle wie Friedrich Alfred Krupp oder Revolutionäre wie Maxim Gorki verfielen der Insel. Turgenew schwärmte: »Aber Capri ist ein Wunder. Ja, ein Wunder! ... Weil diese Insel verzaubert ist, ein Tempel der Göttin Natur, die Inkarnation der Schönheit.«[17] Und Turgenew gilt als Realist!

Was ist geblieben von jenen Zeiten, die dem Massentourismus den Weg bereitet haben? Eine ganze Menge. Vor allem einige wundervolle und manchmal wundersame Villen, die zum Teil besichtigt werden können. Da wäre das Jugendstil-Domizil Villa Lysis des französischen Schriftstellers Jacques d'Adelswärd-Fersen, der hier seine homosexuelle Liebe lebte, Opium rauchte und mit Kokain Selbstmord beging. Oder die romantische, mit ihrem Garten geradezu verwachsende Villa Munthe des schwedischen Arztes und Schriftstellers Axel Munthe.[18] Und die rampenartige, in pompejanischem Rot gehaltene Villa Malaparte auf einer einsamen Klippe über dem Meer des gleichnamigen genialischen italienischen Schriftstellers. Sie kann leider nicht von innen besichtigt werden. Aber auch der Anblick von außen lohnt die Wanderung vom Hauptort Capri dorthin. Vielleicht wird sie ja für die eine oder andere Capri-Reisende zum Anlass, Curzio Malapartes abgründigen, schockierenden und mitreißenden Roman *Die Haut* aus dem Neapel des Weltkriegsjahres 1943 zu lesen oder wieder zu lesen.

Wer nur liebliche, leichte Mittelmeer-Kost sucht, ist auf Capri also nicht unbedingt richtig. Dennoch wurde die Felseninsel zur Massendestination. Was wiederum nicht heißt, dass Capri meiden sollte, wem Massentourismus missfällt. Denn das alte, mythische, naturgöttliche Zaubercapri ist immer nur ein paar Schritte von der Piazzetta entfernt. Viele gut gekennzeichnete Wanderwege führen hinaus in die Natur und sogar in die Einsamkeit. Während ich im Mai den *Sentiero dei Fortini*[19] entlanglaufe, begegne ich kaum einem Menschen. Der Weg führt von Anacapri aus an der südlichen Steilküste der Insel entlang durch Macchia und Wäldchen aus Mastixbäumen, Flaumeichen und Myrten, berührt dabei einige kleine Befestigungen aus der Zeit der napoleonischen Kriege. Sein Reiz liegt in den beständigen Blicken aufs Meer und den unzähligen Blütenformen und Gerüchen der Pflanzen.[20] Doch selbst im Hauptort Capri sind es immer nur ein paar Schritte raus aus dem Getümmel und hinein in das kasbah-artige Gassengewirr hinter der Kirche Santo Stefano oder hinüber zu einem Aussichtspunkt. In der Abenddämmerung geht dann der Blick hinaus auf ein mattsilbrig schimmerndes Meer, einen glutroten Himmel und die schwarzblaue Silhouette der Insel Ischia. Davor, wie ein Scherenschnitt, der tiefschwarze Schattenriss einer Schirmpinie. Es wird schwer, zu Hause die Freunde zu überzeugen, dass da kein Photoshop im Einsatz war.

Je länger ich auf der Insel bleibe – mindestens drei Tage, hat mir Marco Strina geraten –, desto fester umgarnt mich ihre Magie. Widerstrebend beginne ich, die Exzesse des Massentourismus hinzunehmen wie eine Dornenhecke, die vor der Schönheit Capris liegt. Und ist es nicht tröstlich, dass jeder der in seine Package-Tour verpackten Tagesbesucher nur ein paar Schritte zu gehen braucht, um vom »Fremden-Capri«, wie Rainer Maria Rilke es nannte, zum Zauber-Capri zu gelangen?

Natürlich sind wir auf der Piazzetta verabredet. Mariano Della Corte, geboren 1982, kurzer Vollbart, kluge Augen, ist um die Ecke aufgewachsen. Heute organisiert er auf Capri und dem Festland Events – zeitgenössische Kunst, Festivals, solche Sachen. Studiert hat er Sozial-Anthropologie mit Schwerpunkt auf der Entwicklung des Tourismus. Er kennt das Phänomen Capri. »Als ich zehn, zwölf Jahre alt war, war das noch eine völlig andere Insel. Die Hochsaison dauerte nur ein paar Monate, in der übrigen Zeit war die Insel ruhig. Wir Capresen waren die Stammkunden auf der Piazzetta. In den Gassen gab es noch viele normale Geschäfte und Handwerksbetriebe. Und in der Schule lehrten sie uns, dass wir an einem außergewöhnlichen Ort lebten.«

Ungefähr ab dem Jahr 2000 habe der Massentourismus so richtig eingesetzt. Inzwischen sei er zum Overtourismus ausgeartet. »Araber, Australier, Asiaten, Brasilianer – die ganze Welt will nach Capri.« Dass derzeit die Russen wegfielen, mache sich kaum bemerkbar, weil sogleich andere die Lücke in den Hotels und Restaurants füllten. Zugleich kaufe fremdes Geld alles auf, die Identität der Insel gehe verloren. Dabei hätten paradoxerweise gerade solche Leute Capri berühmt gemacht, die Einsamkeit und Ursprünglichkeit suchten – sowie diese einmalige Mischung aus dem Römischen und dem Griechischen. Tiberius. Krupp. Munthe. Malaparte.

»Capri ist die Essenz des Mediterranen, des Südens«, sagt Mariano Della Corte. Nun sei daraus eine Welt-Insel geworden. Wie er es sagt, klingt es nach Allerwelts-Insel. »Die Realität ist durch ein Bild ersetzt worden. Capri ist heute das Stereotyp Italiens. Exotisch, und dabei leicht erreichbar und genießbar.« Ausgerechnet die Corona-Pandemie habe Capri dann wieder etwas von seiner Ursprünglichkeit zurückgegeben. »Es war wie ein Sprung in die Vergangenheit.« Mariano Della Corte schaut versonnen über die überfüllte Piazzetta hinweg. »Wenn wir davon ein bisschen was erhalten könnten …«

6

Salina – Flucht aus dem Paradies

Der Wirt zieht die Augenbrauen hoch und blickt theatralisch, wie mir scheint, gen Himmel, als ich ihm erzähle, dass ich auf die Liparischen Inseln übersetzen will. »Scirocco«, seufzt er und erklärt: »Für morgen ist ein starker Südostwind angesagt. Er kommt aus der Sahara und kann zum richtigen Sturm werden. Gut möglich, dass die Fähren morgen nicht auslaufen.«

Ich nehme das nicht allzu ernst. Gewiss, der Wind pfeift schon jetzt ziemlich heftig in dem sizilianischen Bergstädtchen, in dem ich übernachtet habe. Der Himmel hat sich mit sandtrüben Schleierwolken überzogen. Aber für die großen Fähren, die sogar Schwerlaster befördern, sollte das kein Problem sein. Außerdem ist es Ende Mai und nicht Januar. Daher stehe ich am nächsten Morgen im Dunkeln auf, hole mir einen doppelten Espresso aus dem Kaffeeautomaten der Pension und fahre in die Hafenstadt Milazzo im Nordosten Siziliens, von wo aus die Liparischen Inseln angesteuert werden. Ich möchte das erste Schiff nehmen. Eine massige weiße Fähre mit der dunkelblauen Aufschrift *Siremar* liegt am Quai. Einige Rucksacktouristen schlurfen mit ratlosen Gesichtern darum herum. Ich gehe in das Ticket-Büro und bitte um eine Fahrkarte nach Salina. »*Non parte*, sie fährt nicht«, sagt der Angestellte und blickt lustlos von dem Video auf seinem Handy auf. Als er mein verblüfftes Gesicht sieht, fügt er hinzu. »Scirocco!« Dann wendet er sich wieder seinem Mobiltelefon zu.

Ein Hafenarbeiter erklärt mir draußen, die Fähre könne natürlich ablegen und sicher übers Meer fahren. Aber es sei zu gefährlich, in den kleinen Häfen der Liparischen Inseln anzulegen. Der Scirocco könnte das Schiff in die Betonmolen hineindrücken. Also treibe ich mich einen Tag in Milazzo herum, das eine riesige Raffinerie direkt am Meer besitzt, aber auch eine hübsche, kleine Altstadt unterhalb eines Kastells, das der Staufer-Kaiser Friedrich II. erbauen ließ und das später zur größten Festung Siziliens erweitert wurde. Am nächsten Morgen hat der Scirocco nachgelassen, doch es ist immer noch ziemlich windig und erstaunlich kühl für Ende Mai. Diesmal verkauft mir der Angestellte eine Fahrkarte, mit der Warnung, es sei noch unklar, ob die Fähre ablegen könne. Als ich aufs Schiff fahre, ruft mir ein Fahrkartenkontrolleur mit strenger Miene zu: »*Senza garantia*, ohne Garantie.« Es sei ungewiss, ob die Fähre auf Salina anlegen könne. Womöglich müsse ich wieder zurück nach Milazzo.

»Das wird nicht passieren«, beruhigt mich eine resolute ältere Frau, die auf Salina lebt. Sie war für medizinische Untersuchungen auf dem Festland und möchte nun nach Hause. »Sonst gibt es eine Meuterei!« Das Schlimmste am Inselleben sei es, dass es zu wenige Verbindungen gebe und die auch noch unzuverlässig seien. Streiks. Stürme. »Entscheiden, ob abgefahren und angelandet wird, muss der Kapitän. So lautet das Gesetz des Meeres. Und unserer ist ein Feigling. Er hätte schon gestern ohne Weiteres fahren können.«

Womöglich hat der Mann jedoch mehr Angst vor einem Aufstand der Passagiere als vor dem Wind. Denn nun lösen die Hafenarbeiter die Taue von den Pollern, die Heckklappe ruckelt nach oben, die Schiffsmotoren lassen den Metallboden vibrieren, die Fähre gleitet aus dem Hafen.

Bald kommen die Liparischen Inseln in Sicht, als dunkle, konische Schattenrisse vor dem scirocco-staubigen Wolkenhimmel. *Isole Eolie*, Äolische Inseln, nennen sie die Italiener, nach Äolus, dem griechischen Gott der Winde. Es sind sieben bewohnte Vulkaninseln und einige Felsen, die im Tyrrhenischen Meer vor den Küsten Kalabriens und Siziliens liegen. Zu ihnen gehören so berühmte wie der Stromboli, dessen Vulkan mehrmals täglich Feuer, Lava, Schlacken und Asche speit, oder das ebenfalls recht aktive Vulcano, auf dem Vulcanus, der römische Gott des Feuers, seine Schmiede betrieb. Lipari natürlich, die größte Insel, und dann die weniger bekannten Panarea, Filicudi, Alicudi und Salina. Wie mit schwarzbrauner Farbe in ein blaues Meeresbild getupft sehen die Inseln aus, verlockend, aber auch ein wenig furchterregend. Der Stromboli brach zuletzt 1930 richtig heftig aus, damals starben mehrere Menschen, und das Meer, in das sich die Lava ergoss, begann zu kochen. Von Vulcano musste 2021 die Hälfte der 500 Bewohner in Sicherheit gebracht werden, weil hochgiftige Dämpfe aus den Felsspalten austraten. Geologen warnen, es könne bald erneut zu einem heftigen Ausbruch kommen.

Vulcano kündigt sich durch einen Gestank nach faulen Eiern an. Das Schiff fährt an einem teils nackten, teils spärlich bewachsenen Komplex aus mehreren Kratern vorbei. An einem der Kraterränder quellen weißgelbe Schwefeldämpfe empor. Vorsichtig steuert der Kapitän die Fähre an die Mole, um nicht von Wind und Wellen dagegengepresst zu werden. Nur drei Passagiere und eine *Ape*, ein dreirädriger Mini-Lastwagen, verlassen das Schiff. Schon geht es weiter zum freundlichen, heiteren Lipari, der Hauptinsel des Archipels. Häuserkuben in hellen Pastellfarben säumen die beiden Hafenbuchten, zwischen denen ein Burgberg aufragt. Dann geht es endlich nach Salina.

Ich bin fast ein bisschen aufgeregt. So als sollte ich nach Jahrzehnten eine einst umschwärmte Schulfreundin wiedersehen. Wie wird sie sich gemacht haben? Wirkt der alte Zauber noch? Salina ist für mich mehr als irgendeine ferienfrohe Mittelmeerinsel. Das erste Mal landete ich im November 1986 hier an. Salina lag damals in einem Dornröschenschlummer, zahlreiche Häuser verfielen, Gärten verwilderten, Terrassenmauern zerbröckelten, Wein- und Kapernfelder wurden von der Macchia verdrängt. Ich verliebte mich sofort in die Insel, auf der ich damals nur einen einzigen anderen Touristen traf. Tagelang erkundete ich Salina, dessen Silhouette an den Rücken eines Kamels erinnert – zwei Vulkankegel, die ein Sattel verbindet. Ich stieg auf den höchsten Vulkan des Liparen-Archipels, die 962 Meter hohe Fossa delle Felci, und auf ihren etwas niedrigeren Zwilling, den Monte dei Porri. Ich durchstreifte die Siedlung Pollara, die sich im verbliebenen Teil eines zur Hälfte im Meer versunkenen Kraters eingenistet hat. Stundenlang spazierte ich durch die Gassen der Inseldörfer Leni und Malfa mit ihren an Griechenland erinnernden kubischen Häusern und überbordenden Gärten voller Bougainvilleen, Feigenkakteen, Oleandern, Palmen, Zitronenbäumen, Oliven, Agaven und Weinreben. Die Vulkanerde lässt als Naturdünger alles üppig sprießen. Und Salina besitzt, im Gegensatz zu den anderen Liparen, Süßwasserquellen, weshalb es das grünste Eiland des Archipels ist.

Die kurzen Novembertage waren mild, das Wasser noch so warm, dass ich am schwarzen Vulkansandstrand des Hafenörtchens Rinella im Meer badete. Danach fuhr ich mit einem rachitischen Inselbus zurück in den Hauptort Santa Marina Salina, um bei einem Glas Malvasia den Blick auf den Stromboli zu genießen.

Es gibt Menschen, die verfallen Salina, noch bevor sie an Land gehen, so als verfüge die Insel über eine magische Anziehungskraft, wie die Sirenen der Odyssee. Adrian Wolfgang Martin war so einer. Der an Silvester 2022 verstorbene Schweizer Schriftsteller und Maler sah die Zwillingsinsel 1955 auf einer Bootsfahrt erstmals aus der Ferne – und verfiel ihr sofort. »Eine Welle von überwältigendem Glücksgefühl und von Schrecken zugleich hob mich nahezu vom festen Boden in die Lüfte«, schwärmt er in seinem Erinnerungsbuch »Der Zwillingsberg«.[1] »Sie schien mich hinauszureißen ins Uferlose, in Bereiche, die jenseits der fassbaren Alltagswirklichkeit liegen. Salina, das war mit einem Schlag unendlich mehr als der bloße Name für eine unbekannte Insel, das war ein unwiderstehlicher, ein magischer Anruf.« Zu einem verdutzten Freund, mit dem er auf Lipari wanderte, sagte er: »Morgen fahre ich nach Salina und suche mir dort ein Haus. Ich will künftig auf jener Insel leben.« Es dauerte dann noch einige Jahre. 1962 zog Martin aus der Schweiz nach Salina um.

Ganz so stürmisch verlief meine Annäherung nicht. Doch auch ich träumte in jenen Novembertagen davon, wie es wäre, auf dieser Insel zu leben. Einige Jahre später kam ich mit meiner damaligen Freundin und heutigen Frau zurück, um ihr Salina zu zeigen. Sie verstand meine

Begeisterung sofort. Während wir über die Insel zogen, machten wir uns einen Spaß daraus, vom Auswandern zu spintisieren und ein geeignetes Haus ausfindig zu machen. Eines Nachmittags entdeckten wir es in Santa Marina Salina: ein nicht mehr bewohntes, einst weiß getünchtes Gebäude mit verwildertem Garten, zwei hohen, schlanken Palmen vor der Terrasse und einem unverbauten Blick aufs Meer. Was es damals wohl gekostet hätte? 100 000, 150 000 Mark? Die hatten wir nicht. Doch ich male mir noch heute gerne aus, wie unser Leben verlaufen wäre, wenn wir das Haus auf Salina erworben hätten.

Im Hochsommer 2006 reisten wir nochmals auf die Insel, diesmal mit unseren Kindern, und bestaunten nachts von der Dachterrasse einer Ferienwohnung aus, wie der Stromboli den tintenschwarzen Nachthimmel mit seinen Feuersalven sprenkelte. Dann eine lange Pause. Andere Tage, andere Spiele. Jetzt, fast 20 Jahre später, fahre ich wieder auf Salina zu. Per Lautsprecher werden wir aufgeklärt, dass die Fähre wegen des Scirocco nicht im Hauptort Santa Marina Salina anlegen kann. Stattdessen steuert sie Rinella an, einen besser geschützten Hafen. Ich sehe den schwarzen Sandstrand wieder, an dem ich einst im November badete und an dem später mein Sohn das Schwimmen lernte. Die blau getünchten Holzkähne. Die ineinander verschachtelten, hellen Fischerhäuser. Und wie sich das Dorf hangaufwärts in der blühenden Macchia verliert. Nichts scheint sich verändert zu haben. Der alte Zauber, er ist wieder da.

Wie viele Menschen ziehen auch mich Inseln allgemein an. Doch warum Salina ganz besonders? Ich denke auf dieser Reise viel darüber nach, spreche mit Inselbewohnern darüber. Da wäre Salinas vulkanischer Charakter. Während alle Inseln Erde, Wasser und Luft aufweisen, kommt hier noch das vierte Element hinzu. Das Feuer. Sodann liegt Salina zwar weit draußen im Meer, aber in Sichtweite der anderen Liparen. Es ist eine Insel, doch sie ist nicht isoliert. Die weißen Schaumbahnen der Fähren und Tragflügelboote verbinden sie mit Lipari, Filicudi und den anderen Schwestern. Aufgrund der Quellen ist Salina besonders grün, das nimmt dem Vulkanischen das Düstere. Zudem liegt die Insel im touristischen Windschatten spektakulärer Nachbarn wie dem Stromboli, das erhält sie – vom Juli und August abgesehen – angenehm ruhig, fast verschlafen. Wenn ich in der Strandbar von Rinella am Spätnachmittag eine *spremuta*[2] oder ein *Messina*[3] schlürfe, habe ich das Gefühl, in die Anfänge des Liparen-Tourismus zurückversetzt zu sein. Die ursprüngliche Atmosphäre der Insel mag der Grund gewesen sein, weshalb Michael Radford seinen in den 1950er Jahren spielenden Film *Der Postmann* in weiten Teilen auf Salina gedreht hat.

Die Insulaner sind freundlich-gelassen. Sie machen ihre Geschäfte mit den Besuchern, doch sie sind der Gier nicht erlegen. Ihr Geschmack hat Salina vor Verunstaltungen bewahrt. Landschaft und Orte sind intakt, und wenn mal Neues gebaut wird, dann unauffällig im Inselstil. Noch etwas fällt mir auf: Salina ist mit seinen beiden Bergen und dem halben Dutzend Dörfern groß genug, um Entdeckungen zu machen und keinem Inselkoller zu erliegen; aber zugleich so klein, dass man sich überall vom Meer umgeben fühlt, es sieht, hört, spürt, riecht. Die ideale Inselgröße also.

Falls in einem künftigen Film die Rolle eines mediterranen Paradieses besetzt werden sollte, wäre Salina nach wie vor eine aussichtsreiche Kandidatin. Die Menschen, die hier leben, dürfen sich glücklich schätzen. Möchte man meinen. Dennoch hat Salina einen bedrohlichen Aderlass zu verzeichnen. »1881 lebten noch fast 12 000 Menschen auf unserer Insel«, sagt Domenico Arabia, der Bürgermeister von Santa Marina Salina. »Heute sind es 2300.« Viele junge Leute wanderten immer noch aus. »Alle Inseln Italiens hatten und haben ihre dunklen Momente wegen der Emigration.« Für Salina gelte das besonders. »In den vergangenen Jahren sind 20 meiner Freunde fortgezogen. Mit Familienangehörigen sind das 60 Menschen. Die fehlen uns.«

Bevor der Bürgermeister ausführlicher auf die aktuelle Situation eingeht, soll die Geschichte der Auswanderung von den Liparischen Inseln beschrieben werden. Das kann keiner besser als Marcello Saija. Der pensionierte Geschichtsprofessor der Universität Messina verbringt einen guten Teil seines Lebens auf Salina, wo er ein Hotel und ein Haus besitzt. Als Historiker erforscht er die Geschichte seiner Wahlheimat, und die ist von der Emigration geprägt. So kam Saija auf die Idee, ein Museum der Auswanderung zu gründen. Einen Partner und Förderer fand er in Übersee, in der Stony Brook University auf Long Island im US-Bundesstaat New York. Hier leben viele Menschen, deren Vorfahren von den Liparischen Inseln stammen. Saija ging als Gastprofessor nach Long Island, interviewte Hunderte von Nachfahren der Liparen-Auswanderer, ließ sich Dokumente, Fotos, Filme, Koffer, Pässe und andere Relikte der Emigrationsgeschichte geben. Dann machte er sich daran, in einem alten Palazzo des Ortes Malfa auf Salina das

Museo Eoliano dell'Emigrazione aufzubauen. Es ist noch Vorsaison, und so sperrt mir Marcello Saija persönlich die Eingangstür auf. Mit seinem weißgrauen Bart im runden Gesicht, dem groben Holzfällerhemd und der Steppweste sieht er aus wie ein Weinbauer in seiner Cantina. Er setzt sich auf ein Mäuerchen in einem Raum voller Schiffsbilder und -modelle und sprudelt los.

Lange teilte Salina das Schicksal vieler kleiner süditalienischer Inseln. Schon in der Bronzezeit bewohnt, wurde es immer wieder erobert, verwüstet, aufgegeben, mit unglaublichen Mühen neu besiedelt und mit Reben, Feigen und Kapern bebaut, von Piraten erneut heimgesucht und, oft von den Einwohnern des benachbarten Lipari, wieder aufgebaut. 1544 aber wurde Lipari selbst von dem notorischen muslimischen Piraten und Admiral des Osmanischen Reiches Barbarossa, der Nemesis der christlichen Mittelmeerküsten, belagert, eingenommen und zerstört. Barbarossa, der uns auf anderen Inseln noch begegnen wird, ließ die damals 8000 Bewohner allesamt in die Sklaverei verschleppen. Eingedenk dieser Erfahrung wurde die Burg von Lipari stärker befestigt. Auf das schutzlose Salina aber wagten sich die Menschen jahrhundertelang nur noch vorübergehend zur Erntearbeit im Auftrag des Bischofs von Lipari. Salina hatte die fruchtbarsten Böden des Archipels, hier gedieh der Schatz der Liparischen Inseln, die Malvasia-Traube. Die Rebe war, wenn man so will, dank der Türken nach Salina gekommen. Mitte des 17. Jahrhunderts hatte das Osmanische Reich die Insel Kreta erobert und die bislang dort herrschenden Venezianer verjagt. »Diese nahmen das Wertvollste mit, was sie hatten«, sagt Marcello Saija. »Die Malvasia-Traube.«

Die aus Kleinasien stammende, schon von den alten

Römern kultivierte Rebsorte, aus der sich ein damals geschätzter schwerer, süßer Wein keltern ließ, gelangte so auch nach Salina. Die Bischöfe von Lipari erkannten ihr Potenzial und ließen sie auf Salina anbauen. Dorthin kehrten die von den Piraten verscheuchten Menschen allmählich zurück, ermutigt von den Bischöfen. Sie sollten ihre Entscheidung nicht bereuen. Denn dank der Napoleonischen Kriege brach auf einmal Reichtum über Salina herein.

1806 hatte Joseph Bonaparte im Auftrag seines Bruders, des französischen Kaisers, die Bourbonen aus Neapel verjagt, um sich dort selbst zum König krönen zu lassen. Damals geriet auch Kalabrien unter die napoleonische Herrschaft, während sich die Bourbonen unter dem Schutz der britischen Flotte in Sizilien verschanzten. »So wurde die Meerenge von Sizilien zu einer Hauptfront in Europa«, erzählt Saija.

Einer der Stützpunkte der Briten auf Sizilien war die Hafenstadt Messina. Ihre bis zu 15 000 Soldaten wollten verpflegt und bei Laune gehalten werden. Traditionell liebten die Briten schwere Süßweine wie den Marsala von der Westspitze Siziliens. Auch den Malvasia kannten sie seit Jahrhunderten, denn die geschäftstüchtigen Venezianer hatten sie damit versorgt. Nun trafen die Briten den Malvasia wieder. Auf Salina. Dort lebten zur Zeit der Napoleonischen Kriege 4000 Menschen, überwiegend von ihren Reben. Der britische Militärgeograf William Henry Smyth bereiste die Insel und beschrieb ihre Bewohner. Die Männer seien »kräftig und fleißig, aber schmutzig und wild«. Ihre Frauen seien »ebenfalls schmutzig und maskulin und – wie ihre Gefährten – von mehr oder weniger chronischer Krätze geplagt«.[4] Weitaus mehr war der Brite vom Malvasia-Wein angetan, den ihm der Pfarrer von Malfa kredenzte. Begeistert berichtete er der Flotte in Messina, es sei der beste Wein gewesen, den er je getrunken habe. Daraufhin schloss der Quartiermeister der Briten einen Vertrag mit den Weinbauern Salinas. Der *professore* strahlt, als er davon erzählt. »Salina durfte zehn Jahre lang 15 000 britische Soldaten jeden Tag mit Malvasia versorgen. Damit begann der Boom.«

Die Inselbewohner waren jedoch nicht nur tüchtige Winzer, sondern auch hervorragende Seeleute. Daraus machten sie einen zweiten Geschäftszweig. Sie kaperten mit kleinen, wendigen Booten die schwerfälligen französischen Kriegsschiffe und lieferten deren Matrosen an die Briten aus. Ein Gemälde im Museum zeigt, wie die Boote aus Salina mit Sturmleitern das französische Schiff *Découverte* vor dem Hafen von Messina entern. In den folgenden Jahrzehnten exportierten die Insel-Bewohner ihren Malvasia in den gesamten Mittelmeerraum. Bald ließen die Eigner auf Salina ihre Schiffe bis nach Amerika fahren, wo sie einen Teil ihres Gewinns investierten und in New York eine erste kleine Kolonie gründeten. Die Einwohnerzahl Salinas verdoppelte sich auf 8000, die Insel machte sich von Lipari unabhängig und gründete eine eigene Kommune. Die Vulkane wurden bis hoch hinauf terrassiert und mit Reben und Kapern bepflanzt, in Orten wie Rinella entstanden schmucke Bürgerhäuser. Dann kamen wieder einmal Eroberer und machten alles kaputt. Doch diesmal waren es nicht Piraten aus dem Osmanischen Reich, sondern winzige Tierchen aus der Neuen Welt. Zwergläuse.

Die Auswanderung war zu dieser Zeit in Italien längst ein Massenphänomen, eine Plage, die unzählige Familien heimsuchte und den Mezzogiorno – genauso wie übrigens Norditalien – mehr als ein Jahrhundert lang peinigte. Zunächst hatten sich viele Süditaliener von den Feldzügen Giuseppe Garibaldis und der folgenden italienischen Einigung im Jahr 1861 ein besseres Leben erhofft. Denn der von Rom aus beherrschte Kirchenstaat und das von Neapel aus regierte Königreich beider Sizilien waren gegenüber dem Norden in vielem rückständig. Eine reaktionäre und bigotte Regierungsführung, schlechte Infrastruktur, Korruption, die Vernachlässigung der ländlichen Gegenden, eine Ausbeutung der Bauern durch Großgrundbesitzer und verbreitete krasse Armut bei gleichzeitiger enormer Prachtentfaltung des Adels und der hohen Geistlichkeit prägten das Leben der Menschen. Dennoch gab es auch etliche, die die alte Ordnung beibehalten wollten, weil sie sich – von der Historie Skepsis gelehrt – von einer Umwälzung nur Verschlechterungen erwarteten. Inwieweit diese Befürchtungen wahr wurden, darüber wird, wie ich schon auf Caprera erfahren habe, bis heute debattiert.

Kaum bestreitbar ist, dass auf die Einigung kein allgemeiner Aufschwung im Süden folgte, auch wenn es in einigen Bereichen, etwa bei der medizinischen Versorgung, erhebliche Verbesserungen gab. Das Königreich Italien unter den Savoyer-Monarchen regierte im Mezzogiorno mit harter Hand, ließ Aufstände blutig ersticken und versäumte umfassende Landreformen, wie sie Garibaldi versprochen hatte. Es erhöhte die Steuerlast, führte eine allgemeine Wehrpflicht ein, ließ Industrie vom Süden in den Norden verlegen und löste 1880 durch eine verfehlte Handelspolitik eine schwere Agrarkrise aus. Das alles trug zu zwei Krisenphänomenen bei: ein breit um sich greifendes Banditenwesen und die Emigration.

Die Massenauswanderung[5] armer Italiener setzte zunächst im Norden ein und ergriff ab 1880 immer stärker den Süden, wo ein Mangel an Land für die Bauern und eine steigende Lebenserwartung die Armutskrise verschärften. In einer ersten, bis in die 1930er Jahre andauernden Welle, *la grande migrazione*[6] genannt, suchten Millionen von Italienern vor allem in Nord- und Südamerika eine neue Heimat. Eine zweite Welle erfolgte von den 1950er bis in die 1970er Jahre, da zog es viele Italiener in andere europäische Länder wie die Schweiz, Deutschland und Frankreich. Die dritte Welle begann in den Wirtschaftskrisenjahren 2007 und 2008 und dauert immer noch an. Viele junge, gut ausgebildete Italienerinnen und Italiener sehen in ihrem Land keine Zukunft für sich und ziehen in reichere europäische Länder wie Deutschland oder nach Übersee. Insgesamt wanderten seit der italienischen Einigung schätzungsweise 30 Millionen Italiener aus, etwa zwei Drittel von ihnen kehrte nie zurück. Hinzu kommt die Binnenmigration. So zogen seit dem Zweiten Weltkrieg Millionen Süditaliener in den wirtschaftlich besser gestellten Norden.

Hinter den kalten Ziffern stehen unzählige Schicksale. Vor allem in Süditalien sind die meisten Familien von der Migration betroffen, *lo zio d'America*, der Onkel aus Amerika, ist geradezu sprichwörtlich. Die Verwandten gingen meistens nicht aus Neugierde und Abenteuerlust, sondern aus schlichter Not. Die Auswanderung bedeutet daher nicht nur Trennungsschmerz, sondern, jedenfalls für die Zurückgebliebenen, auch eine dauernde Demütigung des nationalen Selbstbewusstseins. »Was ist Italien für ein Land, das seine Menschen nicht ernähren kann?«, fragten sich die Leute früher. Heute fragen sie sich: Was ist das für ein Land, aus dem gerade die Jungen, gut Ausgebildeten fortwollen?

Die Geschichte Salinas und der anderen Liparischen Inseln reiht sich einerseits in die Migrationshistorie ein. Andererseits sticht sie aus ihr heraus. Denn den Inseln ging es zunächst besonders gut – und dann besonders schlecht.

Das Silvesterfest 1887 verlief auf Salina fröhlich. Winzer und Händler stießen auf ein weiteres hervorragendes Geschäftsjahr an. Sie würden wieder europa-, ja weltweit die Weiß-, Rot- und Süßweine sowie die Grappe verkaufen, die sie aus ihren Malvasia-Trauben gewannen. Die kleinen, aus Nordamerika eingeschleppten Tierchen, die seit einigen Jahren die Rebgärten Europas zerstörten, machten ihnen keine großen Sorgen. Immerhin lag Salina 23 Seemeilen von der sizilianischen Küste entfernt. Zu weit für die Reblaus.

Wenig später landete ein Schiff mit einer Ladung Bambusrohr auf Salina an. Die Winzer wollten damit ihre Weinreben abstützen. Doch die Rohre waren verseucht. So kam die Reblaus genau dorthin, wo sie auf keinen Fall hinsollte: in die Weinberge. »In 18 Monaten hat sie fast alle Reben auf Salina zerstört«, sagt Marcello Saija. Damit entfiel die Grundlage für den Reichtum der Insel.

Hinzu kamen zwei weitere ökonomische Katastrophen. Durch die Konkurrenz der Dampfschiffe und mangels zu transportierendem Malvasia geriet die Schifffahrt Salinas in die Krise. »Bis 1920 wurden nach und nach alle Segeltransportschiffe der Insel stillgelegt«, sagt Saija. Auch das benachbarte Lipari erlebte ein Desaster. Die Insel verdiente lange gut am Abbau und Export von Bimsstein, der für die Bauwirtschaft und die Herstellung von Waschpulver gebraucht wurde. Doch der Gemeinde Lipari gelang es nicht, den Abbau zu regulieren. Die

Folge: viel zu viel Bimsstein auf dem Weltmarkt, ein Einbruch der Preise und die Entlassung vieler Arbeiter.

Die drei Krisen bewirkten eine Art Schubumkehr für Salina, Lipari und die anderen Inseln. Die Massenauswanderung begann. Die Insulaner verließen ihre Heimat nun nicht mehr, um in Übersee Gewinne anzulegen und noch bessere Geschäfte zu machen, sondern um zu überleben. Da in den USA, insbesondere in New York, sowie in Australien schon kleine Händler-Kolonien von den Liparischen Inseln existierten, zog es die Armutsflüchtlinge zunächst vor allem dorthin.

Während der Professor durch sein reich bestücktes Museum führt, erzählt er, wie Schifffahrtsunternehmen aus aller Welt auf den Liparischen Inseln für die Auswanderung warben. »Nach der Reblaus kamen die Agenten.« Auf alten Plakaten sind Dampfschiffe zu sehen, die unter einem dramatisch beleuchteten Himmel gen Zukunft rauschen. So wirbt zum Beispiel der Norddeutsche Lloyd aus Bremen für die Überfahrt auf seinen »Express-Dampfschiffen« von Genua nach New York, aber auch nach Mexiko, Venezuela, Kolumbien, Kuba und Zentralamerika. Bebilderte Auswandererführer für Amerika versprachen den Menschen das Blaue, oder besser, das Goldene vom Himmel. Das Museum hat sie gesammelt. Dazu gehören etwa eine *Guida dell'immigrante nel Peru* oder ein *Libretto dell'Emigrante Montevideo e Buenos-Ayres*. Gern wird auf den Inseln folgende Klage eines Emigranten kolportiert: »Bevor ich Italien verließ, sagten sie mir, dass in Amerika die Straßen mit Gold gepflastert seien. Als ich dort ankam, bemerkte ich, dass die Straßen überhaupt nicht gepflastert waren. Man sagte mir, es sei meine Aufgabe, sie zu pflastern.«

Das Geld für die Passage über den Ozean wurde den

Familien von Kreditinstituten vorgestreckt. Um es abzubezahlen, wurden die Auswanderer gleich nach ihrer Ankunft in der vermeintlich rosigen Zukunft zum Arbeitseinsatz als Maurer oder Tellerwäscher abkommandiert. So bildeten sich Abhängigkeiten, so entstand die italo-amerikanische Mafia. Auch mit Lebensversicherungen wurden gute Geschäfte gemacht. Die katholische Kirche, die die Emigration in die USA förderte, um dort den Protestantismus zurückzudrängen, ging auch nicht leer aus. Wegen furchtbarer Schiffsunglücke auf den Überseepassagen, etwa dem Untergang der Titanic im Jahr 1912, schreckten etliche Insulaner vor einer Überfahrt zurück. So weigerten sich auf Salina Angela Gaetana, Maria Giuseppa Santospirito und Giuseppa Russo, zu ihren Ehemännern nach Amerika zu reisen. Sie befürchteten, bei einem Schiffsunglück zu ertrinken, ohne vorher die heilige Kommunion empfangen zu können. Zu ihrer Beruhigung ließ der Pfarrer von Malfa ein Dokument aus dem Vatikan kommen. Danach konnten die Frauen ihr Seelenheil retten, wenn sie im Moment des Todes »mit reinem Herzen« den Namen Jesus anriefen. Das Dokument, erzählt der *professore* mit schelmischem Lachen, hatte natürlich seinen Preis.

Die Frauen, Männer und Kinder, die die Seefahrt überstanden, waren damit noch nicht am Ziel. Wenn sie etwa in New York eintrafen, wurden sie auf Ellis Island unterhalb der Freiheitsstatue einer erniedrigenden und gefürchteten Prozedur unterworfen. Sie wurden nicht nur körperlich untersucht, sondern mussten auch einen Intelligenztest machen. Würfelaufgaben, Puzzles legen – solche Sachen. Wer scheiterte, durfte nicht ins Land. Doch einmal angekommen, blieben die Migranten wenigstens nicht auf sich allein gestellt. In vielen Städten der beiden Amerikas oder Australiens schlossen sich die Menschen von den Liparischen Inseln in Vereinen zusammen, um einander Hilfe zu leisten. So wurde 1898 in New York eine *Mutual Aid Society Isola di Salina* gegründet. Auch die Auswanderer der anderen Liparen-Inseln bildeten Vereinigungen, sogar diejenigen aus dem winzigen Alicudi. Sie halfen ihren Mitgliedern bei der Einbürgerung, bei Arbeitslosigkeit, durch Sprachkurse oder im Widerstand gegen die aus Sizilianern bestehende Bande »Schwarze Hand«, einem Vorläufer der nordamerikanischen Cosa Nostra. Jährlicher Höhepunkt waren die Dinner&Dance-Veranstaltungen, bei denen nicht nur gespeist und getanzt, sondern auch Spendengeld eingesammelt wurde. Die Fotos im Museum von Malfa zeigen große, äußerst elegant gekleidete Abendgesellschaften, die demonstrierten: Wir Einwanderer haben es geschafft.

Tatsächlich hatten die Migranten von den Äolischen Inseln häufig Erfolg in der neuen Heimat. Viele stiegen ins Bürgertum auf, wurden reich, manche auch mächtig. So wurde Edward Re aus Santa Marina Salina Mitglied der Regierung von Präsident Lyndon B. Johnson.

Der *professore* ist nun im Hof des Museums angekommen. Unter einem Vordach baumelt eine große Wurzel im Wind. »Sie ist unser Symbol für die Umpflanzung eines Menschen«, sagt Saija. Insgesamt, so schätzt er, seien von den Liparischen Inseln allein in die USA etwa 12 000 Menschen ausgewandert. In Australien leben heute so viele Nachfahren von Migranten, dass auf den Liparen von der »achten Insel des Archipels« die Rede ist.

Für die Inseln bedeutete das alles einen enormen Aderlass, von dem sie sich demografisch bis heute nicht erholt haben. Auf Stromboli etwa lebten einst bis zu 3500 Menschen, heute sind es noch 400. Dafür sind in Übersee riesige Gemeinschaften von Ex-Äolianern entstanden. Ein *Alimentari*-Verkäufer auf Salina erzählt mir, sein Cousin sei nach Melbourne ausgewandert und habe dort Mühe gehabt, Englisch zu lernen. Denn alle in seinem Viertel hätten den italienischen Dialekt der Liparischen Inseln gesprochen.

Immerhin, erzählt Professor Saija, reisen viele Nachfahren der Auswanderer in letzter Zeit auf die Inseln, um die Wurzeln ihrer Vorfahren zu suchen. Hunderte von ihnen kommen jährlich zur *Festa degli eoliani nel mondo,*[7] die Marcello Saija in Malfa organisiert. Dann wird im Hof des Museums musiziert und Theater gespielt und der große Graben, den die Emigration durch viele Familien zog, wenigstens für kurze Zeit überwunden.

Die Reblausplage auf Salina ist längst überwunden. Heute wird auf der Insel wieder ausgezeichneter Malvasia angebaut, die Kapern sind hervorragend, und der Tourismus ist für alle sieben Inseln zur wichtigen Einkommensquelle geworden. Die Orte mit ihren weißen Häuserkuben, schattigen Terrassen und blumensprühenden Gärten sind eine Augenweide. Die Natur ist intakt, auf der Fossa delle Felci gedeihen sogar Wälder, das Meer über dem schwarzen Vulkangrund ist klar und reich an Fischen. Warum sollte von hier noch jemand wegziehen wollen? So denke ich, während ich auf der Terrasse der *Trattoria Cucinotta* sitze, die sich inzwischen in genau jenem Haus eingerichtet hat, in das ich mich einst als junger Rucksackreisender verguckt hatte. Ich blicke zwischen den beiden hohen, schlanken Palmen hinaus aufs Meer und auf die lang gestreckte Silhouette der Insel Lipari, verzehre *Tartare di tonno*[8] und *Pappardelle al sugo di ricciola*[9] und trinke ab und an einen Schluck eines trocken ausgebauten weißen Malvasia. Über eine schmale Gasse steige ich dann zu meiner Pension empor, einem schmucken Ensemble aus Außentreppen, Absätzen, Terrassen, Bögen, Gängen und Innenhöfen. Oben auf der Bar-Terrasse, zu der ein kühlender Wind vom Vulkanberg herabweht, treffe ich den Wirt, Giancarlo Gullo. Neben ihm sitzt eine Verwandte, eine junge Frau aus Argentinien, die noch kaum Italienisch spricht, aber überlegt, in die Heimat ihrer Vorfahren zurückzukehren, weil das Leben in Buenos Aires so schwierig geworden ist. Das komme nun häufiger vor, sagt Giancarlo, ein drahtiger, reich tätowierter Mann Ende dreißig, der noch schneller spricht, als er umherläuft. Besonders aus Lateinamerika kehrten einige junge Leute mit äolischen Wurzeln heim, oder versuchten es zumindest. Vor einiger Zeit habe er unten am Hafen zufällig eine andere junge Frau aus Buenos Aires kennengelernt und sich in sie verliebt. Später stellte er fest, dass sie seine Großcousine war. Die Tendenz aber gehe massiv in die andere Richtung. »Viele junge Leute von den Liparischen Inseln wandern nach wie vor aus. In meiner Abiturklasse auf Lipari waren wir 30. Davon sind zehn emigriert. Heute ist das Verhältnis umgekehrt: Zehn bleiben, 20 gehen.«

Ich blicke wohl reichlich verblüfft drein, denn Giancarlo beginnt sofort zu erklären. Die Euro-Einführung, die das Leben so teuer gemacht habe. Die Wirtschaftskrise. Jetzt obendrauf die Inflation. Der Tourismus gebe nur in der Sommersaison Arbeit. »Die *ragazzi*[10] möchten aber das ganze Jahr einen Job.« Dann nennt Giancarlo noch einen anderen Grund: das Internet. »Die Jugendlichen gehen abends nicht mehr aus. Sie treffen sich nicht mehr, wie zu meiner Zeit, auf der Piazza, um dann mit dem *motorino* über die Insel zu fahren, Pizza zu essen, Dummheiten zu machen. Stattdessen sitzen sie allein zu Hause, tauschen sich nur noch in sozialen Netzwerken wie Facebook aus und surfen im Internet. Dort sehen sie einen Lebensstil, den sie auch haben wollen: in Clubs abtanzen, feiern, Kino, Raves, solche Sachen. Das gibt es auf Salina alles nicht. Also bleiben sie zu Hause und träumen weiter vom tollen Leben. Und dann ziehen sie weg.«

Giancarlo, cool gekleidet, als komme er gerade aus einem Club im römischen Testaccio-Viertel, geht den anderen Weg. »Ich habe mich entschieden, mein Leben diesem kleinen Paradies zu widmen. Und ich habe das nie bereut.« Seine Kindheit auf der Insel sei die »totale Freiheit« gewesen. »Denn hier gibt es kaum Gefahren.« Klar, als junger Mann habe auch er dann mal einen Ausbruchsversuch gemacht und begonnen, in Messina Philosophie zu studieren, Friedrich Nietzsche ist sein Lieblingsdenker. Aber was sollte er in Sizilien mit einem Philosophiestudium anfangen? In den Sommerferien kamen stets Freunde aus ganz Italien, um sich in seinem Haus in Santa Marina Salina einzunisten. »Da habe ich mir gedacht: Warum nicht ein Business daraus machen?« Er habe einen großzügigen öffentlichen Kredit bekommen und so sein Elternhaus in eine Pension umgewandelt.

Doch wenn nur noch wenige Junge so handeln wie er, was haben die Inseln dann für eine Zukunft? Giancarlo stockt einen Moment, lässt den Blick über sein kleines Reich und hinaus zum Meer schweifen. Dann nennt er zwei Dinge: »Wir müssen die Insel so authentisch erhalten, wie sie heute noch ist. Denn deswegen kommen die Touristen. Manche fordern einen Flughafen auf Lipari und einen Landeplatz für kommerzielle Hubschrauber auf Salina. Davon halte ich nichts. Denn das wäre zu viel für uns.« Zweitens, sagt Giancarlo, brauchen wir Einwanderer, um die Auswanderung auszugleichen. »Die Marokkaner etwa, die oft auf dem Bau arbeiten, haben sich bei uns hervorragend integriert.« Gleiches gelte für die Tunesier, die meist Jobs in den Restaurants und Hotels übernähmen. »Einwanderung funktioniert, vorausgesetzt, sie wird gut gemanagt.«

Die Rathäuser in italienischen Provinzorten haben zwei Eigenarten: Sie sind meist in ehrwürdigen, robusten Palazzi untergebracht. Und man kann in der Regel unkontrolliert hineingehen, die breite Steintreppe hochlaufen und ins Büro des *sindaco*, des Bürgermeisters, reinplatzen. So ist es auch in Santa Marina Salina. Domenico Arabia, gestutzter, am Kinn leicht ergrauender Vollbart im schmalen Gesicht, sitzt hinter dem üblichen massigen dunkelbraunen Holzschreibtisch vor den üblichen Flaggen und der Fotografie des Staatspräsidenten. Arabia stammt von hier, kennt die Geschichte seiner Insel bestens. Den touristischen Aufschwung nach dem Zweiten Weltkrieg hätten die Liparen besonders dem Kino zu verdanken, und zwar vor allem drei Filmen, erzählt er. 1949 kam »Stromboli« mit Ingrid Bergman in die Kinos, ein Jahr später »Vulcano« mit Anna Magnani und schließlich, 1994, »Il Postino« (»Der Postbote«) mit Philippe Noiret und Massimo Troisi. Das habe die Inseln bekannt gemacht. Seit den 1960er Jahren hätten vermögende Leute aus Mailand, Brescia oder Neapel begonnen, verlassene Inselhäuser aufzukaufen und als Feriensitze herzurichten. »Und es entstanden viele Restaurants und Hotels.« Salina habe es dabei besser als Nachbarinseln wie Stromboli oder Lipari verstanden, den Massentourismus außen vor zu lassen und seine Ursprünglichkeit zu bewahren.

»Nehmen Sie unsere Fossa delle Felci, den höchsten Berg des Archipels. Im Jahr steigen gerade mal 3000 Menschen hinauf.« Er lacht. »Es sind alles Ausländer.« Doch ein Problem gebe es. Gerade junge Familien zögen weg, weil ihnen die Infrastruktur zu schlecht sei. Krankenhäuser, Schulen, Sportclubs. Und die, die blieben, hätten nicht unbedingt Lust, in der Landwirtschaft zu arbeiten und in der Hitze die steilen Terrassen an den Vulkanen zu bewirtschaften. »Meine Familie besitzt noch Olivenbäume am Berghang. Aber auch ich steige da nicht rauf, um sie zu kultivieren.«

Auch die Jobs in Restaurants und Hotels seien bei den Einheimischen nicht beliebt, da es sie nur während der Saison, also für vier Monate im Jahr gebe. Die Folge: Obwohl die Jugendarbeitslosigkeit, wie im ganzen Mezzogiorno, auf den Inseln hoch sei, fehle es in Gastronomie und Hotellerie an Personal. Der sogenannte *reddito di cittadinanza*, ein Bürgergeld für bedürftige, aber erwerbsfähige Menschen, das die populistische Fünf-Sterne-Bewegung 2019 durchgesetzt hatte, habe das Problem noch verschärft. Theoretisch sei das Bürgergeld zwar eine gute Idee gewesen, weil es den Menschen übergangsweise helfen sollte, um sie dann in einen Job zu vermitteln. In der Praxis aber sei viel zu wenig kontrolliert worden, ob die Empfänger bereit waren, wieder Arbeit anzunehmen. »Und mal ehrlich: Wenn Sie mir monatlich 600 Euro umsonst geben, warum soll ich dann für 1000 Euro legal arbeiten, wenn ich mir schwarz noch einiges zum Bürgergeld dazuverdienen kann?« Nun werde das Bürgergeld schrittweise wieder abgeschafft. »Mal sehen, was dann passiert.«

Auch viele Unternehmer verhielten sich nicht korrekt, kritisiert der Bürgermeister. »Sie lassen dich zwölf Stunden am Tag arbeiten, rechnen dir offiziell aber nur vier Stunden ab und geben dir dann noch ein bisschen was schwarz.« So sparten sie zum Beispiel Sozialabgaben. »Und die sind in Italien sehr hoch. Uns als Gemeinde kostet ein Straßenkehrer pro Jahr 39 000 Euro. Davon bekommt der aber nur 22 000 Euro ausbezahlt.«

Hohe Abgaben und Steuern samt einer überbordenden Bürokratie, Schwarzarbeit, junge Leute, die lieber von Staatshilfe leben, als einen legalen, aber schlecht bezahlten und wenig attraktiven Job im Saisontourismus oder in der Landwirtschaft zu suchen, eine mangelhafte Infrastruktur und die Emigration gerade der Tatkräftigen – das alles verschärft im Mezzogiorno die Krise. Hinzu kommt die extrem niedrige Geburtenrate Italiens. 2022 kamen auf eine Italienerin im Schnitt 1,24 Geburten, damit liegt das einst so kinderreiche Land im untersten Bereich der EU-Staaten. Für seine Gemeinde Santa Marina Salina rechnet Domenico Arabia vor: 2021 gab es null Geburten und sieben Todesfälle, 2022 drei Geburten bei acht Todesfällen. Das heißt: Selbst ohne Auswanderung würde die Bevölkerung schrumpfen. »Daher brauchen wir für unsere Zukunft unbedingt Immigration.«

Ich gebe zu bedenken, dass es in Deutschland nicht viel anders aussieht, aber viele Bürger mehr Immigration ablehnten. Und dass das ja auch für Italien gelte, wo Parteien wie die *Fratelli d'Italia* und die *Lega* gerade deshalb Erfolge hätten, weil sie sich vehement gegen mehr Einwanderung und Flüchtlingsaufnahme wendeten. Der

Bürgermeister sagt, hier im Süden sei das kein Problem. »Wir in Sizilien sind keine Rassisten. Wir hatten in unserer Geschichte die Araber, die Normannen, die Spanier und viele andere Völker hier. Viele von uns kannst du gar nicht von Nordafrikanern unterscheiden. Klar, es gibt immer ein paar Spinner. Aber alles in allem werden Einwanderer hier gut integriert. Vor allem wirtschaftlich.«

»Und sozial?«, frage ich. »Ich habe den Eindruck, dass auf Salina die Einheimischen und die Zuwanderer eher unter sich bleiben.«

»Die Migranten haben ihre Traditionen, und das ist auch gut so. Das gibt ihnen Halt. 90 Prozent der Muslime hier halten ihre religiösen Regeln ein. Sie beten regelmäßig, trinken keinen Alkohol und beachten den Ramadan. Die Arbeiter aus Marokko und Tunesien holen inzwischen ihre Familien nach. Das ist für uns eine gute Sache, allein schon wegen der Demografie. Gewiss, die Älteren bleiben meist unter sich. Aber bei den Jungen ändert sich das gerade. Unsere Kinder spielen zusammen.«

Wie sieht Domenico Arabia seine eigene Zukunft auf Salina? Bürgermeister kann er in Italien nur zwei Amtsperioden hintereinander bleiben, und er befindet sich schon in der zweiten. »Ich liebe Salina. Ich will nicht woanders leben. Ich kann keine sieben Tage an einem Ort sein, wo ich das Meer nicht sehe und rieche. Aber in vier Jahren muss ich mir einen neuen Job suchen. Ich fürchte, dass ich die Insel dann verlassen muss.«

Tags darauf verlasse ich Salina. Ich bummele noch einmal die Via Risorgimento entlang, mit ihren Boutiquen und Lebensmittelgeschäften. Auf einem bemalten Brett steht in Blau auf weißem Grund geschrieben: *»Mollo* *tutto – vivo a Salina«* – »Ich steige aus – Ich lebe auf Salina.« Im *Alimentari Carpe diem 2.0* decke ich mich mit Proviant für die Reise ein. Das Ehepaar, das den Lebensmittelladen betreibt, erzählt mir, sie seien mal für ein Jahr nach Australien gegangen. Dort hätten sie Arbeit bei einem Obst- und Gemüsehändler gefunden, der aus Lipari stammte. Es habe ihnen sehr in Australien gefallen. Doch nach einem Jahr sei es schwierig gewesen, eine längere Aufenthaltsgenehmigung zu bekommen. Daher seien sie nach Italien zurück. »Als wir am Flughafen in Rom ankamen, merkten wir, dass wir einen Riesenfehler gemacht haben«, sagt die Frau. »Das Gedränge, das Geschrei, der Schmutz, die unpünktlichen Züge.«

»Das war in Australien alles ganz anders, besser«, sagt ihr Mann. »Nur an das Essen konnte ich mich nicht gewöhnen. Ich habe dort zehn Kilo abgenommen, weil es mir nicht schmeckte.« Er lacht. »Am ersten Tag zu Hause habe ich dann gleich wieder zwei Kilo zugenommen.« Dennoch wollen sie mit ihren Kindern irgendwann ganz nach Australien ziehen. Allein schon, um sich ein Haus zu kaufen. Auf Salina könnten sie sich das nie leisten, die Preise seien inzwischen einfach zu hoch.

Ich stehe an Deck der Fähre und sehe zu, wie die apricotfarben getünchte Kirche, die weißen Häuser und die Schirmpinien an der Strandpromenade zusammenschrumpfen. Bald darauf ist Santa Marina Salina nur noch eine Ansammlung heller Flecken am Fuße des Vulkanberges, über dem eine weiße Kumulus-Wolke im knallblauen Himmel steht.

7

Favignana – Seeschlachten einst und heute

Es ist einer jener Tage, an denen die Weltgeschichte eine andere Richtung nimmt. Die Römer lauern im Morgengrauen hinter dem Capo Grosso. Das senkrecht zum Meer abfallende Kap an der Nordspitze der Insel Levanzo schützt sie davor, von See her entdeckt zu werden. Die Anspannung ist groß an jenem 10. März des Jahres 241 v. Chr. Ruderer, Infanteristen, Bogenschützen und Schiffsführer können nur warten auf ihren Quinqueremen, schnellen, wendigen Kriegsschiffen mit fünf gestaffelten Reihen von Ruderern. Wird ihr Anführer, der römische Konsul Gaius Lutatius Catulus, recht behalten mit seinen Einschätzungen? Wird die karthagische Flotte unter dem Befehl des Heerführers Hanno tatsächlich von der im Westen gelegenen Insel Marettimo her kommen, um an Levanzo vorbeizufahren und in einer Bucht nördlich der sizilianischen Stadt Drepana, dem heutigen Trapani, anzulanden? Und was sollen sie dann tun? Draußen weht ein steifer Südwestwind, der die Karthager auf ihrem Weg vorantreiben würde, während die Römer gegen ihn anrudern müssten, wenn sie zum Angriff übergingen. Keine optimalen Voraussetzungen für eine Seeschlacht.

Der Erste Punische Krieg zwischen der Großmacht Karthago und dem aufstrebenden Rom währt nun schon seit mehr als 20 Jahren. Es geht um die Kontrolle der strategisch und als Kornkammer so wichtigen Dreiecksinsel Sizilien. Doch nun sind beide Seiten erschöpft. Allein Rom hat in diesem Ringen der beiden Stadtstaaten schon Hunderte Schiffe und schätzungsweise 100 000 Soldaten verloren.[1] Auch die Karthager – die Römer nennen sie Punier – sind ausgeblutet, ihr Seehandel im Mittelmeer leidet schwer. Seit Jahren geht es für keine Seite mehr recht voran. Um eine Entscheidung zu erzwingen, beschließt Rom, noch einmal eine Flotte zu bauen. »Dieser letzte Versuch hatte tatsächlich den Charakter eines Existenzkampfes«, wird der antike griechische Historiker Polybios später schreiben. Da die Kassen der Republik leer sind, finanzieren reiche Bürger mehr als 200 Schiffe unter der Bedingung, im Falle eines römischen Sieges entschädigt zu werden.

Die Lage auf Sizilien ist kompliziert. Ein karthagisches Heer unter Führung des Feldherrn Hamilkar Barkas lagert am Nordhang des Monte Erice, eines 840 Meter hohen Berges an der Westspitze Siziliens. Es wird von den Römern belagert, die bereits den Gipfel des Berges erobert haben. Römische Schiffe blockieren zudem die von Karthago kontrollierten nahen Städte Drepana[2] und Lilibeo.[3] Um dem bedrängten Hamilkar mit Lebensmitteln, Waffen und Ausrüstung zu Hilfe zu kommen, schickt Karthago eine große Flotte unter Führung Hannos aus, die die Römer nun abfangen wollen.

Gaius Lutatius Catulus überlegt, wo die Karthager an Land gehen möchten. Er kommt auf die Bucht von Bonagia, weil sich von dort die karthagischen Truppen auf dem Monte Erice am leichtesten versorgen lassen.

Um die Bucht zu erreichen, müssen die feindlichen Schiffe die Insel Levanzo im Norden passieren. Also lässt er seine Flotte im Schutz des Capo Grosso ankern. Er hat befohlen, die Quinqueremen leicht auszustatten, um möglichst wendig zu sein. Und er hat seine Männer den Kampf intensiv trainieren lassen. Es geht in den Seeschlachten jener Zeit darum, die feindlichen Schiffe von der Seite her anzugreifen, mit dem *rostrum* – einem bronzenen Rammsporn am Bug des eigenen Bootes – deren Planken zu durchstoßen und sie zu versenken. Da der Gegner dieselbe Kampftechnik verfolgt, werden die Schiffe raffiniert hintereinander gestaffelt.

Gaius Lutatius Catulus behält recht. An jenem Morgen des 10. März 241 v. Chr. nähert sich die karthagische Flotte tatsächlich der Insel Levanzo. Römische Späher, die auf dem Kap Ausschau halten, schlagen Alarm. Um keine Zeit zu verlieren und wohl auch um Gewicht zu sparen, befiehlt Catulus, die Anker nicht erst einzuholen, sondern die Ketten durchzutrennen. Dann fahren sie los, dem Wind und dem Feind entgegen.

Die Punier sind völlig überrascht, als die Schiffe der Römer plötzlich hinter dem Capo Grosso auftauchen. Viele Reihen tief gestaffelter Quinqueremen jagen auf sie zu. Vier Meilen nordöstlich des Kaps stoßen die beiden Flotten aufeinander. Die schwer beladenen karthagischen Schiffe sind den leichten, wendigen römischen ausgeliefert, die mit ihren Bronzeschnäbeln die Ruderreihen der Feinde zertrümmern und die Schiffswände einstoßen. Die Schlacht bei den Egadischen Inseln wird zum Desaster für die Karthager. Die Römer versenken 50 Schiffe und erobern 70 weitere. Tausende Karthager sterben, das Meer färbt sich rot von ihrem Blut. Nur weil der Wind plötzlich auf Nordost dreht, gelingt es Hanno, mit den Resten seiner Flotte heim nach Nordafrika zu fliehen.

Auf dem Monte Erice warten Hamilkar und seine Truppen vergeblich auf Nachschub aus Karthago. Kurz darauf müssen sie kapitulieren. Nach 24 Jahren endet damit der Erste Punische Krieg. Karthago muss Sizilien an die Römer abtreten. Es ist der Kipppunkt im Kräftemessen der alten und der neuen Mittelmeergroßmacht. »Wir können sagen, dass Karthago bei den Egadischen Inseln unterging«, schreibt Aldo Bua in seinem Führer über die Inselgruppe.[4] Doch es werden noch zwei weitere Punische Kriege folgen, bis Rom die Rivalin endgültig zu Boden geworfen und Karthago vernichtet hat.

In der Geschichtswissenschaft wird gern darüber spekuliert, was geschehen wäre, wenn nicht die Römer, sondern die Karthager die Schlacht bei den Egadischen Inseln gewonnen hätten. Womöglich wäre Roms Aufstieg zur Weltmacht gestoppt worden. Vielleicht wären Sizilien und ganz Italien dann dem nordafrikanisch-nahöstlichen Kulturraum zugefallen und nicht dem europäischen. Die Geschichte des Abendlandes wäre wohl anders verlaufen.

Ein sonniger Märzmorgen mehr als 2260 Jahre später. Der Libeccio, ein Südwestwind, bläst mir heftig ins Gesicht. Die schweren Tore des Ex-Stabilimento Florio, einer riesigen ehemaligen Thunfischfabrik auf der Insel Favignana, sind verschlossen. Die Museen im Inneren des Gebäudekomplexes aus dem 19. Jahrhundert öffnen erst später in der Saison. Doch ich habe Glück. Für diesen Tag ist ein italienisches Fernsehteam angekündigt, das einen Dokumentarfilm über die Schlacht bei den

Egadischen Inseln dreht. Daher öffnet jetzt ein Arbeiter der Gemeinde Favignana die Tore. Drinnen im lauschigen, mit Bäumen bepflanzten Hof kehrt ein Kollege mit einem Reisigbesen trockenes Laub zusammen. Der Arbeiter sperrt mir das Antiquarium auf, einige hohe Räume der früheren Fischfabrik, in denen die Fundstücke der Seeschlacht ausgestellt sind. Liebevoll streicht er über das Halbrelief der geflügelten Siegesgöttin Nike mit einem Lorbeerkranz in der rechten Hand, das auf einem römischen Schiffsschnabel zu sehen ist. Er schnalzt mit der Zunge: »Als ob sie erst gestern gegossen worden wäre.«

Dann geht er, in Erwartung des Fernsehteams, und ich bleibe allein mit den Schätzen der Seeschlacht zurück. Verblüfft schaue ich mir die riesigen, schweren Schiffsschnäbel aus Bronze an, die im Meerwasser grün angelaufen ist. Sie wirken mit ihren horizontalen und vertikalen Klingen wie Skulpturen eines modernen Künstlers oder wie Teile des Stahlskeletts eines Wolkenkratzers. Auch ein punischer Schiffsschnabel ist ausgestellt, er sieht ganz ähnlich aus, nur dass auf ihm keine Nike, sondern eine Anrufung des karthagischen Gottes Baal eingegossen ist. Dazu Helme und Amphoren, Relikte der Schlacht. Sie wurden auf dem Meeresboden vor Levanzo gefunden.

Der Arbeiter kommt zurück und knipst einen Videobildschirm an. Der Film zeigt die stilisierten Flotten der Karthager und Römer, wie sie aufeinander zustoßen, wie die Schiffe auf engem Raum versuchen, sich so in Position zu drehen, dass sie die Flanken der Gegner rammen können, und wie die Römer dabei die Oberhand gewinnen. In einem anderen Raum ist ein Meeresboden voller Amphoren und mit den Resten eines Schiffes nachgestellt, um zu zeigen, welcher Anblick sich den Unterwasserarchäologen bot, als sie endlich die Stelle der *Battaglia delle Isole Egadi*[5] gefunden hatten.

Diese Forschungsgeschichte gleicht einem Krimi. Lange folgten die Archäologen einer falschen Spur. Gesichert war nur, dass die geschichtsentscheidende Seeschlacht bei den Egadischen Inseln stattgefunden hatte, die aus der Hauptinsel Favignana sowie aus Levanzo, Marettimo und einigen Miniinseln und Felsen vor der Westspitze Siziliens bestehen. Auf Favignana gibt es eine einsame Felsbucht, die Cala Rossa[6] genannt wird. Der Überlieferung nach wurde hier die Seeschlacht geschlagen, und das ins Meer vergossene Blut gab der Bucht ihren Namen. So erschien es plausibel, dass sich der Zusammenprall der Karthager und Römer tatsächlich hier ereignet hatte.

Doch dann kam den Archäologen, wie so oft, ein Zufall zur Hilfe. Einem sachkundigen Patienten eines Zahnarztes in Trapani fiel auf, dass dieser in seinem Wartezimmer einen antiken bronzenen Rammsporn aufgestellt hatte. Bis dahin waren weltweit nur einige wenige Exemplare dieser vernichtenden Schiffswaffen gefunden worden. Der Patient informierte die Behörden, und schließlich stellten die Kultur-Carabinieri, eine exzellente italienische Sonderpolizei zum Schutz des historischen Erbes, den Rammsporn sicher. Der Zahnarzt nannte ihnen den Fischer, der ihm das Relikt geschenkt hatte, und dieser verriet den Beamten den Fundort. Er lag nicht vor der Cala Rossa von Favignana, sondern vor dem Capo Grosso der Insel Levanzo.

Dazu passt, dass die Fischer auf dem Meeresboden unterhalb des Kaps bereits zahlreiche antike Ankerstümpfe im Meer entdeckt – und teilweise zu Senkbleien für ihre Netze eingeschmolzen hatten. Hunderte solcher Ankerstümpfe müssten dort unten liegen, erzählten sie den Archäologen um den inzwischen verstorbenen Sebastiano Tusa, den Leiter der sizilianischen Meeres-Denkmalschutzbehörde. Schnell stellte sich heraus, dass die Ankerteile von antiken römischen Schiffen stammten. Doch warum hatten so viele von ihnen an dieser Stelle geankert, wo die See besonders rau war, es keine Hafenbuchten gab und keine Handelsroute entlangführte? Es konnte nur mit Krieg zusammenhängen. Mit der Schlacht bei den Egadischen Inseln. Nach intensiver Suche entdeckten die Archäologen schließlich weitere bronzene Rammsporne. Damit war klar, dass die Seeschlacht hier, vor Levanzo, und nicht vor der Roten Bucht von Favignana geschlagen worden war. Inzwischen sind mehr als zwei Dutzend Rammsporne der Schlacht geborgen, dazu andere Ausrüstungsteile, Helme, Münzen und Amphoren, von denen etliche in der alten Thunfischfabrik zu sehen sind. Zudem wurde im Meer um die Egadischen Inseln ein Tauchweg der Unterwasserarchäologie eingerichtet, auf dem Hobbytaucher Amphoren, Anker und andere Relikte der Antike im Meer entdecken können.

Viel später, im 19. Jahrhundert, haben die Egadischen Inseln wieder Geschichte geschrieben, diesmal Wirtschaftsgeschichte. Favignana und deren Schwesterinseln waren lange sehr arm gewesen. Noch bis weit ins 18. Jahrhundert hinein lebten die meisten Menschen in Höhlen und Grotten. Doch die Inseln hatten einen natürlichen Reichtum: den Roten Thunfisch. Jedes Jahr gegen Ende des Frühlings ziehen die geschlechtsreifen Fische zum Laichen aus dem Atlantik ins wärmere Mittelmeer. Dabei kommen sie an Favignana vorbei. Die Bewohner der Insel nutzten dies seit der Antike, um die nahrhaften Fische zu fangen. Im Lauf der Jahrhunderte entwickelten sie komplizierte Netzfallen, die die massigen, silberblauen Fische bis in eine »Todeskammer« zu leiten, in der sie abgeschlachtet wurden. So entstand auf den Egadischen Inseln die größte Thunfischindustrie des Mittelmeers, eine Quelle sagenhaften Reichtums.

1874 kaufte die Familie Florio die gesamte Inselgruppe auf, um den Thunfischfang professionell auszubauen. Die Geschichte der Florio ist faszinierend. Sie handelt vom spektakulären und dramatischen Aufstieg, Triumph und Fall eines süditalienischen Kaufmannsgeschlechts. Die sizilianische Schriftstellerin Stefania Auci hat ihre Geschichte in zwei opulenten Romanen erzählt, die in Italien, aber auch weltweit, einen enormen Erfolg hatten.[7] Die Popularität der Bücher in Italien mag vielleicht auch daher kommen, dass viele Leserinnen und Leser die neuere Geschichte ihres Landes im Schicksal der Florio widergespiegelt sehen: der rasche Aufstieg nach der nationalen Einigung in der zweiten Hälfte des 19. Jahrhunderts, der enorme Wohlstand – der sich in Italien, später als bei den Florio, nach dem Zweiten Weltkrieg einstellte – und schließlich der Niedergang, in dem viele Italien heute wähnen.

Die Florio stammen aus Kalabrien und wanderten nach einem furchtbaren Erdbeben 1799 nach Sizilien aus. In Palermo gründete Paolo Florio ein Geschäft für Kolonialwaren, Gewürze und Chinin, das zur Malariabekämpfung eingesetzt wurde. Seine Nachfahren, die zu Senatoren des jungen Königreichs Italien aufstiegen, bauten das Familienunternehmen zu einem regelrechten Trust aus, mit Dampfschifflinien und der größten Handelsflotte Italiens, Bergbau, Hotels, Weingütern, Tabak-

und Baumwollanbau. Auf Favignana errichteten sie eine seinerzeit hochmoderne Thunfischfabrik, den Stabilimento Florio, der bald zu den größten Nahrungsmittelfabriken der Welt anwuchs. Es ist fast eine Kleinstadt mit riesigen, bis heute erhaltenen Gewölbehallen, in denen die Thunfische ausgeblutet und zerlegt wurden, um ihr Fleisch erst in Salz und später in Aluminiumdosen mit Öl einzulegen und in alle Welt zu exportieren.

Diese Welt des Fischs, von der die meisten Menschen auf Favignana lebten, lässt sich im Ex-Stabilimento Florio nacherleben. Hier stehen noch die riesigen Metallkessel, in denen die Köpfe und Gräten der Fische ausgekocht wurden, um Öl daraus zu gewinnen. In enormen, elegant geschwungenen Säulenhallen aus dem hellen, warmen Kalkstein der Insel liegen noch die alten Holzboote, auf denen die *tonnaroti*, die Thunfischfänger, im Frühjahr unter dem Kommando ihres *raìs*, des Anführers, hinaus aufs Meer fuhren, um unter rhythmischen Gesängen und Anrufungen der Jungfrau Maria und aller Heiligen ihrer gefährlichen Arbeit nachzugehen. Sie reihten sich mit ihren Booten um die *Camera della morte*[8] auf, zogen deren Bodennetz hoch und brachten so die 40, 50 und in einem Fall 647 Kilogramm schweren,[9] überaus kräftigen Fische an die Oberfläche. Dort wurden sie mit einer Art Enterhaken gekrallt und an Bord gezogen. Die blutenden, zappelnden und mit ihren Schwänzen um sich peitschenden Fische verwandelten das Meer in roten Schaum, ein für heutige Augen erschütterndes Schauspiel, das manche an den spanischen Stierkampf erinnern mag. Doch die *tonnaroti* aus Favignana handelten nicht, um sich einer Mutprobe zu stellen oder gar aus Mordlust und Grausamkeit, sondern um das Leben ihrer Familien zu sichern. Wenn sie mit ihren beutebeladenen Booten zerschunden und blutbespritzt von der *mattanza*[10] in die Fischfabrik der Florio zurückfuhren, rief ihr *raìs*: »*E sempre sia loratu lu nnomu ri Gesù*. Und immer sei gelobt der Name von Jesus.« Und die Fischer brüllten aus voller Kehle zurück: »Geeesù!«

Im Ex-Stabilimento Florio ist eine Miniaturnachbildung der komplizierten, in Wirklichkeit 350 000 Quadratmeter abdeckenden Netzfallen zu sehen, in denen die Thunfische gefangen wurden. Schwarz-Weiß-Fotos zeigen, wie die Tiere geköpft und dann am Schwanz an der Decke eines der Säle aufgehängt wurden, um auszubluten. »Wald« nannten sie diesen Raum, weil ihnen die herunterhängenden Thunfische wie Bäume erschienen. Zu sehen ist auch, wie die Arbeiter an großen Tischen das Fleisch zerteilten und wie es die Frauen in die Dosen mit dem Wappen der Florio pressten, einem trinkenden Mähnenlöwen. Auf Steintafeln, die in die Wände eingelassen sind, hat man die besten Fangjahre verzeichnet. »Im Jahr des Herrn 1848 wurden in dieser *tonnara* 4345 Thunfische getötet«, heißt es auf einer Tafel. Und auf einer anderen: »1859 fing die *tonnara* Favignana 10 159 Thunfische.«

»Mehr als 800 Familien auf Favignana haben damals von den Florio und den Thunfischen gelebt«, sagt der junge Wärter in der Villa Florio, einem grandiosen Jugendstilpalast im Zentrum des Fischerdorfes Favignana. »Noch mein Onkel arbeitete für sie.« Es sei immer ein Spektakel gewesen, wenn die Familie mit einer ihrer Luxusyachten auf Favignana ankam und ihre Sommerresidenz bezog. Da sei die mondäne Welt über ihr Inselchen gekommen. Die prächtigen Kleider und flamboyanten Federhüte der Damen, die Konzerte, die Feste. Dabei seien die Florio für ihre Zeit sehr soziale, demokratisch gesinnte Arbeitgeber gewesen, die ordentliche Löhne bezahlten und sich auch persönlich um ihre Arbeiterinnen und Arbeiter kümmerten.

Der Wärter zeigt mir einen eleganten, holzgetäfelten Raum im Erdgeschoss, der den Florio als Empfangssaal diente. Heute tagt hier der Gemeinderat. In den Obergeschossen sind Fotografien ausgestellt. Sie zeigen die mit Segeln und Dampfmaschinen ausgestatteten Yachten der Familie, die so luxuriös waren, dass nur die Prunkschiffe des englischen Königshauses mithalten konnten. Und sie zeigen Donna Franca als strahlende Gastgeberin. Sie wurde als »Königin von Palermo« bezeichnet und galt als eine der schönsten Frauen der Welt. Das ist noch heute nachzuvollziehen. Sehr beliebt war sie auch. Denn sie ging mit dem deutschen Kaiser Wilhelm II., der sie verehrte, genauso natürlich und herzlich um wie mit den Fischerfrauen im Dorf.

Eine anrührende Filmdokumentation in der Villa zeigt Szenen aus dem Leben der Florio bis hin zu ihrem Untergang. Der Erste Weltkrieg, dessen wirtschaftliche Folgen für Italien und die zunehmende internationale Konkurrenz zwangen die Familie, nach und nach ihren Besitz zu verkaufen, sogar die Juwelen von Donna Franca, darunter eine sieben Meter lange Perlenkette, und, in den 1930er Jahren, die Egadischen Inseln samt der Thunfischfabrik. Donna Franca starb, nach vielen Schicksalsschlägen, 1950. Ihr Mann, Ignazio Florio, folgte ihr 1957, ihr Schwager Vincenzo 1959. Mit ihm starb die Dynastie aus.

Auf Favignana aber ist das Andenken an sie lebendig. Und die roten Thunfischdosen mit der Aufschrift *Florio Tonno* und dem wassertrinkenden Wappenlöwen werden in Italien heute wieder vermarktet. Ihr Inhalt kommt freilich nicht mehr aus den Gewässern um die Egadischen Inseln. Die Zahl der Fische ging dort dramatisch zurück, vor allem aufgrund weltweiter Überfischung mit internationalen Fangflotten. 1979 stellte die Thunfischfabrik von Favignana ihre Arbeit ein. Die letzte echte *mattanza* – der traditionelle Thunfischfang mit Netzfallen und Abschlachten der Fische auf dem Wasser – fand 2007 statt. Versuche, sie wiederzubeleben, scheiterten bislang am Mangel an Fischen.

Um Touristen anzuziehen, braucht Favignana die *mattanza* allerdings nicht mehr. Es gibt so viel zu erleben auf der Insel, die von Trapani aus gut per Fähre oder Tragflügelboot erreichbar ist. Überall auf der Insel werden für ein paar Euro am Tag Scooter und Elektrofahrräder vermietet, mit denen sich Favignana erkunden lässt. Ein nur 300 Meter hoher, aber recht schroffer Gebirgszug teilt die Insel in eine belebtere östliche und eine verträumte westliche Hälfte. Auf dem höchsten Bergrücken liegt die trutzige, allmählich verfallende Burg Santa Caterina, die nur zu Fuß erreicht werden kann und nicht betreten werden sollte. Doch schon allein der Ausblick von dort oben über den ganzen Archipel und hinüber nach Sizilien lohnt den Aufstieg. Der Wind pfeift hier oft kalt vom Meer her. Um sich aufzuwärmen, kann man danach zu einem der sogenannten unterirdischen Gärten radeln, in denen es besonders warm ist. Es sind ehemalige Kalksteinbrüche mit senkrecht abfallenden Wänden. Hier haben Inselbewohner zum Teil liebevoll bepflanzte Gärten angelegt. Der schönste ist wohl der *Giardino dell'impossibile*, der Garten der Unmöglichkeit, ein canyonartig aus dem Felsen gehauener Steinbruch mit vielen Verzweigungen, Durchbrüchen, Grotten und Teichen, ein Zaubergarten mit 500 Pflanzenarten aus aller Welt. Da auf mein Klingeln und Rufen niemand erscheint, aber das Türchen unversperrt ist, wandere ich allein durch diese bizarre Welt mit ihren Palmen, Kakteen, Wolfsmilchgewächsen, Aloen, Hibisken, Erdbeer- und Johannisbrotbäumen, Storchschnabelgewächsen, Papyrusgräsern und Seerosen. Wer sich nur ein bisschen für Pflanzen und Gärten interessiert, für den lohnt ein Besuch Favignanas schon allein wegen des Gartens der Unmöglichkeit. Und da ich niemanden im Garten angetroffen habe, sei auf diesem Wege seiner Gründerin Donna Maria Gabriella Campo und deren Familie herzlich gedankt.

Wenn man eine Weile auf Favignana herumgekurvt oder herumgewandert ist und einige der Sandstrände und Felsbuchten besucht hat, kommt man am Ende, wie es sich in Italien gehört, immer auf der zentralen Piazza heraus. Die Piazza Madrice hat die Form eines lang gezogenen Trapezes, an dessen einer Kopfseite eine schmucke, goldgelb getünchte Kirche steht. Es fällt sofort auf, dass sie nicht mittig errichtet worden ist. Sie musste damals, im 18. Jahrhundert, etwas nach links versetzt werden, um vom nahen Castello San Giacomo freie Sicht und freies Schussfeld auf möglicherweise anrückende Feinde zu haben. Diese militärisch bedingte Asymmetrie trägt zum Reiz des besonders einladenden Platzes bei. Es ist eine Piazza wie aus einem Italientraum. Wer sich an einen der Tische vor der Spaghetteria Pakkaro setzt, etwa um ein Thunfischtatar oder eine panierte Bernsteinmakrele auf Zitronen-Pistaziensauce zu verzehren, der hat die ganze Piazza im Blick und kann ihre Verwandlungen im Laufe des Tages beobachten.

Jetzt, am frühen Nachmittag, wirkt die menschenleere Piazza mit ihrem hellen Natursteinpflaster und den sandfarben getünchten kubischen Häusern mit den dunklen Fensteraugen wie eine der metaphysischen Stadtansichten Giorgio de Chiricos. Unbehaust, in einem brutal klaren Licht, scheinbar realistisch, aber zugleich ein wenig unheimlich, wie aus einer nachmenschlichen Zeit. Klar, dass eine echte italienische Piazza so nicht lange bleiben kann. Der Wandel kündigt sich mit zwei kichernden Mädchen an, vielleicht zehn, elf Jahre alt, die auf einem *motorino*, natürlich ohne Helme, schlingernd auf uns zufahren und knapp an den Tischen vorbeiknattern. Kurz darauf krabbelt ein Elektromobil lautlos wie ein Käfer über den Platz, darauf ein betagter Herr, der vor einem Haus einparkt, etwas mühsam absteigt und darin verschwindet. Ihm werden nach und nach weitere Herren auf Elektromobilen folgen. Mysteriöserweise kommen sie nicht mehr heraus, was nun doch wieder an de Chirico erinnert. Später sehe ich, dass in dem Haus ein Gemeindezentrum untergebracht ist, das sich als nackter, fensterloser Raum mit Neonröhren an der Decke erweist, in dem die Rentner ein Gläschen trinken und Karten spielen.

Alle älteren Herren des Ortes scheinen sich übrigens stets auf einem *veicolo elettrico* oder auch *scooter elettrico* fortzubewegen, wie es auf Italienich heißt, jedenfalls auf dieser Piazza, auf der ansonsten weder Autos noch ein Denkmal Vittorio Emanueles oder Padre Pios im Weg rumstehen. Wobei die Temperamente der rollenden Rentner unterschiedlich sind. Während die einen behutsam über die Piazza gleiten und misstrauisch nach allen Seiten spähen, brausen andere selbstbewusst heran, mit verwegenem Blick die Müßiggänger in den Cafés musternd, wie Garibaldi auf dem Weg in die Schlacht.

Die gleichaltrigen Damen marschieren dagegen alle zu Fuß mit ihren Einkaufstaschen auf, sobald nun, gegen halb fünf, fünf, die Läden öffnen. Ich frage mich bis heute, ob es durch irgendeine kommunale Verordnung den bejahrten Herren geboten und den Damen verboten ist, *veicoli elettrici* zu benutzen. Leider habe ich das nicht herausgefunden.

Später kommen die berufstätigen Einheimischen und die um diese Jahreszeit noch wenigen, zumeist italienischen Touristen, um sich in den Rattansesseln vor dem Caffè Aegusa an der Längsseite des Platzes niederzulassen, einen Aperitif zu ordern und sich geistig-moralisch auf das Abendessen vorzubereiten. Sie strecken ihre Köpfe Richtung Abendsonne, entspannen die Gesichtszüge und lassen die Seelen baumeln, nicht ohne sie gleichzeitig ununterbrochen sprechen zu lassen. Vor ihnen knallen die *ragazzi* ihre Plastikfußbälle durch die Luft, wobei sie die mit Bier-, Wein- oder Cocktailgläsern bedeckten Tische knapp verfehlen. Die Piazza wird nun zum Wohnzimmer des Dorfes, eine der Einrichtungen, die Italien so lebenswert machen und manche Schwächen des Landes ausgleichen. Die Wohnungen vieler Italienerinnen und Italiener, insbesondere des Südens, mögen bis vor wenigen Jahrzehnten – und nicht selten bis heute – eng, karg, feucht und dunkel gewesen sein. Doch es gab immer die Piazza, mit Gesellschaft, einem Gläschen Wein und einem Kartenspiel, um die *tristezza* des Lebens zu verscheuchen.

Jetzt wird es voll auf der Piazza Madrice. Aus den Gassen schlendern Hunderte Menschen herbei, um sich vor dem Portal der Kirche zu einer kompakten Masse zu verdichten. Eine schwarz gekleidete Figur der Maria Immacolata, der Unbefleckten Maria – sie braucht es als

Kontrapunkt im sinnesfreudigen Italien –, schwankt aus dem Gotteshaus, mit Glühbirnen-Heiligenschein, umgeben von rosafarbenen Hortensienblüten. Männer in schwarzen Anzügen und weißen Hemden mit Manschettenknöpfen tragen die schwere Holzfigur über die Piazza. Sie pressen die Münder und Augen zusammen, versuchen, nicht zu fallen und trotz der Anstrengung eine würdevolle Erscheinung abzugeben.

Die Madonna macht sich nun auf den Weg durch den Ort, gefolgt von Priestern, Carabinieri, Trommlern, einer Blaskapelle und den Bürgern Favignanas. Über Stunden hallen Trommelklänge und getragene Märsche durch das Städtchen. Kerzen verbreiten ein warmes Licht, das die Nacht darum herum noch finsterer wirken lässt. Junge, ganz in Schwarz gekleidete Frauen tragen ein Leintuch vorneweg, auf dem ein Porträt von Christus mit der Dornenkrone prangt, offenbar eine Nachempfindung des Schweißtuchs der Veronika. An mehreren Marienbildern im Ort – eines zeigt die Jungfrau mit einem Thunfisch – macht die Madonna halt, um sich ihnen grüßend zuzuneigen, während die Träger ächzen, die Trommeln wirbeln und die Menschen – Kinder, Teenager, Berufstätige, Alte, Frauen und Männer, Fischer und Advokatinnen – Gebete murmelnd durch die Gassen schlurfen.

In den Trattorien auf der Piazza wird nun das Abendessen aufgetischt. Pasta mit getrocknetem Thunfischrogen, Spaghetti mit Meeresfrüchten, marinierter Thunfisch an Kräutern, dazu vielleicht ein Fläschchen Favinia La Muciara, der exzellente Inselwein aus den Rebsorten Zibibbo, Grillo und Catarratto. Plötzlich knallt ein dicker Tropfen aufs Pflaster und hinterlässt dort einen dunklen Fleck. Und noch einer, noch einer. Wie in einem zu schnell ablaufenden Film sausen die Kellner heraus und packen Teller und Gläser, springen die Gäste auf, flüchtet alles nach drinnen.

Am nächsten Morgen haben sich die Wolken verzogen. Die Madonna mit den zarten, hellen Gesichtszügen weilt wieder im Schutz ihrer Kirche. Ich stehe nun auf dem zweiten wichtigen Platz Favignanas, der Piazza Europa mit dem wuchtigen, offenbar der Florentiner Renaissance nacheifernden Rathaus. Hier steht ein Denkmal auf hohem Sockel. Es zeigt Ignazio Florio aus der Dynastie, der die Insel so viel zu verdanken hat, weil sie das Meer und seine Thunfische ausbeutete.

»Früher haben wir das Meer nur als Quelle und Halde unseres Wohlstands betrachtet. Wir holten die Fische heraus und warfen Abfall hinein«, sagt Salvatore Livreri Console. »Heute haben wir eine ganz andere Einstellung.«

Der schmale Mann mit hoher Stirn, schwarzgrauem Vollbart, weißem Hemd und hellblauer Krawatte residiert im ersten Stock eines alten Palazzo an der Piazza Europa. Etliche jüngere Frauen und einige Männer in schwarzblauen Arbeitsuniformen sitzen im Vorzimmer an Computern. Die Stimmung ist gut, alle sind freundlich und machen den Eindruck, dass sie ihre Arbeit befriedigt. An den Wänden hängen Plakate mit den Tieren des Meeres und Landkarten, die eine Zone um die Egadischen Inseln herum hervorheben. »Wir haben hier das größte selbst verwaltete Schutzgebiet des Mittelmeers«, sagt Livreri Console. Insgesamt besitze Italien 30 Schutzgebiete mit zusammen 228 000 Hektar Fläche. Davon machten die Egaden allein 54 000 Hektar aus. »Unser Reservat umgibt den ganzen Archipel. Da gibt es keine Schlupfwinkel.«

Das habe vielen Menschen auf Favignana, Levanzo und Marettimo gar nicht gefallen, als die *Riserva naturale marina Isole Egadi* 1991 eingerichtet wurde. »Es gab einen großen Widerstand der Fischer. Die fluchten: ›Verdammter Mist, wir wollen kein Schutzgebiet! Das behindert uns nur.‹« Über die Jahre aber hätten die Fischer erkannt, dass ihnen das Marinereservat auch Vorteile bringt. »Die 38 auf den Inseln ansässigen Fischer dürfen im Schutzgebiet die traditionelle *pesca artigianale*[11] betreiben. Gäbe es das Schutzgebiet nicht, würden sie Konkurrenz von mehr als 600 Fischern aus sizilianischen Hafenstädten wie Mazara del Vallo bekommen. Alle würden sie hier fischen. Das wollen unsere Fischer natürlich nicht.«

Ich bin erstaunt. Ein Meeresschutzgebiet, in dem immerhin 38 Fischer ganz offiziell auf Fang ausfahren dürfen? Wie passt das zusammen? Der Direktor schaut jetzt verschmitzt hinter seinem riesigen dunkelbraunen Schreibtisch hervor, auf dem sich die Aktenkladden häufen. »Wir Italiener haben einen Vorteil. Wir sind oft die Letzten in der Europäischen Union, die deren Gesetze umsetzen. Das hilft uns, die Fehler zu vermeiden, die die anderen gemacht haben.« So hätten die Franzosen ihre Meeresschutzgebiete mit rigorosen Regeln eingeführt und damit die Fischer gegen sie aufgebracht. Und gegen die Einheimischen lasse sich auf Dauer schwer die Umwelt schützen. Also hätten sie in Italien neben den drei üblichen Schutzzielen Meeresgrund, Tiere und Küsten noch ein viertes hinzugefügt: die traditionelle Inselwirtschaft, insbesondere die Küstenfischerei. »Wir haben die Egadischen Inseln ja 1991 als Schutzgebiet ausgewählt, weil es hier so einen Artenreichtum an Fischen gab – obwohl hier gefischt wurde. Denn unsere Fischer überfischten die Bestände nicht. Da wäre es doch blöd von uns gewesen, das zu verbieten.«

Der Erfolg scheint Salvatore Livreri Console und seinen Mitstreiterinnen – um die 40 sind es in der Sommersaison – recht zu geben. Wer in den transparenten Gewässern um die Inseln schnorchelt oder taucht, kann eine für das heutige Mittelmeer ungeahnte Artenvielfalt entdecken. Küsten- und Spinner-Delfine, Rote Thunfische und verschiedene Arten von Haien, Rochen, Pottwalen, die kunterbunten kleinen Meerpfaue, Muränen, Riffbarsche, Ringelbrassen, Purpursterne, Kraken, Tintenfische, Korallen, schwarze und violette Seeigel. Man würde am liebsten ein Bestimmungsbuch unter Wasser mitnehmen. Dazu kommen Karettschildkröten und die vom Aussterben bedrohte Mittelmeer-Mönchsrobbe, eines der seltensten Tiere Europas. Die Fischer auf den Egadischen Inseln verdienen sich in der Saison etwas dazu, indem sie Urlauber mit aufs Meer hinausnehmen, in Italien *pescaturismo* genannt, Bootstouren rund um die Inseln anbieten oder Schnorchel- und Tauchgänge organisieren. Dadurch tragen sie auch dazu bei, die Leute aufzuklären und für den Schutz des Meeres zu werben.

Doch was macht gerade das Meer rund um die Egadischen Inseln derart reich? Die Antwort des Direktors kommt sofort: »Die Posidonia.« Strandurlauber erleben sie meist von ihrer hässlichen, müffelnden Seite: braunes, abgestorbenes Neptungras, das in dicken Schichten auf dem Sand verwest, bevor es von den Bademeistern zu Beginn der Saison weggeräumt wird. Auch an den Stränden von Favignana ist es jetzt, in der Vorsaison, noch überall zu sehen. Wer die Bedeutung der Posidonia nicht kennt, mag diese verklumpten braunen Schichten für

Dreck, ja für ein Zeichen von Umweltverschmutzung halten. Das Gegenteil ist der Fall, wie Livreri Console versichert. Wenn er vom Neptungras spricht, kommt er ins Schwärmen. »Wir haben eines der größten Posidonia-Felder des Mittelmeers. Das schützen wir ganz besonders, auch indem wir die Einheimischen und Touristen darüber aufklären.«

Die Posidonia, die sich unter Wasser in Form sattgrüner Wiesen aus breitblättrigem, dicht wachsendem Seegras präsentiert, hat gleich drei für die Umwelt überlebenswichtige Funktionen. Sie dient, erstens, den Meerestieren als eine Art Inkubator, als »Kindergarten«, wie es der Direktor nennt. Hier laichen die Fische ab, hier kann ihre Brut geschützt heranwachsen, bevor sie sich ins offene Wasser wagt.

Die abgestorbenen Neptungräser bewahren, zweitens, die Küsten vor der Erosion, indem sie die Wellenbewegungen dämpfen und die Sandstrände vor den Winterstürmen schützen. Als Urlauber sollten wir also nicht die Nase rümpfen, wenn wir die braunen Haufen auf dem weißen Strand vorfinden. Drittens erfüllt das Neptungras eine Aufgabe, die uns heute bedeutender erscheint denn je. »Es nimmt Kohlendioxid auf und gibt Sauerstoff ab. Daher ist es unser wichtiger Verbündeter im Kampf gegen den Klimawandel.« Ein Posidonia-Feld speichere sogar wesentlich mehr CO_2 als ein gleich großes Stück Amazonas-Regenwald. Weltweit bedeckt das Seegras zwar nur etwa 0,2 Prozent des Meeresbodens. Es bindet aber bis zu 15 Prozent des vom Ozean aufgenommenen Klimagases.[12] Da kann man verstehen, dass der Direktor so stolz auf seine Seegraswiesen ist.

Ist also alles gut im Meer um die Egadischen Inseln? »*Magari!*«, ruft Livreri Console. »Schön wär's!« Zwei

Feinde würden seinem Schutzgebiet besonders zusetzen: Raubfischer und Umweltveränderungen. Er erzählt, dass immer wieder fremde Trawler in die fischreichen Gewässer um die Inseln eindrangen, um mit verbotenen Schleppnetzen den Meeresgrund buchstäblich abzugrasen und dabei zu zerstören. Dagegen haben seine Mitstreiterinnen und er Abhilfe geschaffen, indem sie an besonders gefährdeten Stellen mit Eisenstangen armierte Betonblöcke im Meer versenkten. Sie lassen die teuren Schleppnetze zerreißen und schrecken so die Raubfischer ab. »Da haben wir große Erfolge.« Doch dann sind da noch Leute aus Palermo, die nachts mit Schnellboten zu den Egaden hinüberfahren, um Unmengen von Seeigeln aus dem Wasser zu holen und später in Palermo zu verkaufen. Unglaublich, dass sich der Aufwand lohnt, aber er lohnt sich. Ihnen versucht der Direktor nun mithilfe der Küstenwache das Handwerk zu legen. Eine mühsame Sache.

Dann ist da das große Thema, das so viele Menschen auf den italienischen Inseln umtreibt, vor allem all jene, die mit dem Meer zu tun haben: die Umweltveränderungen. Der Direktor hebt seine flache Hand über den Schreibtisch. »Das Mittelmeer wird immer wärmer. Darunter leiden viele Arten und besonders die Fischbrut. Die kleinen Fische können im zu warmen Wasser ihr Skelett nicht richtig ausbilden. Und auch ihre Geschlechterausprägung wird gestört.« Außerdem würden sich Fischarten aus dem Roten Meer und dem Indischen Ozean im Mittelmeer ausbreiten und das ökologische Gleichgewicht durcheinanderbringen. »Raubfischer können wir bekämpfen, aber das …?«, sagt der Direktor, bevor er mich mit dieser Frage in den windigen Frühlingsmorgen entlässt.

8

Sizilien – Normannen, Staufer, Corleonesi

Marilena Bagarella erwartet mich auf der Piazza Falcone e Borsellino und beginnt mit einer Geschichte, die schon alles auf den Punkt bringt. 1992 ermordete die sizilianische Cosa Nostra die Richter Giovanni Falcone und Paolo Borsellino. Der Befehl kam von den Corleonesi, einem Clan aus Corleone im Inneren Siziliens, der damals die ganze Cosa Nostra beherrschte. Die Stadt Corleone beschloss daraufhin, ihren zentralen Platz im Gedenken an die Ermordeten Piazza Falcone e Borsellino zu nennen. Das war eine Provokation für die Mafia und insbesondere für Totò Riina, dem aus dem Ort stammenden Boss der Bosse. Die Corleonesi schlugen mit einer Provokation zurück. »Obwohl der Platz direkt vor der Kaserne liegt, wurde die Tafel mit dem neuen Namen der Piazza gestohlen«, erzählt Marilena Bagarella. »Quasi unter den Augen der Carabinieri.« Einer der Söhne Riinas habe das Schild verschwinden lassen. So habe der Clan demonstrieren wollen, wer hier das Sagen hat.

Daraufhin reagierten all jene Bürger Corleones, die sich der Mafia nicht länger schweigend unterwerfen wollten. Sie demonstrierten auf der Piazza gegen die Gangster. Mit dabei: Marilena Bagarella. Kurz darauf gründete sie mit Freunden eine Anti-Mafia-Vereinigung, um für den Rechtsstaat zu kämpfen. In Corleone. Der Hochburg der sizilianischen Mafia. Bis heute ist Marilena, nun um die 50 Jahre alt, diesem Engagement treu geblieben. Sie, die selbst mit einem Boss aus Corleone verwandt ist, mit Leoluca Biagio Bagarella, dem Schwager Totò Riinas. Den Schulklassen, die sie über die Cosa Nostra aufklärt, sagt sie: »Es kommt nicht darauf an, welchen Nachnamen du trägst, sondern welchen Weg du gehst.«

Marilena führt mich in den folgenden Stunden durch ein Corleone mit drei Gesichtern. Da ist der ansehnliche sizilianische Bergort mit reicher Geschichte. Die Hochburg der Mafia. Und die Stadt der Antimafia.

Der Ort mit gut 10 000 Einwohnern ergießt sich mit seinen sandfarbenen Häusern und hellroten Ziegeldächern von einem Pass der Sicani-Berge hinunter ins Tal der Flüsse Frattina und Belice. Überragt wird er von zwei Kastellen, die auf Felsen mit senkrecht abfallenden Wänden thronen. Oberhalb der Stadt durchzieht der Fluss Corleone einen Canyon, um sich über pittoreske Wasserfälle in den Ort hinabzustürzen. Gassen und Plätze werden gerade neu gepflastert, Brunnen hergerichtet, Palazzi renoviert. Corleone will zeigen, dass es unabhängig vom Mafiamythos einen Besuch wert ist. Das ist es schon wegen der unglaublich hohen Zahl von Kirchen und Klöstern, von denen einige restauriert, andere in einer Weise verfallen sind, die Romantiker als malerisch beschreiben würden. All die Gotteshäuser belegen, dass Corleone einmal reich und mächtig war.

Marilena Bagarella ist es wichtig, dies den Schülerinnen und Besuchern zu erzählen, die sie durch ihre Stadt führt. So will sie dazu beitragen, Corleone eine Identität jenseits des organisierten Verbrechens zurückzugeben. »Viele Besucher betrachten Corleone nur mit einem Kino-Blick. Sie meinen, fälschlich, hier sei Francis Ford Coppolas Film ›Der Pate‹ gedreht worden, weil der von Marlon Brando gespielte fiktive amerikanische Mafiaboss Don Vito Corleone ja aus Corleone stammt.« Corleone sei für viele Touristen ein Film-Set-Dorf. Einige ihrer Mitbürger schlachteten das hemmungslos aus, um Geld zu verdienen. So gibt es in Corleone eine Bar voller Poster aus »Der Pate« sowie ein Privatmuseum namens »The Godfather's House«. Marilena findet solche Geschäftemacherei respektlos gegenüber Opfern und normalen Bürgern. Corleone dürfe nicht zum Disney Land für Mafia-Touristen verkommen.

Während sie eine Gasse hinter der Piazza Falcone e Borsellino hochsteigt, erzählt sie, wie die Araber Corleone im frühen Mittelalter 300 Jahre lang beherrscht und wirtschaftlich entwickelt hatten. Ihnen folgten die Normannen, die viele Kirchen errichten ließen und Corleone zum Landwirtschaftszentrum Siziliens machten. Der Staufer Friedrich II., sizilianischer König und römisch-deutscher Kaiser, ließ die Muslime nach Apulien deportieren. An ihrer Stelle wurden Lombarden angesiedelt. Zusammen mit Palermo kämpfte Corleone dann erfolgreich dafür, die Herrschaft des aus Frankreich stammenden Karls von Anjou abzuschütteln. Das Rot Palermos und das Gelb Corleones schmücken bis heute die sizilianische Flagge.

Doch die Geschichte sollte nicht so ruhmreich weitergehen. Marilena, eine Frau mit weißen Fäden im schwarzen Haar und einem Gesicht, das Energie und Müdigkeit zugleich ausdrückt, spricht das schonungslos an. Während sie durch die Gassen führt, zeigt sie hier eine Kirche, vor der ein Junge erschossen wurde, weil er Zeuge eines Mafiamordes geworden war. Dort eine Straße, auf der sich rivalisierende Clans am helllichten Tag eine 40 Minuten lange Schießerei lieferten, von der später, als es um Zeugenaussagen ging, niemand etwas gehört haben wollte. Sie erzählt auch von einem ihrer Jugendfreunde, den die Cosa Nostra ermordete. »Als mein Großvater jung war, ging man abends hier nicht auf die Straße, weil man sonst damit rechnen musste, über Leichen zu stolpern.« Auch habe die Oma ihr als Mädchen gesagt: »In Corleone hast du drei Möglichkeiten: weggehen, dich ermorden lassen oder Mafioso werden.«

Wie es so weit kommen konnte? Wie aus dem stolzen, wohlhabenden Corleone die Chiffre für die sizilianische Mafia wurde? Es ist eine Geschichte von Boden und Blut, von Gier, Macht, Gewalt und Angst. Nachdem sie Karl von Anjou verjagt hatten, schafften es die Sizilianer nicht, die Fremdherrschaft ganz abzuschütteln. Es kamen neue Herren, diesmal aus Spanien. Die Aragonesen erhöhten die Steuern und investierten wenig in die Entwicklung. Adelige erlangten riesige Besitztümer, auf denen sie Landarbeiter und Kleinbauern ausbeuteten. Die Aristokraten selbst residierten nicht auf ihren Latifundien, sondern in Palermo, wo sie sich mit dem Gewinn ihrer Güter Paläste errichten ließen, in denen sie opulente Feste feierten. Von einem solchen Palazzo wird noch die Rede sein. Porträtiert hat diese verschwenderische Welt der sizilianische Prinz Giuseppe Tomasi di Lampedusa in seinem Roman »Der Leopard«, den Luchino Visconti später verfilmte.

Das Problem: Der Reichtum des Adels in Palermo, aus dessen Zeugnissen die Stadt bis heute einen Teil ihrer

Faszination zieht, wurde aus dem sizilianischen Land und seinen Menschen buchstäblich herausgesaugt. Marilena zeigt auf eiserne Ringe, die in die Mauern der Häuser eingelassen sind. »Dort banden die Landarbeiter ihre Mulis an, mit denen sie im Morgengrauen loszogen, um abends von den oft weit entfernten Feldern zerschlagen zurückzukommen.«

Diejenigen, die auf fremdem Boden schuften durften, waren noch die glücklicheren. Jeden Morgen fand auf den Plätzen Corleones eine Auslese statt. Die Grundbesitzer waren nicht selbst dort, um Arbeitskräfte anzuwerben, sie residierten ja in Palermo. Ihre Geschäfte besorgten die *gabellotti*, die Gutsverwalter. Etliche von ihnen entwickelten sich zu kleinen Tyrannen, die sich mit gedungenen Wachleuten umgaben und die Bauern auspressten, indem sie ihnen zum Beispiel Schutzgeld, den *pizzo*, abverlangten. Wer nicht spurte, bekam auf den frühmorgendlichen Menschenmärkten keine Arbeit. So entstand die sizilianische Mafia.

Wir sind nun auf der Piazza Nascé angekommen, der zentralen Piazza der Altstadt. Hier steht, auf hellem Marmorsockel, die Bronze-Büste eines Mannes mit energischem Kinn und melancholischem Blick. Bernardino Verro war ein Arbeiterführer, erzählt Marilena Bagarella. Er setzte sich für eine Landreform ein, führte Proteste und Streiks an und machte sich so zum Todfeind der *gabellotti*. 1914 kandidierte er für die Sozialisten und wurde zum Bürgermeister von Corleone gewählt. Am 3. November 1915 verließ er das Rathaus, um zu seiner Frau und seiner einjährigen Tochter nach Hause zu gehen. Unterwegs schickte er die beiden Polizisten heim, die ihn bewachten. Ein tödlicher Fehler. Zwei Killer der noch jungen Mafia töteten ihn auf der Piazza Nascé mit elf Revolverschüssen. Die Täter und deren Auftraggeber wurden nie verurteilt. Darauf spendeten Bürger Corleones und sozialistische Bürgermeister aus ganz Italien Geld, um ein Denkmal für Bernardino Verro zu errichten, das die Mafia bald darauf zerstörte. 2015, 100 Jahre nach dem Mord, feierte Corleone die Enthüllung des neuen Monuments.

Marilena ist es wichtig, es zu zeigen, um zu verdeutlichen: »Die Anti-Mafia ist genauso alt wie die Mafia. Und es stimmt nicht, dass sich die Bürger Corleones der Cosa Nostra widerstandslos gebeugt haben.«

Noch einmal begehrten die Bauern und Arbeiter aus Corleone gegen die Clans auf. Der Sozialist und Gewerkschaftsführer Placido Rizzotto machte nach dem Zweiten Weltkrieg gegen die wieder erstarkende Cosa Nostra mobil. Am 10. März 1948 wurde er in Corleone entführt und, laut einem Zeugen, mit einer Giftspritze ermordet. Eine Leiche fanden die Ermittler nicht. Die mutmaßlichen Täter widerriefen ihr Geständnis im Prozess und wurden 1964 aus Mangel an Beweisen freigesprochen. 2009 wurden in einem Karsttrichter bei Corleone die Überreste eines Mannes gefunden. Eine DNA-Probe ergab, dass sie von Placido Rizzotto stammten. 2012 konnte er endlich in Corleone beigesetzt werden, im Beisein des italienischen Staatspräsidenten.

Nach der Ermordung Rizzottos erlag Corleone für lange Zeit der Cosa Nostra. »Die Menschen verloren die Hoffnung«, sagt Marilena. »4000 von ihnen wanderten aus.« Die Clans aus der Stadt aber erlebten eine Blüte. Von den Bossen in Palermo lange als »Bauernmafia« verachtet, verschafften sie sich nun mörderisch Respekt. Mitte der 1970er Jahre gelangten Totò Riina, genannt *u curtu* (der Kurze), und dessen rechte Hand Bernardo

Provenzano, genannt *u tratturi* (der Traktor), an die Spitze der Corleonesi. Nun war die Cosa Nostra nie eine ehrenwerte Gesellschaft gewesen, sondern immer eine Verbrecherorganisation. Das aber, was Riina und Provenzano aufzogen, sprengte sogar die bisherige Vorstellungswelt der Mafiosi. Sie erklärten den traditionellen Palermitaner Clans den Krieg und führten ihn mit bestialischer Grausamkeit. Ganze Familien wurden ausgelöscht, selbst vor Kindern machten die Corleonesi nicht halt. Schätzungen zufolge soll der Mafiakrieg zwischen 400 und 1000 Menschenleben gekostet haben. Das Ergebnis: Die Corleonesi hatten die Macht über die sizilianische Mafia errungen.

Die Familien um Riina und Provenzano profitierten vom Boom des Drogenhandels, insbesondere mit Heroin. Zugleich erfreuten sie sich bester Kontakte in die Wirtschaft, die Verwaltung und die Politik. Das machte oft die Versuche zum Teil heroischer Staatsanwälte und Richter zunichte, die Clans zu zerschlagen. Aufgrund der unzähligen Morde, die weltweit Aufsehen erregten, sah sich der Staat jedoch veranlasst, härter gegen die Mafia vorzugehen, etwa durch schärfere Strafgesetze, die schon die Mitgliedschaft in der Mafia als eigenständiges Verbrechen ahndeten. 1987 wurden bei einem sogenannten Maxi-Prozess in einem verbunkerten Gerichtssaal in Palermo 344 Angeklagte verurteilt. Die Protektion der Mafia durch Politik und korrumpierte Richter schien nicht mehr zu funktionieren. Die Corleonesi reagierten darauf mit einem offenen Krieg gegen den Staat. Sie ermordeten Richter, Staatsanwälte, Politiker und Journalisten, und sie verübten Terroranschläge, etwa in Rom, Florenz und Mailand.

Höhe- und zugleich Wendepunkt dieses Krieges war

die Ermordung Giovanni Falcones und, kurz darauf, Paolo Borsellinos im Jahr 1992. Bis heute ist nicht geklärt, ob und inwieweit staatliche Stellen in die Beseitigung der beiden unbequemen Richter involviert waren. Die Morde an Falcone und Borsellino bewirkten jedoch zwei Reaktionen, die die Corleonesi offensichtlich unterschätzt hatten: Der derart herausgeforderte italienische Staat musste nun – ob es manchen Politikern passte oder nicht – noch härter gegen die Cosa Nostra vorgehen. So schickte die Regierung in Rom zwischen 1992 und 1998 im Wechsel insgesamt 150 000 Soldaten nach Sizilien, um Straßenblockaden zu errichten, Razzien durchzuführen, gefangene Mafiosi zu bewachen und gefährdete Menschen zu schützen. Ein Teil der Bürger auf Sizilien lehnte sich jetzt offen gegen die Mafia auf. Die Anti-Mafia gewann an Kraft.

»Mit der Ermordung Falcones und Borsellinos hat die Cosa Nostra einen Riesenfehler begangen«, bilanziert Marilena Bagarella. 1993 wurde Totò Riina in Palermo verhaftet. 2006 stellten die Ermittler Bernardo Provenzano, dessen Nachfolger an der Spitze der Cosa Nostra, in einem Schuppen bei Corleone. Von diesen und weiteren Schlägen hat sich die sizilianische Mafia nie mehr ganz erholt.

»Wir laufen jetzt mitten durch Corleone und sprechen laut über die Mafiafamilien, sodass es alle hören können«, sagt Marilena, während wir über die Piazza vor dem Rathaus gehen und sie Bekannte grüßt. »Das wäre früher undenkbar gewesen.« Noch in ihrer Jugend habe in Corleone eine bleierne Atmosphäre geherrscht. »Alle wussten ja, wer aufseiten der Mafia stand. Wir standen dagegen. Dazwischen bewegte sich die Masse der normalen Bürger.« Nicht jeder, der vor der Mafia kuschte, billigte sie dabei. »Familienväter, die viele Kinder zu ernähren hatten, sagten, sie könnten es sich schlichtweg nicht leisten, gegen die Clans Stellung zu beziehen.«

Nun führt mich Marilena, die selbst Kinder hat, in das *Laboratorio della Legalità*, eine Mischung aus Anti-Mafia-Museum und Schulungszentrum. An den Wänden hängen Bilder in kräftigen Farben, die dramatische Szenen aus der Geschichte des organisierten Verbrechens und des Widerstands dagegen zeigen. Riina und Borsellino stehen als lebensgroße Pappkameraden in einem Raum, Fotografien zeigen Bilder von Landgütern bei Corleone, die einst Mafiosi gehörten und heute von Anti-Mafia-Kooperativen bewirtschaftet werden. Im Museum befinden sich auch Hörsäle, in denen Marilena und ihre Mitstreiter Schul- und Besucherklassen über die Cosa Nostra aufklären.

»Dieses Haus gehörte einst der Familie Provenzano«, erklärt sie mir. »Es wurde vom Staat beschlagnahmt und uns zugesprochen. Doch darin wohnte ein Bruder Bernardo Provenzanos, der sich weigerte auszuziehen. Als ihn die Polizei dazu zwang, zog er in eines der Nachbarhäuser um. Wir sehen uns oft auf der Straße. Bedroht fühle ich mich von ihm nicht. Aber es ist schon schwierig, hier zu leben, wo sich Täter und Opfer sowie deren Nachfahren ständig begegnen.«

Die Familien Provenzano und Riina seien immer noch einflussreich. Manche im Ort würden ihre Mitglieder auf der Straße ehrerbietig grüßen. Dennoch habe sich viel verändert. Anfang 2023 kehrte ein Sohn Totò Riinas nach Corleone zurück, nachdem er acht Jahre und zehn Monate im Gefängnis gesessen hatte. Daraufhin erklärte ihn der Stadtrat einstimmig für unwillkommen und forderte ihn auf, den Ort zu verlassen. Der junge Riina habe der Mafia nicht abgeschworen. Im Ort fürchten viele, er könnte die dunklen Geschäfte seines Clans wiederaufnehmen.

Das klingt, als hätten Marilena und ihre Mitstreiterinnen es geschafft. Als sei Corleone von einer Hochburg der Mafia zur Zitadelle der Anti-Mafia geworden. Doch sie ist skeptisch. »Die Leute sagen heute, die Cosa Nostra sei besiegt. Man könne das Thema abhaken. Doch die Mafia ist weiter aktiv. Sie kann wieder erstarken. Wir müssen wachsam bleiben.«[1]

Am Morgen des 18. Januar 2023 umstellten mehr als 100 Carabinieri einer Sondereinheit die Privatklinik La Maddalena im Norden Palermos. Ihr Ziel: ein Mann, der sich unter dem Namen Andrea Bonafede wegen eines Krebsleidens behandeln ließ. Als die Beamten ihn festnahmen, leistete er keinen Widerstand und bestätigte seinen wahren Namen: Matteo Messina Denaro. Die Passanten applaudierten, als ihm die Carabinieri Handschellen anlegten und zu einem schwarzen Lieferwagen führten. Danach wurde er in ein Hochsicherheitsgefängnis in den Abruzzen gebracht. Im September 2023 starb er in einem Krankenhaus der Abruzzenhauptstadt L'Aquila.

Messina Denaro, Kampfname Diabolik, war bei seiner Festnahme der meistgesuchte Mafioso Italiens. Die Ermittler warfen ihm vor, ein Boss, wenn nicht der *capo dei capi*, der oberste Boss der Cosa Nostra zu sein, der Nachfolger Riinas und Provenzanos. Er soll Dutzende Morde begangen und ein Milliardenvermögen zusammengerafft haben. Während seiner 30 Jahre währenden Flucht wurde er in Italien in Abwesenheit als Mittäter der Morde an Falcone und Borsellino und der Ermordung des 14 Jahre alten Jungen Giuseppe Di Matteo verurteilt, der von der Mafia mehr als zwei Jahre lang festgehalten und dann erdrosselt und in Säure aufgelöst worden war. Matteo Messina Denaros Verhaftung wurde als weiterer Schlag gegen die Mafia gefeiert. Doch viele Italiener fragen sich, wie der weltweit gesuchte Boss über Jahrzehnte offenbar im Großraum Palermo leben und in der Stadt ein- und ausgehen konnte. Provenzano befand sich bei seiner Festnahme bei Corleone sogar schon 43 Jahre auf der Flucht. Konnte das mit rechten Dingen zugehen? Oder gab es Mitwisser oder gar Unterstützer aufseiten des Staates? Und was ist dran an der Behauptung, nach den Morden an Falcone und Borsellino und den Attentaten in italienischen Städten habe der italienische Staat einen Waffenstillstand mit der Cosa Nostra geschlossen?

Aufgeklärt oder gar bewiesen ist da nichts. Doch es gibt zu denken, dass der frühere siebenmalige italienische Ministerpräsident Giulio Andreotti mehrmals wegen Mafiadelikten vor Gericht stand, wobei er letztlich, unter anderem wegen Verjährung, freigesprochen wurde. Auch der viermalige Ministerpräsident Silvio Berlusconi wurde immer wieder mit Mafia-Vorwürfen konfrontiert. Einer seiner engsten geschäftlichen und politischen Vertrauten, der aus Sizilien stammende Politiker Marcello Dell'Utri, wurde 2014 in letzter Instanz zu sieben Jahren Haft verurteilt, weil er als Mittelsmann zwischen Berlusconi und der Cosa Nostra diente.

Um der Frage nachzugehen, wie es heute steht im Kampf zwischen Cosa Nostra und Staat sowie zwischen Mafia und Anti-Mafia, fahre ich in die sizilianische Hauptstadt, nach Palermo. Unter den vielen hinreißenden italienischen Städten – Venedig, Florenz, Neapel, Siena, Verona, Ferrara oder inzwischen auch wieder Genua und Reggio Calabria – locken mich Rom und Palermo am meisten. Rom, weil es nicht nur das Gravitationszentrum Italiens ist, sondern, wegen der römischen Antike und später der Kirche, auch eines der Kraftfelder der ganzen Welt. Palermo, vermute ich, weil es so exotisch ist, noch zu Italien gehört, aber in den gesamten Mittelmeerraum ausgreift und tief hinein nach Nordafrika und in den Nahen Osten.

Sizilien und seine Metropole Palermo liegen im Herzen des Mittelmeers, hier siedelten sie alle, Phönizier, Griechen, Punier, Römer, Vandalen und Goten, Byzantiner, Araber und Berber, Normannen, deutsche Staufer und schließlich die Spanier. Von hier wirkten sie in den Mittelmeerraum hinaus. Sie alle haben ihre geistigen und materiellen Spuren in Palermo hinterlassen, was der Stadt eine einmalige multikulturelle Dichte gibt.

Architektonisch finden sich viele Beispiele für diese gegenseitige Bereicherung. Etwa im normannisch-maurischen Zisa-Palast, von außen nordisch-trutzig wie ein Kastell, von innen märchenhaft orientalisch, mit seinem mit farbigen Kacheln gepflasterten und mit Schmuckbändern an den Wänden verzierten Brunnensaal. Oder in der Cappella Palatina, der mosaikentrunkenen Hofkapelle im Normannenpalast, in der sich gleich drei große Stilrichtungen vereinen, das Normannische, das Arabische und das Byzantinische. Dann sind da die Parks mit ihren surreal aussehenden Riesen-Ficus-Bäumen. Und natürlich die Märkte, die Vucciria, der Ballarò, die es an Farbenpracht und Exotik mit den Suqs arabischer und nordafrikanischer Städte aufnehmen können.

Natürlich sind diese Märkte heute auch touristisch. Aber nur von Touristen könnten sie nicht leben. So treffen sich auf dem Ballarò, dem aus arabischer Zeit stammenden größten Lebensmittelmarkt Palermos, sizilianische Gemüsebauern, Palermitaner Hausfrauen, arabische Fischhändler, amerikanische Teenager, nigerianische Garküchen-Betreiberinnen und norditalienische Geschäftsleute, die an einem wackeligen Holztisch unter einem Sonnenschirm gekochten, mit Zitrone gewürzten Kraken oder gebratene Spieße mit Lamm-Innereien essen. Der Ballarò, mitten in den Gassen der Altstadt gelegen, ist ein Tanz für die Sinne, es riecht nach Fisch und heißem Öl, die Schreie der Marktweiber gellen in den Ohren, die Augen gleiten über violettgrüne Artischocken, alarmgelbe Zitronen, feuermelderrote Paprika, leuchtendgrünen Stangensellerie, orange-gegrillte Garnelen, elfenbeinfarbene Auberginenscheiben und sandfarbene Kroketten. Ein Schwertfisch mit schwarzblauen, gebrochenen, aber noch frischeklaren Augen hält sein Maul aufgerissen, als schnappe er ein letztes Mal nach Luft, während der vollbärtige Händler mit einem Schwamm das Fischblut vom Verkaufstresen wischt. Ein alter Mann drückt seine Finger prüfend in eine Honigmelone, eine Nigerianerin mit geglätteten, an den Spitzen rotblond gefärbten Haaren hängt Ketten aus fettprallen Würsten an einen Fleischerhaken, der an der Verstrebung einer orangefarbenen Markise baumelt. Zwischen den Ständen schiebt sich eine schnüffelnde, gaffende, schwatzende Menge hindurch, schwitzend, lachend, schimpfend, man streift sich und schiebt einander vorwärts. Ich stecke unwillkürlich meine Hände in die Hosentaschen, um Geldbeutel und Handy zu sichern, obwohl mir bei vielen Besuchen nie irgendetwas in Palermo abhandengekommen ist.

Sollte ich mir nun Illusionen von einem post-mafiösen, friedlich-multikulturellen Palermo machen, nimmt sie mir Carmelo Pollichino rasch. »Das Zentrum unserer Stadt ist einer der größten Drogenmärkte Südeuropas«, sagt er. »Auf dem Ballarò hat die Cosa Nostra Abkommen mit nigerianischen Gangs geschlossen. Die Nigerianer dürfen das Geschäft mit dem Drogenverkauf im Viertel und mit den Prostituierten machen, womit sich die Cosa Nostra nicht mehr die Finger schmutzig machen möchte. Dafür zahlen ihr die Nigerianer einen Anteil.« Die Cosa Nostra selbst habe sich in den vergangenen 30 Jahren sehr gewandelt. »Sie ist längst nicht mehr so gewalttätig wie früher. Spektakuläre Morde vermeidet sie. Trotzdem, oder gerade deswegen, ist sie noch stärker geworden. Sie kontrolliert das Territorium durch einfachere Weise als durch Gewalt, nämlich durch Geld und Beziehungen. Ein Beweis? Die Zahl der Orte nimmt zu, deren Gemeinderäte wegen Mafia-Durchseuchung vom Staat aufgelöst werden.«

Dagegen kämpft Carmelo Pollichino mit seiner Anti-Mafia-Organisation Libera an. Libera, 1995 gegründet, unterstützt Opfer der Cosa Nostra, zum Beispiel durch Anwälte. Es lässt von Mafiosi beschlagnahmte Güter von jungen Leuten bewirtschaften, klärt in Schulen und Universitäten auf, macht sich für Anti-Mafia-Gesetze stark und versucht, die Zivilgesellschaft zu fördern, indem es italienweit und international mehr als 1400 Initiativen gegen die Organisierte Kriminalität vernetzt. Das Ziel ist eine kulturelle Revolution, die die Mafia aus der Gesellschaft ausstößt.

Dabei gibt es auf Sizilien – anders als in Kalabrien, wo die 'Ndrangheta nach wie vor stark verwurzelt ist – durchaus Erfolge. Der Wendepunkt waren auch für Carmelo Pollichino, den Präsidenten von Libera Palermo, die Anschläge auf Falcone und Borsellino im Jahr 1992.

Danach habe die Gesellschaft reagiert. Die Cosa Nostra sei nicht mehr beschwiegen, sondern als mächtige, hierarchisch aufgebaute Organisation anerkannt worden. Bei den Bürgern sei die Angst der Wut gewichen. »Heute ist es geradezu cool geworden, sich gegen die Mafia zu wenden. Jugendliche laufen mit Anti-Mafia-T-Shirts herum. Aber das darf uns nicht den Blick darauf vernebeln, dass an die Stelle der historischen Cosa Nostra mit ihren Massakern eine moderne Organisation getreten ist.« Ein Syndikat, das Politik und Staat lieber durchdringt, als sie zu bekämpfen, und das seine Milliardengewinne aus dem Drogenhandel in die legale Wirtschaft investiert, um Aufträge abzugreifen und sich zum Beispiel am Corona-Wiederaufbaufonds der Europäischen Union zu bereichern. Der Industrie nütze diese moderne Mafia zum Beispiel, indem sie Giftmüll günstig verschwinden lässt; und Politikern, indem sie ihnen Stimmenpakete zuführt. Diese oft gewaltlose Mafia sei ein Stück weit normal geworden. Daraus erwachse eine neue Gefahr: »Inzwischen ist in Italien der Kampf gegen das organisierte Verbrechen keine Priorität mehr. Manche Anti-Mafia-Gesetze werden sogar zurückgenommen oder entschärft.«

Wichtigster Verbündeter der Clans sei die Armut, sagt Carmelo, der in Palermo und Bologna Wirtschaft studiert hat. Dann kommt auch er auf ein Thema zu sprechen, das meinen Erfahrungen nach immer mehr Süditaliener beschäftigt, ja bei meinen Reisen für dieses Buch geradezu zu einem Leitmotiv wurde: eine, jedenfalls gefühlte, systematische Benachteiligung des Mezzogiorno seit der italienischen Einigung. »Das Königreich beider Sizilien war eine der reichsten Gegenden am Mittelmeer«, sagt der Libera-Präsident. »Dieser Reichtum wurde nach der italienischen Einigung vom Süden in den Norden transferiert. Im Gleichschritt damit erstarkte bei uns die Mafia. Sie verfolgte eine Strategie der Armut. Denn wenn du arm bist, bist du abhängig und kannst leichter beherrscht werden. Der vom Norden dominierte italienische Staat und die Cosa Nostra hatten also gleichlaufende Interessen.«

Das ist ein wuchtiger Vorwurf, der in Italien auf Zuspruch, aber auch auf Widerspruch trifft. Allgemeine Zustimmung dürfte Carmelos Schlussfolgerung finden: »Das wichtigste Mittel, um die Mafia zu bekämpfen, ist legale, fair bezahlte Arbeit.« Früher hätten die Clans die Armut der Landarbeiter ausgenutzt, heute beuteten sie Immigranten aus. »Wir versuchen daher, den Migranten Alternativen zu geben, durch Jobs.« Carmelo nennt als Beispiele das Restaurant Moltivolti im Ballarò-Viertel, wo Menschen aus 18 verschiedenen Ländern arbeiten und – wie ich mich später überzeugen werde – sehr gut kochen, ob nun afghanisch, westafrikanisch oder sizilianisch. Oder, ebenfalls im Ballarò, die Eisdiele Barconi, deren Namen mit den Worten *bar* (Café), *coni* (Eistüten) und eben *barconi* (Lastschiffe) spielt. Es ist die erste Gelateria Palermos, die von Migranten geführt wird. Dort versuchen sie sich auch an couragierten Kreationen, die verschiedene Esskulturen miteinander verbinden, etwa an einer Eiscreme aus leicht gesalzener Erdnussbutter, Rohrzucker und in feine Streifen geschnittener Zitronenschale. Und dann natürlich die Landwirtschaftskooperativen auf ehemaligen Mafia-Grundstücken rund um Palermo, deren biologisch erzeugte Produkte Libera in einem Geschäft an der zentralen Piazza Castelnuovo, aber auch über ihre Website vertreibt.[2]

»Das stört die Mafia sehr«, sagt Carmelo Pollichino.

»Die Kooperativen werden ständig bedroht. Das zeigt uns, dass wir auf dem richtigen Weg sind.«

Manchmal sind seine Gedankengänge verblüffend. »Wir haben das große Glück, in einer Zeit riesiger Krisen zu leben. Das bedeutet: Entweder du gehst unter – oder du änderst etwas.« Letzteres sei der Ansatz von Libera. Palermo, Sizilien, Italien verändern. »Ich bin kein Optimist, aber ich habe Hoffnung.«

An den Ballarò schließt sich das verwinkelte Stadtviertel La Kalsa an, das sich von der zentralen Altstadtstraße Via Maqueda bis zum Hafenbecken hinunter erstreckt. Wer den Puls Palermos fühlen möchte, streift am besten durch die Gassen von La Kalsa. Der Name stammt aus der Zeit des arabischen Palermos, er leitet sich von dem Wort Al-Khalesa ab, »die Auserwählte«. Hier lag das arabische Verwaltungszentrum der Stadt, hier residierte der Emir in seinem Palast, hier gab es Hamams und eine Moschee. Auch nach der Eroberung Siziliens im elften Jahrhundert durch die Normannen blieb La Kalsa lange ein arabisches Viertel. Später wurde es zu einem Wohngebiet des Adels und reicher Bürger, dann zu einem volkstümlichen Kleine-Leute-Viertel, in dem sich Armut, Verfall und die Mafia ausbreiteten. Im Zweiten Weltkrieg massiv von den Amerikanern bombardiert, vegetierte La Kalsa danach halb verlassen vor sich hin. Die Menschen, die noch dort lebten, hausten in halben Ruinen, auf den Trümmergrundstücken häufte sich der Müll. Das hat sich radikal geändert. Wie andere Gegenden der Altstadt auch erlebte das Viertel während des »Frühlings von Palermo« unter dem langjährigen Bürgermeister und Mafiagegner Leoluca Orlando eine Wiedergeburt. Barockkirchen und Paläste wurden restauriert, Restaurants, Pubs und Musikclubs zogen in die früheren Ruinen. Ein lebhaftes Beispiel dafür ist die dachlose Ruine der einstigen gotischen Kirche Santa Maria dello Spasimo, aus deren Hauptschiff ein Baum wächst. Hier werden heute keine Messen mehr gelesen, aber Jazz gespielt und Opern gesungen. An der inzwischen top-gepflegten Piazza Marina reihen sich elegante Fischlokale. Und im Sommer wie im Winter belebt jeweils ein Kultur-Festival die Kalsa mit Konzerten, Sessions, Ausstellungen und Theaterstücken.

Wer heute an einem warmen Abend durch La Kalsa spaziert, erlebt die für Palermo so kennzeichnende Mischung aus Verfall und Wiedergeburt, als sei die Stadt permanent dabei, in Asche zu versinken und sich wieder daraus zu erheben. Manche Ecke sieht aus, als seien gerade erst die Panzer des Weltkriegs abgerückt. 100 Meter weiter verzaubert die exzellent renovierte honiggelbe Fassade einer spätbarocken Kirche.

So widersprüchlich wie das Stadtbild sind auch die Menschen in La Kalsa. Hier wuchsen Giovanni Falcone und Paolo Borsellino auf, hier gingen sie mit den Kindern von Cosa-Nostra-Bossen in die Schule und spielten mit ihnen in den Gassen Fußball. Hier gedeiht bis heute beides, die Mafia und die Anti-Mafia.

Addiopizzo hat seinen Sitz in einer gutbürgerlichen, geräumigen Wohnung mitten im Kalsa-Viertel. Einst gehörte sie dem flamboyanten Mafiaboss Tommaso Spadaro. Er verdiente sein erstes Geld mit Zigarettenschmuggel, wurde von Giovanni Falcone erstmals ins Gefängnis gebracht, stieg dann ins Drogengeschäft ein, bevor er wegen der Ermordung eines Carabinieri-Maresciallo eine lebenslange Haftstrafe erhielt. Die Leute im Viertel nannten ihn den »König der Kalsa«, er selbst bezeichnete sich als »Gianni Agnelli von Palermo«. Weil er so vielen Leuten Arbeit gegeben habe. Im Gefängnis studierte er Philosophie, seine Abschlussarbeit schrieb er über Gandhi.

In Spadaros Wohnung arbeitet heute Daniele Marannano, ein Jurist aus Palermo. Als junger Mann wurde er durch die Mafia politisiert, beschloss mit Freunden, etwas gegen das organisierte Verbrechen zu unternehmen. In Vierteln wie La Kalsa hatte die Cosa Nostra damals die absolute Territorialhoheit. Mindestens 80 Prozent der Geschäftsinhaber zahlten den Pizzo, schätzt er. Der Pizzo, eine Art Steuer der Mafia, diente einmal dazu, den Clans Geld zu verschaffen. Zum anderen war er ein Herrschaftssymbol. Wer den Pizzo bezahlte, unterwarf sich der Macht der Mafia. Wer nicht bezahlte, wurde verwarnt, indem man ihm etwa das Schloss der Ladentür mit Sekundenkleber zerstörte. Zahlte er immer noch nicht, folgte Schlimmeres. Bis hin zum Mord.

Hier, beim Schutzgeld, wollten Daniele und seine Freunde ansetzen. In seinem halbdunklen Büro mit unzähligen Zeitungsausschnitten und einer Karte mit den Mafia-Distrikten Palermos an den Wänden erzählt er von einem Fußballspiel, das er 2004 besuchte. Mafianahe Fans hielten im Stadion ein Plakat hoch mit der Aufschrift: »Vereint gegen 41 bis.« 41 bis, so heißt ein Artikel des italienischen Strafvollzugsgesetzes, der für Mafiosi besonders scharfe Haftbedingungen vorsieht, insbesondere eine weitgehende Isolation. Daniele und seine Freunde antworteten mit einem anderen Banner, auf dem stand: »Vereint gegen das Schutzgeld.« Kurz darauf gründeten sie die Vereinigung Addiopizzo.

Die Idee: Die Bürger Palermos sollten sich per Unterschrift auf einer Liste dazu bekennen, nur noch in solchen Geschäften einzukaufen, die keinen Pizzo bezahlten. Die Händler wiederum sollten sich verpflichten, kein Schutzgeld an die Clans zu leisten. So sollte die Cosa Nostra durch eine Art kritischen Konsum langsam ausgetrocknet werden. Der Slogan der neuen Bewegung: »*Un intero popolo che paga il pizzo è un popolo senza dignità.* – Ein ganzes Volk, das Schutzgeld bezahlt, ist ein Volk ohne Würde.«

Bevor noch der erste Händler ein Abkommen mit Addiopizzo schloss, rief bei dem jungen Verein ein Barbesitzer aus Caccamo an, einer Kleinstadt mit großartigem mittelalterlichem Zentrum eine Autostunde südöstlich von Palermo. Giorgio Scimeca bat um Hilfe. Er habe sich geweigert, Schutzgeld zu bezahlen, und den Erpresser angezeigt, erzählte er den Aktivisten. Darauf wurde der Mafioso verhaftet – und niemand mehr ging in Scimecas Bar. »Du hast einen braven Familienvater in den Knast gebracht«, wurde ihm im Ort zugezischt. Scimeca hatte die *omertà*, das Gesetz des Schweigens, gebrochen. Das sollte er mit dem wirtschaftlichen Ruin büßen.

Daniele Marannano und seine Gruppe reagierten sofort. Eine Hauptstrategie der Cosa Nostra ist es, ihre Gegner sozial und beruflich zu isolieren, um sie dann wirtschaftlich oder auch psychisch zu vernichten. Um diese Strategie zu durchkreuzen, machte sich das Addiopizzo-Team auf nach Caccamo. »Wir nahmen Verwandte und Freunde mit und gingen in die Bar. Wochenende für Wochenende. Lange Zeit blieben wir und Scimecas Familienangehörige dort die einzigen Gäste. Dann begannen die Leute im Ort allmählich wieder, seine Bar zu besuchen. Es war ein Experiment, das uns überzeugt hat, dass wir Bürger etwas tun können.«

Die Addiopizzo-Aktivisten begannen nun, in Palermo Händler anzusprechen. Im März 2006 waren sie so weit.

Sie veröffentlichten ein erstes Verzeichnis mit 100 Geschäften und brachten einen Stadtplan mit schutzgeldfreien Läden, Bars, Restaurants und Hotels heraus. Die Justiz und ein Teil der lokalen Politik unterstützten sie, um die Geschäftsleute zu schützen. Gegen einzelne Ladeninhaber hätte die Cosa Nostra trotzdem leicht vorgehen können. Aber 100 auf einmal, das waren zu viele. Der Schwarm schützte die Einzelnen. »Die Mafiosi begannen, sich von diesen Geschäften fernzuhalten, weil sie Angst vor Ermittlungen hatten.«

Dann bekam die Bewegung unerwartete Hilfe aus der internationalen Diplomatie. Der damalige deutsche Botschafter in Rom, Michael Steiner, informierte sich auf einer Sizilienreise ausführlich über die Mafia und wurde auf Addiopizzo aufmerksam. Da sehr viele Deutsche nach Sizilien reisen, unterstützte er mit der Botschaft die Herausgabe eines pizzo-freien Stadtplans von Palermo auf Deutsch. »Das war unser erster internationaler Aufschlag«, erzählt Daniele Marannano. »Danach halfen uns andere Botschaften mit ähnlichen Aktionen.«

Heute haben mehr als 1000 Geschäfte und Unternehmen in Palermo den Addiopizzo-Aufkleber auf ihren Ladentüren prangen. Das Angebot reicht von Fahrschulen über Bio-Bäcker bis hin zu Friseuren, Kinos und Enotheken. »Wer heute noch den Pizzo bezahlt, tut das nicht mehr aus Angst, sondern weil er sich von der Cosa Nostra Vorteile verspricht, etwa Aktionen gegen Konkurrenten«, sagt Daniele. Anders als Marilena Bagarella in Corleone oder Carmelo Pollichino von Libera klingt er ziemlich optimistisch, was den Kampf gegen die Clans anbelangt. »Bei der Repression der Cosa Nostra hat es große Fortschritte gegeben. Sie ist sehr geschwächt, auch weil sich viele Mafiosi der Justiz als Kronzeugen zur Verfügung gestellt haben.« Heute stelle die Cosa Nostra Drogen nicht mehr selbst her, sondern müsse das Kokain von der kalabrischen 'Ndrangheta und das Haschisch von der neapolitanischen Camorra kaufen. Nun habe die Verhaftung von Matteo Messina Denaro die Cosa Nostra weiter geschwächt. »Es gibt sie natürlich noch, aber sie kann selbst hier in La Kalsa das Territorium nicht mehr so kontrollieren wie früher.«

Um das zu veranschaulichen, erzählt der Addiopizzo-Leiter von einem Vorfall vor einigen Jahren. »Damals wandten sich elf bangladeschische Händler aus unserem Viertel an uns. Sie wurden von Leuten erpresst, die keine Mitglieder der Cosa Nostra waren. Das hätte es vor 20 Jahren nicht gegeben. Da hätte die Mafia diese Konkurrenten sofort verschwinden lassen.«

Doch ist eine anarchische Unterwelt besser als eine von der Cosa Nostra regulierte? Daniele sagt, um weiterzukommen, müsse sich die sizilianische Gesellschaft ändern. »Das ist schwierig, weil das Denken ans Allgemeinwohl bei uns nicht sehr verbreitet ist.« Addiopizzo versuche, mit einer Graswurzel-Strategie den sozialen Zusammenhalt zu stärken. Im Kalsa-Viertel gebe es neben Kunst und Kultur noch immer großes Elend. Arbeitslosigkeit, Wohnungsnot, viele Schulabbrecher, unzureichende medizinische Versorgung. »Wir wollen diese soziale Not bekämpfen, weil sie die Basis der Kriminalität ist.« Addiopizzo verhilft sehr armen Familien zu Arztbesuchen, bietet kostenlose Impfungen an, organisiert Sportfeste und Ausflüge für Schülerinnen und Schüler des Viertels. Dank ihrer vielen Kontakte zu den Händlern können die Aktivisten auch Ausbildungsplätze in Palermo vermitteln, etwa als Verkäufer oder Pizzabäcker. Außerdem kümmert sich Addiopizzo um vernachlässigte Orte der Stadt. Gleich um die Ecke des Büros liegt die Piazza Magione, an der Giovanni Falcone aufwuchs. Vom Zweiten Weltkrieg beschädigt, wurden die Häuser an der Piazza später abgerissen, sodass sich hier, mitten in der dicht besiedelten Kalsa, eine große, freie Rasenfläche befindet. Addiopizzo bemüht sich, die Piazza attraktiver zu machen, vor allem für Kinder und Jugendliche. So hat man mithilfe einer angrenzenden Schule einen Spielplatz aufgebaut. Freiwillige Helfer organisieren Fußball-, Basketball- und Rugby-Spiele. »So holen wir die Mädchen und Jungen von der Straße und entziehen sie dem Einfluss der Mafia«, sagt Daniele Marannano.

Wer die Altstadt Palermos lange nicht mehr besucht hat, erkennt sie abends kaum wieder. Einst waren sogar die beiden Hauptachsen – die Via Maqueda und der sie kreuzende Cassaro, offiziell Corso Vittorio Emanuele – mit ihren in die Jahre gekommenen Barockpalästen nach Einbruch der Dunkelheit halb verwaist. Ging man nachts zu seinem Hotel zurück, fühlte man sich nicht unbedingt sicher. Heute quellen die vielen neuen Bars, Pubs und Restaurants über vor Touristen, die bis tief in die Nacht schlemmen, bummeln und feiern. Die beiden Hauptstraßen, die sich an der theatralisch-schönen Piazza Quattro Canti mit ihren konkaven Barockfassaden schneiden, sind inzwischen Fußgängerzonen. Die Lokale haben Tische und Stühle hinausgestellt, vor den angesagten Trattorien bilden sich schon am frühen Abend Schlangen. Vor der Trattoria Buatta Cucina Popolana warten Urlauber aus aller Welt, die hier die Palermitaner Volksküche kosten wollen. *Caponata di melanzane,*[3] *Bucatini*[4] mit Sardinen-Sugo, *Cannoli,*[5] solche Sachen. In der

Locanda del Gusto mit ihrem lauschigen, palmenbeschatteten Innenhof mischt sich die heimische Jeunesse dorée unter die ausländischen Gäste, um das *Risotto al Limone con Colatura di Alici*[6] oder Kalbsfilet mit Bittergemüse, Kirschen und Gänseleber zu kosten.

Wer hier einen schönen Abend verbringt, kann sich schwer vorstellen, dass Sizilien zu den ganz armen Regionen Europas gehört. Doch der touristische Boom im Herzen Palermos hat seinen Preis, wie in anderen angesagten Städten auch. Aus Handwerksbetrieben und Kramerläden werden Pubs und Restaurants, die Altbauwohnungen werden zu Bed and Breakfast umgebaut. Die Mieten steigen, die Einheimischen müssen wegziehen, und irgendwann wird die Stadt zur Touristenkulisse. Sehr schön, gewiss, aber nicht mehr unbedingt authentisch. Der Innenstadt von Palermo droht, was in Barcelona schon passiert ist – zu ihrer eigenen Postkarte zu werden.

Läuft man die Via Maqueda nach Nordwesten, stößt man auf die Piazza Verdi mit dem Teatro Massimo, das im Stil des Historismus erbaute opulente Opernhaus mit seinem Portikus aus korinthischen Säulen. Eine breite Freitreppe führt hinauf, Cineasten kennen sie aus der Schlussszene des Films »Der Pate III«, wo Sofia Coppola auf der Treppe dramatisch aus dem Leben scheidet. Heute steht das prächtig restaurierte Teatro Massimo dagegen weniger für die Mafia als für den Frühling von Palermo. 1997 ließ der damalige Bürgermeister Leoluca Orlando das Opernhaus nach langer Schließung mit Verdis »Nabucco« wiedereröffnen, als Symbol der Wiederauferstehung einer von der Cosa Nostra gezeichneten Stadt.[7]

An der Piazza Verdi wandelt sich die Szenerie. Die Via

Maqueda geht in die Via Ruggiero Settimo über, die barocke Altstadt in den »Salon von Palermo« mit seinen Luxusboutiquen in neoklassizistischen Palazzi. Weiter nach Norden laufend, kommt man auch in der Stadtgeschichte voran. Die Via Ruggiero Settimo mündet auf Höhe des ebenfalls neoklassizistischen, von Pompeji inspirierten Teatro Politeama in die Via della Libertà. Entlang des zwei Kilometer langen, von Bäumen gesäumten Boulevards geht es vom 19. Jahrhundert allmählich in die Moderne. Hier liegt der Giardino Inglese, der mit seinen vielen exotischen Pflanzen weniger an England und seine Landschaftsparks als an einen exotischen Palastgarten erinnert.

Nicht weit entfernt ist vor dem Palazzo mit der Hausnummer 147 eine Gedenktafel angebracht. Hier lebte Piersanti Mattarella, ein entschlossener christdemokratischer Reformpolitiker, der Sizilien erneuern wollte und sich gegen die Baumafia stemmte. Am Morgen des Dreikönigstages 1980 verließ der damalige Präsident der Region Sizilien das Haus und bestieg mit seiner Familie einen Fiat 132, um zur Messe zu fahren. Da es ein Feiertag war, verzichtete er auf seine Leibwächter, damit die Beamten auch freinehmen konnten. Sobald Mattarella am Steuer saß, näherte sich ein Killer und feuerte vor den Augen seiner Kinder und seiner Frau mehrere Revolverschüsse auf ihn ab. Der Mordauftrag kam von den Corleonesi unter Totò Riina.

Einer der Ersten, die dem Regionspräsidenten zu Hilfe eilten, war sein Bruder Sergio, der den Sterbenden in den Arm nahm. Nach dem Mord ging er in die Politik, um die Arbeit Piersantis fortzusetzen. Seit 2015 ist Sergio Mattarella der herausragende Präsident der italienischen Republik.

Langsam werden die Füße schwer, Palermo ist weit in die Fläche hinein gebaut. Auf der Höhe des Monte Pellegrino komme ich endlich bei Roberto Alajmo an. Vor dieser Reise habe ich eines seiner Bücher wiedergelesen. »L'arte di annacarsi« – frei übersetzt: »Die Kunst, eilig auf der Stelle zu treten« – ist eine scharfsinnige, melancholisch-bissige Reise durch Sizilien, seine Heimatinsel, und in den widersprüchlichen Charakter seiner Landsleute hinein. Darin macht er als Grundübel der Insel aus: »Über die Jahrhunderte hinweg haben wir es vorgezogen, Vergünstigungen zu erbitten, statt Rechte einzufordern. So sind wir Untertanen geblieben, statt moderne Bürger zu werden.« Die Milliarden, die der italienische Staat und die EU nach Sizilien überwiesen, förderten diese Haltung noch. Sie töteten die Eigeninitiative ab, machten bequem und führten zu einer passiven Wohlfahrtsmentalität. Seine provokante These: »Wenn der europäische und nationale Geldfluss plötzlich versiegen würde, ginge es den Sizilianern kurzfristig schlecht, mittelfristig besser und langfristig eindeutig gut.« Das hat er 2010 geschrieben. Nun bin ich gespannt, wie der mehrfach preisgekrönte Schriftsteller und Journalist heute darüber denkt.

Roberto Alajmo wohnt im obersten Stockwerk eines gutbürgerlichen, neueren Palazzo. Sein gebräuntes Gesicht unter den dichten weißen Haaren ist voller, kerniger geworden, seit ich ihn das erste Mal vor 15 Jahren getroffen habe. Er trägt Jeans und ein dunkelblaues Sweatshirt, in den Händen hält er eine Plastikwanne, in der Wasser schwappt. »Die wollte ich gerade ausleeren«, sagt er, und führt mich in die lichte, modern eingerichtete Wohnung. In einer Ecke rinnt Wasser von der Decke und platscht auf den Marmorboden. Er deutet darauf.

»Das ist Palermo.« Dann bittet er mich an einen Glastisch und kommt unverzüglich zur Sache.

War Robertos Einstellung schon früher von Skepsis getönt, so ist sie nun ins Pessimistische gekippt. Seinen Witz aber hat er behalten. »Europa und Italien schicken uns viel Geld, aber sie verteilen es schlecht und kontrollieren seine Verwendung ungenügend. Doch an der Unterentwicklung Siziliens sind wir schon selbst schuld. Wir richten uns in ihr ein, damit wir die Unterstützung bekommen, die wir brauchen. Wir bewegen uns nicht, weil das vorteilhaft für uns ist. So leben wir seit einem halben Jahrhundert in einem Wachkoma.«

Das klingt für mich übertrieben, und Roberto sieht es mir offenbar an. Denn er legt sofort nach. »Paradoxerweise gibt es in den Gegenden Siziliens, in die das meiste Geld fließt, am wenigsten Industrie, am wenigsten Entwicklung. Wo dagegen keine bekannten Politiker leben, die Hilfsgeld heranschaffen, läuft es am besten.«

»Das wäre zum Beispiel?«

»Die Gegend um Ragusa im Südosten der Insel. Weil dorthin kaum Unterstützung geflossen ist, mussten die Menschen selbst aktiv werden. So hat sich dort eine bürgerliche Unternehmerschicht entwickelt, die es sonst in Sizilien nicht gibt. In Palermo und anderswo ist das Bürgertum parasitär.«

Ich muss an den »Gattopardo« von Tomasi di Lampedusa denken, an die da beschriebenen Adeligen und Großgrundbesitzer, die in ihren Palermitaner Palästen vom Schweiß der Bauern auf ihren Gütern lebten. Es versteht sich, dass unter ihnen kaum eine Unternehmerkultur aufkam. Und auch die Bauern ohne eigenen Landbesitz haben verständlicherweise keinen Ehrgeiz entwickelt, etwas aus dem Grund und Boden zu machen. So verfestigten sich eine parasitäre Oberschicht und eine apathische Unterschicht. Und dazwischen nichts.

Noch ein weiteres Übel hat Roberto in Sizilien ausgemacht. Einen *familiarismo*, der sich bestenfalls zum *campanilismo* aufschwinge. Engagieren wolle man sich nur für die eigenen Familien oder gerade noch das nähere Umfeld. Was darüber hinausgehe, die Gesellschaft, der Staat, bleibe vielen Sizilianern fremd.

»Ist das nur typisch sizilianisch oder auch typisch italienisch?«, murmele ich unwillkürlich.

Roberto Alajmo blickt mich mit seinem liebenswürdigen Sarkasmus an. »Mit dem Klimawandel rücken die Palmen immer weiter nach Norden vor. Jedes Jahr um zehn Meter. Bald werden sie in München sein. Dasselbe gilt für die Misswirtschaft. Sie breitet sich nach Norden aus. Rom ist bereits komplett sizilianisch.«

»Was tun?«

»Die Jungen wandern aus. Mein Sohn lebt jetzt in Frankreich. Er will nicht mehr zurück. Es gehen vor allem die Jungen, Begabten, Intelligenten. Ich werde alt. Ich bleibe. Doch je älter ich werde, desto pessimistischer sehe ich die Welt. Ich werde jedenfalls keine Wiedergeburt Palermos und Siziliens mehr erleben. Manchmal fühle ich mich, als sei ich mein eigener Großvater. Deswegen sage ich öffentlich kaum mehr etwas. Ich will nicht so alt erscheinen. Ich will die jungen Sizilianer nicht entmutigen.«

Auf dem Rückweg in die Altstadt geht mir diese Hoffnungsmüdigkeit durch den Kopf, die hinter den vielen exotischen Erscheinungen Siziliens lauert. Hat die jahrhunderte-, jahrtausendelange Fremdherrschaft zu dieser Haltung geführt? Zu einer altersweisen, illusionslosen

Erschöpfung? Hat die Geschichte Sizilien nur Ergebung gelehrt? Die Geschichte Siziliens.[8] Auf keiner der 15 Inseln, die ich besuche, fällt es mir schwerer, mich für eine Epoche zu entscheiden. Großgriechenland könnte es sein, mit den Tempeln von Segesta, Selinunt und Agrigent, dem Theater von Taormina, Syrakus mit seinem archäologischen Park und dem Ohr des Dionysios. Die Ära der Normannen mit ihren unvergleichlichen Kirchen in Monreale und Cefalù. Oder die Zeit der Restauration unter den Bourbonen im 19. Jahrhundert, turbulente, blutige Jahre, die im Marsch der Tausend von Giuseppe Garibaldi endeten. Schließlich entscheide ich mich für Friedrich II. und seine Zeit. Weil der Staufer-Kaiser Sizilianern wie Deutschen gleichermaßen lieb und teuer ist. Und weil er für eine bessere Zeit steht, für ein weltoffenes, tolerantes Sizilien mit einem gerechten, gut funktionierenden Staatsapparat. Roberto Alajmo schreibt:[9] »Der Mann, der zu Unrecht oder zu Recht mehr als alle anderen als Symbol des friedlichen Zusammenlebens von Völkern und Religionen angesehen wird, ist Friedrich II. von Schwaben.«

Wenige Herrscher in der Geschichte wurden von ihren Zeitgenossen wie von der Nachwelt derart angehimmelt und verteufelt wie der Hohenstaufer. Zeitgenossen bezeichneten ihn wahlweise als »Stupor Mundi«, als »Staunen der Welt«, und als Antichrist. Seine Herrschaft auf Sizilien wird mal als aufgeklärt und rational gepriesen, mal als tyrannisch gescholten. Nach seinem Tod setzten sich zunächst seine Gegner durch, die Friedrich wegen dessen Feindschaft zu den Päpsten detailverliebt als blutrünstigen, sexbesessenen Wüstling schilderten. Später, als sich die Nationalstaaten in Deutschland und Italien gegen die Macht der katholischen Kirche wandten, hellte sich das Bild Friedrichs dramatisch auf. Der Schweizer Kulturhistoriker Jacob Burckhardt schrieb im 19. Jahrhundert, der Kaiser sei »der erste moderne Mensch auf dem Throne« gewesen.[10] Sein jüngerer österreichischer Kollege Egon Friedell urteilte über Friedrich: »Einer der genialsten Menschen, die jemals eine Krone getragen haben. Er erinnert in seiner humanen Universalität und weitblickenden Staatsklugheit an Julius Cäsar, in seiner Freiheit und Geistigkeit an Friedrich den Großen und durch sein Feuer, seinen Unternehmensgeist und eine gewisse künstlerische Lausbubenhaftigkeit an Alexander den Großen.«[11] Das gleicht schon fast einer weltlichen Heiligsprechung. Heutige Historiker betrachten Friedrich vielschichtiger, als einen Mann voller Widersprüche, despotisch und tolerant, weitsichtig und engstirnig, feinsinnig und rücksichtslos. Eines aber spricht ihm niemand ab: Friedrich II. ragt aus den mittelalterlichen Herrschern heraus wie der Ätna aus der Bergwelt Siziliens.

Dabei waren die Voraussetzungen für den jungen Friedrich denkbar ungünstig. Die Insel war nach 250 Jahren muslimischer Herrschaft im Lauf des 11. Jahrhunderts von Normannen erobert worden, von den Wikingern abstammenden Abenteurern aus der nordfranzösischen Normandie, die sich auf der Suche nach Beute und Macht in Süditalien ausbreiteten. Wider Erwarten gelang es ihnen, auf Sizilien ein stabiles, wirtschaftlich und kulturell blühendes Königreich aufzubauen. Da die Normannen viel zu wenige waren, um Sizilien allein zu besiedeln und zu verwalten, integrierten sie Araber, Berber, byzantinische Griechen und Juden in ihr Reich und ließen sie in hohen Positionen in der Verwaltung, Wissenschaft und Baukunst arbeiten. Wer in der Geschichte nach gelungenen Beispielen für eine multikulturelle Gesellschaft sucht, der wird im damaligen Sizilien fündig. Obwohl die normannische Herrschaft nur gut 100 Jahre währte, gehören ihre Hinterlassenschaften bis heute zu den schönsten Zeugnissen der Insel: die schon erwähnten Kathedralen in Cefalù und Monreale, die Lustschlösser Cuba und Zisa, der Normannendom und der Normannenpalast mit der Cappella Palatina in Palermo.

1189 starb der letzte normannische König Wilhelm II. kinderlos. Sein Königreich fiel an den deutschen König und Kaiser des Heiligen Römischen Reiches Heinrich VI., einen Staufer. Er war mit Konstanze von Sizilien verheiratet, einer Tante Wilhelms II. 1194 gebar Konstanze den gemeinsamen Sohn Friedrich. Kurz darauf starben die Eltern. Friedrich war noch keine vier Jahre alt und schon König von Sizilien und Vollwaise. Er wuchs im Normannenpalast zu Palermo in einer chaotischen Zeit auf. Die mit Heinrich ins Land gekommenen deutschen Barone begehrten gegen die Zentralmacht auf, bekriegten sich untereinander und rissen große Teile des königlichen Besitzes an sich. Zugleich wurden die Muslime mehr und mehr entrechtet und in die Berge im Landesinneren verdrängt, wo sich viele von ihnen zu Räuberbanden zusammentaten. Das strahlende Normannenreich war einer düsteren Anarchie gewichen.

Über die Kindheit Friedrichs wurden in der Geschichtsschreibung abenteuerliche Dinge erzählt. Er sei als verwahrloster Gassenjunge in Palermo aufgewachsen und von den Almosen barmherziger Bürger abhängig gewesen. So dramatisch dürfte es nicht gewesen sein. Friedrich stand als Mündel des Papstes Innozenz III. in Rom unter dessen Schutz. Er erhielt im Normannenpalast eine ritterliche Ausbildung, lernte schreiben und lesen, reiten, jagen, kämpfen und Schach spielen. Dabei war er jedoch den Intrigen und Machtkämpfen normannischer und deutscher Adeliger, päpstlicher Gesandter und hoher Beamter ausgeliefert. Zeitgenossen beschrieben den Jungen einerseits als edel, wissbegierig und klug, andererseits als aufbrausend und eigensinnig.

Früh geriet der polyglotte Königssohn in den Blickpunkt der großen Geschichte. In Deutschland herrschte nach dem Tod Kaiser Heinrichs VI. ein Bürgerkrieg. Um diesen zu beenden, schickten die wichtigsten deutschen Fürsten 1212 Gesandte nach Palermo, um Friedrich zu bitten, ihr neuer König zu werden. Es gleicht einem Heldenepos, wie der knapp 18-Jährige entgegen vielen Widerständen und Gefahren nach Deutschland gelangte, wo er sich in den folgenden Jahren gegen alle, auch scheinbar übermächtige Feinde durchsetzte. Friedrich wurde 1212 in Mainz zum deutschen König und 1215 in Aachen nochmals zum König der Römer gekrönt, bevor ihm 1220 Papst Honorius die Kaiserkrone aufsetzte.

Erst dann, nach acht Jahren im Norden, kehrte Friedrich nach Sizilien zurück. Um aufzuräumen. Erst wies er die aufmüpfigen Barone mit aller militärischen Härte in die Schranken, dann zog er gegen die aufbegehrenden Muslime in den Bergen in den Kampf. Nach langer Belagerung stürmten seine Soldaten die Festung der Muslime auf dem Monte Jato südöstlich von Palermo und ergriffen den muslimischen Emir Ibn Abbad. Bald darauf ließ Friedrich die sizilianischen Muslime, deren Kultur, Wissenschaft und Kunst er schätzte und deren Arabisch er verstand, nach Lucera in Apulien deportieren. Denn er kannte bei Ungehorsam, von wem auch immer, keine Gnade. Allerdings gewährte er den Muslimen in Lucera dann viel Freiheit, insbesondere bei ihrer Religionsausübung. Dafür dankten sie ihm, indem sie Elitesoldaten für sein Heer stellten, insbesondere hervorragende Bogenschützen. Für Sizilien bedeutete die Zwangsumsiedlung der Muslime jedoch einen enormen Verlust an Unternehmergeist, Wissen und Kenntnissen, etwa in der Landwirtschaft, der die Insel nachhaltig schädigte.

Die folgenden Jahrzehnte verbrachte Friedrich meist auf Reisen, begleitet von seinem exotischen Hof, zu dem ein Harem ebenso gehörte wie allerlei Tiere, Leoparden etwa, ein Elefant und seine geliebten Jagdfalken. Quasi omnipräsent, für die damalige Zeit, versuchte er, seine Reiche zusammenzuhalten, die aus Sizilien, Deutschland und Oberitalien bestanden. Sein Ziel: nach dem Vorbild der alten Römer ein neues Imperium zu schaffen, das von der Kirche unabhängig und von Beamten und Richtern professionell verwaltet wurde, das wirtschaftlich und kulturell florierte. Seine gefährlichsten Gegner: die Päpste, die sich mit ihrem Kirchenstaat von Friedrich im Norden und Süden in die Zange genommen fühlten und diese Umklammerung unbedingt aufbrechen wollten.

Friedrich verfolgte für jeden seiner drei Herrschaftsteile eine andere Politik. In Deutschland ließ er den Fürsten weitgehend freie Hand, solange sie ihn als oberste Autorität anerkannten. In Norditalien legte er sich kriegerisch mit aufstrebenden Städten wie Mailand an, womit er sich langfristig übernahm. Seine Konzeption eines von Gott gegebenen, absolut herrschenden Kaisertums konnte mit dem Ruf nach kommunaler Unabhängigkeit überhaupt nichts anfangen. Doch der historische Trend ging, jedenfalls in Oberitalien, hin zu autonomen Stadtstaaten.

Im Königreich Sizilien, zu dem das süditalienische

Festland inklusive Neapel gehörte, konnte Friedrich seine Vorstellungen am besten umsetzen. Nach der Unterwerfung der Barone und der Muslime schaffte er einen straff geführten Zentral- und Beamtenstaat. Er förderte Handel und Handwerk, ließ sein Reich wirtschaftlich aufblühen und prägte Goldmünzen, die ihn wie einen altrömischen Cäsaren darstellen. Wie andere große Herrscher der Geschichte – Justinian, Napoleon – ließ er das Recht seiner Zeit in einem grundlegenden, fortschrittlichen Gesetzbuch zusammenfassen, den Konstitutionen von Melfi. Darin postulierte er ein staatliches Gewaltmonopol und verbot die Selbsthilfe, er regelte die Ausbildung von Ärzten und Apothekern, die Sauberhaltung von Gewässern, und er schützte Frauen vor Missbrauch, und zwar ausdrücklich auch Prostituierte. Zudem gründete er die Universität in Neapel, um bei der Ausbildung von Juristen nicht mehr auf Bologna angewiesen zu sein. Die *Università degli Studi di Napoli Federico II* gilt als älteste staatliche Hochschule der Welt und gehört bis heute zu den wichtigsten Universitäten Italiens. Auch auf die italienische Literatur übte der Staufer-Kaiser, selbst gerne dichtend, großen Einfluss aus. An seinem Hof bildete sich eine Dichterschule, an der sich etliche seiner hohen Beamten versuchten, und zwar nicht in Latein oder Griechisch, sondern in der sizilianischen Volkssprache. Friedrichs Dichterschule gilt daher als eine Wurzel der italienischen Nationalliteratur.[12]

Anders als seine normannischen Vorfahren tat sich Friedrich nicht mit Kirchen- und Palastbauten hervor. Dafür ließ er enorm viele Burgen neu errichten und alte wiederherstellen, um für Sicherheit in seinem Reich zu sorgen. Hinzu kamen Jagdschlösser, deren schönstes

Beispiel das apulische Castel del Monte ist, ein Bauwerk von buchstäblich formvollendeter Symmetrie und Harmonie, so klar strukturiert wie ein Kristall oder eine mathematische Formel. Da Friedrich sein Herrschaftszentrum nach und nach von Palermo nach Apulien, insbesondere nach Foggia, verlegte, ist in der sizilianischen Hauptstadt nicht mehr viel von ihm zu sehen, von seinem Sarkophag im Normannendom einmal abgesehen, von dem noch die Rede sein wird. Ansonsten stehen auf Sizilien noch etliche seiner Burgen, etwa das wuchtige, streng geometrisch angelegte Castello Ursino (Bärenkastell) in Catania oder das viereckige Castello Maniace in Syrakus mit seinen imposanten runden Ecktürmen.

Denkt man an Sizilien in den besten Regierungsjahren Friedrich II. zurück, wird verständlich, warum er auf der Insel noch heute verehrt wird. Vielen Sizilianern gilt er als der – im Vergleich zu den meisten anderen – gute Herrscher ihrer Geschichte, der von der Insel nicht nur nahm, sondern ihr auch gab. Bezeichnenderweise nennt sich die Kulturstiftung der Region Sizilien Fondazione Federico II, ihr Sitz ist natürlich im Normannenpalast. Manche Sizilianer fragen sich, was aus Sizilien noch alles geworden wäre, wenn Friedrich seine Kämpfe gegen die Päpste und die norditalienischen Städte gewonnen hätte. Hätte es schon viele Jahrhunderte früher einen italienischen Einheitsstaat gegeben? Oder gar ein vereintes Europa? Oder zumindest einen souveränen, erfolgreichen Staat Süditalien?

So verständlich solche Gedankenspiele sind, sie sollten nicht darüber hinwegtäuschen, dass Friedrich Sizilien auch manche Bürde hinterlassen hat. So verhinderte sein zentralistischer Herrschaftsansatz das Entstehen selbstbewusster Städte mit einem unternehmerischen Bürgertum. Venedig, Genua, Pisa, Mailand, Florenz sind nicht umsonst alle in Mittel- und Norditalien entstanden. Auf dem Land wiederum förderte er nicht die Entwicklung eines autonomen Bauernstandes, sondern den Großgrundbesitz, die Latifundienwirtschaft. Das lähmt Sizilien bis in die Gegenwart. Manche der Übel des Mezzogiorno lassen sich also bereits in Friedrichs Regierungszeit verankern. Auch charakterlich weist er, jedenfalls aus heutiger Sicht, schwere Defizite auf. »Er hatte einen starken Drang zu zügellosem Exhibitionismus und war Gefühlen und Empfindlichkeiten anderer gegenüber merkwürdig unsensibel«, schreibt der englische Historiker John Julius Norwich, einer der besten Kenner der Geschichte Siziliens.[13] »Seine Ehefrauen behandelte er schändlich, und seine maßlosen Wutausbrüche stießen viele ab.« Besonders schockierend ist sein Verhalten gegenüber seinem ältesten Sohn, den er zunächst zum römisch-deutschen König machte. Dann überwarf er sich mit ihm. Obwohl sich Heinrich VII. seinem Vater zu Füßen warf und um Vergebung flehte, ließ ihn Friedrich absetzen und in Süditalien einkerkern, wo er nach vielen Jahren starb. Womöglich aus schlechtem Gewissen ließ er seinen Sohn dann mit königlichen Ehren im Dom der kalabrischen Stadt Cosenza beisetzen, wo dessen Sarkophag noch heute zu sehen ist.

Alles in allem blieb Friedrich ein nachhaltiger Erfolg versagt. Vom Papst exkommuniziert und als Kaiser abgesetzt, starb er, knapp 56 Jahre alt, im Dezember 1250 auf Castel Fiorentino in Apulien. Obwohl er mehrere Söhne aus diversen Ehen und Beziehungen hatte, sollte ihn die Dynastie der Staufer nicht lange überdauern. »Nicht weniger als zehn von Friedrichs Kindern und Enkelkindern kamen im Gefängnis um oder starben eines gewaltsamen Todes«, schreibt Norwich.[14] Friedrichs süditalienisches Königreich fiel an den Franzosen Karl von Anjou. Dieser ließ am 29. Oktober 1268 Friedrichs 16 Jahre alten Enkel und letzten legitimen männlichen Erben Konradin auf der Piazza del Mercato in Neapel öffentlich enthaupten.

Damit endete die Dynastie der Staufer. Friedrichs Familie war in männlicher Linie ausgestorben. Heißt es. Und dachte ich. Dann schlenderte ich eines Sommerabends vor einigen Jahren durch die Altstadt Palermos. Im Gassengewirr unweit des Normannenpalastes und des Normannendoms stieß ich in einer etwas heruntergekommenen Gegend auf einen altersschwachen Palazzo mit trutziger Fassade und einem von schweren Holztüren verrammelten Tor. *Palazzo Conte Federico* stand auf einem Schild an der Auffahrt. Darauf wurden Führungen angeboten. »Wieder jemand, der mit dem Namen des Stauferkaisers Geschäfte machen möchte«, dachte ich mir und ging weiter. Bei den Recherchen für dieses Buch stieß ich erneut auf den Palazzo. Ich fragte im Viertel herum und erfuhr, dass hier tatsächlich Nachfahren von Friedrich II. leben. Neugierig geworden, meldete ich mich bei einer der Führungen an.

Vor dem Tor an der Via dei Biscottari, der Straße der Keksbäcker, warten zwei Dutzend Besucher, Amerikaner zumeist, auch einige Franzosen. Sie werfen einen Blick ins Atrium, in dem ein glänzend polierter kirschroter, torpedoförmiger Rennwagen mit schmalen hohen Reifen steht, ein Fiat Balilla Coppa d'Oro aus den 1930er Jahren. Dahinter öffnet sich ein schattiger, mit Philodendron, Palmen und Hängepflanzen begrünter Innenhof. Nun erscheint ein junger Mann im Leinensakko, groß, hellhäutig, dunkelblond, und stellt sich als Conte Andrea Federico vor. Zu meiner Überraschung spricht er fließend Deutsch, mit leicht österreichischem Akzent. Seine Mutter, die Gräfin Alwine Federico, sei Österreicherin, sagt er, und Deutschlehrerin an einem Palermitaner Gymnasium. Ich werde sie noch kennenlernen.

Der junge Conte führt uns über eine breite Steintreppe aus rotem Marmor nach oben in den Piano Nobile und in den stattlichen Empfangssaal mit holzgeschnitzter Kassettendecke und Ölgemälden in schweren Goldrahmen. Dort erzählt er uns, seine Familie stamme von Friedrich von Antiochia ab, einem Sohn Friedrichs II., der von 1226 bis 1256 lebte und für den Vater unter anderem die Toskana und die Mark Ancona verwaltete. Friedrich von Antiochia, der in einem reich verzierten Steinsarg im Normannendom beerdigt ist, hatte männliche Nachkommen, die lückenlos zum heutigen Familienoberhaupt, Conte Alessandro, und zu dessen beiden Söhnen Andrea und Niccolò führen.

»Aber ich habe gelesen, die Dynastie Friedrich II. sei ausgestorben«, meldet sich eine französische Touristin.

Andrea Federico schmunzelt. Er kennt den Einwand. »Und dennoch sind wir hier. Friedrich von Antiochia war ein unehelicher, also illegitimer Sohn des Kaisers. Das ist unser Glück. Er war nicht erbberechtigt und entging daher der Ausrottung der Staufer.« Jahrhunderte später, als es üblich wurde, Nachnamen zu tragen, hätten sich seine Vorfahren den Familiennamen Federico gegeben.

Die Tour durch den Palast führt durch die Geschichte Palermos. Denn das Stadtschloss aus dem 16. Jahrhundert wurde über einem Stück der punisch-römischen Stadtmauer erbaut. Deswegen ist es etwas gekrümmt, was bei einem Blick durch die Zimmerfluchten gut zu erkennen ist. In den Palazzo integriert ist ein Turm aus der arabisch-normannischen Epoche, der letzte noch erhaltene von ursprünglich 24 Türmen der Stadtmauer. »Bei unseren Renovierungen kommen immer wieder erstaunliche Dinge ans Licht«, sagt der Conte und erklärt uns ein raffiniertes, durch doppelte Wände ermöglichtes Kühlsystem aus arabischer Zeit, eine 1000 Jahre alte Air-Condition. »Unsere Familie hat einst den Turm gekauft und den Palazzo drumherumgebaut«, sagt er. »Wir leben seit 15 Generationen hier. Wenn ich Ihnen bei der Führung sage, etwas sei neu in meinem Haus, ist es mindestens 200 Jahre alt.«

Das Haus der Familie Federico gehört zu den ältesten noch erhaltenen Palazzi Palermos. Es ist kein Museum, alle Räume, die wir sehen, werden von der Familie bewohnt und von deren Katzen: die Salons – der blaue, rote und grüne – im Piano Nobile mit ihren Fresken und bemalten Holzdecken aus dem Barock; die historische Küche im Obergeschoss, in der Andrea bisweilen mit seinen Freunden Pizza bäckt; und der Waffensaal, in dem ein langer Esstisch inmitten von Rüstungen, Hellebarden und Uniformen steht. Im Arbeitszimmer des Vaters sind Pokale und Fotos zu sehen, die den jungen Conte Alessandro als Rennfahrer zeigen. *Il conte volante*, Der fliegende Graf, wurde er damals genannt. Schon sein Vater war rennsportbegeistert und leitete das berühmte sizilianische Langstreckenrennen Targa Florio, das von der Unternehmerfamilie Florio begründet wurde. Alessandro Federico, Jahrgang 1939, nahm öfter als jeder andere Rennfahrer an der Targa Florio teil. Er fuhr für berühmte Marken wie Alfa Romeo und Lancia. Und er denkt auch heute nicht daran, von seiner Leidenschaft zu lassen. Da man in Italien aber nur bis zum Alter von 80 Jahren an Autorennen teilnehmen darf, fährt Alessandro Federico inzwischen mit tunesischem Führerschein im Ausland.

Auch das Zimmer der Mutter präsentiert Andrea Federico. Auch hier wieder Pokale und Fotografien. Sie zeigen die Contessa zum einen als Weltklasseschwimmerin, die auch an Olympischen Spielen teilnahm; zum anderen als Sopranistin, die im Chor des Teatro Massimo sang und noch heute im Palazzo Konzerte gibt.

»Meine Eltern sind sehr ehrgeizig«, sagt Conte Andrea. »Es ist nicht immer leicht, ihr Sohn zu sein.«

Auch die Last der Geschichte in seinem Elternhaus ist beträchtlich. Eine Büste Giuseppe Garibaldis verweist auf die Mitte des 19. Jahrhunderts, als der damalige Conte den Musiksaal des Palazzo einer Freimaurerloge als Tempel zur Verfügung stellte, hier Garibaldi empfing und Soldaten für den Freiheitskämpfer finanzierte. Aus Rache versuchten Anhänger der Bourbonen, den Palazzo niederzubrennen, was zum Glück nicht gelang. So konnten später Richard Wagner und Giuseppe Verdi den Musiksalon nutzen.

Am Abend empfängt mich Contessa Alwine im Palazzo. Wir sitzen ein wenig verloren an einem Couchtisch in einem der riesigen Säle. »Können Sie sich vorstellen, wie kalt und zugig es hier im Winter ist?«, fragt sie.

Die Salzburgerin, die das Mozarteum besucht hat, lernte ihren erheblich älteren Mann auf einem Ball in Rom kennen. Mit 20 heiratete sie den Conte und zog mit ihm in den Palazzo in der Altstadt Palermos. Es kann nicht ganz leicht gewesen sein für die große, junge Österreicherin mit den langen blonden Haaren, sich in das neue Leben einzufinden und in der Nachbarschaft akzeptiert zu werden. Allein schon, dass sie mit dem Fahrrad durch Palermo kurvte, löste Befremden aus. Ihre Schüler an dem Gymnasium, an dem sie später unterrichtete, hätten sie einmal gefragt, ob sie sich kein Auto leisten könne. Das war nicht das Problem im Hause eines Rennfahrers. Aber die Finanzen waren es durchaus. »Es ist sehr teuer, so einen großen, alten Palast zu unterhalten«, sagt die Gräfin.

Der Familie Federico ging es ähnlich wie vielen bedeutenden Palermitaner Adelsfamilien. Sie verkauften nacheinander ihre Ländereien und versuchten, wenigstens den Stadtpalast zu halten. Anders als anderen ist ihnen das bisher gelungen. »Dabei bekommen wir keinerlei Hilfe vom Staat oder der Stadt«, sagt die Contessa. Im Gegenteil. Die Abgaben für das riesige Haus sind hoch. »Die Müllgebühren bemessen sich an der Quadratmeterzahl. In den vergangenen zwei Jahren haben wir dafür 35 000 Euro bezahlt.«

Verkaufen kommt für die Familie jedoch nicht infrage. »Mein Mann ist in dem Schlafzimmer geboren, das Sie heute Vormittag bei der Führung gesehen haben. Den bekomme ich hier nicht raus.« Auch brächten sie es nicht übers Herz, den Palast verfallen zu lassen. Daher haben sie ihn für Besucher geöffnet, um einen Teil der Unterhaltskosten wieder hereinzubekommen. »Ich hoffe, dass meine Söhne das mit den Führungen weitermachen.«

»Wie stehen die Palermitaner heute zu Friedrich II.?«, frage ich die Contessa.

»Wahrscheinlich ist er für die Deutschen wichtiger als für die Sizilianer. Die Blumen an seinem Sarkophag im Normannendom sind jedenfalls fast immer von deutschen Besuchern.« Ihre italienischen Schüler am Gymnasium könnten mit dem normannisch-deutschen Kaiser nicht viel anfangen. »Wenn ich ihnen aber von Friedrichs Dichterschule berichte und erzähle, dass das Sizilianische beinahe die italienische Nationalsprache geworden wäre, finden sie das schon toll.«

Alwine Federico versucht so, das Andenken an den Urahnen ihrer Kinder zu beleben. »Friedrich II. könnte ein Vorbild für uns heute sein. Er führte den einzigen Kreuzzug der Geschichte ohne Blutvergießen. Er schätzte die Muslime mit ihrer Kultur. Und er ernährte sich sehr gesund, bevorzugte frische, leichte Kost, viel Fisch und Gemüse. Er hatte einen Durchblick, den heute viele nicht mehr haben.«

9

Ferdinandea – Abenteuer eines Feuerspuckers

Fährt man vom Südwesten Siziliens mit einem Boot zur Insel Pantelleria, überquert man ein besonders abgründiges Meeresgebiet. Dabei deutet oberflächlich nichts darauf hin, dass sich hier im Frühsommer 1831 ein Erdbeben ereignet hat, im geografischen wie im geopolitischen Sinne. Nichts an der Wasseroberfläche jedenfalls. Wer sich dagegen auf einen Tauchgang macht, stößt auf halber Strecke zwischen Sciacca und Pantelleria in nicht einmal sieben Metern Tiefe auf eine geheimnisvolle Marmortafel, die auf Vulkangestein befestigt ist und von Wasserpflanzen und Seeanemonen umschlängelt wird. »*Questo lembo di terra una volta Isola Ferdinandea era e sarà sempre del popolo siciliano*«, steht darauf. Was übersetzt bedeutet: »Dieses Stück Erde, das einmal die Insel Ferdinandea war, gehörte und gehört für immer dem sizilianischen Volk.«

Gab es hier, im Meer zwischen Sizilien und Afrika, wirklich einmal eine Insel namens Ferdinandea? Warum ist sie untergegangen? Und wer in aller Welt hat sich die Mühe gemacht, hier in der Tiefe eine schwere Marmortafel zu verankern, um einen Besitzanspruch der Sizilianer festzuhalten? Untergegangene Inseln haben so ihren Reiz. So gibt es bis heute Forscher, die nach einem versunkenen Inselreich namens Atlantis suchen. Aber Ferdinandea? Das klang für mich nach irgendeinem Atoll in der Karibik.

Dann stieß ich auf Quellen im Internet und auf ein kleines Taschenbuch des großartigen sizilianischen Verlages Sellerio. Es stammt von dem sizilianischen Schriftsteller und Forscher Salvatore Mazzarella und heißt: »Dell'isola Ferdinandea e di altre cose – Von der Insel Ferdinandea und anderen Dingen«. Anders als der Titel vermuten lässt, ist es kein romanhaftes, sondern ein wissenschaftliches Werk voller Zitate und Fundstellen. Die bringen mich dieser Insel immer näher. Schon ertappe ich mich dabei, davon zu träumen, wie ich auf einem Boot übers Meer fahre. Blubbern da vorne nicht Blasen an die Oberfläche? Zeigt sich dort ein Hauch von Rauch über dem Wasser? Riecht es nicht plötzlich nach Schwefel? Und rührt das Schwanken des Schiffes wirklich von harmlosen Wellen her und nicht vielmehr von Erdstößen? So wie damals? Aber der Reihe nach.

Im Juni 1831 reißt eine Serie von Erdbeben das Hafenstädtchen Sciacca an der Südwestküste Siziliens aus der Sommerträgheit. Die Menschen sind so beunruhigt, dass sie nicht einmal das Fest zu Ehren des Ortsheiligen San Calogero am 18. Juni richtig genießen können. Etliche verbringen die Nächte außerhalb ihrer Häuser, weil sie fürchten, sie könnten darunter begraben werden. Die Abergläubischen unter ihnen raunen von Vorzeichen eines himmlischen Strafgerichts. Am 28. Juni spürt der britische Marineoffizier Charles Henry Swinburne, der an Bord der »Rapid« nach Pantelleria unterwegs ist, seltsame Bewegungen seines Schiffes, ohne sich diese erklären zu können. Kurz darauf wundern sich einige

Fischer über aufgewühlte Stellen im Meer und vermuten, unter der Oberfläche würden Wale oder riesige Fische miteinander kämpfen. Oder sind es monströse Tintenfische, die sich mit Haien anlegen? Am 4. Juli bemerken andere Fischer, dass das Meer blubbert, als würde es kochen. Auf dem Wasser treiben tote Fische.

Danach geht es Schlag auf Schlag. Am 6. Juli beobachtet Francesco Trefiletti, der Kapitän eines sizilianischen Schiffes, wie erst Rauch und dann eine 25 Meter hohe Wassersäule aus dem Meer aufsteigen. Andere Schiffskommandanten sehen schwarze Bimssteinstücke auf dem Wasser treiben. Sie hören, bei strahlend blauem Himmel, ein Grollen und Donnern. Die Luft stinkt nach Schwefel. Schließlich schießen zwischen Rauchschwaden Feuersalven aus dem Wasser. Aschen, Schlacken und Gestein werden emporgeschleudert. Nun besteht kein Zweifel mehr. In der Straße von Sizilien, der Meerenge zwischen der Insel und Tunesien, bricht ein Vulkan aus.

In Sciacca blicken die Menschen verstört hinaus aufs Meer. Der Schwefelgestank macht sie benommen, silberne Vasen und Münzen laufen dunkel an, auf den Mauern der Fabriken tauchen gelbe Flecken auf, wie Salvatore Mazzarella in seinem Buch beschreibt. Die Rauch- und Aschesäule über dem Meer nimmt die Form eines Pilzes an. An den Stränden schwemmt es Bimssteine und Lavastücke an. Und dann erhebt draußen im Meer der Vulkan sein Haupt über das Wasser. Seine Eruptionen beginnen, eine Insel aufzuschütten. Als am 17. Juli ein englisches Schiff bis auf 500 Meter an die Ausbruchstelle heranfährt, sieht die Besatzung bereits einen neuen meterhohen Kegel aus dem Wasser aufsteigen, der aus mehreren Öffnungen Feuer, Asche, Steine und Pech speit. Am 22. Juli ist die neue Vulkaninsel 25 Meter hoch.

Die spektakuläre Erscheinung macht in ganz Europa Furore. Die Wissenschaftler begeistern sich dafür, aber auch die Regierungen. Denn der Kanal von Sizilien ist die für Militär und Handel wichtige Wasserstraße zwischen dem westlichen und östlichen Mittelmeer. Wer hier eine neue Insel besetzen kann, erhält einen strategischen Vorteil. Der Wettlauf um den Vulkan beginnt.

Zu dieser Zeit befindet sich Friedrich Hoffmann auf Sizilien, ein bekannter Geologieprofessor der Universität Berlin. Es gelingt ihm mit einigen Kollegen, in Sciacca ein Segelschiff des beruhigenden Namens »Gesù Maria Giuseppe« aufzutreiben. In der Nacht auf den 24. Juli fahren sie los. Am frühen Nachmittag kommen sie in der Nähe des Vulkans an und beobachten fasziniert die Schlacht der Elemente. Die feuerspeiende Insel jagt »mit unglaublicher Geschwindigkeit und praktisch ohne Pause riesige Wolken weißen Rauches empor«, während diese »weiße, turbulente Säule im Abstand von zwei Minuten von einem mehr oder weniger hohen Ausstoß von Schlacke und schwarzer Asche durchbrochen wird«.[1]

Alles war »Wasser, Asche und Wolken, eine perfekte, gewaltige, chaotische Mischung«, wird Hoffmann später in einem Brief an einen sizilianischen Freund schwärmen. Die Forscher wollen immer näher heranfahren, doch die Seemänner haben Angst. Sie fürchten, kochendes Wasser könnte das Pech zum Schmelzen bringen, mit dem ihr Boot kalfatert ist. Die Forscher setzen sich durch und kommen so dicht an die Insel heran, dass sie den riesigen Krater erkennen. Die ausgeworfenen Steine fallen auf die Hänge des Vulkans herab oder versinken zischend im Meer. Rote Blitze zucken durch die Rauchsäule, Donnerschläge hallen übers Wasser. So nahe fahren Hoffmann und seine Gefährten an die junge Insel heran, dass sie sie mit einem Ruder berühren können. Doch die Wellen sind zu hoch, und der Boden der Insel ist zu weich, um einen Landgang zu riskieren. Das mindert die Begeisterung des Berliner Professors jedoch nicht.

Die Menschen auf Sizilien sind weniger begeistert. Der seltsam verschleierte, von grellen Lichtern durchblitzte Himmel und die rötlich gefärbte Luft beunruhigen sie. Zumal nun Theorien die Runde machen, der neue Vulkan könnte ein Nebenkrater des Ätna sein. Für Sciacca tun sich allerdings auch Vorteile auf. All die internationalen Wissenschaftler, die nun den Vulkan erforschen, wollen untergebracht, verpflegt und mit Booten und Matrosen ausgestattet werden. Jetzt, im August, geht es darum, wer die neue Feuerinsel zuerst betritt oder gar den Vulkankegel besteigt. Mehrere Versuche scheitern, weil der Berg zu heftig wütet. Salvatore Mazzarella schreibt, dass es erst am 20. August einem Unbekannten gelungen sei, anzulanden und durch knöchelhohe Aschen zum Kraterrand zu steigen. Da die Ausbrüche aufgehört haben, gelingt es am selben Tag auch einer Gruppe aus Malta angereister Engländer, den Vulkan zu erklimmen. Andere, Italiener und Engländer, folgen rasch und beschreiben zwei Krater, die sich mit gelblichem und rötlichem Wasser gefüllt haben. Die Temperaturen werden gemessen, die Kraterinsel gezeichnet. »Doch das alles genügt dem Menschen nicht«, schreibt Mazzarella. »Es reicht ihm nicht, dass es nun möglich ist, die Insel aus der Nähe zu betrachten, sie zu vermessen, zu erfassen und abzubilden. Nein, der Mensch will mehr. Er will sie besitzen.«[2]

Und – eine andere typisch menschliche Eigenschaft – benennen. Denn »erfassen« hat eine physische und eine psychische Bedeutung. Kurzum: Die neue Insel braucht einen Namen.

Sizilien gehört zu jener Zeit – die italienische Einigung ist noch fern – zum sogenannten Königreich beider Sizilien, das ganz Unteritalien einnimmt. Regiert wird es von König Ferdinand II., der einer Nebenlinie der Bourbonen angehört. Er residiert in Neapel. Doch wie es der Zufall will, besucht er in jenen Tagen zum ersten Mal als Monarch Palermo. Am 17. August tauft er die Insel hochoffiziell auf den Namen Ferdinandea.

Doch das bleibt nicht der einzige Benennungsversuch in diesen Tagen. Die einen nennen das Neuland Proserpina, nach einer römischen Göttin der Unterwelt. Andere Corrao, nach einem Kapitän, der die Geburt der Insel beobachtet hat. Die Briten nennen sie Graham, nach einem ihrer Politiker, die Franzosen Giulia, weil sie im Juli aufgetaucht ist. Die Deutschen, darunter Alexander von Humboldt, bevorzugen Nerita, so heißt eine Untiefe ganz in der Nähe. Wieder andere kommen salomonisch auf Giulia Ferdinandea oder Giulia Nerita.[3]

Der britische Kapitän Humphrey Fleming Senhouse behauptet, er habe als Erster eine Flagge über den Aschen des Vulkans gehisst, nämlich den Union Jack. Die Sizilianer bestreiten das und betonen, die Insel liege so nahe an Sizilien, dass sie selbstverständlich ihrem Königreich gehöre. Beide Seiten führen völkerrechtliche Argumente ins Gefecht. Die Sizilianer argumentieren mit der geografischen Nähe. Die Briten damit, sie hätten die Insel zuerst in Besitz genommen. Die Sizilianer kontern, von einem effektiven Besitz könne gar keine Rede sein.

Die Frage, wem neue Inseln gehören, ist bis heute juristisch schwer zu beantworten. Das zeigen etwa die vielen Streitigkeiten um Inseln im südchinesischen Meer. Schon im Kampf um Ferdinandea werden daher noch andere als nur juristische Geschütze aufgefahren. Englische Kriegsschiffe kreuzen um die Vulkaninsel. Ein Blick auf die Landkarte zeigt, warum sich die Briten so um den inzwischen vier Quadratkilometer großen und 65 Meter hohen Schlacken- und Aschehaufen reißen. Er würde ihre Stützpunkte in Gibraltar und auf Malta ideal ergänzen. Doch bevor es zum Kampf auf dem Vulkan kommt, zeigt dieser ein Einsehen. Ende August berichten Beobachter, Wind und Wellen nagten an dem Eiland. Die Hänge rutschen ins Meer, Stürme fegen den schwarzen Sand davon. Da hilft es auch nichts, dass nun die Franzosen eine Expedition unter dem Geologen Constant Prévost in den Kanal von Sizilien schicken, die die Trikolore auf dem höchsten Punkt des Vulkans hisst, ohne, das sei zu ihrer Ehre gesagt, daraus Besitzansprüche abzuleiten. Die Insel verliert in den folgenden Wochen deutlich an Höhe. Anfang November ragt sie nur noch 21 Meter über das Meer. Und am 20. November betritt sie, soweit bekannt, als letzter Besucher der schottische Schriftsteller Sir Walter Scott. Er findet am Strand zwei verendete Fische und ein totes Rotkehlchen. Am 8. Dezember berichtet der Kapitän Vincenzo Allotta, es sei »keine Spur der Vulkaninsel« mehr zu sehen.

Doch damit ist die Geschichte von Ferdinandea nicht zu Ende. Denn der Vulkan ist ja nur von der Oberfläche verschwunden. Unter Wasser besteht er fort. Sein Gipfel liegt zunächst nur in zwei bis drei Meter Tiefe und birgt eine große Gefahr für sich nähernde Schiffe. Und in den folgenden Jahren und Jahrzehnten spuckt der Vulkan unter Schwefelgestank Rauch, Feuer, Gestein und Aschen in die Luft. Dann wird es still um Ferdinandea.

Bis zum 15. April 1986. Viel ist seitdem passiert rund um die Meerenge von Sizilien. Das Königreich beider Sizilien ist im italienischen Nationalstaat aufgegangen. Malta gehört nicht mehr den Briten, sondern ist ein unabhängiges Land. Und in Nordafrika ist die Herrschaft europäischer Kolonialmächte zu Ende gegangen. Das gilt auch für Libyen, das einst eine italienische Kolonie war. Hier herrscht nun als Diktator Oberst Muammar al-Gaddafi, der im Westen als Terrorpate gefürchtet wird. Als Anfang April 1986 eine Bombe in der bei US-Soldaten beliebten West-Berliner Diskothek *La Belle* explodiert, drei Menschen tötet und viele verletzt, macht die US-Regierung ihn dafür verantwortlich und ordnet Luftschläge gegen Libyen an. Am Vormittag des 15. April sind US-Kampfjets des Typs F-111F über dem Mittelmeer unterwegs. Ihr Ziel: die libysche Hauptstadt Tripolis. Plötzlich sehen zwei Piloten, wie unter ihnen Rauch aus dem Meer aufsteigt. Ein libysches U-Boot, vermuten sie. Sie lassen von ihrer Leitstelle abklären, dass keine verbündeten Boote in der Gegend sind, und werfen dann eine Bombe ab. Doch sie trifft kein U-Boot, sondern den Unterwasservulkan Ferdinandea.[4]

Heute fragen sich viele Sizilianer, ob der Vulkan wieder auftauchen könnte. Schließlich liegt Italien auf unruhigem Boden. Hier treffen die Kontinentalplatten Afrikas und Europas aufeinander. Immer wieder kommt es zu verheerenden Vulkanausbrüchen und Erdbeben. So zerstört im Jahr 79 n. Chr. ein Ausbruch des Vesuvs die Städte Pompeji und Herculaneum, 1631 fordert eine weitere Eruption 4000 Menschenleben. 1908 zerstört ein Erdbeben Messina und Reggio Calabria, wobei bis zu 110 000 Menschen sterben. 2009 vernichten Erdbeben die Abruzzen-Hauptstadt L'Aquila und töten mehr als 300 Bewohner. Und 2016 zerstört eine Bebenserie mehrere Bergorte in Mittelitalien, wobei wiederum annähernd 300 Menschen ums Leben kommen.

Besondere Sorge bereitet den Italienern heute wieder einmal der Vesuv, der das Landschaftsbild um Neapel prägt. Er ist seit seinem letzten Ausbruch 1944 keineswegs erloschen. Er schläft nur. Wenn er schnarcht, um im Bilde zu bleiben, kommt es zu kleineren Beben, und heiße Gase steigen im Meer unterhalb des Berges auf. Die meisten Vulkanologen gehen davon aus, dass der Vesuv wieder ausbrechen wird. Doch obwohl er ständig mit moderner Technik überwacht wird, lässt sich nicht sagen, wann und wo. Vielleicht erst in 1000 Jahren, vielleicht schon in drei Wochen. Womöglich gibt es dann nur begrenzte Schäden, womöglich aber wird auch die ganze Region Kampanien zerstört. Umso verstörender ist es, wie dicht die Hänge des feuerspeienden Berges bebaut werden, zum Teil legal, oft illegal. Wer auf den Krater steigt und hinabblickt, kann sich nur wundern, wie hoch die weißen Häuser die Hänge hinaufreichen. Inzwischen leben 700 000 Menschen in der *Zona Rossa*, der besonders gefährdeten Zone rund um den Vesuv.

Doch der Vulkanismus beschert Italien nicht nur Tod und Verderben, sondern auch Vorzüge, insbesondere für den Tourismus. Überall im Land gibt es Thermalbäder wie in Abano Terme oder auf der Insel Ischia. Fumarolen, Geysire und Schwefelquellen sind beliebte Ausflugsziele, zum Beispiel in den toskanischen Colline Metallifere, auf den Phlegräischen Feldern bei Neapel oder auf der Insel Vulcano vor Sizilien.

Dann sind da noch die beiden ganz großen Attraktionen, die aktiven und häufig ausbrechenden Vulkane Ätna und Stromboli. Auf dem 3357 Meter hohen Ätna ist eine ganze Tourismusindustrie samt Restaurants, Liften und Bergsteigerläden entstanden, im Winter kann man hier sogar zwischen glühenden Lavazungen Ski fahren. Der Stromboli wiederum ist der Bilderbuchvulkan schlechthin. Als fast 1000 Meter hoher schwarzbrauner Inselberg steigt er bedrohlich und faszinierend zugleich aus dem Meer vor der Nordostküste Siziliens. Zudem ist er zuverlässig. Mehrmals die Stunde spuckt er aus verschiedenen Kratern Lavastücke, Schlacke und Asche, die entweder zurück in den Krater fallen oder über die *Sciara del Fuoco*, die Feuerzunge, ins Meer rutschen und dort zischend verlöschen. Besonders beeindruckend ist das Schauspiel nachts, wenn Wandergruppen mit ihren Bergführern die Ausbrüche von den Kraterrändern aus beobachten.

Und Ferdinandea? Könnte auch bald wieder für Furore sorgen. Zumindest seine Umgebung. Die ist längst gut erforscht. Demnach befindet sich die Basis des Unterwasservulkans, der ein Teil des sogenannten *Banco Graham* ist, in 150 bis 200 Metern Tiefe. Der Gipfel liegt heute etwa sieben bis neun Meter unter der Wasseroberfläche. Der Forscher Danilo Cavallaro vom Nationalen Institut für Geophysik und Vulkanologie hat 2021 in einem Interview mehr über die Geheimnisse im Kanal von Sizilien verraten. Demnach befinden sich um Ferdinandea herum etwa ein Dutzend weitere Kegel von Unterwasservulkanen. Dieses Vulkanfeld sei aktiv. Zwar könne Ferdinandea selbst nicht wieder ausbrechen und eine neue Insel bilden, weil all diese Vulkane von einmaligen Ausbrüchen herrührten. Sehr wohl aber könnten in der Umgebung neue Vulkane und damit auch Inseln entstehen, etwa in den nahen vulkanischen Zonen *Banco Terribile* und *Banco Nerita* oder bei der Insel Pantelleria.

Die Sizilianer aber scheinen der Versicherung nicht zu trauen, dass Ferdinandea selbst nie wieder auferstehen wird. Und wenn doch? Wem soll die Insel dann gehören? Werden wieder die Briten Ansprüche erheben? Oder diesmal die Tunesier? Sizilianische Taucher haben daher die am Anfang dieses Kapitels erwähnte Marmortafel auf dem Unterwasservulkan angebracht. Und später auch noch die Trikolore auf ihm gehisst. Sicher ist sicher – gerade, wenn es um Vulkane geht.

10

Pantelleria – Bei den Multi-Kulti-Köchen

Der Passagierjet der dänischen Airline DAT schüttelt uns heftig durch, als wir der Insel näher kommen. Gerade war unter uns nur das tiefe Märzblau der Straße von Sizilien. Eigentlich wollten wir mit der Fähre oder wenigstens mit dem Tragflügelboot anreisen, aber so früh im Jahr fanden wir keine geeignete Verbindung. Also nahmen wir von Palermo aus dieses kleine Flugzeug mit den wenigen Passagieren. Nun sehen wir eine zackige, schroffe Küstenlinie mit schwarzbraunen Lavaklippen, Vulkankegeln, einem Kratersee und dunkelgrün bewachsenem Hügelland unter uns, aus dem die weiß gekalkten, welligen Dächer kleiner Häuser und Höfe herausleuchten. Die Abendsonne kämpft sich zwischen Wolkenpacken hindurch, lässt Häuser und Weinberge aufstrahlen. Doch die Grundtönung ist dunkel, erdschwer, vulkanisch, karg. Nichts scheint darauf hinzudeuten, dass wir gleich auf einem südlichen Außenposten Italiens landen werden, dem Land, wo die Mimosen blühen, das Sinnbild für Licht, Leichtigkeit, Sommerfarben. Doch Italien wäre nicht Italien, wenn es sich nur so präsentierte. Italien hat fast alles, Gletscher, Hochgebirge, Weinland, Vulkane, kaum zu durchdringende saftgrüne Wälder und sonnendurchglühte Wüsteneien, sumpfig-feuchte Ebenen und malerische Steilküsten sowie viele kleine Inseln, die unterschiedlicher nicht sein könnten, selbst wenn sie sich geografisch so nahe sind wie Pantelleria und Lampedusa, auf dem Sprung zwischen Sizilien und Afrika.

Von Pantelleria haben mir die zwei, drei Freunde, die schon einmal dort waren, ein bisschen erzählt, vom Wind, vom Süßwein Passito und von den Kapern. Von seltsamen, urtümlichen Häusern, *Dammusi* genannt, und von magisch wirkenden Rundbauten aus Vulkansteinen, die allein dem Zweck dienen, einen einzigen Zitrusbaum zu bewachen. Und von der ausgezeichneten Inselküche mit ihren arabischen und nordafrikanischen Einflüssen, die ich unbedingt kennenlernen möchte. Fremdartig habe ich mir Pantelleria also schon vorgestellt, aber nicht so bergig, so lavadunkel, so wild. Plötzlich, ohne die Landebahn vorher zu sehen, setzen wir auf, es schüttelt uns noch einmal kräftig durch, dann bremst die Maschine ab. Mein Sohn Nicolas zieht seinen Koffer lachend über das Rollfeld. Das wilde Wetter und der winzige Flughafen gefallen ihm.

Vor dem Flughafen erwartet uns ein bulliger weißer Geländewagen, aus dem uns eine junge Italienerin zuwinkt. Kaum haben wir unsere Rucksäcke eingeladen, braust sie los, mit schlafwandlerischer Sicherheit über bedenklich schmale, geschlängelte Straßen, vom Flughafen hinunter Richtung Meer. Als wir an einer weiß gekalkten Kapelle vorbeifahren, bekreuzigt sich Sofia verstohlen, so als könnten wir das seltsam finden. Wieder fällt uns auf, wie grün es hier ist. Steineichen, Rebgärten, Dattelpalmen, die vielhändigen, stachelbewehrten Opuntien und das lachende Gelb der Kronenwucherblumen, das überall aus der schwarzbraunen Vulkanerde hervorspringt. Dann zieht eine Wolke vor die Abendsonne, die Farben verblassen und das Land mit seinen unzähligen Mäuerchen und den Kuben der Dammusi aus Vulkansteinen wirkt auf einmal unheimlich wie ein schottisches Schauermärchen.

Sofia lacht, als sie unsere neugierigen Blicke bemerkt. »Pantelleria ist eine besondere Insel«, sagt sie. »Du liebst sie oder du hasst sie. Dazwischen gibt es nichts.« Das werden wir bei fast jedem Gespräch mit den Insulanern hören.

Bei Sofia ist es eindeutig Liebe. Ihr Vater stammt von hier, ihre Mutter aus Oberitalien. Die Familie pendelt zwischen beiden Welten. Das Abitur hat Sofia im lombardischen Brescia gemacht, jetzt studiert sie Wirtschaft in London, nur für die Osterferien ist sie hier im tiefsten Mezzogiorno. »Ich atme jedes Mal auf, wenn ich auf Pantelleria ankomme«, sagt sie. »Nur hier auf der Insel fühle ich mich wirklich zu Hause. Ich brauche nicht viele Leute um mich, bin gerne allein, lese und schreibe Gedichte.«

Wir können es kaum glauben, so munter plaudert Sofia auf uns ein. »Ich rede zu viel«, sagt sie lachend. »Ich rede so gerne.« Dann schaut sie an sich herab. »Klar, in London oder Brescia trage ich Designerklamotten. Umso mehr liebe ich es, hier in Jogginghosen und Hoodie herumzulaufen. Es gibt ziemlich reiche Leute auf Pantelleria. Aber sie sind unprätentiös, fahren einen alten Kleinwagen und genießen die einfachen Dinge. Sie sind zufrieden, weil sie hier alles haben, was sie brauchen. Das gefällt mir. Daher fühle ich mich hier so frei.«

Nach dem Studium will Sofia ganz nach Pantelleria ziehen. Um etwas aufzubauen, im Tourismus. Der liege außerhalb der kurzen Sommersaison im Schlaf, habe aber eine große Zukunft. Jetzt, wo die Menschen im Urlaub wieder mehr das Besondere schätzten, das Urtümliche, Gesunde, Naturverbundene. Und eine fantastische lokale Küche. Sofias Vater hat Land und viele Dammusi. Da habe sie es schon gut erwischt.

»Mal sehen, ob wir Pantelleria lieben oder hassen werden«, flüstert mir Nicolas zu, während wir von der Küstenstraße in ein noch schmaleres Sträßchen abbiegen, das zwischen Vulkansteinmauern aufwärtsführt. Rätselhaft, wie Sofia mit dem Geländewagen dazwischen durchkommt. Wir halten in einer Einfahrt am Fuß eines steilen, mit verfallenden Mäuerchen, Opuntien und Macchia bewachsenen Hanges. Die Sonne steht tief und beleuchtet einen Doppel-Dammuso aus leicht behauenen Vulkansteinbrocken, ein Patchwork aus Schwarz, Anthrazit, Beigegrau und Rostbraun. Zwei weiß gekalkte flache Kuppeln wölben sich auf dem Dach wie die Rücken von Walen. Eine großzügige, überdachte Veranda ist mit hellen Kissen geschmückt. Um das Dammuso herum wachsen Kakteen und stämmige Dattelpalmen mit vom Wind zerzausten Wedeln.

»Kommt, ich zeige euch euer Haus«, ruft Sofia und springt aus dem Wagen. Innen erwartet uns ein geräumiges Wohnzimmer mit hohem Deckengewölbe. Den Boden bedecken blau gemusterte Keramikkacheln, die an Iran oder den Oman erinnern. Der Geschirrschrank ist in eine Wandnische eingepasst. Ein Alkoven mit Sofa und Vorhang wird Nicolas als Schlafplatz dienen. Ich selbst ziehe in den Nachbarraum, ebenfalls mit hoher Kuppel versehen und mit einem gusseisernen Bett samt Baldachin ausgestattet. Der Blick aus den Fenstern geht über die Terrasse hinweg genau nach Westen, auf Gärten, Mäuerchen, Palmen, Nachbar-Dammusi, das Meer und einen Himmel, den die Sonne nun in kräftige Orangetöne tunkt.

»Gefällt es euch?«, fragt Sofia. Ohne eine Antwort abzuwarten, denn sie sieht uns an, dass es uns gefällt. »So ein Dammuso ist ein architektonisches Wunderwerk. Die unglaublich dicken Vulkansteinmauern halten es im Sommer kühl und im Winter warm. Die Kuppeln sorgen für gute Luft. Und die gewölbten Dächer sammeln alles Regenwasser und leiten es in die Zisterne unter dem Haus. Ihr wisst, woher wir diese Architektur haben? Von den Arabern.«

Von den Arabern – auch das werden wir auf Pantelleria noch oft hören, weil sich dahinter eine spannende Geschichte verbirgt. Aber dazu später. Jetzt haben wir Hunger. »Im Moment hat noch fast alles zu«, sagt Sofia. »Aber ein besonderes Lokal hat offen. Das Rifugio Firiçiakki.«

Also machen wir uns in der Dämmerung auf den Weg. Ohne Navi wären wir verloren. Es geht hinein ins Inselinnere, nach Siba, einem der zahlreichen traditionellen Weiler, aus denen Pantelleria jenseits des Hafenorts besteht. Kurven, Mäuerchen, Hügel, Macchia, Felder, Dammusi und kaum ein Mensch weit und breit. Der Ort liegt hübsch in den Vulkanhügeln mit seiner weiß gekalkten Kirche und den wilden, kleinen Gärten rund um die schwarzen Häuschen. Doch er wirkt fast verlassen. Als wir parken, ist es bereits dunkel. Am Rande von Siba, hoch über dem Meer, liegt ein hell erleuchteter, gemütlicher Gastraum. Es zieht uns förmlich hinein. Es gibt ein festes Menü, das alle Gäste zugleich aufgetischt bekommen. So beginnt nach einem Aperitif ein dreistündiges Schlemmen.

Die Namen der Gerichte sprechen für sich. Man muss

sie nicht übersetzen, sondern kann sie sich auf der Zunge zergehen lassen, ahnend, was gemeint ist: *Gnocco fritto con salumi. Insalatina di polpo e calamari, patate, fagiolini e pesto leggero. Fagottino con champignon al profumo di tartufo. Flan di asparagi con prosciutto d'anatra marinato al timo. Garganelli con ragù di coniglio e funghi chiodini. Risotto ai porcini.*[1] Dazu die passenden Weine, die man sich aus einer Vitrine aussuchen kann, wovon allerdings nur Nicolas profitiert, weil ich ja noch in unser Dammuso zurückfahren muss.

Wir fühlen uns wie Asterix und Obelix in dem Film »Asterix erobert Rom«. Darin müssen die beiden Gallier im Rahmen eines Wettkampfs alle Mahlzeiten verputzen, die ihnen der belgische Koch Mannekenpix auftischt. Nur dass Asterix und Obelix die Prüfung ohne Weiteres bestehen, während ich nach den *antipasti* und den *primi* seufze: »Ich kann nicht mehr.«

»Nur noch die Hauptspeisen und die Desserts«, ruft mir die Kellnerin aufmunternd zu. Es sind tatsächlich nur noch *Seppia ripiena ai tenerumi su morbido di patate*,[2] *Brasato di vitellone siciliano su crostino di polenta*[3] sowie ein halbes Dutzend Nachspeisen zu bewältigen und schließlich der obligatorische Passito di Pantelleria, der bernsteinfarbene, schwere, aromatisch-fruchtige, edel-süße Dessertwein der Insel.

»*Ecco, fatto!*«, murmele ich. »Geschafft!«

»Mögen Sie unsere bescheidene Küche?«, fragt die Kellnerin mit schelmischem Lachen. »Sie lebt von den saisonfrischen Zutaten, Gemüse und Salaten, Gewürzen, Kapern, Oliven, Fisch und Fleisch. Wie die übrige italienische Mittelmeerküche. Aber hier auf Pantelleria kommt noch etwas hinzu: der arabische Einfluss samt seinen Gewürzen.«

Auf der Rückfahrt durch tieffinstere Nacht zu unserem Dammuso halten wir uns mit einem Gespräch über die italienische Küche wach. Die es so pauschal gar nicht gibt, weil die regionalen Einschläge zu ausgeprägt sind, um eine Nationalküche zu ermöglichen. Was das Essen in italienischen Restaurants so vielfältig und daher nie langweilig macht, von gewissen Kettenrestaurants im Ausland einmal abgesehen. Bei einer Reise durch Italien stößt man alle 100, ach was, 50 Kilometer auf neue Einflüsse. Weil das Land so lange in viele Teile aufgespalten war, bevor es sich 1870 vereinte. Und weil Eroberer aus aller Welt es mit ihrer Kultur überprägt haben. Im Mezzogiorno zum Beispiel die Araber.

Am nächsten Tag entdecken Nicolas und ich die Insel. Und sind uns schnell einig: So muss es am Mittelmeer in den 1950er Jahren gewesen sein, bevor der Massentourismus begann. Den Hauptort von Pantelleria, der zugleich der Hafen ist, hat man in zehn Minuten erkundet. Außer dem uralten vulkanschwarzen Kastell wurde hier fast alles bei Bombardements der Alliierten im Zweiten Weltkrieg zertrümmert. Der Wiederaufbau erfolgte planlos und billig, was dem Städtchen anzusehen ist. Dennoch fühlen wir uns hier wohl, entdecken kleine Bäckereien und Cafés mit wunderbaren sizilianischen Süßspeisen wie den *cannoli,*[4] wildblumengesäumte Wiesenpfade mitten im Zentrum und eine palmenbestandene Meerespromenade, auf der einige Panteschi, wie die Einwohner heißen, am Abend spazieren gehen. Wild und schön wird es dann draußen, an der Steilküste mit ihren zackigen Lavafelsen, in den Vulkanhügeln mit den uralten Dörfern inmitten von Wein-, Kapern- und Olivengärten, auf verwunschenen Pfaden hinauf zu Kraterrändern, aus denen dicker Schwefeldampf keucht, und hinab zu einem ovalen Kratersee, dem Spiegel der Venus. Wir steigen in eine Felshöhle in den Bergen, Grotta Di Benikulá genannt, die der Wasserdampf aus der Unterwelt in ein natürliches Dampfbad verwandelt. Wir sind allein hier, genauso wie später unten am Meer, in der Bucht von Gadir, wo Quellen mit heißem Wasser aus dem Meer sprudeln. Am kleinen Hafen haben sie gräberartige Rechtecke in den Quai gestanzt, in denen sich das Thermalwasser sammelt – Badewannen unter freiem Himmel. Wir kommen durch Orte, deren Namen uns nicht italienisch, sondern arabisch vorkommen, Khamma und Bukkuram, Khaggiar, Karuscia und Rekhale.

Am meisten haben es uns die *giardini arabi* angetan, die arabischen Gärten. Drei, vier Meter hohe Mauerkreise aus Vulkangestein, in deren Mitte meist ein einziger ausladender Zitrusbaum wächst. Sie schützen die wertvollen Bäume vor dem Wind. Vor allem aber zieht der Steinkreis mit seinem nach innen abgesenkten Rand nachts den Tau an sich und leitet ihn zu den Pflanzen hinab. Archaisch und genial zugleich erscheinen uns diese Zitrus-Türme, von denen es früher viele auf der Insel gab. Heute sind die Übriggebliebenen nicht so leicht zu finden. Wir fragen uns zu ihnen durch, gelangen so in entlegene Ecken der Insel, erklettern die Dächer verlassener Dammusi, um in die Steinkreise hinabzuschauen, oder steigen über Mäuerchen und durch die Macchia, um mit etwas Glück einen unversperrten Eingang zu so einem abgeschnittenen Rundturm zu finden. Drinnen, unter dem Orangenbaum, der gleichzeitig Knospen treibt, zartweiße Blüten entfaltet und Früchte reifen lässt, bilden Licht und Schatten ein fantastisches Geflecht. Still ist es hier drinnen, wie aus der Welt gefallen, ein Mikrokosmos aus Baum, Stein, Wasser und Licht, der sich selbst genügt.

Am Abend machen wir uns dann wieder daran, die Geheimnisse der panteschischen Küche zu ergründen. Daher haben wir uns mit Alessandro Bonomo verabredet, einem Insulaner, und mit Alessia, seiner Freundin, die aus Palermo stammt. Die beiden haben uns eine Adresse im wilden inneren Süden der Insel aufs Handy geschickt. Wir folgen wieder unserem Navi, das uns auf immer schmalere Sträßchen führt, die zu Schotterstraßen und dann zu ausgetrockneten Bächen werden und unseren Panda resignieren lassen.

»*Stefan, non trovi la strada?* – Stefan, findest du den Weg nicht?«, schreibt uns Alessia.

»Ehrlich gesagt, nein.«

»Seid ihr an einer kleinen weißen Kirche vorbeigefahren? Ja? Dann fahrt dorthin zurück, wir holen euch.«

Kurz darauf fährt ein Pick-up vor, drinnen sitzt ein grinsender Hüne mit schwarzem Vollbart und Glatze. »Macht euch nichts draus, das geht vielen so. Fahrt mir einfach hinterher.«

Wir gelangen zu einem Gehöft, am Hang mit freiem Blick hinab aufs Meer. Ein Schwalbennest. Alessia erwartet uns, eine zierliche, quirlige Frau, Bauchtänzerin von Beruf. Wir setzen uns auf die Terrasse, wo schon Wein und Oliven auf uns warten. »Wie gefällt es euch auf Pantelleria?«, fragt Alessandro. »Diese Insel liebt man sofort – oder man hasst sie.«

Alessia streckt den Arm aus. »Da draußen liegt Afrika, Tunesien. Bei klarem Wetter können wir es sehen.«

Heute ist es zu dunstig, und wir gehen bald hinein, weil der Wind uns auskühlt. Es ist wieder ein großzügiger Dammuso-Raum mit hohem Gewölbe. »Hier hatte mein Opa seine Küche und seinen Weinkeller. Und hier nebenan, wo jetzt unsere Küche ist, hat er die Trauben für den Passito getrocknet.« Alessandro aber wollte als Teenager nur eines: weg von der Insel, hinaus in die Welt, unter Menschen, was erleben. »Daher bin ich Koch geworden – um Pantelleria zu entkommen.«

Es zog ihn nach Trapani auf Sizilien, dann immer weiter, um in fremden Restaurants zu lernen und schließlich eigene Restaurants zu führen. Dann kam er zurück auf die Insel. Die Liebe war stärker als der Hass. Und seine junge Lebensgefährtin Alessia möchte ohnehin am liebsten hierbleiben: »Die Schönheit der Natur, die Ruhe – hier gibt es die Dinge, auf die es wirklich ankommt.«

So richten sie nun den Hof von Alessandros Großvater her. Sie organisieren Hochzeiten und andere Feste. Und Alessandro kommt in die Häuser seiner Kunden, um für sie und deren Gäste zu kochen. »Sie stehen dabei, schauen mir zu, wir unterhalten uns, trinken ein Glas Zibibbo.« So heißt die berühmte weiße Rebsorte Pantellerias – die schon die Araber angepflanzt haben sollen, als Muslime allerdings nicht, um Wein, sondern um Rosinen zu erzeugen.

»Das Geheimnis unserer Inselküche?« Alessandro nimmt sich noch eine Olive, trinkt einen Schluck Zibibbo hinterher. »Es sind gar nicht so sehr die Rezepte, sondern die Zutaten.« Er deutet hinaus. »Der mineralische Vulkanboden. Das Mikroklima. Die Qualität ist einzigartig. Tomaten, Auberginen, Zwiebeln. Feigen, Pfirsiche, Pflaumen. Wir gehen einfach hinaus, holen uns, was wir brauchen, und kochen.«

Alessia reicht uns Tomaten. »Riecht einfach mal. Und probiert dann. Der Geschmack ist ein ganz anderer als in Palermo.« Gut, wir haben da nicht so den Vergleich.

Aber es ist jedenfalls ein ganz anderer Geschmack als bei den Tomaten aus dem Supermarkt bei uns in München.

»Früher waren hier alle Familien komplette Selbstversorger«, erzählt Alessia. »Sie hatten alles, was sie brauchten, Kühe, Hühner, Kaninchen, sie machten ihren Käse selbst und ihre Pasta. Und die Frauen trafen sich immer, um zusammen Kekse und andere Süßigkeiten zu backen. Doch das war nur ein Vorwand – um in Ruhe zu ratschen. Kurzum: Auf der Insel wurde gekocht, was die Natur gerade hergab. Weil das nicht so viel Verschiedenes war, gaben sich die Leute besondere Mühe, etwas Gutes daraus zu machen.«

»Und was sind eure Lieblingsgerichte?«, fragt Nicolas.

Die beiden schauen sich an. Lachen. Dann antwortet Alessandro: »Was ganz Einfaches. Hausgemachte, mit unserer Ricotta gefüllte Ravioli.«

»Und mit einem Sugo aus Basilikum und frischer Pfefferminze.«

Dann fahren sie ausgefallenere Gerichte auf. »Ich entgräte Muränen«, sagt Alessandro. »Das ist eine Wahnsinnsarbeit. Es gibt nicht viele Verrückte, die das auf sich nehmen.« Er schmort sie süß-sauer, mit Essig und Zucker und mit Zwiebeln und Kohl. Und serviert dazu die frittierte Haut der Schlangenfische.

»Entscheidend ist, dass du mit Liebe kochst«, sagt Alessia. »Das wird heute oft vergessen.«

Da wäre die panteschische Küche dann doch eine ganz italienische: hervorragende Zutaten, mit Esprit erneuerte Traditionen und viel *amore*. Als wir uns verabschieden, gibt uns Alessandro mit auf den Weg: »Was ihr auf Pantelleria unbedingt noch probieren müsst, das ist unser Couscous.«

Couscous, das kommt uns nordafrikanisch vor. Das ist es auch. Doch die berberisch-arabisch-muslimische Geschichte Pantellerias ist viel älter als der Couscous. *Bint al-riyah* – Tochter des Windes – und *Al-Quasayra* – die Kleine – sollen die Araber Pantelleria genannt haben, das näher an Nordafrika als an Sizilien liegt. Die Insel war ein verlockendes Ziel für Beutezüge und ein Sprungbrett hinüber nach Sizilien. Um das Jahr 670 herum soll sie erstmals von Arabern erobert worden sein,[5] 700 schleiften sie Pantellerias Befestigungsanlagen und töteten, so heißt es in alten Quellen,[6] sämtliche Bewohner. 806 fingen Muslime – Araber oder nordafrikanische Berber – auf Pantelleria 60 Mönche, von denen einige von Kaiser Karl dem Großen wieder freigekauft wurden.[7] Bald darauf begannen die Muslime, Pantelleria dauerhaft zu erobern, zu besiedeln und umzugestalten. In jener Zeit unterwarfen sie schließlich auch ganz Sizilien – ein Schock für die christliche Welt, aber auch die Konsequenz von deren Zerstrittenheit.

Sizilien gehörte damals zum Byzantinischen Kaiserreich, das vom heutigen Istanbul aus regiert wurde. Die Vorgeschichte ist komplex. 330 nach Christus machte der römische Kaiser Konstantin Byzanz zur neuen Hauptstadt seines Reiches. Nach seinem Tod wurde sie in Konstantinopel umgetauft. 395 wurde das Reich endgültig in einen westlichen Teil mit Rom und in einen östlichen Teil mit Konstantinopel als Hauptstadt geteilt. Aus dem Oströmischen entwickelte sich das Byzantinische Reich, das bis zu seiner Eroberung durch die muslimischen Osmanen im Jahr 1453 Bestand haben sollte. Das Weströmische Reich zerfiel dagegen in den unruhigen Zeiten der Völkerwanderung. Der letzte Westkaiser mit dem verzwergenden Namen Romulus Augustulus wurde 476 von dem germanischen Heerführer Odoaker abgesetzt. Vandalen, Hunnen, Franken, Westgoten, Ostgoten und Langobarden stießen nach Italien vor. Mitte des 6. Jahrhunderts eroberte der oströmische Kaiser Justinian weite Teile des Weströmischen Reiches, darunter Sizilien samt den umliegenden kleinen Inseln wie Pantelleria. Sie sollten von nun an zu Byzanz gehören.

Auf der fernen arabischen Halbinsel entstand damals eine neue Religion, der Islam, der sich nach dem Tod seines Gründers, des Propheten Mohammed, im Jahr 632 unglaublich rasch über Nordafrika und bis nach Spanien ausbreitete. Für die Eroberer lag es nahe, auch Sizilien ins Auge zu fassen. Bereits 652 soll es erste Angriffe von Arabern auf die Insel gegeben haben. Fortan kamen immer häufiger Schiffe mit Muslimen über das Meer, um sizilianische Orte zu attackieren, zu plündern und die Bewohner, die sie nicht töteten, als Sklaven zu verschleppen. Die Byzantiner hielten mit einer Verstärkung der Befestigungsanlagen auf der Insel dagegen. So wäre es wohl noch lange weitergegangen, wenn auf byzantinischer Seite nicht ein verhängnisvoller Konflikt ausgebrochen wäre.

Im Jahr 826 gerieten der byzantinische Gouverneur und der byzantinische Flottenkommandeur für Sizilien aneinander. Als der Kommandeur, Eufemio mit Namen, zu unterliegen drohte, rief er die Aghlabiden zu Hilfe, eine arabische Dynastie, die damals über große Teile Nordafrikas herrschte. Daraufhin schickte Emir Allah I. von Susa, dem heutigen tunesischen Sousse, aus eine Flotte nach Sizilien.[8] Es folgte ein zähes Ringen zwischen den langsam zurückweichenden Byzantinern und den muslimischen Invasoren, zu denen Araber, Berber und Andalusier gehörten. Palermo fiel 831 und wurde anschließend prächtig zur Hauptstadt der Emire von Sizilien ausgebaut. Syrakus konnte sich noch bis 878 halten. Taormina fiel 902. Kurz darauf war ganz Sizilien in der Hand der Muslime und sollte es für fast zwei Jahrhunderte bleiben. Dann kamen die Normannen.

Auf Pantelleria hielten die Muslime den normannischen Eroberern am längsten stand. Alles in allem herrschten sie hier 300 – manche behaupten sogar 500 – Jahre und nutzten diese Zeit gut. Sie legten Wege ins Inselinnere an und pflasterten sie mit Lavasteinen. Sie modernisierten die Landwirtschaft, indem sie Bewässerungskanäle anlegten, die Vulkanhänge terrassierten und dem harten Boden unzählige kleine Felder abrangen, die sie mit Trockenmauern umgürteten, wie sie heute noch stehen. Sie führten tropische Pflanzen ein, Zuckerrohr, Maulbeerbäume, Orangen, Zitronen oder Baumwolle. Aus der Baumwolle stellten sie blaue Stoffe her. Manche Insulaner behaupten daher, die Blue Jeans sei eigentlich auf Pantelleria erfunden worden.[9] Die Araber bebauten die Insel mit Dammusi samt deren typischen gewölbten Dächern. Pantelleria machte unter Arabern und Berbern einen Entwicklungssprung, was bis heute von den längst wieder christlichen Panteschi anerkannt wird. Jedenfalls die, denen wir begegnen, erzählen stolz vom arabischen Erbe ihrer Insel und wie sie es in Küche, Baukunst, Landwirtschaft oder ihrem Dialekt bewahren.

Noch um 1600 herum bemerkte ein sizilianischer Bischof, der Pantelleria besuchte, die Jungen dort seien »auf maurische Weise« bekleidet und sprächen Arabisch.[10] Auch im 17. Jahrhundert wurde auf der Insel eine arabische Sprache oder ein arabischer Dialekt gesprochen, ähnlich dem Maltesischen. Der Sprachforscher Giuseppe Staccioli hat viele Beispiele dafür zusammengetragen, wie sehr der heutige Inseldialekt – das *Siciliano Panteschо* – und sogar die Grammatik – vom Arabischen mitgeprägt sind. So stammt das Wort *dammuso* vom arabischen *dammus* ab, was »Haus mit Gewölbe« bedeutet.

»Die Araber haben das heutige Landschaftsbild geprägt und Pantelleria zu einer Landwirtschaftsinsel gemacht«, schreibt die Schriftstellerin und Heimatforscherin Antonietta Valenza.[11] Von ihnen stammten nicht nur die Dammusi, sondern auch die »arabischen Gärten« mit ihren Steinkreisen um einzelne Fruchtbäume. Und »das Erbe der Araber zeigt sich in den Namen der Orte und Weiler, der vielen erloschenen Krater und der Arbeitsgeräte in der Landwirtschaft«.[12]

Wir treffen Antonietta Valenza in ihrem Reisebüro im Hafenort. Eine zierliche, elegant gekleidete Frau mit Perlohrringen, die man eher an der Riviera als auf dieser rustikalen Insel vermuten würde. »Wie gefällt euch Pantelleria?«, fragt sie bei der Begrüßung. »Es ist ja so: Man liebt es oder man hasst es.«

Natürlich sagen wir, dass wir es lieben. Denn Antonietta ist mit Leib und Seele Pantescha, wie rasch klar wird, als sie zu erzählen beginnt. »Ich schreibe Bücher, um den Jungen zu vermitteln, wie das Leben hier einmal war, als ich selbst ein Kind war. Unsere Vorfahren haben dem Vulkan mit unglaublicher Mühe alles abgetrotzt, was sie zum Leben brauchten. Steine. Wein. Oliven. Sogar Getreide. Und natürlich Kapern. Doch manchmal konnte ein einziges Unwetter die Arbeit eines ganzen Jahres zunichtemachen.« Jedenfalls sei auf dieser windigen, abgelegenen Insel eine einmalige Symbiose aus Mensch und Landschaft entstanden – und aus den panteschischen Eseln, die bis vor nicht allzu langer Zeit das einzige Fortbewegungsmittel der Bauern waren. Von einer »heroischen Landwirtschaft« spricht Antonietta. »Elektrischen Strom bekamen wir erst in den 1960er Jahren. Als Brotzeit für uns Kinder gab es altes, hartes Gerstenbrot, das wir in Milch tauchten. Und ich musste schon mit zehn Jahren auf den Feldern arbeiten, Kapern ernten.« Früh habe sie sich danach gesehnt, in die Welt zu ziehen, zu studieren, ein anderes Leben zu führen.

Ihr Vater war dagegen. Wir kennen ihn nicht, aber wir kennen jetzt Antonietta, und so ist uns klar, dass sie sich durchsetzte. Sie studierte in Palermo. Und sie ließ sich von ihrer Familie auch nicht mit einem Cousin verkuppeln. Vielmehr suchte sie sich einen vier Jahre jüngeren Mann, was dessen Familie so erboste, dass sie ihn enterbte und aus dem Haus warf. So konnte es einem damals ergehen, nicht nur auf Pantelleria.

Antonietta und ihr Mann zogen in die Innenstadt von Palermo. Dann erging es ihr wie Sofia, Alessandro und vielen anderen Panteschi: Die Insel rief sie zurück. Antonietta vermisste die Weite der rauen Vulkanlandschaft, den Wind, die Blicke aufs Meer – und die Küche. So kehrte sie als junge Lehrerin nach Pantelleria heim.

Ach, die Küche! Wenn Antonietta davon erzählt, bekommen wir schon nach dem Frühstück wieder Hunger. Ihre Mutter und ihre Großmutter verarbeiteten alles, was die Vulkanerde hergab. »Jede Jahreszeit hatte ihre Leckerbissen. Mama schrieb ihre Rezepte auf kleine Zettelchen und klebte sie in der Küche an die Wände.« Antonietta hat sie gesammelt. Und lässt uns nun im Geiste mitschlemmen. Bei *Ciaki Ciuka* etwa. Dafür werden Zwiebeln in Öl angebraten, dann wird alles Gemüse, was gerade im Garten wächst, hinzugegeben, Peperoni und Kartoffeln, Auberginen, Zucchini, Tomaten, dazu Kräuter, vor allem Basilikum; das Gemüse köchelt, ohne Wasserzugabe, im eigenen Saft, dann kommt Hartkäse und Ei hinzu. Wir dürfen das später in dem urigen Lokal U Friscu in dem Ort Scauri probieren, das uns Antonietta empfiehlt. Sie erzählt uns auch von frittierten Kürbisblüten, mit Mozzarella und Schinken gefüllt. Von den Gemüsesuppen, den hausgemachten Ravioli, dem geschmorten Kaninchen mit Kapern – und all den Süßspeisen, *baci,*[13] *sfinci,*[14] *mustaccioli,*[15] und der Feigenmarmelade. Dann packt sie uns in ihr altes Auto und fährt uns zur Kapernfarm ihrer Familie, La Nicchia genannt.

Unterwegs erzählt uns Antonietta, sie habe vor drei Jahren eine Alpenvereinssektion auf Pantelleria mitgegründet. Und auf der Farm habe sie das erste Museum der Insel aufgebaut. Es ist ganz dem grünen Gold Pantellerias gewidmet – der Kaper. Die geduckt wachsenden und so vor dem Wind geschützten dunkelgrünen Sträucher mit ihren extravaganten, an exotische Vögelchen oder Orchideen erinnernden Blüten gedeihen in dem subtropischen Klima auf dem vulkanischen Boden Pantellerias exzellent. Ihre geschlossenen, noch unreifen Blütenknospen, die wie schrumpelige olivbraune Erbsen aussehen, werden von Mai an geerntet, gebückt, per Hand, Knospe für Knospe, und das alle zehn Tage, weil sie dann bereits wieder nachgewachsen sind, bis in den August hinein. Nach der Ernte werden sie in Meersalz eingelegt und nach Größe sortiert verkauft.

All das und unendlich viel mehr erklärt uns Antonietta in ihrem liebevoll und professionell gestalteten Museo del Cappero, das sie in einem Dammuso aus dem 19. Jahrhundert eingerichtet hat. In Glasbehältern sind Kapern verschiedener Herkunft ausgestellt, schließlich werden sie in vielen Ländern der Welt angebaut. Unsere Blindverkostung gewinnen – Ehrenwort! – die Kapern aus Pantelleria mit weitem Abstand. Sie sind fest und schmecken fruchtig-aromatisch, und wir malen uns aus, wie sie sich an einem *Vitello tonnato*, an Königsberger Klopsen oder an einer *Salade Niçoise* machen würden. »Es sind die besten der Welt«, versichert Antonietta. Nicht umsonst sind sie in der Europäischen Union unter dem Namen *Capperi di Pantelleria* ursprungsgeschützt.

Bevor wir gehen, noch eine Frage an die Inselexpertin. Warum wird in den Lokalen so oft Couscous angeboten, der doch ein Klassiker der nordafrikanischen Küche ist. Kommt er aus der Zeit der arabischen Eroberung? Antonietta schüttelt den Kopf. »Nein, der Couscous kam viel später zu uns.« Dann erzählt sie noch eine Geschichte, die viel darüber verrät, warum die italienische Küche in ihren lokalen Varianten so vielfältig ist: Benito Mussolini wollte in den 1920er und 1930er Jahren aus Lampedusa einen steinernen Flugzeugträger machen – daher besitzt die Insel heute einen Flughafen – und eine italienische Militärfestung im Zentrum des Mittelmeers, zwischen Europa und Afrika, der Straße von Gibraltar und dem Suezkanal. Zugleich wollte er, auf den Spuren des alten Roms, ein »Neues Römisches Imperium« schaffen und sich dafür Teile Afrikas einverleiben. Deshalb trieb er die Auswanderung der Panteschi nach Nordafrika voran, um sie durch Militär zu ersetzen. Viele von ihnen gingen in das französische Protektorat Tunesien, wo bereits etliche süditalienische Siedler lebten. Dort lernten sie die tunesische Küche und mit ihr den Couscous kennen. Als Tunesien 1956 unabhängig wurde, drängte es die meisten Siedler aus dem Land. Die Panteschi kehrten auf ihre Heimatinsel zurück, mit einem Mitbringsel, dem Couscous. »Allerdings wird der Couscous in Nordafrika mit Hammelfleisch zubereitet. Auf Pantelleria gab es aber keine Schafe. Deshalb haben wir den Couscous abgewandelt: mit Fisch statt Hammel und mit unseren Gemüsen und Gewürzen.« Das sollten wir unbedingt probieren. Zum Beispiel im U Friscu.

So sitzen wir nun abends in der rustikalen Trattoria und genießen *Ciaki Ciuka*, Pasta mit Seeigeln und Couscous, der heute hier nicht mit Fisch, sondern mit Kalb zubereitet wird. Natürlich wird dazu der Zibibbo eingeschenkt. Nicolas und ich sprechen darüber, ob wir Pantelleria lieben oder hassen, und kommen zu dem Ergebnis, dass wir es keinesfalls hassen. Aber ob wir es lieben oder einfach nur wild, schön und spannend finden? Egal. Jedenfalls mögen wir die Inselküche sehr, die Kapern und den Zibibbo und den Passito, dazu die Dammusi, Trockenmauern und arabischen Gärten, die unzähligen gelben Blumen auf dem schwarzbraunen Vulkanboden, die eigentümlich kurzstämmigen, ihre Äste dicht über dem Boden ausbreitenden Olivenbäume und Weinreben, die so dem Wind trotzen, die geradezu vortouristische Ruhe und Abgelegenheit und die spannende Geschichte.

»Ich hätte nie gedacht, dass Sizilien und die Inseln so lange muslimisch waren«, sagt Nicolas.

»Ich auch nicht. Auf Sizilien, in Palermo etwa, habe ich nicht mehr viel aus ihrer Zeit gesehen. Aber hier, auf Pantelleria, sind sie gar nicht wegzudenken.«

»Kommen heute viele Bootsflüchtlinge aus Nordafrika nach Pantelleria?«, fragt Nicolas.

Das habe ich mich auch gefragt und mich auf der Insel umgehört. Die Antwort: Es sind nur wenige. Vor allem, weil die Küsten Pantellerias felsig und ohne Strände sind.

Am nächsten Morgen stehen wir sehr früh auf. Es ist noch dunkel draußen vor unserem Dammuso, der Sternenhimmel ist so klar und tausendfunkelnd wie im Hochgebirge. Da stechen Scheinwerfer durch die Nacht. Sofia holt uns in ihrem Geländewagen ab und bringt uns zum Flughafen. »Werdet ihr wiederkommen?«

Wir nicken. »Auf alle Fälle.« Als wir später in Trapani landen, denken wir schon mit ein bisschen Wehmut an Pantelleria zurück. An die »Tochter des Windes« der Araber oder, wie die Panteschi heute sagen, die »schwarze Perle des Mittelmeers«.

11

Lampedusa – Gelobtes Land und Endstation Sehnsucht

Es war einmal ein frommer Einsiedler. Der lebte in einer Höhle am Ende einer tief eingeschnittenen Meeresbucht der Insel Lampedusa. Landeten christliche Seefahrer an, um sich vor einem Sturm in Sicherheit zu bringen und Trinkwasser aus der Zisterne zu schöpfen, las ihnen der Einsiedler die Heilige Messe. Segelten Muslime herbei, wandte er sich mit ihnen gegen Mekka und betete zu Allah. So kamen alle in Frieden miteinander aus, jedenfalls in dieser kleinen Bucht der abgelegenen Insel weit draußen im Mittelmeer.

Die Geschichte wird auf Lampedusa, dem südlichsten Punkt Europas, gerne erzählt. So nehme ich mir im Hafen ein Elektrofahrrad und mache mich auf, den Schauplatz zu besuchen. Lampedusa ist die am wenigsten schöne der in diesem Buch beschriebenen Inseln. Man könnte sie fast hässlich nennen, wenn auch nur im Landesinneren, also jenseits ihrer hübschen Strände. Wobei diese Strände sich nach Süden, zu Afrika hin öffnen, während nach Norden, Richtung Europa, die Klippen fast senkrecht ins Meer abfallen. Diese landschaftliche Hin- und Abwendung spiegelt sich in der Entstehungsgeschichte. Der neun Kilometer lange, überwiegend kahle und ziemlich flache Kalksteinrücken liegt südlich von Algier und Tunis und gehört geologisch zu Afrika. Nach Tunesien sind es 167 Kilometer, nach Sizilien schon 205. Der heiße Wind fegt über fahlgelbe Felsplatten, vertrocknete Gräser und kümmerliche Macchia und trägt den Rest an fruchtbarer Erde ab. Ein paar verlorene Ziegen und Schafe besorgen den Rest. Umso wohltuender ist der Anblick des kristallklaren, bis in 40, 50 Metern Tiefe transparenten Wassers, das je nach Untergrund türkisfarben, knallblau oder ultramarin leuchtet und von zahlreichen Buchten mit hellen Sandstränden gesäumt wird.

Die Cala Madonna zieht sich in der Form eines Kleiderhakens tief ins Land hinein. Im seichten Wasser mischen sich jetzt, im Mai, die ersten Badenden unter die Fischschwärme. Oberhalb der Bucht steht, zwischen Kiefern und Steineichen, eine weiß und hellblau getünchte Kapelle, in der die Madonna di Porto Salvo verehrt wird, die Schutzpatronin der Insel. Daneben liegen einige niedrige, natürliche Höhlen, die von Menschenhand erweitert worden sind. Auch die Reste einer Mühle und einer Zisterne sind zu sehen. Es ist ein stiller, friedlicher Ort, an dem es nicht schwerfällt, sich den Einsiedler in seinen groben braunen Gewändern vorzustellen, wie er mal mit den Muslimen und mal mit den Christen den Schöpfer anbetet. Was soll aller religiöser Hader, wenn man doch gemeinsam auf Schutz, Wasser, ein bisschen Nahrung und Hoffnung angewiesen ist?

Alte Quellen, zumeist Reiseberichte, weisen darauf hin, dass sich hier schon im achten Jahrhundert, als sich die Muslime daranmachten, Sizilien zu erobern, das Grab eines islamischen Heiligen und eine islamische Einsiedelei befanden. Als 1254 der französische König Ludwig IX. auf der Rückkehr von einem Kreuzzug in der Cala Madonna haltmachte, traf er auf einige christliche

Eremiten, die in einer der Höhlen ein Oratorium unterhielten. Christen und Muslime sollen hier im Mittelalter tatsächlich nebeneinander gebetet und ein Bildnis der Madonna verehrt haben. Auch wurde hier stets etwas Essen, Feuerholz und Gerätschaft vorgehalten, damit Seefahrer in Not, Schiffbrüchige und entlaufene Galeerensklaven sich versorgen konnten. Wer selbst genug hatte, ließ etwas für Nachkommende zurück. Niemand soll mehr genommen haben, als er unbedingt brauchte, weil er sich sonst, so der Volksglaube, den Zorn der Madonna zugezogen hätte.

Wahrscheinlich hatten die Einsiedler zumindest zeitweise auch die Aufgabe, nachts Feuer an der Küste zu entzünden, um die Schiffe vor den Klippen zu warnen. Denn Lampedusa liegt an schon damals viel befahrenen Routen im Zentrum des Mittelmeers. Christen wie Muslime nutzten die Insel als Zwischenstopp und versuchten immer wieder, sie dauerhaft zu besiedeln. Dabei ging es keineswegs so friedlich zu wie in der Cala Madonna. In den Jahrzehnten des Ringens um Sizilien kam es auch bei Lampedusa mehrfach zu schweren Kämpfen. So überfielen im Jahr 812 muslimische Truppen die Insel und massakrierten die Bewohner. Der humanistische italienische Schriftsteller Ludovico Ariosto ließ die Entscheidungsschlacht seines in der Zeit Karls des Großen spielenden Versepos »Der rasende Roland« auf Lampedusa ausfechten. Bei ihm siegen die Christen. 1551 jagte der genuesische Admiral Andrea Doria im Auftrag Kaiser Karls V. muslimische Piraten, Barbaresken genannt, die in den nordafrikanischen Städten Tripolis, Algier und Tunis ihre Stützpunkte hatten. Doch ein Sturm trieb acht seiner Galeeren gegen die Klippen Lampedusas, mehr als 1000 Männer sollen dabei gestorben sein.

Umso bemerkenswerter war die Lage in der Cala Madonna, die, wenn man den Quellen glauben darf, über die Jahrhunderte meist ein Hafen des Friedens blieb. Im 18. Jahrhundert sollen die dortigen Eremiten sogar unter dem doppelten Schutz des französischen Königs und des osmanischen Sultans gestanden haben. Auf einer Landkarte des Engländers H. W. Smyth vom Anfang des 19. Jahrhunderts sind in der Cala Madonna eine Kirche und eine Moschee nebeneinander eingezeichnet.

Ob im Guten oder im Schlechten – Lampedusa war in der Geschichte immer ein Ort des Aufeinandertreffens von Orient und Okzident, von Europa und Afrika, von Islam und Christentum. Die Inselbewohner blickten von Kindheit an bang aufs Meer hinaus. Wer würde als Nächstes kommen? Und mit welchen Absichten? Dabei war das Leben auf dem einsamen Felsplateau auch ohne Besucher mühsam genug. Die Prinzen Tomasi di Lampedusa, über Jahrhunderte die Feudalherren, interessierten sich wenig dafür und besuchten sie nie. Im 19. Jahrhundert scheiterten Versuche des Königreichs beider Sizilien, auf Lampedusa eine blühende Landwirtschaft zu etablieren. Dabei wurden die dichten Wälder der Insel, in denen sich Hirsche, Rehe und Hasen tummelten, großteils abgeholzt, die Bäume zu Kohle verarbeitet. Was zeigt, dass der Raubbau an den Landschaften des Mezzogiorno keineswegs allein auf die alten Römer und deren Schiffsbau zurückzuführen ist. Auch viel später, als man es besser hätte wissen müssen, wurde noch gefällt, als gebe es kein Morgen. So kann sich heute nur noch die Fantasie ausmalen, wie schön diese helle Kalkinsel mit dichten grünen Wäldern wäre.

Nach dem Scheitern der Landwirtschaft wandten sich die Lampedusani dem Fischfang zu, später auch dem recht lukrativen Schwammtauchen. Die meiste Zeit aber herrschten Armut, Wassermangel, manchmal regelrecht Hunger. Und natürlich wurde Lampedusa, wie viele kleine italienische Inseln, auch gern als Verbannungs- und Gefängnisort genutzt.

Als nach dem Zweiten Weltkrieg die Urlauber begannen, nach Italien zu strömen und Geld in die Küstenorte zu tragen, blieb das besonders stark von Bombardements zerstörte Lampedusa außen vor. Kaum jemand kannte die Insel im Meer vor Afrika. Das sollte sich erst Mitte der 1980er Jahre ändern. Am 15. April 1986 wurden die Lampedusani durch zwei Donnerschläge und darauf folgende Druckwellen aufgeschreckt. Tags zuvor hatten US-amerikanische F-111-Kampfjets die libysche Hauptstadt Tripolis und das Hauptquartier des damaligen libyschen Diktators Muammar al-Gaddafi bombardiert. Nun erfolgte offenbar der Gegenschlag auf eine amerikanische Radarstation auf Lampedusa. Kurz darauf bestätigte Radio Tripolis, libysche Raketen hätten die Basis zerstört. In westlichen Medien hieß es dagegen, Gaddafis Scud-Raketen sowjetischer Bauart seien unweit der Insel ins Wasser geschlagen.

Die Nachricht vom Angriff des Diktators ging um die Welt, zusammen mit Bildern aus Lampedusa. So erfuhren die Italiener, dass sie da kurz vor Afrika eine Insel mit einsamen Sandstränden und herrlichem Wasser besaßen und zum Sonnen, Baden und Schnorcheln nicht mehr ans Rote Meer fahren mussten. Der Boom begann. Ihm schadete es auch nichts, als sich herausstellte, dass es den Raketenangriff wohl gar nicht gegeben hatte. Was damals genau ablief, ist bis heute ungeklärt, so wie etliches in der militärisch-politischen Nachkriegsgeschichte Italiens.

Im bis dahin verschlafenen Hafenort von Lampedusa machte sich jedenfalls Goldgräberstimmung breit. Nur dass die Nuggets nicht aus Flüssen gesiebt, sondern von Urlaubern abgeschöpft wurden. Der Umwelt – und der Ästhetik – der Insel versetzte das den nächsten Schlag. Nun wurde gebaut, was die Kredite hergaben, ohne Stadtplanung und oft ohne Genehmigung. Das östliche Drittel der Insel rund um die Hafenbucht wurde in einer Weise verschandelt, wie man es von anderen Orten der kleinen italienischen Inseln zum Glück kaum kennt. Fragt man heute Inselbewohner danach, sagen sie hinter vorgehaltener Hand, der italienische Staat habe Lampedusa immer vernachlässigt oder als Gefängnisort missbraucht. Zum Ausgleich habe man den Insulanern freie Hand gelassen, ohne auf die Einhaltung von Rechtsvorschriften zu pochen.

Als ich 2008 zum ersten Mal auf Lampedusa war, erlebte ich die Insel noch in diesem Zustand. Und mit einem für mich schwer zu verarbeitenden Widerspruch. Während sich am La-Guitgia-Strand neben dem Hafenbecken norditalienische Urlauber mit Gucci-Sonnenbrillen bräunten, landeten unmittelbar davor, auf dem Molo Favaloro, menschenüberladene Holzkähne mit morschen Planken. Während dann, am Abend, im überfüllten Flüchtlingslager am Ortsrand von Lampedusa ganze Familien aus Eritrea oder dem Sudan auf verlotterten Schaumstoffmatten im Freien nächtigten, saßen 1500 Meter weiter die Urlauber in den Fischrestaurants und ließen sich marinierte Tintenfische und Zackenbarsch in Gemüse-Kapern-Sud schmecken. Zufällig wurde ich Ohrenzeuge eines Gesprächs zwischen zwei

Italienerinnen. »Wir können die doch nicht alle aufnehmen«, sagte die eine. »Aber wir können sie auch nicht ertrinken lassen«, antwortete die andere.

Wenn ich mit Touristinnen oder Insulanern über die mich verstörende Gleichzeitigkeit von Urlaubsglück und Flüchtlingselend auf der Insel sprach, dann fragten sie mich, warum Lampedusa, das so viel für die Erstaufnahme der *disgraziati*, der »Unglücklichen«, tue, dafür auf die Einnahmen aus dem Tourismus verzichten sollte? Wem denn geholfen wäre, wenn die Urlauber nicht mehr kämen? Darauf hatte ich keine Antwort.

Als ich nun, eineinhalb Jahrzehnte später, vom sizilianischen Hafenort Porto Empedocle die Fähre nach Lampedusa besteige, bin ich gespannt, fast angespannt. Was würde mich auf dieser Insel der so unterschiedlichen Sehnsüchte heute erwarten? Der Name Lampedusa ist längst zur Chiffre für eines der größten Themen unserer Zeit geworden: das Konglomerat aus Elend, Flucht, Immigration, Überfremdungsängsten und Abwehr. Doch parallel dazu hat sich in der Imagination noch ein zweites Bild von Lampedusa festgesetzt: die Hochglanzprospektkulisse von Wärme, Sonne, Meer und *fritto misto* am südlichsten Rand Europas.

Es ist schon Nacht, als die schwere, solide und gut gewartet wirkende Autofähre der Gesellschaft Siremar den Hafen verlässt. Das Restaurant hat geschlossen, doch in der Bar mit ihren Plüschsesseln kann ich noch ein Bier trinken und in dem Buch »Lacrime di sale« von Pietro Bartolo lesen. Darin beschreibt der Autor, heute Europaabgeordneter für den sozialdemokratischen Partito Democratico, wie er als Fischerjunge auf Lampedusa aufgewachsen ist, auf Sizilien studierte und dann Jahrzehnte als Arzt auf der Insel arbeitete. Wenn die Flüchtlingsboote ankamen, war er einer der Ersten, der sie in Empfang nahm, die Kinder, Frauen und Männer untersuchte – oder deren Tod feststellte. »Man gewöhnt sich nie an die toten Kinder«, schreibt er. »An die Frauen, die gestorben sind, als sie ihre Babys während des Schiffsbruchs zur Welt brachten, die Kleinen noch an der Nabelschnur hängend. Man gewöhnt sich nicht an die Scham, wenn man einen Finger oder ein Ohr abschneiden muss, um DNA zu sichern und einem Körper einen Namen, eine Identität geben zu können.«[1]

Eine Stewardess in dunkelblauer Uniform und weißer Bluse weist mir meine Außenkabine zu. Sie ist geräumig und sauber, mit guter Matratze auf dem Bett und sogar einem kleinen Bad mit Dusche. Draußen rauschen die Wellen vorbei. Ich ziehe den Vorhang vor das Bullauge und lasse mich vom monotonen Vibrieren der Motoren in den Schlaf schaukeln.

Nachts wache ich auf. Das Schiff scheint jetzt unruhiger, schwerfälliger durchs Meer zu stampfen. Ich schaue nach draußen. Ein böiger Wind peitscht Regentropfen gegen die Scheibe. Dahinter ist es stockdunkel. Dann zackt ein Blitz durch die Nacht und erleuchtet schwarzviolett die aufgebrachte See. Auf einmal fühle ich mich nicht mehr so geborgen hier wie am Abend. Ich lege mich wieder hin und versuche, die Bilder zu verscheuchen, die Pietro Bartolos Buch in mir hochquellen lässt. Ein oranges Schlauchboot, in dem sich viel zu viele Menschen drängen, in durchnässten Kleidern, zitternd vor Kälte.

Im Morgendämmern gehe ich nach draußen. Die Wolken weichen Flecken blauen Himmels, das Meer liegt ruhig da wie ein See. Das dunkelblau gestrichene Oberdeck ist noch rutschig vom Regen. Die Rettungsboote schlummern in ihren Aufhängungen. Land kommt in Sicht. Eine kahle Insel, urweltlich anmutend, schwarzbraun und grob wie ein Schokoladen-Rohling. Der Quai ist mit zyklopenhaften Betonwürfeln vor den Wellen geschützt. Zwei Menschen steigen aus und ziehen ihre Rollkoffer wie Hunde hinter sich her Richtung Dorf. Gerne würde ich mitkommen und die Vulkaninsel Linosa erkunden, auf der einst Sklavenhändler und Piraten Unterschlupf suchten. Doch meine Fahrt geht weiter. Bald taucht ein flacher, heller Streifen am Horizont auf. Lampedusa.

Wie es wohl für die Bootsflüchtlinge sein muss, wenn diese steinerne Rettungsplattform in Sicht kommt? Ein Vorbote Europas, von Sicherheit und Freiheit, von Wohlstand. Doch natürlich kennen die Menschen aus Afrika oder dem Nahen und Mittleren Osten auch die Geschichten von Abschiebelagern und Zwangsrückflügen aus Europa, von rassistischen Übergriffen, von Sklavenarbeit auf Feldern und in Bordellen.

Ich suche den Horizont nach Schiffen ab, erspähe ein kleines weißes, das sich von Süden her nähert. Wohl ein Fischkutter. In der Hafenbucht drängen sich Yachten, Trawler und Ausflugsboote. Vor dem La-Guitgia-Strand ankert eine große Segelyacht. »*Open Arms*« steht in roten Buchstaben auf dem weiß lackierten Rumpf. »*Benvenuti a Lampedusa*«, prangt auf einem Schild an der Quaimauer. Darüber sind ein springender Delfin und eine schwimmende Schildkröte aufgemalt. Ein paar Schritte weiter wirbt ein Plakat für Ausflüge nach Linosa, die Sichtung von Delfinen und Schildkröten eingeschlossen. Dann folgen ein großes Gebäude der Küstenwache, ein ehemaliger Bunker aus der Zeit des Zweiten

Weltkriegs und, unmittelbar darüber, eine weiße Säule. Darauf wacht eine Statue der Madonna di Porto Salvo über den Hafen und vielleicht auch über das Meer.

Beim Bummel durch den Ort sehe ich, dass sich viel verändert hat auf Lampedusa. Das Städtchen ist freundlicher, geordneter geworden, am Hafenstrand und im Ort sind Palmen angepflanzt, die Fassaden der meisten würfelförmigen Häuser sind hübsch gestrichen, in Weiß, Gelb und Erdfarben. Zwischen Holzbänken gedeihen »Bäume der Reisenden«, ein Strelitzien-Gewächs, das aussieht wie eine fächerförmig gewachsene Bananenstaude. Die Via Roma, die zentrale Straße des Ortskerns hoch über dem Hafen, ist mit hellen Natursteinplatten gepflastert und zur Fußgängerzone geworden. Hier, im Salon des Städtchens, reihen sich Fischrestaurants, Cafés und Eisdielen aneinander, Boutiquen verkaufen Kühlschrankmagneten in Form kleiner, bunter Boote und Leinenkleider. Die Fassade der Gemeindebibliothek ist über und über mit lustig dreinblickenden Karettschildkröten, Kraken und Quallen bemalt, ein fröhliches Wimmelbild. Erst als ich genau hinschaue, sehe ich, dass sich um einige Schildkröten Stacheldraht gelegt hat, den Zangen zu durchschneiden versuchen.

Die Wandmalerei bringt die Atmosphäre gut auf den Punkt. Auf den ersten und zweiten Blick erscheint Lampedusa als unbeschwerte Ferieninsel, mit allem, was Sommerurlauber so brauchen, um sich zu erholen und für ein, zwei Wochen ihrem Alltag zu entkommen. Flüchtlinge sind überhaupt keine zu sehen, das Bild einer von Elendsmassen aus dem Süden überrannten Insel, das italienische Populisten zeichnen, erscheint geradezu grotesk falsch. Dann fallen mir die ungewöhnlich vielen Beamten auf, die in kleineren und größeren Gruppen im

Ort herumlaufen oder in ihren Mannschaftswagen die Via Roma queren. Carabinieri, Staatspolizei, Ortspolizei, Finanzpolizei, Küstenwache. Beim Bummel durch die schachbrettartig angelegten Straßen bemerke ich erstaunlich viele Kunstwerke für so einen kleinen Ort. Eine Kinderhand aus Bronze klammert sich an den Zeigefinger einer Erwachsenenhand. Auf einer überlebensgroßen Metallspirale sind Hunderte fremdländisch klingende Namen eingraviert, »*3 Ottobre 2013*« steht darüber. Auf einem in Bronze gegossenen, ramponierten Boot steht ein nackter Mann mit ausgebreiteten Händen.

Am Abend sitze ich in einem Restaurant an der Via Roma. Im Fernsehen laufen die Nachrichten eines nationalen Senders. Schon wieder seien zahllose Flüchtlinge in Italien angekommen, sagt die Sprecherin. »Das ist ja hier, auf Lampedusa!«, ruft ein kleiner Junge, der mit seinen Eltern beim Abendessen ist. Die Fernsehbilder zeigen einen flach im Wasser liegenden Holzkutter, auf dem sich zahlreiche dunkelhäutige Menschen mit orangefarbenen Schwimmwesten drängen. Er wird von einem Boot der Küstenwache zum für die Öffentlichkeit abgeriegelten Molo Favaloro gelotst. Die Flüchtlinge wanken von Bord. Etliche müssen gestützt werden. Helfer reichen ihnen Plastikflaschen mit Trinkwasser. Auf der Mole wimmelt es jetzt von Menschen. Die Sprecherin sagt, dass dieses Jahr bereits doppelt so viele Migranten auf Lampedusa angekommen seien wie im gleichen Zeitraum des Vorjahres.

Der Bericht überrascht mich genauso wie den kleinen Jungen. Obwohl ich den ganzen Tag auf der Insel unterwegs war, habe ich die Ankunft der Flüchtlinge nicht bemerkt. So reibungslos läuft inzwischen die Erstaufnahme. Fast unbemerkt werden die Ankömmlinge in

Mannschaftswagen der Sicherheitskräfte vom Molo Favaloro ins Erstaufnahmelager der Insel gebracht, kurz *Hotspot* genannt. Es liegt versteckt am Ende eines Tals hinter dem Ort. Kein Wegweiser weist darauf hin. Ziel der Behörden ist es, Urlauber und Inselbewohner möglichst wenig mit dem Anblick der Flüchtlinge zu irritieren. Genau das irritiert mich. Urlaub unter Ausblendung dessen, was einige Hundert Meter vom Strandhotel entfernt passiert. Dann denke ich mir, dass die Bewohner von Lampedusa vielleicht auch deshalb so gelassen und oft auch hilfsbereit auf die Flüchtlinge reagieren, weil sie wissen, dass ihre eigene Lebensgrundlage, der Tourismus, nicht gefährdet wird. Und ich denke mir auch, dass den Männern, Frauen und Kindern, die sich auf den Seelenverkäufern auf den lebensgefährlichen Weg über das Meer gemacht haben, nicht im Geringsten geholfen wäre, wenn die Urlauber statt auf Lampedusa woanders baden und Fisch essen würden.

Am nächsten Vormittag habe ich eine Verabredung in einem Café auf der Via Roma. Es ist ein sonniger Morgen, ein leichter Wind sorgt für Frische. Die Kellnerinnen bringen den Kunden zum Cappuccino *cannoli*, *cassatine* – grüne Kalorienbomben aus Marzipan und mit Ricotta – sowie Hörnchen mit Schokoladenfüllung. Giuseppina Nicolini, Anfang 60 und auf der Insel nur Giusi genannt, kommt in Jeans und Jeansjacke, begrüßt mich mit ihrem herzhaften Lachen, bestellt einen *caffè* und ein Glas Wasser. Sie stammt von der Insel und setzte sich dort schon früh für den Umweltschutz ein und gegen die Bauwut ihrer Mitbewohner. So kämpfte sie dafür, dass die landschaftlich besonders schöne Kanincheninsel vor Lampedusa und die gegenüberliegende

Kaninchenbucht, wo die Karettschildkröten ihre Eier ablegen, unter Naturschutz gestellt wurden und nicht bebaut werden durften. Von 2012 bis 2017 war sie Bürgermeisterin Lampedusas.

Die Ankunft der Flüchtlinge auf ihrer Insel hat Giusi von Anfang an verfolgt. Zu Beginn der 1990er Jahre kamen die ersten, zuerst Tunesier, dann immer mehr Menschen aus Ländern südlich der Sahara. »Unsere Insel liegt ja vor der Kleinen Syrte,[2] da kommen sie quasi automatisch bei uns an. Gott sei Dank, denn bis nach Sizilien wäre es zu weit. Es sterben auch so schon sehr viele.«

Früher hätten sich die Flüchtlinge frei auf der Insel bewegen können, seien auch in den Ort gekommen. »Aber keiner von ihnen hat je im Meer gebadet. Niemals! Denn in Afrika geht man nicht zum Spaß ins Meer. Daher setzten sie sich höchstens auf einen Felsen und wunderten sich über die Touristen, die im Wasser planschten.«

Inzwischen würden die Ankömmlinge im *Hotspot* hinter hohen Zäunen eingesperrt. Die Bewachung werde immer strenger. Zwar gehe sie noch oft zum Lager, um zu sehen, ob sie den Flüchtlingen helfen könne. Aber das werde langsam unmöglich. »Man sieht die Migranten also normalerweise auf der Insel gar nicht mehr. Allenfalls bei der Ankunft. Da filmen die Fernsehanstalten, darüber schreiben die Zeitungen. Sonst wird von Lampedusa und unserem normalen Alltagsleben nichts gezeigt. So entsteht das falsche Bild von einer Invasion. Dabei kommen die meisten Flüchtlinge gar nicht übers Meer nach Europa, sondern über Land.«

Giusi spricht schnell, gestikuliert heftig. Dieses falsche Bild der Invasion werde von Populisten weiter dramatisiert, um Rassismus zu schüren, Angst zu verbreiten und Wählerstimmen zu fangen. »Wenn wir das Flüchtlingsthema weiter ihrer Propaganda überlassen, bringen wir unsere Demokratie in Gefahr.«

Giusis grüne Augen hinter der schmalen Hornbrille verengen sich. »Viele Politiker in Europa und in Italien verhalten sich widersprüchlich, egoistisch und nationalistisch.« Dabei habe Europa in der Corona-Pandemie gezeigt, dass es solidarisch handeln könne. Dass Deutschland dem riesigen Corona-Wiederaufbaufonds zugestimmt habe, sei ein Qualitätssprung für die EU gewesen. Einen solchen Sprung, eine solche Solidarität brauche es auch in der Flüchtlingspolitik. »Wenn wir da nicht gemeinsam handeln, werden wir von den Problemen überrollt.«

Der Klimawandel werde dazu führen, dass künftig noch viel mehr Menschen aus Afrika nach Europa kommen, sagt Giusi. Das müsse man politisch gestalten, statt die Leute einfach zurückzuweisen oder im Meer ertrinken zu lassen. Zumal das alternde Europa, Italien voran, sehr viel Zuwanderung brauche, um die Renten noch bezahlen zu können. »Und es sind ja gerade die Stärksten, die sich auf diesen Booten der Todesgefahr aussetzen, um zu uns zu kommen. Das sehe ich schon an den Kindern, die wie kleine Erwachsene sind. Sie haben so viele Hindernisse überwunden.« Für Europa wäre es doch nur ein Gewinn, sie mit offenen Armen aufzunehmen.

Besonders erbost ist Giusi über die italienische Regierung unter Ministerpräsidentin Giorgia Meloni, die zur Zeit unseres Gesprächs im Amt ist. Sie wird von den radikal rechten Parteien Fratelli d'Italia und Lega geprägt und ficht in Italien wie in der EU für eine sehr restriktive Flüchtlingspolitik. So hat sie die Duldung von bedrohten Menschen, denen mangels politischer Verfolgung kein Asyl zugesprochen wird, stark eingeschränkt.

Booten von Hilfsorganisationen, die Flüchtlinge auf dem Meer gerettet haben, weist sie weit entfernte Häfen zu, offensichtlich, um sie möglichst lange an der Aufnahme weiterer Schiffbrüchiger zu hindern. Auch hat es die Regierung den Hilfsbooten verboten, auf dem Weg in die Häfen weitere Menschen aus Seenot zu retten. Tun sie es trotzdem, müssen sie mit hohen Geldstrafen rechnen. Wenn es dann zu Katastrophen mit zahlreichen Toten kommt, wie im Februar 2023 vor dem kalabrischen Ort Cutro, suggeriert der italienische Innenminister, die Opfer seien selbst schuld, wenn sie sich auf so eine gefährliche Reise begäben.

Italienische Regierungen, auch frühere von linken Parteien geführte, argumentieren häufig, das Mittelmeerland Italien mit seinen langen Küsten werde in der Flüchtlingsfrage von der EU alleingelassen. Dabei wird verschwiegen, dass Italien keineswegs die Hauptlast der Flüchtlingsaufnahme trägt. Viele der auf Lampedusa ankommenden Menschen wollen überhaupt nicht in Italien bleiben, sondern weiter zu Verwandten in Deutschland, Frankreich oder Skandinavien. Die italienischen Behörden lassen sie, zumindest bislang, oft einfach durchreisen, teilweise ohne sie vorher zu erfassen, obwohl sie nach europäischem Recht dazu verpflichtet wären. Die Zahlen der Asylagentur der Europäischen Union in Valletta sprechen für sich. Danach stellten 2022 in Deutschland 244 000 Menschen einen Asylantrag, in Frankreich 156 000. In Italien waren es 84 000.[3] Auch bei der Aufnahme von Kriegsflüchtlingen aus der Ukraine ist Italien keineswegs besonders schwer belastet. Und noch etwas wird gern verschwiegen: Viele ohne Papiere in Italien lebende Migranten werden teils unter erbärmlichen, illegalen Bedingungen in der Landwirtschaft eingesetzt, etwa auf den Tomatenfeldern bei Neapel, ohne dass die Behörden ausreichend dagegen vorgehen.

Gewiss ist es richtig, dass Italien bei der Erstaufnahme von Flüchtlingen aus dem Süden besonders gefordert ist. Auch leisten die italienischen Sicherheitskräfte, allen voran die Küstenwache und die *Guardia di Finanza*,[4] enorm viel bei der Rettung und Erstbetreuung von Menschen auf dem Mittelmeer. Das von manchen Politikern, Medien und Bürgern gepflegte Bild aber, die Italiener würden mit der Hauptlast der Flüchtlingskrise alleingelassen, ist zumindest unvollständig und daher falsch.

Während wir darüber sprechen, meint Giusi Nicolini nachdenklich: »Wir Italiener sollten uns an die Zeiten erinnern, als so viele von uns auf der Flucht vor Armut und auf der Suche nach einem besseren Leben in die USA oder nach Deutschland ausgewandert sind. Dort haben sie sehr zum Reichtum dieser Länder beigetragen. Das wird mit den Flüchtlingen, die heute zu uns kommen, auch so sein, wenn wir es richtig anpacken.«

Und was hält die frühere Bürgermeisterin von ihren Mitbürgern auf Lampedusa? Wie erlebt sie deren Verhalten gegenüber den Flüchtlingen? »*Siamo gente di mare*.[5] Wir stammen alle von Fischern ab. Daher haben wir das Gesetz des Meeres verinnerlicht: Man lässt niemanden ertrinken.«

Der Weg zur Flüchtlingsunterkunft ist, wie gesagt, nicht ausgeschildert. Es ist eine versteckte Insel auf der Insel. Aber sie hat einen Namen, *Hotspot* Lampedusa, der sich auf Google Maps eingeben lässt. So fahre ich mit meinem E-Bike auf einer schmalen, schlechten Straße in ein für Lampedusas Verhältnisse ziemlich grünes Tälchen hinein. Auf winzigen Feldern gedeiht Gemüse zwischen

Obstbäumen, Olivenbäumen und Feigenkakteen. Am Straßenrand dämmern verfallende oder nicht fertiggebaute Häuser neben einem Abstellplatz für Feuerwehrautos. Auffällig in dieser Umgebung sind die dicht gesetzten, neu aussehenden Straßenlaternen.

Die *Contrada Imbriacola*, die *Besoffene Straße*, endet an einem Gittertor, daneben ein Wachhäuschen, davor Polizeiautos. Hinter dem Tor parken zwei olivgrüne Transporter der Carabinieri, dahinter ein weißer Reisebus. Um den Bus drängt sich eine aufgeregt gestikulierende und durcheinanderrufende Menge schwarzhäutiger Männer. Dazwischen laufen Polizisten in Dienstoveralls und bewaffnete Carabinieri im Flecktarn herum. Mehrere Häuser sind zu sehen und ein Pinienwäldchen, das sich einen staubtrockenen Hang hinaufzieht. Im Schatten schlummern einige Frauen mit Kindern auf Isomatten und Kartonagen zwischen goldgelb und silbern schimmernden Fetzen von Thermofolien, leeren Saftpackungen und zerschlissenen Kleidungsstücken. Es riecht, wie es so riecht, wenn zu viele Menschen auf engem Raum bei heißem Wetter untergebracht sind. Ein Trampelpfad führt auf halber Hanghöhe an einem hellgrauen, hohen Stahlzaun entlang. Auf dem Hügelkamm außerhalb des Lagers stehen zwei Soldaten mit Maschinenpistolen und schauen auf das Lager herab. Zwei junge Frauen und ein Mädchen sitzen hinter dem Zaun auf der Erde. Sie rufen mir etwas zu. Als ich näher herangehe, werden die Soldaten über mir unruhig. Der eine von ihnen macht mir mit dem Lauf seiner Maschinenpistole ein Zeichen zu verschwinden. Auf der kargen Erde blühen Blumen, Vögel zwitschern in den struppigen Pinien.

Knapp 6000 Menschen leben auf Lampedusa. Dazu kommen bis zu 1000 Sicherheitskräfte. Teilweise landen pro Tag mehrere Tausend Flüchtlinge hier an. An einem einzigen Tag Ende Juni 2023 kamen 46 Flüchtlingsboote auf Lampedusa an. Im ersten Halbjahr 2023 waren es insgesamt mehr als 60 000 Migranten. Das kann erklären, warum in den Medien immer wieder der Eindruck einer Invasion entsteht. Das einzige Aufnahmelager an der Contrada Imbriacola ist für knapp 400 Menschen ausgelegt, manchmal müssen mehr als 3000 Flüchtlinge gleichzeitig dort ausharren. Dann fehlt es an vielem, insbesondere an Duschen. Die Behörden versuchen, die Menschen mit Polizeischiffen und Fähren schnell weiter nach Sizilien oder aufs italienische Festland zu bringen. Doch immer wieder reichen die Kapazitäten nicht aus, um das Lager rasch zu entlasten. Der Europäische Gerichtshof für Menschenrechte in Straßburg urteilte 2023 im Falle von vier Tunesiern, die 2017 in dem *Hotspot* eingesperrt waren, sowohl die Inhaftierung der Migranten auf Lampedusa als auch deren Lebensbedingungen im Lager verstießen gegen die Europäische Menschenrechtskonvention. Italien habe gegen das Verbot unmenschlicher oder erniedrigender Behandlung verstoßen.

Seltsam, fast unheimlich, ist es, dass man von all dem auf der Insel jenseits der Contrada Imbriacola kaum etwas mitbekommt. Wenn man nicht aktiv danach sucht.

Ich radele vom *Hotspot* ins Zentrum des Inselortes und auf der anderen Seite wieder hinaus zum Friedhof. Zweieinhalb Kilometer sind das vielleicht. Es ist ein typisch italienischer Friedhof mit seiner Drei-Klassen-Gesellschaft von Toten: Verstorbene in stattlichen Familienkapellen. Verstorbene in Erdgräbern. Und Verstorbene, deren sterbliche Überreste in die Leerräume einer Regalwand aus Beton gebettet werden, die dann mit Marmorplatten verschlossen werden. Dann sind da auf dem Cimitero Comunale noch andere Gräber: diejenigen ertrunkener Flüchtlinge. In ein steiniges Stück Gottesacker sind Kreuze gerammt, zwei Latten, nicht mehr. Auch einige stelenförmige Vasen aus weißgrauem Marmor stehen hier. Aus Brettern, Überresten der Flüchtlingsboote, ist der Bug eines Schiffes zusammengenagelt, der Mast hat die Form eines Kreuzes. Davor eine Tafel: »An diesem Ort ruhen Muslime und Katholiken, Alte und Junge, Schwarze und Weiße. Sie sind alle Migranten, die auf der Suche nach Freiheit im Meer gestorben sind.«

Eine andere Tafel gibt eine tröstlichere Botschaft wieder. Sie stammt von dem italienischen Schriftsteller und Antifaschisten Cesare Pavese: »Welche Welt jenseits dieses Meeres liegt, weiß ich nicht, aber jedes Meer hat ein anderes Ufer, und dort werde ich ankommen.«

Ein Schild vor einem der kleinen Gräber zeigt das Foto eines dunkelhäutigen Babys mit vollen Lippen und wachen Augen. »Warum so früh, mein Kind. Mama und Papa lieben dich für immer«, steht darüber. Darunter die Daten: Youssef Ali Kanneh. Geboren in Libyen am 26. April 2020. Gestorben im Mittelmeer am 11. November 2020. Nach Angaben des Online-Statistik-Portals statista sind von 2014 bis Mitte 2023 schätzungsweise 28 000 Menschen bei der Flucht über das Mittelmeer ertrunken.[6]

Am Abend treffe ich Pietro Bartolo in seiner Wohnung an der Via Roma. Der Fischerssohn von der Insel war als junger Bursche selbst einmal in Seenot. Er weiß, was es heißt, wenn einem das Salzwasser buchstäblich bis zum Halse steht. Als Einziger seiner Familie konnte er studieren, Medizin, auf Sizilien. Er wurde Gynäkologe und kehrte als Arzt nach Lampedusa zurück. Dort behandelte er die Insulaner und die Flüchtlinge, die seit 1992 hier ankommen. Auch musste er die medizinische Hilfe für die Flüchtlinge koordinieren. Politisch stand er ursprünglich sehr weit rechts, wie mir auf der Insel erzählt wird. Dann habe er sich immer mehr zur Mitte hinbewegt. Heute sitzt er für den sozialliberal und christlich orientierten Partito Democratico im Europaparlament. Der *onorevole*, wie sie in Italien die Abgeordneten nennen, ist erschöpft. Seufzend lässt sich der korpulente, kleine Mann Ende 60 auf ein Sofa fallen. Er ist nur noch selten für ein Wochenende auf der Insel. Meist fährt er an seinen freien Tagen von Brüssel aus durch Europa, um in Schulen und Vortragshallen von den Menschen zu erzählen, die er im Hafen von Lampedusa betreut hat. Er beginnt ganz ruhig zu sprechen, dann wird seine Stimme eindringlicher, und nach zehn, 15 Minuten klingt sie wie ein Klagegesang, wie das Totenlied eines Vaters, einer Mutter, das ich nicht mehr zu unterbrechen wage.

»Als nach dem russischen Angriff in kurzer Zeit Millionen Ukrainer in die Europäische Union kamen, haben wir alles gemacht, um ihnen zu helfen. Das ist das Europa, das ich mir wünsche. Ein Europa, das nicht auf Mauern und Stacheldraht basiert, sondern auf Werten. Auf dem Rechtsstaat. Auf den Menschenrechten. Doch was macht dieses Europa heute: Es verhärtet sich zur Festung und schließt Verträge mit Regimen wie in Libyen, damit sie ihm die Flüchtlinge vom Leib halten. Ich habe 30 Jahre hier auf Lampedusa als Arzt gearbeitet. In dieser Zeit ist das Mittelmeer zum Friedhof geworden. Jeden Tag ertrinken darin Frauen, Kinder, Männer.«

Von unten dringt das Lachen und Plaudern aus den Restaurants und Bars auf der Via Roma herauf.

»Was immer wir auch tun, um sie abzuwehren: Die Menschen werden weiterhin kommen. Sie haben keine Alternative. Sie sterben sonst. Wenn wir es ihnen schwer machen, verdienen daran nur die Schlepper. Der Klimawandel, für den wir in den Industriestaaten hauptsächlich verantwortlich sind, verschärft die Lebensbedingungen der Menschen im Süden noch. Wir zwingen sie geradezu, aus ihrer Heimat zu flüchten. Und was machen wir dann? Wir weisen sie zurück. Es sind für uns keine Menschen, sondern Nummern.«

Als Journalist müsste ich an dieser Stelle widersprechen. Ich müsste aufzählen, wie viele Asylbewerber und Kriegsflüchtlinge von den Staaten der Europäischen Union schon aufgenommen worden sind. Ich müsste zu bedenken geben, dass sich viele Bürger in Europa von der Größe dieser Aufgabe überfordert fühlen und Angst haben, in ihren Heimatländern überfremdet zu werden. Ich könnte das Argument vieler Menschen einbringen, Europa könne nicht allen Bedrängten der Welt helfen, auch wenn ich weiß, dass das reiche Europa zumindest sehr vielen helfen kann. Ich könnte erwähnen, wie schwierig es ist, unter den 27 EU-Mitgliedsstaaten mit ihrer so unterschiedlichen Geschichte einen Konsens in der Flüchtlingsfrage zu finden. Und ich könnte vor der Gefahr warnen, dass eine sehr liberale Flüchtlingspolitik dazu führt, dass radikale Parteien erstarken und die Demokratie zerstören. Womit auch den Flüchtlingen und ihren prekären Heimatländern nicht geholfen wäre. Doch ich erhebe diese Einwände nicht, oder nur zaghaft. Zum einen, weil ich nicht als Journalist unterwegs bin, sondern eher als Porträtist, der die italienischen Inseln, ihre Geschichte und ihr heutiges Leben beschreiben möchte, ohne allzu viel zu werten. Zum anderen, weil mich die Wucht der Erfahrungen dieses Arztes aus Lampedusa verstummen lässt. Er ist auf dem Meer aufgewachsen, nicht ich. Er hat über Jahrzehnte auf der Mole von Lampedusa die Überlebenden und die Toten in Empfang genommen, nicht ich.

»Ich kenne sie«, sagt Pietro Bartolo. »Sie wollen durchaus unsere Regeln einhalten, hier lernen, hier arbeiten, hier mit ihren Familien in Frieden leben. Warum geben wir ihnen keine Papiere? Warum lassen wir sie nicht arbeiten? Warum erkennen wir nicht, dass sie uns helfen würden, unsere Steuern, unsere Pensionen mitzufinanzieren? Stattdessen verbreiten wir toxische Erzählungen, sie seien Banditen und Terroristen, sie schleppten ansteckende Krankheiten ein. Um diesen Unsinn zu widerlegen, gab ich Interviews, schrieb ich Bücher, arbeitete ich bei Filmen wie ›Fuocoammare‹ mit. Es hat alles nichts geändert. Was konnte ich noch machen? Ich ging in die Politik. Und ich reise durch Europa, um in Schulen und Universitäten aufzuklären. Meine Hoffnung sind die Jungen. Sie sind noch sensibel.«

Der Arzt von Lampedusa zeigt mir auf seinem Handy Videos von der Ankunft von Flüchtlingsbooten auf dem Molo Favaloro. Mit Lebenden und Toten. Am schwersten zu ertragen war wohl der 3. Oktober 2013. Damals sank am frühen Morgen ein mit Flüchtlingen aus Eritrea und Somalia überladener Kutter wenige Hundert Meter vor der Kanincheninsel bei Lampedusa. Die Motoren funktionierten nicht mehr, einer der Menschenschlepper zündete einen in Benzin getunkten Lumpen an, um Hilfe herbeizurufen. Rauch quoll hervor, die Flüchtlinge gerieten in Panik und stürzten sich alle auf eine Seite des Bootes. Es kenterte. Sank. Später wurden die Leichen von 366 Menschen geborgen. Die Bilder der Särge im

Hangar des Flughafens von Lampedusa gingen um die Welt.

»Sie sind hier ertrunken, vor unserer Insel«, sagt Pietro Bartolo. »Ich musste ihre DNA entnehmen, um ihnen eine Identität zu geben. Wenn die Leichen zehn, zwölf Tage im Wasser lagen, sahen sie aus wie Monster. Ich weinte, ich musste mich übergeben. Ich bin einmal Gynäkologe geworden, um Leben zu geben. Nicht um Tote zu identifizieren.«

Zum Abschied gibt mir Pietro Bartolo eines seiner Bücher. Am Abend lese ich in meinem Bed and Breakfast nahe der Via Roma darin. Pietro Bartolo beschreibt, wie er, ebenfalls im Oktober 2013, im Krankenhaus von Lampedusa überlebende Flüchtlinge behandelt. Ein junger Syrer mit erloschenem Blick fällt ihm auf. Neben ihm eine Frau mit einem Kleinkind. Erst nach einer Stunde beginnt der Mann zu sprechen. Als ihr Boot sank, seien sie alle im Meer gelandet. Als guter Schwimmer habe er den Kleinen unter sein T-Shirt auf seine Brust gelegt, mit der einen Hand seine Frau, mit der anderen seinen dreijährigen Sohn hochgehalten. So habe er versucht, auf dem Rücken zu schwimmen und alle drei über Wasser zu halten, bis Rettungsboote kämen. Als seine Kräfte schwanden, musste er sich entscheiden. Sonst würden sie alle vier ertrinken. Er ließ seinen dreijährigen Sohn los und sah, wie er unterging. Wenige Minuten danach flog ein Rettungshubschrauber herbei und nahm ihn, seine Frau und das Baby auf. »Wenn ich nur noch ein bisschen durchgehalten hätte, wäre auch mein kleiner Sohn jetzt hier bei uns«, sagte er dem Arzt. »Ich werde mir das niemals verzeihen.«

12

Tremiti-Inseln – Mönche und Meer

Migration, Flucht, Irrfahrten, das ist kein neues Thema im Mittelmeerraum. Schon Homers Menschheitsepen – die Ilias und die Odyssee – künden davon. Auf meiner Reise durch die italienische Inselwelt begegne ich deren Helden auch hier wieder: so auch auf dem Tremiti-Archipel und dessen historischer Hauptinsel San Nicola. Ein flacher, mit niedrigen Büschen bedeckter Kalksteinrücken draußen in der Adria vor der apulischen Halbinsel Gargano. In einem Felsbrocken an der Küste klafft ein halbkreisförmiges Loch wie der Schlund eines Urtiers, darin die Reste einer altgriechischen Begräbnisstätte. Hier wurde einst der homerische Held Diomedes bestattet. So will es die Legende, so erzählen es sich die Menschen auf den Tremiti-Inseln. Diomedes war König der Stadt Argos auf der Peloponnes. Zusammen mit den anderen griechischen Fürsten zog er nach Kleinasien in den Kampf um Troja. Er tat sich durch allerlei Heldentaten hervor, unter anderem als einer der Männer, die sich in das Trojanische Pferd begaben. Auf der Rückfahrt in die Heimat erging es ihm ähnlich wie seinem Kampfgefährten Odysseus. Nach etlichen Irrfahrten verschlug es ihn nach Unteritalien, wo er mehrere Städte gründete. Um die Grenzen seines Reichs zu markieren, warf er einige

Felsen in die Adria – die heutigen Tremiti-Inseln.[1] Auf diese zog er sich, verfolgt von seiner Feindin, der Göttin Aphrodite, im Alter zurück und starb. Seine Gefährten wurden von den Göttern in Vögel verwandelt, um das Grab des Helden zu bewachen und ihn zu beweinen. Das tun sie bis heute. Die Sturmtaucher nisten in den Klippen der Insel San Nicola und erheben in manchen Nächten ein schauriges Geschrei.

Ich komme an einem heißen Vormittag der zweiten Septemberhälfte an. Anstatt der Sturmtaucher ist nur der Wind zu hören, der durch die Meerenge zwischen San Nicola und der Nachbarinsel San Domino fegt. Die Touristensaison geht zu Ende, die Tagesausflügler, die von der Hafenstadt Termoli am Festland aus herüberfahren, werden rarer. Ich bin allein, als ich vom Hafen aus einen durch Mauern mit Schießscharten gedeckten Weg hochsteige, dem einzigen Zugang zum Inselinneren. In den folgenden Stunden wird für mich das Wort Glaubensburg lebendig. San Nicola ist ein Ensemble aus Wehrtürmen, Bastionen, Mauern, Zinnen, Toren, Pechnasen, Waffenkammern, Kerkern, Zisternen, Höfen, einem Burgdorf, einer Kapelle, Kreuzgängen und einer faszinierenden Kirche, Santa Maria a Mare, in der sich abendländisch-romanisch-gotische und morgenländisch-byzantinische Stilelemente mischen. Kein Wunder, schließlich liegen die Tremiti-Inseln an einem über Jahrhunderte umkämpften Kreuzungspunkt der Kulturen, zwischen Lateinern und Byzantinern, Slawen und Romanen, aber auch Christen und Muslimen.

Die Klosterburg scheint aus dem hellen Fels herauszuwuchern. Abweisend, trutzig, unheimlich sieht sie vom Meer her aus. Das ist gewollt, musste doch das Kloster in der Geschichte mächtige Feinde abschrecken, dalmatische Freibeuter, muslimische Piraten, Kriegsschiffe des osmanischen Sultans und, 1808, sogar eine britische Flotte. Etliche Einschlagsspuren von Kugeln aus den Schiffskanonen sind in der Fassade der Kirche zu sehen.

Es erscheint unglaublich, was für ein Aufwand im Mittelalter betrieben wurde, um dieses kleine Felseneiland zu einem Bollwerk auszubauen. Ein Malta *en miniature*. Und ein Zeugnis für die Macht und den Reichtum, den die Klöster einst in Italien besaßen, Schwergewichte wie Montecassino zwischen Rom und Neapel, San Giorgio Maggiore in Venedig, Fossanova in Latium, Monte Oliveto Maggiore und Vallombrosa in der Toskana. Orte, in denen die Kultur, die Philosophie und das Schrifttum der Antike bewahrt und gelehrt, das Christentum reformiert, die Landwirtschaft erneuert, Handelsnetze geknüpft, Intrigen gesponnen, Heilige geschaffen und Häretiker verdammt wurden. Geistige, wirtschaftliche und politische Kraftzentren, die die Zeit zwischen dem Niedergang des antiken Roms und dem Aufstieg der Städte in der Renaissance überbrückten.

Die Abtei Santa Maria a Mare auf der kleinen Adria-Insel konnte unter diesen Großen lange mithalten, auch wenn ihre Anfänge äußerst bescheiden waren. Im vierten Jahrhundert nach Christus, die Tremiti wurden damals nur von Piraten als Unterschlupf genutzt, begab sich ein frommer Mann auf die Insel, um dort als Eremit zu leben. Eines Nachts erschien ihm die Jungfrau Maria im Traum. Sie wies ihn an, nach einem Schatz zu graben und ihr mit dem Erlös eine Kapelle zu bauen. So soll der Einsiedler die Grabbeigaben des Diomedes entdeckt haben. Er verkaufte sie in Konstantinopel und errichtete das erste Gotteshaus auf San Nicola. Die Geschichte machte unter den Seefahrern auf der Adria die Runde, viele pilgerten zu den Tremiti, manche ließen sich ebenfalls als Eremiten dort nieder.

Im 11. Jahrhundert übernahmen die Benediktiner den Archipel und errichteten ein Kloster samt mächtiger Befestigungsanlagen und einer stattlichen Kirche. Sie führten die Tremiti zu einer ersten Blüte und lösten sie aus der Abhängigkeit des machtbewussten Montecassino. Dank der für den Handel so günstigen Lage in der Adria und guter Beziehungen zum Kirchenstaat, den Langobarden und den Byzantinern konnten sie großen Reichtum anhäufen und Ländereien in Süditalien und sogar in Dalmatien im heutigen Kroatien unter ihre Kontrolle bringen. Kirchen, Güter, Burgen und, vor der dalmatinischen Küste, ganze Inseln. *Ora et labora,* bete und arbeite, dieser Leitspruch wird dem Benediktinerorden zugesprochen. Er ist zwar nicht wörtlich in den Ordensregeln niedergeschrieben, stellt aber deren Essenz dar. Die Mönche auf San Nicola, vermögend und mächtig geworden, scheinen das dann jedoch aus den Augen verloren zu haben. Sie verfielen dem Luxus. Wenn es ihnen diente, sollen sie sich sogar mit Piraten verbündet haben. Irgendwann war es Papst Alexander II. in Rom zu viel. Er beauftragte ausgerechnet den Abt des Klosters Montecassino, das sündhafte Inselkloster zu überprüfen. Das Ergebnis war entsprechend. Daher setzte der erzürnte Pontifex auf San Nicola den alten Abt ab und einen neuen, besonders strengen ein. Dieser versuchte, die Moral wiederherzustellen, indem er aufmüpfigen Mönchen die Augen ausstechen und die Zunge herausreißen ließ.[2] Nun setzte ein allgemeiner, auch wirtschaftlicher Niedergang der Abtei ein. Die Mönche verkauften ihre Besitztümer, verlegten sich aufs Schmuggeln und gewährten dalmatinischen Piraten Unterschlupf. Die Abtei wurde geplündert, ihr Hafen zerstört. 1236 wurden die Benediktiner auf San Nicola endgültig entmachtet und durch die reformorientierten Zisterzienser ersetzt.

Mit den Zisterziensern begann die Geschichte von vorne. Das Kloster wurde wieder reich und mächtig, es verstärkte seine Mauern, errichtete weitere Türme. Doch es war, als bewegte sich das Schicksal in Wellenbewegungen über den kleinen Archipel in der Adria hinweg. Mitte des 14. Jahrhunderts verschwanden die Zisterzienser, vermutlich wegen ständiger Piratenüberfälle. Die Inseln blieben viele Jahrzehnte unbewohnt, bis 1412 der nächste Orden anrückte, die Augustinerchorherren vom Lateran. Nun ging es, man ahnt es, wieder von vorne los. »Die Mönche verwandelten die Tremiti in eine Art Paradies«, schwärmt die Autorin Donatella Langiano.[3] Dank vieler Pilger und der Schenkungen frommer Süditaliener wurde die Abtei wieder reich. Ein Teil der Einkünfte wurde in den weiteren Ausbau der Glaubensburg gesteckt, in neue Schutzwälle, aber auch in ein Krankenhaus und in Gefängnisse. 1465 wurde der Abt von San Nicola zum »Fürsten der Tremiti« erhoben. Der Reichtum lockte auch wieder Feinde an, die notorischen Piraten, aber auch den türkischen Sultan, dessen Flotte 1567 mit 150 Galeeren anrückte. Der Mut der Mönche, aber auch ein womöglich vom Himmel geschickter Gegenwind bewahrten San Nicola vor der Eroberung. Später folgten wieder Schmuggelgeschäfte, Techtelmechtel mit Piraten, Niedergang. Bis schließlich im 18. Jahrhundert die Könige von Neapel den Archipel in ihren Besitz brachten.

Wer durch die grandiose, verwinkelte Klosterburg streift, spürt diese dramatische Geschichte. Er sieht, wie Reichtum in Stein verwandelt wurde, und wie die Zeit, die mächtigste Feindin alles Bestehenden, den Stein wieder zerfallen ließ. Während ich durch San Nicola streife, sind gerade Arbeiter dabei, die Ordensburg zu restaurieren. Als gegen Mittag die erste Reisegruppe per Boot eintrifft, fahre ich nach San Domino zurück.

Die größte Insel ist zugleich das touristische Zentrum der Tremiti. Hier befinden sich die meisten Hotels und Restaurants, Bootsvermieter und Tauchclubs. Doch die Saison auf dem zwei Quadratkilometer kleinen, im Winter nur von gut hundert Menschen bewohnten San Domino ist kurz. Schon jetzt, im Frühherbst, sind die meisten weiß getünchten, überwiegend geschmackvoll in die Landschaft eingepassten Hotels und Bed and Breakfast geschlossen. Auf den Sandwegen über die Insel begegne ich kaum einem Menschen. San Domino ist eine Insel für Spaziergänger, fast ganz von schönen, ausladenden Pinien bewachsen, deren Harz die Luft würzt. Auf den weichen Nadeln läuft es sich wie auf Watte. Immer wieder geben die Bäume den Blick auf Felsbuchten und kleine Strände frei, auf Klippen und die Nachbarinseln. Am alten, salzzerfressenen Leuchtturm auf einem Felsen im Südwesten der Insel fühle ich mich wie am *finis terrae*,[4] wie irgendwo an der Atlantikküste der Bretagne oder Irlands. Wind, Wellen, Felsen, Einsamkeit. Wie es wohl wäre, einen Winter auf dieser Insel zu verbringen? Spazieren zu gehen, nachzudenken, zu lesen, dem Meer und den Möwen zu lauschen, die salzig-harzige Luft zu atmen, nichts weiter. Und vielleicht ab und an ein Mittagessen bei A'Smerza, einem Kiosk mit Gartenlokal zwischen Pinien über der Steilküste. Rustikal, mit Muschelgerichten und ausgezeichneter Bruschetta, je nach Geschmack mit Tomaten, Kapern oder Auberginen. Als ich zu essen anfange, peitscht ein heftiger Regenschauer herab, der sich zum Landregen auswächst. Im Nu wird es nasskalt. Die Wege verwandeln sich in Pfützen. Bis ich in meinem Hotel ankomme, sind Turnschuhe und T-Shirt nass. Die Aussicht, den Winter auf den Tremiti-Inseln zu verbringen, erscheint mir nun weniger verlockend.

Wenn wieder einmal ein Film über Sommerferien in Italien gedreht wird, sollte sich das Hotel Eden als Set bewerben. Es ist ein Drei-Sterne-Haus, das ein bisschen mehr darstellt, als es bietet, wie aus einem alten Mittelmeer-Bilderbuch, wie aus dem Italien der 1970er Jahre. Ein dreistöckiger weißer Bau mit flachem Dach, ein wenig steril, aber frisch gestrichen und in einem hübschen Park mit Pinien, Palmen und Agaven gelegen, durch den Pflasterwege führen, die nachts von weißen Kugellampen erleuchtet werden. Von vielen Zimmern, dem großfenstrigen Speisesaal und der mit Bruchsteinen belegten Terrasse hat man einen herrlichen Blick auf die Pinienwälder der Insel, die Klosterburg von San Nicola und das Meer. Die Lobby ist großzügig, hell, sachlichkühl.

Im Eden ist die Rezeption immer besetzt, in der Regel von einem eleganten Herrn mittleren Alters, der manchmal so aussieht, als wundere er sich darüber, dass ihn das Leben hinter diese Empfangstheke gestellt hat. Wenn ich von draußen reinkomme, reicht er mir meinen Schlüssel, ohne nach meiner Zimmernummer fragen zu müssen. Er erkundigt sich nach meinem Befinden, lässt eine Bemerkung über das Wetter fallen und fordert mich auf, mich zu melden, wann immer ich eine Beschwerde oder einen Wunsch haben sollte. Er gibt mir das Gefühl, alle Anrechte eines Gastes zu haben, der seit 40 Jahren hier Urlaub macht. Dabei bin ich gerade einmal für drei Nächte über ein Buchungsportal angelandet. Kurzum: Der Rezeptionist ist von einer dezenten, angenehm altmodischen Liebenswürdigkeit, die nie aufdringlich oder anbiedernd wirkt und die in Italien besser überlebt zu haben scheint als in anderen Ländern.

Ich gehe hinauf in mein Zimmer, das komfortabel und karg zugleich ist. Schwere mittelbraune Holzmöbel, Steinboden, spärlicher Wandschmuck, Rollläden, blassgrüne Gardinen, tadelloses Bad. Übersichtlich, sauber. Auf dem Bett sind zwei Handtücher in Form schnäbelnder Schwäne drapiert, zusammen mit ein paar Rosenblättern. An einem Herbsttag, an dem Wind und Regen wüten, ist dies dennoch kein Ort übertriebener Behaglichkeit. Das Hotel ist für den Sommer gemacht. Für brütend heiße, lange Tage, die man am Meer und abends auf den Restaurantterrassen verbringt, um spät auf sein Zimmer zu gehen und dann froh über den kühlen Steinboden und die minimalistische Einrichtung zu sein. Die weite Lobby, der Speisesaal, die Terrasse, das alles schreit nach italienischen Großfamilien samt nicht zu wenigen Bambini, nach herumkrabbelnden Kleinkindern, schimpfenden Vätern, gestikulierenden Müttern, schnatternden Freundesgruppen, pastaseligen, weintrunkenen Tafelrunden und dazwischen hindurchtänzelnden Kellnern, Platten mit gegrilltem Fisch und Meeresfrüchten auf den Händen balancierend. Kurzum: Das Eden braucht Sommergäste wie eine Theaterbühne Schauspieler. Doch jetzt bin ich einer der letzten Gäste der Saison. In wenigen Tagen werde man schließen, erklärt mir der Signore an der Rezeption. Dann würden die meisten Angestellten für den Winter aufs Festland ziehen.

Am Abend sitze ich mutterseelenallein bei einem Glas Weißwein auf der Terrasse. Aus den Lautsprechern klingt jene Art von Barmusik, die nur mit Beipackzettel verabreicht werden sollte: kann in häufigen Fällen zu Depressionen führen. Doch der Regen hat nachgelassen, die Luft ist feuchtwarm und würzig, die Lichter der Klosterfestung leuchten herüber. Ich schließe die Augen und male mir aus, wie es hier noch vor sechs Wochen, Mitte August, zugegangen sein muss. Der Kontrast zwischen Saison und Nicht-Saison ist auf den Inseln noch krasser als auf dem Festland. Und für diejenigen Insulaner, die das ganze Jahr über hier leben, nicht leicht zu bewältigen.

Am nächsten Morgen ist der Sommer zurück, der Spätsommer zumindest. Ich nehme meine Badesachen und wandere an der einsamen Nordwestküste der Insel entlang. Strände gibt es hier keine, nur Grotten und Felsbuchten, zu denen Pfade hinabführen. Um das Baden zu erleichtern, sind Holzplattformen auf den scharfzackigen Felsen verankert, gerade groß genug für ein Pärchen oder eine Kernfamilie. An diesem Vormittag bin ich allein hier. Ich schwimme die zerklüftete Küste entlang und betrachte durch meine Schwimmbrille die Fischschwärme unter Wasser. Das Meer ist kristallklar, das Gebiet um die Tremiti-Inseln gehört zu einem Schutzgebiet. Ich sehe eine dicke weiße Qualle im Wasser treiben, die sich als Plastiktüte entpuppt. Das erinnert mich an das Problem, über das ich mich auf den Tremiti informieren wollte: die Verschmutzung des Meeres durch Plastik.

Ausgerechnet hier, im Meeresschutzgebiet? Die Idee kam mir, als ich in einem Buch über die Inseln von dem früheren Bürgermeister Antonio Fentini las, der im Jahr 2018 Einweggeschirr aus Kunststoff auf den Tremiti verboten hatte. Plastikteller und -besteck durften nicht mehr verkauft werden. So wollte Fentini Inseln und Meer vor der Plastikflut schützen. Das brachte ihm in aller Welt viel Aufmerksamkeit. In Italien zogen in den folgenden Jahren etliche Kommunen nach. Ein Anfang, gewiss, doch nachhaltig verbessert hat das die Situation nicht. Es sind vor allem Plastikflaschen, die Styroporkisten der Fischer oder auch Fischernetze, die das Mittelmeer und seine Küsten verschmutzen. Wer in der Hochsaison an den Strand geht, wird davon nicht viel mitbekommen. Die Ufer werden zu Saisonbeginn und zwischendurch gereinigt. Wer dagegen im Winter kommt oder an schwer zugängliche Stellen gelangt, der sieht all den Plastikunrat zwischen Seegras und Totholz verrotten. Was er – genauso wie die Sommertouristen – nicht sieht, das ist das Mikroplastik: kleine bis winzige Kunststoffteilchen, die etwa in Zahnpasta oder Hautpflegeprodukten enthalten sind oder entstehen, wenn Plastikflaschen und Styroporkisten von Wind, Wellen, Sonneneinstrahlung und Salzwasser zerkleinert werden. Krebse, Muscheln und Fische nehmen das Mikroplastik auf, es gelangt in die Nahrungskette und am Ende in den Menschen.

In den Ozeanen haben sich Strudel mit Kunststoffabfällen in der Größe ganzer Länder gebildet. Der Nordatlantische Müllstrudel etwa. Oder der Große Pazifische Müllstrudel zwischen Hawaii und Kalifornien, der so ausgedehnt ist wie Mitteleuropa.[5] Im Indischen Ozean gibt es Eilande, etwa auf der Gruppe der Kokosinseln, die regelrecht vom Müll überschwemmt werden.[6] Erschwert wird das Problem dadurch, dass Kunststoff sehr lange braucht, bis er sich zersetzt. Bei Plastikflaschen dauert das 50 Jahre, bei Styropor 6000.[7] Doch auch danach ist der Kunststoff nicht einfach verschwunden, sondern »nur« zu Mikroplastik zerkleinert.

Die Tremiti-Inseln gelten nach einem Ranking der italienischen Umweltschutzorganisation Legambiente als besonders umweltbewusst und nachhaltig unter den italienischen Inseln.[8] Zudem liegen sie in einem Meeresschutzgebiet und im Bereich des Gargano-Nationalparks. Wo, wenn nicht hier, sollten Meer und Inseln weitgehend unversehrt vom Kunststoff sein? Doch stimmt das wirklich? Dieser Frage möchte ich nachgehen. So bin ich vor dieser Reise im Internet auf die beiden Organisationen Marlintremiti und Laboratorio del Mare auf San Domino gestoßen. Sie arbeiten eng zusammen, haben weitgehend dasselbe Personal. Wobei sich Marlintremiti vor allem mit der kommerziellen Erschließung des Archipels beschäftigt, indem es Bootstouren, Schnorchelausflüge und Tauchkurse anbietet, aber auch Reinigungsaktionen von Küste und Meer durchführt und Festivals veranstaltet. Das Laboratorio del Mare konzentriert sich dagegen auf die Forschungsarbeit zum Ökosystem Meer und auf Fortbildungskurse für Studenten und Wissenschaftler. Ich frage den Signore an der Rezeption, wo ich die beiden Unternehmen finde. Er schmunzelt. »Im Souterrain unseres Hotels.«

Ich steige hinab und stoße auf Adelmo Sorci. Der muskulöse, braun gebrannte Chef der beiden Unternehmen trägt Shorts, T-Shirt und Flip-Flops. In seine dichten, bis in den Nacken fallenden Haare mischen sich erste graue Strähnen. 60 Jahre ist der Ingenieur und Ozeanologe alt, die letzten 23 davon hat er auf den Tremiti-Inseln verbracht. »Als ich im Jahr 2000 hier ankam, war der Archipel noch ziemlich unbekannt. Ich war von der Schönheit des Meeres und der Natur begeistert. Auch von der Kultur, der Geschichte. Und ich dachte mir: Es lohnt sich, diese Inseln zu entwickeln.«

Heute arbeiten ganzjährig zwölf bis 15 Leute für die beiden Unternehmen. Adelmo Sorci führt mich in einen Raum voller Bücherregale, Kameraausrüstungen und Meeresfotos an den Wänden. An Arbeitstischen in der Mitte sitzen junge Leute und werten auf ihren Laptops Laboranalysen aus. Es sind alles Meeresbiologen. Giada Quadrini, eine 24 Jahre alte Wissenschaftlerin aus den Abruzzen, sagt: »Als ich ein kleines Mädchen war, hatte meine Familie ein Haus am Meer. Ich war ständig unter Wasser und begeisterte mich für die verschiedenen Fischarten. Darum habe ich Meeresbiologie studiert. Auch weil dieses Fach in Italien noch ziemlich unterentwickelt ist.«

Um die Tremiti-Inseln herum haben Adelmo, Giada und ihre Mitstreiter an sich ideale Bedingungen. Weit draußen in der Adria gelegen, gehört der Archipel zu den artenreichsten Gegenden des Mittelmeers. Ein Paradies ist es dennoch nicht. Wegen des Plastikmülls. Viele Fische und Vögel verendeten daran, sagen die Forscher. Und Meeresschildkröten, weil sie Plastiktüten mit Quallen verwechselten, diese verschluckten und qualvoll verendeten.

»Das Problem begann vor 50 Jahren«, sagt Adelmo Sorci, »als sich die Kunststoffe immer mehr verbreiteten. Das führte auch zu immer mehr Müll. Und was galt als bester Ort, um ihn verschwinden zu lassen? Das Meer. 70 Prozent der Erde werden davon bedeckt. Daher meinte man, das Meer könne alles schlucken. Heute sehen wir, dass das nicht stimmt.« Das gelte auch und besonders für das Mittelmeer. »Es ist ein geschlossenes Meer. Etliche Anrainerstaaten, die Türkei, die Länder Nordafrikas, haben einen unterentwickelten Umweltschutz.« Die Adria sei zudem flach, Flüsse wie der Po spülten unablässig Abfall hinein. »Die Strömung nimmt ihn auf, die Tremiti-Inseln wirken wie Barrieren, und der Plastikmüll sammelt sich hier an.«

Die Meeresbiologen versuchen, darüber aufzuklären, die Leute aufzurütteln. Etwa durch ihre Müllsammelaktionen, an denen sich Schüler, aber auch Touristen beteiligen. Die Ergebnisse werden vom Laboratorio del Mare analysiert. Giada Quadrini legt mir Ausdrucke vor. Danach haben sie im Juni 2023 in einer Bucht namens Cala dei Turchi auf der unbewohnten Nachbarinsel Capraia mehr als eine halbe Tonne Müll eingesammelt – in nur einer Stunde. Darunter besonders viele Styropor-Kisten, Plastikflaschen, Plastiktüten sowie Reifen, Bojen, Fischernetze und eine Art Netzstrümpfe, in denen Muscheln herangezüchtet werden. Giada wiederholt: »Eine halbe Tonne in einer Stunde in einer Bucht einer unbewohnten Insel.« Wenn man das hochrechnet auf die Tremiti, auf das Mittelmeer, auf die Ozeane, wird einem schwindlig.

Doch das ist nicht alles. »Was wir an der Oberfläche finden, ist nur die Spitze des Eisbergs«, sagt die Meeresbiologin. »Das meiste versinkt in die Tiefe. Es lagert sich am Grund ab und zersetzt sich dort zu Mikroplastik. Über die Jahre gelangt es von dort in die Nahrungskette und endet dann in uns.«

»Wir haben die Mikroplastik-Teile im Meer um die Tremiti gemessen«, sagt Adelmo Sorci. »Die Zahlen sind ziemlich beeindruckend. Daher wollen wir vor allem die junge Generation aufrütteln, ihren Lebensstil zu ändern.«

Wir schwer es ist, das Plastik aus der Umwelt zu entfernen, zeigt ein kleines Beispiel, von dem Giada und Adelmo erzählen: Die Insel Pianosa[9] ist das abgelegenste Eiland des Archipels, zwölf Seemeilen nordöstlich von San Domino gelegen. Der letzte Vorposten Italiens im Meer vor dem Balkan. Die Insel steht unter strengem Naturschutz. Hier darf nicht gefischt werden, Boote dürfen nicht einmal anlegen. »Dennoch sieht es da aus wie auf einer Müllhalde«, sagt Adelmo Sorci. Unmengen von Plastik hätten Strömung und Wind dort abgelagert. Adelmo, Giada und die anderen wollten die Insel daher säubern. »Doch die Behörden haben uns das verboten und mit der Polizei gedroht.« Weil die Insel nicht betreten werden darf. Umweltschutz kann kompliziert sein.

Dabei ist Adelmo Sorci kein Öko-Fundi. Ich frage ihn, warum die italienischen Grünen, anders als in Deutschland, so wenig politischen Erfolg haben. Bei Wahlen erzielten sie selten mehr als zwei Prozent. Durch Listenverbindungen waren sie dennoch an italienischen Regierungen beteiligt und stellten einmal, in Francesco Rutelli, sogar einen Bürgermeister Roms. *Tempi passati.* Heute treten die Grünen unter dem Namen Europa Verde in einer kleinen Linksallianz an. Ihr Zuspruch bewegt sich im Ein-bis-zwei-Prozent-Bereich. »Die italienischen Grünen sind einfach zu radikal, um mehr Zustimmung zu finden«, glaubt Adelmo Sorci. »Weil sie zu viel fordern, erreichen sie am Ende gar nichts. Ihre Verbotspolitik funktioniert in Italien nicht.«

Sorci spricht sich daher für einen Kompromiss zwischen Wirtschaftspolitik und Naturschutz aus. »Früher waren das zwei Parallelen, die sich nicht berührten. Wir müssen sie zusammenführen.« Er glaubt an Umweltschutz durch wissenschaftlichen und wirtschaftlichen Fortschritt. Statt Verbote zu erlassen, solle man Umweltschäden durch Ausgleichsmaßnahmen kompensieren. Ein Ansatz, der auch in Deutschland propagiert wird, aber hochumstritten ist.

Es regnet wieder. Und der Himmel über dem Archipel sieht nicht so aus, als ob es je wieder aufhören sollte. Ich gehe in mein Zimmer, öffne das Fenster, lege mich aufs Bett und greife nach einem Buch. Es heißt »Non tutto il mare è perduto«.[10] Darin steht: »Unsere Meere werden immer mehr vom Plastik erstickt, nicht nur an den Küsten, sondern auch auf dem Grund und im Freiwasser.«[11] Das Meer sei »die größte Müllhalde des Planeten« geworden. Seit Mitte des 20. Jahrhunderts sei die Produktion von Kunststoffen schwindelerregend angestiegen. In den 1950er Jahren hätten die Menschen pro Jahr weltweit einige Tausend Tonnen Plastik produziert. 2019 seien es schon 370 Millionen Tonnen gewesen. Kunststoffe würden unser Alltagsleben wesentlich erleichtern. Doch zugleich stellten sie eine der größten Gefahren für die Umwelt dar. Im Verhältnis zur Lebenszeit des Menschen halte Plastik ewig. »Es findet sich überall, auch in Ecken der Welt, die für die Menschen unerreichbar sind, wie die Tiefen der Ozeane oder die Polar-Regionen.« Jede Minute würden auf der Welt eine Million Plastikflaschen und zwei Millionen Plastiktüten verkauft. Vieles davon lande im Meer. Und bislang hätten sich alle Ansätze der Wiederverwertung oder des Absaugens des Mülls als unzureichend erwiesen. Dabei sei das Meer entscheidend für das Überleben der Menschen. »Vom Meer hängen wir ab, um den Sauerstoff zu bekommen, den wir atmen, und um die Erderhitzung einzudämmen. Und es ist unsere unermessliche Nahrungsquelle.«

Als ich am Abend essen gehen will, winkt mich der Signore an der Rezeption zu sich. »Das Wetter wird immer schlechter. Die Schifffahrtsgesellschaft hat uns angerufen und gebeten, alle Gäste zur Abreise aufzufordern. Wir haben Ihr Rückfahrtticket daher auf morgen früh umgebucht. Selbstverständlich brauchen Sie für die Stornierung Ihrer weiteren gebuchten Nacht in unserem Hotel nichts zu bezahlen.«

Die Inseln versinken nun im Winterschlaf. Ich aber werde mich gern an das Hotel Eden erinnern, eine unspektakuläre Drei-Sterne-Pension, wie sie im italienischen Bilderbuch steht.

13

Santa Cristina – Reif für die Insel

Massimo stellt den Außenborder ab, und die östliche Lagune von Venedig fällt in ihren Urzustand zurück. Die Stille ist fast unheimlich. Nur das Schwappen des türkisbraunen Wassers gegen den Bug des Fischerbootes ist noch zu hören. Ein Kormoran fliegt eine flache, mit niedrigen Büschen bewachsene Insel entlang. Der leichte, feuchte Scirocco trägt einen moorigen Geruch aus den Salzmarschen zu uns herüber. Kein anderes Boot ist zu sehen. Wasser und Land durchdringen einander und scheinen mit dem tiefen, hitzehellen Himmel zu verschwimmen wie Farben auf einem Aquarell-Gemälde.

Aus einem großen Plastikbottich in der Mitte des Bootes dringt ein Schaben und Rascheln. Da drinnen sitzt der Feind.

Massimo, sonnenverbranntes Gesicht, schmale, scharf geschnittene Augen, weißgraue Dirigentenmähne und kurz gestutzter Bart, nimmt eine Art OP-Zange, ergreift ein kapitales Exemplar des Feindes und hebt es in die Höhe. Die Krabbe spreizt ihre jeansblauen Scheren ab, bereit zum Angriff. Sie ist etwa so groß wie ein Meerschweinchen. Ihre gepanzerten Füße suchen vergeblich Halt in der Luft. Die winzigen, kugelförmigen Augen starren ausdruckslos in den Himmel.

»Seit diesem Jahr vermehren sie sich explosionsartig«, sagt Massimo. »Sie sind schnell, aggressiv und unglaublich gefräßig.« Voller Gier stürzten sie sich auf die Muschelbänke mit den *vongole*, Miesmuscheln und Austern in der Lagune. »Und sie fressen die Fischbrut und packen mit ihren Scheren auch vorbeischwimmende größere Fische. Wenn wir sie nicht stoppen, werden sie das ganze Ökosystem der Lagune vernichten.«

Das klingt alarmistisch. Doch Massimo, Mitte 50, ist eher ein schweigsamer, ruhiger Typ. Er stammt aus einer Fischerfamilie von der Insel Burano und arbeitet als Fischer in der Lagune, seit er sieben Jahre alt ist. Daher kennt er dieses fragile System aus Land und Meer, Süß- und Salzwasser, Mensch und Natur so gut wie wenige andere. »Wenn das so weitergeht, werden die blauen Krabben all die Wassertiere vertilgen, von denen wir Fischer leben.«

Die blaue Schwimmkrabbe, *Callinectes sapidus*, stammt von den Atlantikküsten Nord- und Südamerikas und wurde vor Jahrzehnten ins Mittelmeer eingeschleppt. Sie liebt Flussmündungen und Brackwasser. Daher gedeiht sie in der Lagune von Venedig besonders gut. Lange Zeit hielt sich ihr Zuwachs dennoch in Maßen. Je mehr jedoch durch Starkregen Süßwasser in die Lagune eingetragen wird und je stärker sich das Wasser durch den Klimawandel erwärmt, desto besser gedeihen die Blaukrabben. 2023 ist ihre Zahl explosionsartig angestiegen. Die Muschelzüchter der Lagunen zwischen Grado im Nordosten und Comacchio im Süden beklagen bereits Ernteausfälle von 50 Prozent. Die Fischer melden, die Krabben zerbissen ihre Netze, um ihren Fang zu rauben.

Paolo Tiozzo vom Verband der Lebensmittelerzeuger

Fedagripesca-Confcooperative fordert daher: »Wir brauchen Notmaßnahmen, um diese fremde Spezies aus dem Atlantik einzudämmen, die – bei uns – keine natürlichen Feinde hat außer dem Menschen, die das Ökosystem gefährdet und die Muschelwirtschaft bedroht.«[1] Fischereiverbände, die Region Venetien und die Universität von Venedig haben 2023 ein Forschungsprojekt gestartet, um den Feind auszukundschaften und nach Wegen zu suchen, ihn zu bekämpfen. Neue, festere Netze sollen helfen. Prämien ermutigen Fischer, aber auch andere Bürger, die blauen Krabben zu fangen. Die Erträge werden zum Teil zu Dünger verarbeitet, erzählt Massimo. Zum Teil werden sie auch schon in Restaurants zubereitet. Das Spitzenlokal Venissa auf der Insel Mazzorbo serviert sie in einer Terrine mit mariniertem Eigelb und Blauregenblüten. Doch das alles reicht nicht aus. Die angriffslustigen Blaukrabben treten an manchen Stränden bei Venedig offenbar bereits so zahlreich auf, dass sich Touristen nicht mehr ins Wasser trauen.

»Das mit den Krabben ist ein neues Problem, da habe ich einen Heidenrespekt davor«, sagt René Deutsch. »Die Fischer hier in der Lagune sind nicht gerade zartbesaitet. Wenn die bleich werden, bekomme auch ich es mit der Angst zu tun.« Dann führt er mich von seiner Villa auf der Insel Santa Cristina hinüber zu einem der *valli da pesca*, wie die durch Dämme oder Schilfgeflecht abgetrennten teichartigen Fischzuchtbecken in der Lagune heißen. In einem Behälter wimmelt es nur so von Blaukrabben. Sie hocken am Boden, krallen sich in die Wände oder schwimmen mit kräftigen Stößen seitlich durch ihr Gefängnis. Manche der größeren halten einen kleineren Artgenossen in den Zangen, um ihn aufzufressen. René Deutsch nimmt einen Kescher und fischt zwei, drei Blaukrabben vom Rand des Beckens, um sie in den Container zu werfen. »Massimo hat mir gesagt, ich solle alle Krabben, die ich erwischen kann, aus den Fischteichen herausholen. Sonst fressen sie auch hier alles kurz und klein.« Denn die Eindringlinge machten auch vor seiner Insel nicht halt. Sie krabbelten nachts aus der Lagune, um die Teiche zu stürmen. »Ich fürchte, es ist zu spät, um sie noch zu stoppen. Ich habe das über Jahre beobachtet. Früher waren in den Reusen der Fischer zwei bis drei Blaukrabben, der Rest waren die kleineren einheimischen *moleche,*[2] eine traditionelle Delikatesse bei uns in der Lagune. Heute sind die Reusen voll von Blaukrabben, und es werden kaum mehr *moleche* gefangen. Sie wurden alle aufgefressen. Wenn das so weitergeht, wird das Kulturgut der Lagunenfischerei mit ihren vielen Arten an Muscheln, Fischen und Krebstieren zerstört.«

Dabei hat sich René Deutsch, ein freundlicher, nachdenklicher Mann Anfang 40 mit rotblondem Vollbart und langem, zum Knoten gebundenen Haar, so bemüht, dieses Kulturgut zu erhalten und auf seiner Privatinsel im wilden Osten der Lagune wiederaufzubauen. Aber der Reihe nach.

Wir setzen uns auf eine Holzbank am Rand der Insel Santa Cristina, blicken aufs Wasser und hinüber zum Nachbareiland La Salina. Zwischen uns, unter dem Wasser, liegt die versunkene mittelalterliche Lagunenstadt Ammiana mit den Resten ihrer Kathedrale, den Kirchen und Klöster. Sie lag auf einem Archipel, das – ein Menetekel für Venedig – untergegangen ist. Nur Santa Cristina ist übrig geblieben. Lange Zeit war die Insel ganz oder fast ganz verlassen, dann hat sie eine Wiederauferstehung erlebt. »Das ist meinem Stiefvater zu verdanken, Gernot Langes-Swarovski«, sagt René Deutsch.

Der 2021 verstorbene österreichische Unternehmer und jahrzehntelange Chef des Konzerns Swarovski begeisterte sich für Landwirtschaft und Aquakultur, also die Aufzucht von Fischen, Krebsen und Muscheln. Anfang der 1980er Jahre wurde ihm das langsam verfallende und vom Wasser bedrohte Santa Cristina zum Kauf angeboten, eine der mehr als 33 noch existierenden kleineren Inseln der Lagune von Venedig. Santa Cristina war damals heruntergekommen und vom Hochwasser bedroht, die Gebäude verfielen, die Fischteiche verschlammten. Langes-Swarovski griff dennoch zu. »Sein Traum war es, hier eine kleine Farm aufzubauen und sich da einmal zur Ruhe zu setzen«, erzählt sein Stiefsohn René Deutsch. Nachdenklich blickt er über die Lagune. »Das ist schon eine Verantwortung, wenn du so einen Ort übernimmst, der eine 2000-jährige Geschichte hat. Mein Stiefvater hat sich ihr gestellt. So etwas sehe ich nicht mehr so oft bei wohlhabenden Leuten.«

Der Kristallunternehmer machte sich als Erstes daran, sein Eiland vor der größten Gefahr in der Lagune zu schützen, dem Versinken. Denn die Lagunenlandschaft verändert sich ständig im Ringen zwischen Land und Meer. Einerseits führen die Alpenflüsse Steine und Sand heran, andererseits drückt die Adria in die Lagune herein. So entstehen Inseln und Marschen, verschwinden aber auch wieder. Der steigende Meeresspiegel und die zunehmende Wucht von Sturmfluten beschleunigen diesen Prozess. Also ließ Langes-Swarovski einen 1,8 Kilometer langen Erdwall um die 30 Hektar große Insel aufschütten, eine Millioneninvestition. Den Wall bepflanzte er mit Tamarisken, die den salzigen Boden vertragen.

René Deutsch deutet auf La Salina gegenüber. »Jedes Jahr, wenn wir nach dem Winter hierherkommen, fehlt etwas von ihr. Santa Cristina dagegen ist die am besten geschützte Privatinsel der Lagune, die ich kenne.«

Langes-Swarovski habe die Inselvilla wiederhergerichtet, einen Bauernhof erbaut, Oliven- und Obstbäume gepflanzt, die Weinberge wieder pflegen lassen. »Zu jener Zeit waren die Koreaner und Japaner weit voraus mit der Aufzucht von Krustentieren in Fischfarmen. Das wollte mein Stiefvater auch ausprobieren. Also züchtete er Scampi. Einer seiner Freunde war Gerd Käfer, der die Scampi in München verkaufte.«

René kam als 13-jähriger Junge zum ersten Mal mit seiner Mutter und dem Stiefvater nach Santa Cristina. »Ich habe in meiner Jugend wunderbare Ferien an diesem speziellen Ort verbracht.« Leider hätten es die Arbeit als Konzernlenker und dann sein Gesundheitszustand dem Stiefvater nicht erlaubt, die Insel häufig zu besuchen und im Alter dorthin zu ziehen. Santa Cristina fiel wieder in einen Dornröschenschlummer.

René studierte, engagierte sich in Start-up-Unternehmen. Dann zog es ihn mit seiner Frau Sandra nach Australien, wo sich die beiden in einem Ashram zu Yoga-Lehrern ausbilden ließen. Zurück in Innsbruck kam ihnen die Idee, Santa Cristina zu einem Yoga-Retreat zu machen. Langes-Swarovski war froh, dass sich jemand um die Insel kümmern wollte, und übergab sie seinem Stiefsohn. »2015 begannen wir, Villa und Bauernhaus zu renovieren. Sandra und ich lebten ein Jahr lang mit 20 Handwerkern auf der Insel, schliefen auf Matratzen auf der Baustelle und sorgten mit Wein und Bier für gute Stimmung.« Dann suchten sie gute Yoga-Lehrerinnen, die mit den Kursen begannen. »Das hat super funktioniert. Doch eines haben wir falsch eingeschätzt: Allein mit Yoga-Kursen konnten wir Santa Cristina nicht erhalten.«

Also überlegte René Deutsch, was er aus der Insel noch machen könnte; und vertiefte sich in deren Geschichte. Bei den Arbeiten auf Santa Cristina fand er immer mal wieder Artefakte, mal einen Kopf aus Stein, mal ein Reliefstück mit Kolibris und Weinranken. Denn die Insel schlummerte keineswegs immer am Rande der Geschichte vor sich hin. Sie ist Teil einer großen Historie, eng verknüpft mit dem Schicksal Venedigs.

Die Serenissima,[3] wie sich Venedig nannte, bemühte sich schon früh um einen kraftvollen Gründungsmythos. Demnach wurde die Stadt um das Jahr 452 herum errichtet, als die Hunnen unter ihrem Herrscher Attila plündernd, mordend und brandschatzend nach Oberitalien einfielen und die wichtige römische Hafen- und Handelsstadt Aquileia zerstörten. Damals, so erzählten es später die Venezianer, hätten sich viele Bewohner der Region tief in die sumpfige Lagune zurückgezogen, wohin ihnen die Reiterheere Attilas nicht zu folgen wagten. Auf einer unbewohnten Inselgruppe im Zentrum der Lagune hätten sie dann Venedig gegründet. Die Legende hat zwei Vorteile. Sie knüpft einerseits mit dem Jahr 452 unmittelbar an die große Geschichte Roms an, das Weströmische Reich erlosch erst um das Jahr 476. Andererseits wird durch die Neugründung klargestellt, dass Venedig nichts mit den dunklen Kapiteln Roms wie der Christenverfolgung zu tun hatte.

Tatsächlich haben sich die Dinge jedoch nicht so eindeutig zugetragen. Zum einen waren viele Inseln der Lagune schon in römischer Zeit immer wieder besiedelt,[4] von Menschen, die von Fischfang und Salzgewinnung lebten. Zum anderen erfolgte die Gründung Venedigs nicht auf einen Schlag. Darüber hinaus war die Stadt lange Zeit keineswegs die wichtigste Siedlung in der Lagune.

Im 5. Jahrhundert n. Christus war das römische Reich jedenfalls bereits zu schwach, um die Einfälle sogenannter Barbarenstämme aus dem Norden ausreichend abzuwehren. Insbesondere die Julischen Alpen mit ihren niedrigen Pässen im Nordosten der italienischen Halbinsel erwiesen sich als Schwachstelle. Hierüber drangen zuerst die Westgoten unter Alarich, dann die Hunnen und nach ihnen die Ostgoten unter Theoderich in das Reich ein. All diese Eroberungszüge lösten Fluchtbewegungen in die Lagunensümpfe aus. Zumeist kehrten die Menschen aber wieder in ihre Städte auf dem Festland zurück, sobald sich die Lage beruhigt hatte. Das änderte sich erst, als 568 die Langobarden anrückten, ein besonders kriegerischer und brutaler Germanenstamm. Sie zerstörten noch im selben Jahr erneut Aquileia sowie viele andere Städte. Die Bewohner flüchteten sich, angeführt von ihren Bischöfen, wiederum in die Lagunen, diesmal, um sich endgültig dort niederzulassen. So zogen die Menschen aus Aquileia nach Grado, aus Concordia nach Caprulae, dem heutigen Caorle, und aus Oderzo nach Torcello und auf die nahen Inseln Burano, Murano sowie auf den Ammiana-Archipel mit Santa Cristina. Venedig spielte zunächst keine größere Rolle. Das Lagunenreich, das nun unter der Herrschaft der oströmischen Kaiser in Konstantinopel stand, wurde vielmehr von der Stadt Heraclea[5] aus regiert, dann von Malamocco auf dem Lido aus. Erst 813 zog der Doge, der größeren Sicherheit wegen, auf eine schwer zugängliche Inselgruppe in der Mitte der Lagune namens Rivus Altus, heute Rialto genannt. Dort wuchsen 118 kleine Inseln schließlich zu Venedig zusammen. Die vielen Kanäle der Stadt zeugen bis heute von diesem Archipelcharakter.

Die Welt des Frühmittelalters war in einer Weise vom Christentum geprägt, wie sie heute nur noch schwer vorstellbar ist. Diesseits und Jenseits durchdrangen sich in der Vorstellung der Menschen vollkommen, Gott, die Jungfrau Maria und die Heiligen wirkten unmittelbar auf die Weltläufe ein und ließen sich durch Gebete, Wallfahrten und Stiftungen günstig beeinflussen. Entsprechend große Bedeutung hatten die Bischöfe und die Klöster bei der Entwicklung der Lagunen. Davon zeugen bis heute die Namen der Inseln. Sie sind oft nach Heiligen benannt: Sant'Erasmo, San Francesco del Deserto, San Lazzaro degli Armeni, San Michele, San Giorgio Maggiore, Sant'Ariano, San Lorenzo oder Santa Cristina. Wer sich als venezianischer Kaufmann im Seehandel ein Vermögen geschaffen hatte, der finanzierte einen Kirchenbau oder ein Kloster, um sein Heil im Jenseits auf eine solide Grundlage zu stellen. Die Klöster wiederum kümmerten sich nach dem Zerfall des Römischen Reiches darum,[6] die Samen der griechisch-römischen Kultur weiterzutragen, das Land wieder urbar zu machen, die Wirtschaft anzukurbeln. Für eine spätere Epoche habe ich das auf den Tremiti-Inseln gesehen. Hier in der Lagune kümmerten sich die Klöster im Mittelalter um die Salzgewinnung. Sie organisierten den Fischfang, ließen Wein pflanzen, Obst- und Gemüsegärten anlegen. Manche Insel muss sich damals in eine Bilderbuchlandschaft verwandelt haben.

828 gelang Venedig ein Coup. In jener Zeit wurden die

Gebeine des Evangelisten Markus im muslimisch beherrschten Alexandria in Ägypten aufbewahrt. Die Kaufleute Bonus aus Malamocco und Rusticus aus Torcello, so die Überlieferung, brachten die sterblichen Überreste an sich und schmuggelten sie in einer Kiste unter Schinken und anderem Schweinefleisch versteckt an den muslimischen Zöllnern vorbei außer Landes und nach Venedig. Die Venezianer erbauten daraufhin neben dem Dogenpalast um die Gebeine herum eine der faszinierendsten Kirchen der Welt: den Markusdom. Das verschaffte der Stadt einen ungeheuerlichen Prestigegewinn. Wer einen so bedeutenden Heiligen als Schutzpatron hatte, dem musste der Himmel gewogen sein. Was die Kaufmannsrepublik durch den weiteren Verlauf ihrer Geschichte bestätigt sah.

Wer einen Einblick in die mittelalterliche Welt der Lagune gewinnen möchte, der sollte auf die Insel Torcello fahren. Am besten vor halb elf Uhr morgens, denn dann öffnet die Basilika und die Schiffe bringen Massen von Menschen herbei. Vorher aber ist es märchenhaft beschaulich auf dieser Laguneninsel, deren Glockenturm einsam aus den Marschen aufragt. Ein kurviger Weg führt einen Kanal entlang von der Anlegestelle zum Ortszentrum, vorbei an Weinfeldern, Wiesen, Schafen und dem einen und anderen rustikalen Ausflugslokal. Die feuchte Luft riecht nach Jod. Zypressen und Trompetenblumen schmücken die Gärten. In den Kanälen schnappen die Fische nach Mücken und Fliegen. Der Platz vor der Kathedrale ist jetzt, um neun Uhr, noch menschenleer. Er verströmt eine magisch-mittelalterliche Atmosphäre. Torcello war nach den Barbareneinfällen zunächst eines der wichtigsten Kultur- und Wirtschaftszentren der Lagune. Um das 10. Jahrhundert herum lebten bis zu 20 000 Menschen hier, mehr als damals in Venedig. Mehrere Benediktiner- und Zisterzienserklöster blühten auf Torcello auf. An der Kathedrale ist eine Inschrift zu sehen, wonach die Kirche bereits im Jahr 639 erstmals geweiht wurde. Der heutige, 1008 geweihte, angenehm schlichte Bau gilt als älteste noch bestehende Kirche der Lagune. Innen überrascht er mit byzantinisch-orientalisch anmutenden Mosaiken, deren Pracht mit denen des Markusdoms in Venedig konkurrieren kann. Neben der Kathedrale liegt die ebenfalls aus dem 11. Jahrhundert stammende byzantinisch gestaltete Kirche Santa Fosca, gegenüber stehen zwei Palazzi, in denen das archäologische Museum untergebracht ist. Auf der Piazza befindet sich ein steinerner, 1500 geschaffener Thron, der »Thron des Attila« genannt. Die »Geißel Gottes«, wie der Hunnenkönig bezeichnet wurde, hat ihn der Legende nach benutzt. Historisch ist das widerlegt.

Der Platz mit seinen prächtigen Bauten zeigt, wie wichtig Torcello einmal gewesen ist. Heute leben vielleicht noch drei Dutzend Menschen dauerhaft auf der Insel. Schuld daran ist wohl eine Mücke. Ab dem 12. Jahrhundert ließen die Ablagerungen der Flüsse die Lagune um Torcello versumpfen, Schilf breitete sich aus, in dem die Mücken gediehen. Diese übertrugen die Malaria, die das Leben auf der Insel unerträglich machte. Die Menschen wanderten aus, die Gebäude verfielen, viele Bauten wurden auch demoliert, um mit den Bruchstücken Venedig auszubauen. Übrig blieb die Piazza. Von der Spitze des Campanile aus sieht man, wie anrührend still und einsam sie in der östlichen Lagune liegt.

Nicht viel anders dürfte das Schicksal des Ammiana-Archipels verlaufen sein, das nordöstlich von Torcello lag und nun versunken ist. Eben bis auf Santa Cristina. Die kleine Insel war schon zu Zeiten der Römer bewohnt, sie dürften bereits damals Fische in den *valli* gezüchtet und Ölbäume gepflanzt haben. Im siebten Jahrhundert soll die berühmte venezianische Familie der Falier, die später mehrere Dogen stellte, dort ein Benediktinerinnenkloster gegründet haben, das nach dem Heiligen Markus benannt wurde. Jahrhunderte später gelang es dem Kloster, eine bedeutende Reliquie zu ergattern: die Knochen der Heiligen Christina von Tiro.

Von Christina sind viele Legenden im Umlauf, mal wird sie als Christina von Tyrus, mal als Christina von Bolsena bezeichnet. Dementsprechend soll sie entweder aus Tyrus im heutigen Libanon oder aus Volsinii in Mittelitalien stammen. Wahrscheinlich wurden im Lauf der Geschichte zwei Heiligenlegenden miteinander verknüpft. Die gängigste Version lautet, dass Christina in der zweiten Hälfte des dritten nachchristlichen Jahrhunderts in der Nähe des Bolsena-Sees aufgewachsen ist. Sie musste mit ansehen, wie ihr Vater, der römische Stadtvogt Urban, die Christen grausam verfolgte. Von der Frömmigkeit und Sanftmut der Opfer ergriffen, trat sie selbst zum Christentum über, zerbrach die heidnischen Götter, die ihr Vater verehrte, und schenkte das Gold und Silber den Armen. Daraufhin ließ sie ihr Vater grausam verstümmeln, auf ein Rad binden, mit Öl begießen und anzünden, oder, nach anderer Version, mit einem Mühlstein um den Hals ertränken. Doch stets wurde sie von Engeln gerettet. Schließlich starb der Vater selbst vor Gram, seine Nachfolger versuchten erfolglos, Christina mit Giftschlangen oder in einem glühenden Ofen zu ermorden. Am Ende wurde sie mit Pfeilen erschossen.

Früh begann ein Märtyrerkult um sie. 1325 wurden Reliquien der Heiligen in Konstantinopel geraubt. Sie gelangten in das Kloster der Benediktinerinnen, wodurch die Insel zu ihrem Namen Santa Cristina kam. Doch auch die Heilige bewahrte das Eiland nicht vor dem Versumpfen. Die Nonnen wanderten 1340 nach Torcello aus, wurden jedoch vom Großen Rat Venedigs verdonnert, nach Santa Cristina zurückzukehren. Offensichtlich wollte man die Inseln der östlichen Lagune nicht einfach preisgeben. So mussten die Nonnen weiter in ihrem Kloster ausharren, bis nur noch eine einzige übrig blieb. Diese, Filippa Condulmer, erhielt 1452 endlich die Erlaubnis, Santa Cristina zu verlassen. Die Gebeine der Heiligen Christina gelangten zunächst nach Torcello und dann in die Kirche San Francesco della Vigna in Venedig. Dort ruhen sie bis heute in einem gläsernen Sarkophag.

Die Insel überlebte zwar den Untergang des Ammiana-Archipels, wurde in den folgenden Jahrhunderten aber nur noch teilweise landwirtschaftlich und zur Fischzucht genutzt. Bis Gernot Langes-Swarovski und René Deutsch kamen, um Santa Cristina wiederzubeleben.

Die Zeit des Sonnenuntergangs lädt zu einem romantischen Spaziergang um die Insel herum ein. Dann überziehen sich Lagune und Himmel mit den Farben Claude Monets. Veilchenblau und Blassrosa fließen ineinander, und wären da nicht die flachen Schatten der Inseln Burano und Torcello am Horizont, hätte man Mühe, Luft und Wasser voneinander zu unterscheiden. Es riecht nach Salz und Tang. Außer dem Greinen der Möwen oder dem Geplätscher einer Ente herrscht Stille. Kaum glaublich, dass sich nur eine halbe Bootsstunde entfernt Touristenmassen durch die Gassen Venedigs schieben, auf Gondeln und Vaporetti durch die Kanäle schippern und in den Trattorien und Bars der Serenissima Schlange stehen. Hier auf der Insel ist der Trubel nicht einmal zu erahnen. Aufruhr entsteht allenfalls, wenn man unter den Schlafbäumen der vier Dutzend wild lebenden Pfauen hindurchläuft und die schwerfälligen Vögel hysterisch kreischend aufflattern. Doch schnell tritt wieder Ruhe zwischen den Fischteichen, Obst-, Wein- und Gemüsegärten ein. Über Wiesenwege geht es an den Wasserbecken entlang zu einer verwitterten Kapelle aus rotem Backstein, der letzten Reminiszenz an die einstige Klosterkultur Santa Cristinas.

Bald sind Lichter zwischen schattenschwarzen Palmen zu sehen, gedämpfte Stimmen zu hören. In der ebenerdigen Loggia der Villa Ammiana, dem renovierten Herrenhaus, sitzen René und Sandra Deutsch mit einigen Freunden vor dem offenen Kamin und plaudern bei einem Glas eisgekühlten Prosecco. Nun erzählt mir René Deutsch, wie es weiterging mit seinem Inselabenteuer. Er machte sich daran, die uralte Fischzucht-Tradition wiederzubeleben. Denn die ersten Ansätze seines Stiefvaters waren eingeschlafen. Die Algen blühten und wucherten die Teiche wieder zu.

»Es war für mich eine große Herausforderung zu verstehen, wie das hier mit den *valli da pesca* funktioniert«, sagt René Deutsch. Also wandte er sich an die, die es wohl wissen mussten: an die Universität Ca'Foscari in Venedig. Die Forscher fuhren hinaus nach Santa Cristina, »und so sind 20 Doktorarbeiten bei uns entstanden«. Am Ende gaben die Wissenschaftler die Empfehlung, die verschlammten *valli* mit ihren übersäuerten

Böden mit schwerem Gerät auszubaggern und ganz neu zu beginnen. »Das hätte Millionen gekostet.«

Als Nächstes suchte René Deutsch Rat bei jenen, die es vielleicht noch besser wissen mussten. Er wusste, dass auf einigen Inseln in der Nähe noch traditionelle Fischzucht betrieben wurde, und dies seit Jahrhunderten. »Da gibt es einige alte Fischer, die machen das ihr ganzes Leben lang. Sie hausen wie Eremiten in der Lagune, um die Schleusen der *valli* je nach den Gezeiten zu öffnen und zu schließen, damit das Wasser durch die Teiche hindurchströmen kann. Mit ihnen und ihrem Wissen steht und fällt die Fischzucht in den *valli*. Die Jungen wollen das heute nicht mehr machen.«

René suchte und fand ein paar erfahrene Fischer. Darunter Massimo. »Er riet mir, einfach mal anzufangen, die Teiche mit einigen 100 000 Jungfischen zu besetzen und zu sehen, was passiert.«

Massimo erklärte René die alte Kunst der venezianischen Fischzucht: »Die Fische ziehen im Frühling aus dem Meer in die seichte, nährstoffreiche Lagune, um zu fressen. Im Herbst schwimmen sie wieder hinaus in die Adria, wo sie ablaichen. Im Frühling ziehen die Jungfische zurück in die Lagune, wo sie viel Nahrung finden und geschützt aufwachsen.« Dieses instinktgetriebene, von den Temperaturunterschieden des Wassers ausgelöste Verhalten machen sich die Fischzüchter seit der Antike zunutze. Sie fangen die Fischbrut im Februar, März und April mit feinen Netzen an den Eingängen der Adria zur Lagune, setzen sie in die *valli* und lassen sie dort aufwachsen. Gefüttert werden müssen sie nicht. Sie finden alles, was sie brauchen, in der Natur. Algen, winzige Krebse, Insekten.

Im Herbst kühlen die flachen *valli* schneller aus als die

Lagune. Nun, im November und Dezember, den genauen Zeitpunkt bestimmen die erfahrenen Fischer, werden die Schleusen der *valli* geöffnet. Das wärmere Wasser strömt herein. Die Fische schwimmen ihm entgegen, um nach draußen zu kommen. Vor den Schleusen aber sind Reusen angebracht, in denen die Fische gefangen werden. Die Fischer brauchen sie nur noch zu sortieren. Sie stehen dann tagelang mit dem Kescher im Wasser und schaufeln die Fische heraus. Die Großen werden auf dem venezianischen Fisch-Großmarkt von Tronchetto verkauft. Die kleinen kommen in spezielle, fünf Meter tiefe Becken, wo sie Winterschlaf halten. Im Frühjahr dürfen sie wieder raus in die *valli*, um weiterzuwachsen.

»Auf diese Weise bekommst du – ohne Futter, ohne Antibiotika – verschiedene Generationen gesunder Lagunenfische in deine *valli*«, sagt René. Er folgte dem Rat der Fischer.

Mithilfe von Massimo begann er, im Frühling Jungfische zu fangen und in das 30 Hektar große geschlossene System seiner *valli* zu setzen. »Wir nahmen zum größten Teil Meeräschen, weil die die Algen und anderen Pflanzen fressen. Aber auch Goldbrassen und Seebarsche. Und – es hat funktioniert. Schon in der ersten Saison sahen wir einen Riesenunterschied. Die Veralgung der Becken ging stark zurück. Darauf bin ich stolz: dass wir das geschafft haben, die traditionelle Fischzucht wieder in Gang zu bringen.«

Auch beim Obstbau musste René viel lernen. Anfangs trugen seine Aprikosenbäume auf Santa Cristina kaum Früchte. Der Grund: Es fehlten die Bienen zur Bestäubung. Und da Bienenvölker nicht gern weitere Strecken übers Wasser fliegen, kamen auch keine neuen nach. Also tat sich René mit einem Imker der Region zusammen, ließ ein Dutzend Völker ansiedeln und kann seither reiche Ernte einfahren.

»Auf so einer Insel merkst du besonders schnell, wie kleine Veränderungen des Ökosystems große Auswirkungen haben«, sagt René. Als Beispiel nennt er den langsam, aber stetig steigenden Meeresspiegel. Zwar sei Santa Cristina durch den Wall seines Stiefvaters vor Überflutung geschützt. Das Salzwasser sickere aber von unten in den Boden hinein. Dadurch würden die Bäume, die kein Salzwasser mögen, Oliven etwa, immer flacher wurzeln. Am Ende stürben sie ab oder würden von Stürmen gefällt.

Am Mittag haben wir so ein Unwetter auf Santa Cristina erlebt. Gerade noch stach die Sonne brutal auf uns herab, da wurde der Himmel im Norden binnen Minuten schwarz. Dann brachen Sturm und Regen los. Der Wind peitschte die Bäume, das Regenwasser stand schlagartig zentimeterhoch auf den Wegen und in den Wiesen. 20 Minuten später prallten wieder die Sonnenstrahlen auf Santa Cristina hinab, als sei nichts gewesen.

»Die Stürme werden von Jahr zu Jahr häufiger und intensiver, besonders im Sommer«, sagt René. »Auch die Hitze wird meinem Eindruck nach immer schlimmer. Starkregen einerseits und Trockenheit andererseits machen uns zu schaffen. 2022 etwa war alles hier verdorrt. So etwas haben wir noch nie erlebt.« Das Weingut Venissa auf der nahen Insel Mazzorbo, das aus den Trauben von Santa Cristina einen Inselwein macht, halte die Erntemenge bereits für zu gering. »Wir überlegen jetzt, die Weinberge zu bewässern.« Da die alten, 80 Meter tiefen Brunnen der Insel nicht mehr genug Süßwasser abgeben, hat René nun neue bohren lassen. 140 Meter tief. Wie weit lässt sich das fortführen?

Auch Venedig selbst wird immer stärker vom Hochwasser bedroht. Seit Jahrzehnten wird nach einer technischen Lösung gesucht. 2021 ging das Sturmflutsperrwerk Mose – nach drei Mal so langer Bauzeit und bei drei Mal so hohen Kosten wie geplant – endlich in Betrieb. Es besteht aus 78 klappenförmigen, mit Wasser gefüllten Stahlkästen, die an den drei Eingängen der Adria zur Lagune auf dem Meeresboden liegen. Droht Hochwasser, wird Pressluft in die Klappen gefüllt. Diese richten sich auf, riegeln die Lagune gegen die *Acqua alta*[7] ab und schützen so Venedig und andere Lagunenorte. Das Projekt war von Anfang an umstritten. Sintflutartige Korruption bei seiner Verwirklichung machte es noch fragwürdiger. Nunmehr, endlich fertiggestellt, hat es schon bei einigen Sturmfluten funktioniert. Die Verantwortlichen sprechen von einem großen Erfolg. Umweltschützer kritisieren dagegen, das Sperrwerk verändere die Strömungen in der Lagune und gefährde dessen Ökosystem. Viele Fischer lehnen Mose daher ab. René Deutsch sagt: »Ich selbst habe noch nichts Negatives beobachten können.«

Dafür treiben ihn andere Eingriffe in die Ökologie der Lagune um. Etwa die Sache mit dem Blei. Etliche Inselbesitzer haben die Fischzucht aufgegeben, weil sie ihnen zu mühsam geworden ist. Ihnen erscheint es einträglicher, ihre *valli* und Marschen für Vogeljäger zu öffnen. Diese schießen vorzugsweise mit Schrotkugeln aus Blei auf Wildenten und andere Vögel. Dadurch komme es zu Bleiverseuchungen in der Lagune, sagt René Deutsch. So paradiesisch die Tage auf Santa Cristina erscheinen: Es fällt schwer, sich keine Sorgen um die Zukunft der Lagune zu machen.

Es ist Nacht geworden auf Santa Cristina. Die Pfauen schlummern auf ihren Bäumen. Die blauen Krabben durchkämmen das Wasser nach Muscheln und kleineren Artgenossen. Massimo ist in seinen Sessel auf der Terrasse gesunken und raucht etwas, was ihn entspannt. Allison Zurfluh, eine amerikanisch-schweizerische Künstlerin und Freundin der Insel, erzählt, wohin sie morgen mit dem Boot zum Aquarellmalen fahren will.

René Deutsch aber zerbricht sich den Kopf über seine Insel, die ihn das ganze Jahr auf Trab hält, auch wenn er nicht hier, sondern in Innsbruck weilt. Dafür sorgt schon die italienische Bürokratie. Nach 20 Jahren Bearbeitungszeit hat sie nun den Antrag bewilligt, auf Santa Cristina ein Schwimmbad zu bauen. Allerdings nicht, wie gewünscht, mit Süßwasser, sondern mit Salzwasser. Renés Stiefvater, der Mentor von Santa Cristina, ist nun verstorben, die Insel gehört inzwischen einer Familienstiftung, die nicht in Kosten versinken möchte. Fischzucht, Obst- und Weinbau und Yoga-Kurse hat René Deutsch schon in Gang gebracht. Seit einer Weile kommt ein weiteres finanzielles Standbein dazu.

Wer will, kann das ganze Eiland samt Motorboot und ausgezeichneter Köchin exklusiv für einen Urlaub mit Familie und Freunden mieten.[8] 16 Gäste haben in der Villa Platz. Die Ausstattung ist komfortabel, aber nie *bling-bling*, wie die Franzosen neureichen, auftrumpfenden Luxus nennen. Der Charakter der alten Laguneninsel bleibt erhalten. Nicht immer passten die neuen Gäste dazu. »Ich wünsche mir Mieter, die Santa Cristina zu schätzen wissen und kein Bulgari- oder Armani-Hotel suchen«, sagt René Deutsch. Er habe gelernt, die Insel so anzubieten, dass er solche Kunden findet. »Die Gäste, die jetzt kommen, lieben es hier – und viele kommen immer wieder.«

Ich liege in meinem Bett im zweiten Stock der Villa. Die Fenster stehen offen, aus dem Dunkel dringt etwas Kühle herein. Ich denke an all die Geschichten, die sich auf dieser kleinen Insel ereignet haben. Römische Fischzüchter, Flüchtlinge vor den Barbaren, Nonnen, Weinbauern, Massimo, René, Sandra, betuchte Gäste aus aller Welt. Die Menschen kommen und gehen. Inseln rundherum versinken im Morast. Santa Cristina aber bleibt. »Es geht weit über uns hinaus«, sagte René Deutsch am Abend noch. »Es ist ein Habitat, ein Ökosystem. Und noch mehr. Für mich ist diese Insel ein Lebewesen.«

14

Pianosa – Im Wartezimmer der Freiheit

Nomen est omen. Pianosa ist so flach, dass ich es lange partout nicht erkennen kann, obwohl ich angestrengt den Horizont absuche. Da ist nur die sanft gekräuselte Meeresoberfläche, die in einen hitzeweißen Himmel übergeht. Elba liegt schon weit hinter uns, als ich endlich einen schmalen, dunklen Streifen zu erkennen glaube. Bald darauf nimmt die geheimnisvolle, lange Zeit verbotene Insel Konturen an. Felsen umgeben eine Bucht, die von zinnenbewehrten, verwitterten Mauern, Türmen und burgartigen Palazzi gesäumt ist. Einige Dächer sind eingestürzt. Dunkle Fensterhöhlen starren auf die See hinaus. Pianosa wirkt auf den ersten Blick wie eine verwunschene Kreuzritterburg oder wie eine Seeräuberfestung aus einem Pippi-Langstrumpf-Film.

Gleich nach dem Anlegen strömen die Tagestouristen, die vom toskanischen Hafenort Piombino oder von Marina di Campo auf Elba gestartet sind, mit Sonnenschirmen, aufblasbaren Krokodilen und Schwimmsesseln an den nahen Strand. Sie schwimmen im Schatten der Gefängnismauern und Wachtürme im tropisch warmen Meer und ruhen sich dann im puderweißen Sand aus. Mich zieht es zunächst in den geisterhaften Ort. Ich laufe ein altes Hafenbecken entlang, aus dem die Mauern der verfallenden Palazzi aufragen. Verwinkelte Treppen führen zu einem stattlichen Kuppelbau, der auf bessere Tage hindeutet. Ein Kahn morscht, auf einen flachen Felsen gezogen, vor sich hin. Die Sonne steht hoch, die Luft ist feucht, meine Wetter-App gibt eine »gefühlte Temperatur« von 43 Grad an. Kein Mensch ist zu sehen, was nicht nur an der Hitze liegt. Der Borgo ist offensichtlich verlassen.

Ich flüchte aus dem alten Ortskern hinaus und erreiche das Albergo Milena, das mit seinen zehn Zimmern im ehemaligen Palazzo des Gefängnisdirektors untergebracht ist. Am Eingang erwartet mich Giulia, wie sie sich vorstellt, eine ebenso herzliche wie resolute Elbanerin in einem geblümten, kurzen Sommerkleid, das für die Verhältnisse der Insel phänomenal elegant ist. Die wenigen anderen Übernachtungsgäste stehen um sie herum. Giulia erklärt die Regeln: Baden nur in der Hauptbucht am Strand. Abfall stets wieder mitnehmen. Das Tor durch die Gefängnismauer nur in Begleitung einer Führerin durchschreiten.

Pianosa ist zweigeteilt. Der kleinere Abschnitt um den Hafen, den alten Borgo und das Hotel Milena ist frei zugänglich. Den größeren Teil versperrt eine etwa sechs Meter hohe, massive graue, mit Wachtürmen bestückte Mauer aus Stahlbeton, die die ganze Insel durchtrennt. Dahinter stehen die Gefängnisanlagen, die heute fast alle verlassen sind, und die Behausungen der wenigen noch hier lebenden Häftlinge. Bevor wir über diese seltsame Mauer nachdenken, die an das geteilte Deutschland erinnert, bringt uns Giulia schon zu unseren Zimmern im ersten und zweiten Stock. Ich werfe mich aufs Bett und ziehe an einer Schnur, um den Ventilator an der Gewölbedecke in Gang zu setzen. Sein Lufthauch erreicht mich kaum. Doch es tut gut, hier einfach ruhig zu liegen und den Schweiß abtrocknen zu lassen. Nie zuvor ist mir der Sinn der Siesta so klar geworden.

Am Spätnachmittag gehe ich hinunter zum Strand. Die Tagestouristen sind abgefahren. Die wenigen Übernachtungsgäste verlaufen sich in der Ferne. Ich ziehe meine Schwimmbrille an und genieße die Abkühlung durch das 29 Grad kalte Wasser. Alles ist relativ. Unter mir wechseln sich Sandböden mit bewachsenen Felsen und Feldern von Neptungras ab. Die fürs Mittelmeer außergewöhnlich zahlreichen Fische zeigen keine Scheu. Ich drehe mich auf den Rücken, lasse mich treiben und möchte nicht mehr heraus aus diesem Zustand. Dann bekomme ich Hunger und schwimme zurück an den Strand, genau auf einen der Wachtürme zu. Links und rechts von ihm erstreckt sich die schier endlose Mauer.

Die Bar und das Ristorante Da Brunello bieten die einzige Verpflegung auf der zehn Quadratkilometer großen Insel. Aber was für eine. Im schlichten Speisesaal und im lauschigen Innenhof werden die Übernachtungsgäste und die wenigen Carabinieri, Gefängnisbeamten und Fremdenführerinnen der Insel verwöhnt. Hier ist das Reich von Stefano Brandani, dem Koch. *Lo Chef* sieht aus, wie ich mir einen Piratenhäuptling vorstelle: athletischer Körper, wild tätowiert, ein großer Kopf mit einer imposanten Nase unter stechend schwarzen Augen. Wirres Haar, Theo-Waigel-artige Augenbrauen, ein respektgebietender schwarzer Vollbart, der einem alttestamentarischen Propheten Ehre gemacht hätte. Schlagfertig, voller Humor. Und wirklich ein Chefkoch. Ich habe auf den italienischen Inseln fast immer sehr gut gegessen. Aber kaum derart gut wie in diesem Lokal. Sein Erfolgsrezept ist das der italienischen Küche: beste, frische Zutaten, insbesondere Gemüse, Meeresfrüchte und Fisch, ohne Firlefanz so zubereitet, dass der Eigengeschmack zum Tragen kommt. Einfach, aber mit den optimalen Koch-, Gar- und Bratzeiten. Und das, hier auf Pianosa, zu Preisen, dass man meint, der Wirt habe sich zu seinen Ungunsten verrechnet. *Linguine mit Vongole.* Couscous mit Meeresfrüchten. Frittierter Fisch. Gefüllte Tintenfische. Gegrillte Goldbrasse. Tatar aus kurz und scharf angebratenem Thunfisch. Solche Sachen. Der Fisch kommt nicht direkt aus den Gewässern um die Insel. Denn die sind streng gehütetes Meeresschutzgebiet.

Während ich allein an meinem Tisch esse und die drei, vier italienischen Familien, die Carabinieri-Beamtinnen und die Gefängniswärter betrachte, kommt eine Operndiva herein. Weinrote Abendrobe und festlicher Schmuck auf stattlichem Resonanzkörper. Für Opernverhältnisse gerade noch dezent geschminkt. Die Diva schreitet zwischen den Tischen hindurch, lächelt hier, grüßt dort, und lässt sich dann an meinem Tischchen nieder. Ich habe ihr am Nachmittag gesagt, dass ich ein Buch über die italienischen Inseln schreibe, und Giulia Manca hat mir versprochen, mir am Abend ihre Liebesgeschichte mit Pianosa zu erzählen.

»Ich bin auf Elba geboren und zur Schule gegangen«, beginnt sie. »Eine meiner Klassenkameradinnen stammte aus Pianosa. Ihr Vater arbeitete dort als Gefängniswärter. In den Sommerferien fuhr sie mit dem Schiff zu ihm. Ich durfte sie begleiten. Da war ich zehn Jahre alt. Die Mole, an der heute die Boote anlegen, gab es noch nicht. Die Fähre ankerte draußen. Die Passagiere wurden mit Ruderbooten zur Insel gebracht. Davor wurden sie von den Wächtern befragt. Ich stieg also die Strickleiter von der Fähre zum Ruderboot hinunter. Wer ich sei, fragten sie mich. Eine Schulfreundin des Mädchens, dessen Vater auf der Insel lebe, antwortete ich. Sie schüttelten den Kopf. Ich durfte nicht an Land.«

Im Sommer darauf versuchte Giulia es wieder. Inzwischen war die Betonmole gebaut, die Fähren konnten anlegen. »Ich sah das türkisfarbene, kristallklare Wasser. Und eine Meeresschildkröte, die an einem Pfahl angebunden war wie ein Wachhund. Ich wollte in diesem Wasser schwimmen – und die Schildkröte befreien. Doch sie ließen mich wieder nicht an Land. Da habe ich mir geschworen: nie wieder Pianosa.«

Viele Jahre gingen ins Land. Giulia zog nach Deutschland, verliebte sich, bekam eine Tochter. Und arbeitete viele Jahre im Tourismusgeschäft in Freising. Eines Tages im Jahr 1998 rief ihre Mutter aus Elba an: »Giulia! Sie haben das Hochsicherheits-Gefängnis auf Pianosa zugemacht! Man kann jetzt dorthin!« Seitdem fuhr Giulia jedes Mal, wenn sie in den Ferien nach Elba reiste, auch nach Pianosa. »Manchmal fünf, sechs Mal in einem Urlaub. Ich habe mich verliebt in diese Insel.«

Warum? So genau kann Giulia das auch nicht sagen. Es war wohl das Wilde, Ursprüngliche, Unverbrauchte. So wie ihre Heimatinsel Elba nicht mehr war. Pianosa dagegen war als Kerkerinsel über lange Zeiten vom Rest der Welt isoliert. Seine Gewässer waren für Schiffe gesperrt. Sie sind sauber und fischreich geblieben. Ein Paradies – wenn auch gewiss nicht für die Menschen, die dort eingekerkert waren.

Vor einiger Zeit fiel Giulia auf, dass jedes Mal, wenn ihr Schiff am Nachmittag zurück nach Elba fuhr, einige Menschen am Strand zurückblieben. Sie erfuhr, dass eine gemeinnützige Kooperative dort ein kleines Hotel eröffnet hatte, das Albergo Milena. »Ich buchte sofort eine ganze Woche. Es war einfach, ja karg, aber ich fand es toll.«

Zumal Hotel, Restaurant und Bar ein ungewöhnliches Konzept hatten und haben. Hier arbeiten Gefangene mit. Als Barkeeper, in der Küche, im Service, beim Zimmermachen. Pianosa war zu dieser Zeit bereits zu einer Modellhaftanstalt für ein bis zwei Dutzend Insassen geworden. Strafgefangene, die einen erheblichen Teil ihrer Haft abgesessen haben, sich sehr gut führen und als nicht mehr gefährlich gelten, werden aus dem Gefängnis von Porto Azzurro auf Elba hierherverlegt, um sich auf ein Leben in Freiheit vorzubereiten. Sie müssen zwar auf der Insel bleiben und abends in ihre Unterkünfte hinter der Mauer zurückkehren. Doch das sind keine Zellen mehr, sondern normale Zimmer ohne Gitter. Die Häftlinge arbeiten tagsüber im Hotel und Restaurant oder in den Gemüsegärten der Insel, sie dürfen sich frei auf Pianosa bewegen, im Meer schwimmen, ein Handy besitzen, Besuche von ihren Angehörigen empfangen.

»Haben sie schwere Verbrechen begangen?«, frage ich.

Giulia deutet auf den Mann Ende 30, der uns gerade die Pasta aufgetischt hat. »Er hat schon 14 Jahre Gefängnis hinter sich. Ein prima Bursche.«

»Und die Rückfallquote?«

»0,0 Prozent.«

Wir kommen auf Giulias erste ganze Woche auf Pianosa zurück. Als sie am Ende des Urlaubs fürs kommende Jahr vorbestellen wollte, sagte ihr der Hotelchef: »Wir sind leider pleite. Das Albergo funktioniert nicht.«

»Ich konnte mir das nicht vorstellen«, sagt Giulia. »Ein kleines Hotel auf Pianosa, vor der Küste der Toskana. In dieser Natur, an diesem Meer. Mit dieser Geschichte. Und ich wollte auch nicht, dass die Häftlinge wieder zurück in normale Gefängnisse mussten.«

Giulia bot ihre Unterstützung an. Sie arbeitete ein Jahr lang ohne Bezahlung mit und half, den Betrieb aus den roten Zahlen zu bringen. »Dann baten sie mich, hauptberuflich einzusteigen.« Als der damalige Leiter wegen einer Erkrankung aufgeben musste, vertraute er Giulia das Projekt an. Zunächst hätten ihr, der jungen Frau, alle das Leben schwer gemacht. Die Gefangenen, die Aufseher. »Doch ich habe mich durchgesetzt.« Heute leitet sie im Auftrag einer Kooperative mit Sitz im toskanischen Pontedera das Hotel und Restaurant auf Pianosa. Zusammen mit den Häftlingen arbeiten drogengefährdete Jugendliche mit. Wer ihnen zusieht, wie sie, bevor die Gäste kommen, gemeinsam an einem langen Tisch essen und miteinander plaudern, bekommt das Gefühl: Das funktioniert. Das ist ein Team.

Etwa ab Ostern bis Ende Oktober haben Restaurant und Hotel geöffnet. Danach wird es einsam auf der Insel. »Im Winter lebe ich als einzige Frau mit zwei, drei Wächtern und den Häftlingen hier«, sagt Giulia.

»Ob ihr nicht langweilig wird?«

»Iwo. Ich lese viel, gehe spazieren und mache Schmuck. Und alle fünf, sechs Wochen fahre ich zum Einkaufen nach Elba.«

Pianosa ist mit diesem Projekt die wohl ungewöhnlichste der italienischen Gefängnisinseln. Doch es ist keineswegs die einzige. Bis heute befinden sich auf etlichen Inseln Haftanstalten. Auf dem nahen Elba, aber auch auf Favignana. Oder auf Nisida im Golf von Neapel, wo jugendliche Straftäter einsitzen. Auch auf Gorgona, das wie Pianosa zum Toskanischen Archipel gehört, leben Häftlinge, nicht ganz so frei wie hier, doch ebenfalls viel freier als in normalen Gefängnissen. Sie kümmern sich um einen Weinberg, züchten Nutztiere oder stellen Käse her.

Menschen auf Inseln zu isolieren, hat eine lange Tradition. Da Inseln durchs Wasser vom Rest der Welt getrennt sind, bot es sich an, Verbrecher, politische Gegner, Pestinfizierte, Geisteskranke und andere, die man nicht in der Gemeinschaft haben wollte, dorthin zu verfrachten. »Die physische Barriere und die daraus folgenden psychologischen und sozialen Mauern stehen den Machthabern gratis zur Verfügung«, schreibt der italienische Politiker und Autor Valerio Calzolaio.[1] Im Kapitel über die Insel Ventotene war schon davon die Rede, wie die Römer und 2000 Jahre später die Faschisten Inseln als Verbannungs- und Haftorte nutzten. Dazwischen liegen historisch viele weitere Beispiele. Die Päpste kerkerten im Mittelalter vorgebliche Ketzer und andere Gegner auf zwei Inseln im Bolsena-See nördlich von Rom ein. Die Briten missbrauchten einen ganzen Kontinent, Australien, als Gefängnis. Die Franzosen verschleppten Tausende Sträflinge – darunter den unschuldigen jüdischen Offizier Alfred Dreyfus – auf die Teufelsinsel vor der Küste Guyanas in Südamerika und ließen sie unter unmenschlichen Bedingungen Zwangsarbeit leisten. Die wenigsten überlebten. Kaiser Napoleon wurde erst, sehr komfortabel, auf Elba, dann, weniger angenehm, auf Sankt Helena festgehalten. Al Capone saß auf Alcatraz in der Bucht von San Francisco ein. Nelson Mandela musste einen großen Teil seines Lebens in einer Zelle auf Robben Island vor Kapstadt verbringen. Abdullah Öcalan, der Anführer der kurdischen Untergrundorganisation PKK, wird seit 1999 von der Türkei auf der Gefängnisinsel Imrali im Marmarameer inhaftiert, die ersten zehn Jahre als einziger Häftling. Die Beispiele ließen sich fortsetzen.

Italien hat seit den Zeiten des antiken Roms besonderen Einfallsreichtum bei der Nutzung von Inseln zur Isolation von Menschen bewiesen. Das gilt auch für Pianosa. So ließ Kaiser Augustus seinen Enkel, Adoptivsohn und einzigen noch lebenden männlichen Abkömmling Agrippa Postumus hierher ins Exil schicken. Die ausgegrabenen Reste der Villa, in der er lebte, sind am Rand des Hauptstrandes zu sehen. Fast zwei Jahrtausende später, im Jahr 1858, gehörte die Insel zum Großherzogtum Toskana. Es wurde von einem weitsichtigen Herrscher regiert, dem Habsburger und Kaiserenkel Leopold II. Er war ein aufgeklärter, kluger Reformer, der die damals rückständige Toskana erfolgreich modernisierte. Seine Pläne, eine Verfassung zu erlassen, die Bauern zu befreien und die Zensur abzuschaffen, scheiterten jedoch am Widerstand des Kaiserhauses in Wien. Immerhin gelang es ihm, wenn auch nur vorübergehend, in der Toskana als erstem Staat Europas die Todesstrafe abzuschaffen. Zudem ließ er die Maremma[2] entwässern und damit die Malaria zurückdrängen. Die Stadt Grosseto hat ihm auf ihrer Piazza vor dem Dom zu Recht ein eindrucksvolles Denkmal gesetzt.

Auch beim Strafvollzug bemühte sich Leopold II. um Reformen. So ließ er 1858 auf Pianosa eine damals revolutionäre Idee verwirklichen. Die Gefangenen sollten nicht mehr in schummrigen Kerkern verderben, sondern unter freiem Himmel gemeinsam in der Landwirtschaft arbeiten, so etwas Nützliches bewirken und wieder in die Gesellschaft zurückfinden. Also wurde auf der Insel die erste landwirtschaftliche Strafanstalt Italiens eingerichtet. Das Königreich Italien, in dem die Toskana kurz darauf aufging, baute das Konzept aus und errichtete auf der Insel mehrere von Häftlingen bewirtschaftete Güter. Zugleich ließ der damalige Gefängnisdirektor Leopoldo Ponticelli die zinnenbewehrten Bauten errichten, die Pianosa bis heute prägen. Er war der Ansicht, eine hübsche Architektur bessere den Menschen. Die Häftlinge ließ er außer auf den Feldern auch auf dem Bau und in verschiedenen Handwerksbetrieben beschäftigen. Der Juraprofessor Vincenzo Garelli urteilte damals: »Wer über viele Jahre die harte Strafe des Schweigens und der Isolierung erduldet hat, der weiß die Wohltat zu schätzen, unter offenem Himmel und in Gemeinschaft mit anderen arbeiten zu dürfen.«[3]

Aus Pianosa wurde, so Zeitzeugen, eine blühende Garteninsel. Um 1880 herum arbeiteten fast 1000 Häftlinge hier. In dieser Zeit wurde auch ein Lazarett eingerichtet, in das nach und nach alle tuberkulosekranken Häftlinge Italiens verlegt wurden. Man ging davon aus, die feuchte Meeresluft tue den Kranken gut. Ein fataler Irrtum. Zwischen 1860 und 1946 starben auf Pianosa schätzungsweise 2350 Gefangene, darunter viele Tuberkulose-Kranke.[4]

Nach Weltkriegen und Zwischenkriegszeit, während hier Kriegsgefangene, Deserteure und Gegner des Mussolini-Regimes eingesperrt waren, wurde Pianosa wieder als Strafkolonie betrieben. In den 1970er Jahren geriet die Insel in die Schlagzeilen. Dabei ging es um gescheiterte Ausbruchsversuche, den Mord an einem Gefängnisdirektor sowie den Betrieb eines, natürlich illegalen, Gefängnisbordells, das der Kommandant der Wächter eingerichtet haben soll.[5]

Dann begann ein neues Kapitel der Geschichte: der

Linksterrorismus der Roten Brigaden. Ab 1977 wurden auf Pianosa mehrere Anführer der Terrorgruppe inhaftiert, gefolgt von Bossen der Camorra. Nun wurde das einstige Sanatorium auf der Insel zum Hochsicherheitsgefängnis ausgebaut. Gärten und Wäldchen um den Gebäudekomplex wurden beseitigt. Zudem wurde nun die riesige Mauer gebaut, die die Insel bis heute teilt. Bald darauf schrieb die Insel noch einmal italienische Gewaltgeschichte. Nach den Mafia-Morden an den sizilianischen Richtern Giovanni Falcone und Paolo Borsellino im Jahr 1992 ließ die italienische Regierung einige der gefährlichsten Verbrecher der Cosa Nostra auf Pianosa einkerkern. Sie landeten unter schärfster Bewachung mit Chinook-Hubschraubern auf dem Fußballplatz der Insel.[6] Zu ihnen gehörten Männer wie der Boss der Bosse Michele Greco, genannt *U'Papa* (Der Papst), sowie der Massenmörder Giovanni Brusca, genannt *Lo Scannacristiani* (Der Halsabschneider). Die ganze Insel wurde nun zu einem der am besten bewachten Orte Europas. Carabinieri, Polizisten und Spezialkräfte bewachten Pianosa rund um die Uhr. Schiffe durften sich ihr nicht nähern, Flugzeuge nicht darüberfliegen.

Die einstige Landwirtschafts-Strafanstalt war nun ein *carcere duro*, wie die Hochsicherheitsgefängnisse in Italien genannt werden. Die Cosa-Nostra-Bosse saßen gemäß einem Haftregime namens *41 bis* ein, benannt nach einem Artikel des italienischen Strafvollzugsgesetzes. Demnach können Mafiosi und Terroristen in Isolationshaft genommen werden. *41 bis* bedeutet: Einzelhaft. Kein Zugang zu Gemeinschaftsräumen in den Gefängnissen. Rund-um-die-Uhr-Überwachung durch Spezialkräfte. Stark eingeschränktes Besuchsrecht durch Verwandte. Besonders strenge Kontrolle von Post, Büchern und Zeitschriften. Menschenrechtsorganisationen sowie die Mafia selbst sind gegen dieses bis heute in Italien existierende Haftregime Sturm gelaufen. Das italienische Verfassungsgericht hat es jedoch in der Substanz bestätigt.

Nun muss der Staat selbstverständlich verhindern, dass Mafia-Bosse aus der Zelle heraus weiter Verbrechen begehen und sogar ihre Clans führen, wie es immer wieder geschehen ist. In manchen Haftanstalten scheint es aber unter dem von außen schwer kontrollierbaren *41-bis*-Regime schwere Übergriffe gegeben zu haben. Auch auf Pianosa. So behauptet der wegen Mafia-Delikten verurteilte Sizilianer Rosario Enzo Indelicato in seinem Erinnerungs- und Anklagebuch »L'inferno di Pianosa«, er sei auf der Insel systematisch erniedrigt und gefoltert worden. Man habe ihn so zwingen wollen, als Kronzeuge auszusagen. Indelicato, der sich selbst als unschuldig bezeichnet, kam im Juli 1992 als Untersuchungsgefangener nach Pianosa und wurde mehr als fünf Jahre dort festgehalten. Er behauptet, Opfer täglicher Prügelorgien durch die Wächter geworden zu sein. »Wir sind abgeschlossen von der Welt und in der Hand von Monstern, die der Staat bezahlt«, schreibt er.[7] Er und seine Mithäftlinge seien in einem »Friedhof der lebenden Toten«.[8] Und er urteilt: »Auf Pianosa braucht man mehr Mut zu leben als sich umzubringen.«[9]

Es ist Aufgabe der Gerichte zu beurteilen, ob die Vorwürfe Substanz haben. Ähnliche Berichte gibt es auch von anderen Häftlingen und von Strafverteidigern. Sie dürften jedoch kaum der Grund dafür gewesen sein, dass das Hochsicherheitsgefängnis Pianosa 1998 seine Tore schloss, obwohl die Anlagen gerade erst ausgebaut worden waren.

Fragt man unter Führern und Wächtern auf Pianosa

herum, bekommt man verschiedene Erklärungen: Die Hochsicherheitshäftlinge sollten an anderen Orten konzentriert werden. Die Isolierung auf Inseln sei nicht mehr zeitgemäß gewesen. Zudem habe der *carcere duro* auf Pianosa nicht mehr zu dem Ziel gepasst, die Insel in das toskanische Meeresschutzgebiet zu integrieren und einem sanften Tourismus zu öffnen. Auch als landwirtschaftliche Strafkolonie habe Pianosa nicht mehr aufrechterhalten werden können. Düngung und Abwässer seien zu belastend für das Meer. Auch müssten Häftlinge heute für ihre Arbeit bezahlt werden, eine Landwirtschafts-Kolonie auf Pianosa sei daher einfach zu teuer. Dann höre ich noch eine weitere Theorie: Der *carcere duro* sei im Zuge von Verhandlungen zwischen Staat und Mafia aufgelöst worden – als Zugeständnis an die Cosa Nostra.

Heute also sind Strafkolonie, Haftsanatorium und Hochsicherheitsgefängnis Geschichte. Stattdessen wird auf Pianosa ein moderner, auf Resozialisierung abzielender Strafvollzug erprobt. Und ein Tourismus, der für die Geschichte sensibilisiert, aber auch für die Umwelt. Wer will, kann sich mit einem Bad am ausgewiesenen Strand begnügen und mittags beim Chefkoch im Piratenlook vorzüglich speisen. Doch die Insel bietet noch viel mehr. Die Parkverwaltung des Meeresschutzgebiets der toskanischen Inseln organisiert für einen geringen Kostenbeitrag eine Vielzahl spannender Touren.[10] Hervorragend ausgebildete Führerinnen und Führer begleiten die Besucher auf Streifzügen über die Insel und in die Unterwasserwelt.

Da es so heiß ist, bin ich bei einigen Touren der einzige Gast. So nimmt mich der Parkwächter Gabriele auf eine Trekking-Radtour über raue Pisten bis zu entlegenen

Plätzen mit. Schnell ist der Vorhof des Gefängnisses passiert, wo noch die Kirche steht, die sich Dorfbewohner und Gefangene teilten, und die Gebäudehöhle des Ladens, in dem die Häftlinge Seife, Rasierklingen und Zigaretten kaufen konnten. Das schwere Metalltor im Durchgang der Stahlbetonmauer ist zur Seite geschoben. Dahinter tun sich Pinienwälder auf und die ehemaligen Felder der Kolonie. Die Macchia erobert sie nun unaufhaltsam zurück. Gabriele zeigt mir eine verschwiegene Bucht, die nach einem Wächter benannt ist, der hier nach dem Zweiten Weltkrieg beim Dynamit-Fischen eine Hand verlor. Er führt mich zu den Ruinen des Sanatoriums, in dem die feuchte Meeresluft einst die Tuberkulose-Kranken dahinraffte. Und er zeigt mir die uralten Trockenmauern der Gefängnisgärten, die so viel inselgemäßer sind als der Stahlbetonwall. Manche dieser Trockenmauern hätten die Gefängnisdirektoren nur deshalb von den Häftlingen errichten lassen, um die Männer zu beschäftigen und von dummen Gedanken abzuhalten. Diesem Zweck diente auch der sogenannte Turm von Babel, der aus einer Lichtung des Pinienwaldes fremd und geheimnisvoll aufragt wie eine Maya-Pyramide aus dem Dschungel Südamerikas. Nur dass der Turm von Babel nicht viereckig ist, sondern rund, mit aufeinandergesetzten, sich nach oben verjüngenden Zylindern aus den Feldsteinen, die bei der Landarbeit anfielen. 30 Meter hoch ist dieser ebenso zweckfreie wie faszinierende Bau geworden. Gabriele versichert mir, die Häftlinge seien stolz auf ihr Werk gewesen.

Ähnlich spektakulär geht es unter Wasser zu. Zum Schnorchelkurs von Sandra haben sich auch eine Mutter mit Tochter aus der Toskana angemeldet sowie die beiden Carabinieri-Beamtinnen, die auf der Insel für Ordnung sorgen und den Naturschutz durchsetzen. Wir gehen nicht am Hauptstrand ins Wasser, sondern in einer stillen Felsbucht auf der gegenüberliegenden Seite der Insel. Schroff und abweisend ist Pianosa hier. Kaum haben wir unsere Köpfe mit den Taucherbrillen und Schnorcheln unter Wasser gesteckt, schon verstehen wir, was ein Meeresschutzgebiet alles bewirken kann. Wer das Schnorcheln in beliebten italienischen Badeorten gewohnt ist, wo jeder Fisch einer Offenbarung gleicht, fühlt sich hier in einen paradiesischen Urzustand versetzt.

Sandra deutet auf all die Fische, die sie uns zuvor an Land auf einer Schautafel erklärt hat. Meerpfauen, die so quietschbunt sind, als hätten sie sich auf der Palette eines Malers gewälzt. Silbergraue Brandbrassen mit dem charakteristischen schwarzen Fleck am Ansatz der Schwanzflossen. Schwärme kräftiger, neugierig um uns herumschwimmender Goldstriemen mit horizontalen orangegelben Streifen. Pfeilförmige Hornhechte. Einen großen Zackenbarsch mit wulstigen Lippen, der uns mürrisch anstarrt. Und Bernsteinmakrelen, die gern gegessen werden, aber hier natürlich nicht gefangen werden dürfen. Noch an Land hat uns Sandra auch aufgeklärt, wie wir uns zu benehmen haben, falls uns ein Haifisch begegnet. Doch es zeigt sich keiner. Dafür schwebt ein kapitaler schwarzbrauner Adlerrochen über den hellen Sandboden. Mit seinen großen, dreiecksförmigen Flossen ähnelt er eher einer Fledermaus als einem Adler. »So ein großes Exemplar habe ich hier noch nie gesehen«, sagt Sandra nach dem Auftauchen.

Evi, eine seit Jahrzehnten auf Elba lebende Natur- und Kunstführerin, begleitet mich in die Katakomben Pianosas. Sie schließt eine verrostete Gittertür im alten Borgo auf und steigt mit mir in die Tiefe. Dort liegt ein Netz aus 200 in den Fels geschlagenen Gängen und zahlreichen Grabkammern mit unzähligen Grabnischen. Sie wurden im 3. bis 5. nachchristlichen Jahrhundert meist in die Wände, zum Teil auch in den Boden gehauen. Manche Räume sind später erweitert worden, um als Weinkeller und Vorratsräume für Lebensmittel zu dienen – oder als Gruben für Abwässer. Das erschwert heute die Klärung der Frage, warum auf dieser abgelegenen Insel derart große Katakomben errichtet wurden. Die Anlage, sagt Evi, sei der größte Katakomben-Komplex nördlich von Rom. »Bis zu 900 Menschen sind hier begraben worden. Doch immer, wenn Seeräuber und Korsaren auf die Insel kamen, haben sie die Gräber geplündert und die Grabbeigaben mitgenommen.« Evi greift in eine Nische und zieht Menschenknochen hervor. »Einige Skelette befinden sich noch hier. Aber die meisten sind verschwunden.«

Bevor es nach Elba weitergeht, schwimme ich am nächsten Morgen im Meer. Zu dieser Uhrzeit bin ich noch der Einzige. Ich denke an die Zeiten zurück, als die Gefangenen nur kurz ins Wasser durften, um nicht für einen Ausbruchsversuch trainieren zu können. Als ich zum Ristorante Brunello hochgehe, stehen einige der verbliebenen Häftlinge Pianosas gerade an der Bar und schlürfen ihren *caffè*. Sie reden mit jungen Frauen und Männern aus der Toskana, die hier mitarbeiten und sich nach ihrer Drogensucht stabilisieren wollen. Und sie plaudern mit den Männern der Vollzugspolizei. Die Carabinieri-Beamtinnen schlendern herein, in Pianosa-tauglichen luftigen Uniformen mit Fahrradhosen. Sie grüßen fröhlich in die Runde. Falls eine Gefängnisinsel eine Idylle sein kann, dann hier.

15

Elba – Zu Gast beim Kaiser

In den Bergen hinter Porto Azzurro haben Mensch und Natur ein Amphitheater geschaffen. Vom Tal bis zum Hügelkamm steigen mit Steinmauern abgestützte Terrassen stufenförmig an. Darauf wachsen Rebstöcke, in deren helles Grün sich die Farben des Herbstes mischen, Hellgelb, Orangerot, Braun. Zur Linken und zur Rechten geht das Amphitheater in steile Berghänge über, die mit Olivenbäumen, Steineichen und Pinien bewachsen sind. Der Blick von hier oben hinab lässt erahnen, warum Elba ein Sehnsuchtsziel im Mittelmeer ist. Weinberge, Bäume und Sträucher in unzähligen farblichen Abstufungen überziehen die gewellte Landschaft wie ein Patchwork-Pelz. Im Hintergrund leuchten die weißen Häuser von Porto Azzurro mit ihren terracottafarbenen Dächern. Am Horizont schimmert im milchigen Blau das Meer. Ein Hahn kräht, Insekten sirren, und es ist jetzt, an einem Nachmittag Mitte November, noch so mild, dass der leichte Wind gerade angenehm ist.

Am Rand des Amphitheaters steht eine blau gestrichene Bank. Darauf sitzt ein Mann in verschlissenen Jeans und grauem Sweater und schaut nach unten. Aber was heißt hier Mann. Es ist ein winziges Männchen. Sein Kopf mit der umgekehrt aufgesetzten Kappe reicht gerade einmal bis zur Hälfte der Rückenlehne, seine ausgestreckten Beine erreichen kaum die vordere Kante der Bank. Irritierend, ja absurd sieht das aus, wie ein Fake-Foto oder eine Szene aus einem albernen Hollywood-Film, bei dem Menschen geschrumpft werden.

»Komm hoch auf die Bank«, ruft mir Antonio Arrighi zu. Ich klettere hinauf, setze mich neben Antonio und bemerke nun, dass er keinesfalls ein Zwerg ist. Nicht er ist klein, sondern die Bank ist gigantisch groß. Ein Spiel mit den Proportionen, das dem Winzer sichtlich Vergnügen bereitet. Er nimmt seine dunkle Sonnenbrille ab, lacht. »Dies hier ist mein Lieblingsplatz. Immer, wenn ich zur Ruhe kommen und auftanken will, setze ich mich hierher.«

Im Ruhezustand ist Antonio Arrighi sonst selten anzutreffen. Der Mann um die 60 ist ein rastloser Schaffer, der in seiner knapp bemessenen Freizeit Marathons läuft oder mit dem Mountainbike die Berge Elbas erklimmt. Und der große Ideen für seine kleine Insel entwickelt, um ihre Identität auch in Zeiten des Massentourismus zu bewahren und den jungen *elbani* eine selbstbestimmte Zukunft zu geben.

Das wäre mal etwas Neues, historisch gesehen. Jahrtausendelang kamen fremde Mächte mit Schiffen auf die Insel, um sie zu erobern, die Menschen zu unterdrücken oder zu ermorden und den Reichtum Elbas zu rauben, Eisen und anderes Erz vor allem. Monte Calamita heißt ein Berg im Südosten der Halbinsel, der so viel Magnetit-Eisenerz enthält, dass er die Nägel aus vorbeifahrenden Schiffen zog und diese auseinanderbrechen ließ. Lautet die Legende. Verbürgt ist, dass Elba, an wichtigen Meeresrouten gelegen, unzählige Völker angezogen hat wie ein starker Magnet. Es kamen als erste geschichtlich bekannte Invasoren die Ligurer, gefolgt von den Etruskern, die hier im großen Stil begannen, erst Kupfer und dann das Eisenerz abzubauen, Karthager und Griechen aus Syrakus. Die Römer natürlich, die die Insel Ilva nannten, gleich 700 Jahre blieben und nicht nur Eisen, sondern auch Granit mitnahmen, mit dem sie das Pantheon und das Kolosseum bauten. Dann deren Erben, Goten, Ostgoten, Vandalen, Heruler, Byzantiner, Lombarden, Langobarden.

Danach wurde es richtig ungemütlich auf der 224 Quadratkilometer kleinen Insel, die kaum die Tiefe hat, um die Menschen vor den Invasoren von See her zu schützen. Schon zu Zeiten der Römer war Elba Pirateneinfällen ausgesetzt gewesen. Ab dem 9. Jahrhundert kamen dann immer häufiger die Sarazenen, muslimische Seeräuber aus Nordafrika. Sie plünderten die Dörfer und verkauften die Menschen in die Sklaverei. Wer heute in einem der Hafen- oder Bergorte Elbas Urlaub macht und verträumt aufs Meer hinausschaut, kann kaum ermessen, was es bedeutete, wenn am Horizont die Silhouetten der Piratenschiffe auftauchten. Schließlich beauftragte der Papst die Seemacht Pisa damit, Elba zu beschützen, was wiederum dem rivalisierenden Genua nicht passte, das deswegen Elba angriff. Danach kam die Insel an das Fürstentum Piombino. Doch dieses bewahrte Elba nicht vor der vielleicht schlimmsten Periode seiner Geschichte.

1534 tauchte der berüchtigtste Pirat des Mittelmeeres und Großadmiral der osmanischen Kriegsflotte mit seinen Schiffen vor Elba auf. Der unter dem Schutz des Sultans segelnde Korsar Khair-ed-Din wurde wegen seines rot gefärbten Bartes Barbarossa genannt. Sein Ruf war nicht der beste. 1529 hatte er vor den Balearen eine spanische Flottille besiegt und sieben Galeeren samt deren

Kapitänen entführt. »Als er sich über sie ärgerte, ließ er sie mit scharfen Messern in Stücke schneiden«, berichtet der britische Historiker David Abulafia in seinem Standardwerk »Das Mittelmeer«.[1] Nun machte sich Barbarossa über Rio, einen Bergwerksort im Osten Elbas her. Die Piraten landeten am Strand an und überraschten die Bewohner im Schlaf. Das Nachbardorf Grassera leistete vergeblich Widerstand. Die Menschen wurden auf die Schiffe der Piraten verschleppt, das Dorf dem Erdboden gleichgemacht. Nur die Ruine der Kirche San Quirico ist heute noch davon zu sehen. 1544 fiel Barbarossa wieder über Elba her und verwüstete die ganze Insel. Besonders schlimm traf es das Bergdorf Capoliveri. Nur die Burg von Volterraio auf einem steilen Berg über der Bucht von Portoferraio widerstand dem Ansturm der Korsaren. Die Ruine der Burg, die wie ein Adlernest auf einem Felsen über der Insel klebt, lässt sich ersteigen, der Ausblick bei Sonnenauf- und Sonnenuntergang ist jede Mühe wert. Nach dem Tod Barbarossas suchte der nicht weniger gefürchtete türkische Korsar Dragut die Insel heim.

Ein weiterer Eroberer, von dem noch die Rede sein wird und dem die meisten Elbaner bis heute dankbar sind, brachte die Insel 1802 unter die Herrschaft Frankreichs. Beim Wiener Kongress wurde sie 1815 der Toskana zugeschlagen. 1860 ging sie mit dieser im neuen Königreich Italien auf. Dann war eine Weile Ruhe, bis 1943 die Wehrmacht anrückte. Am 16. September griffen 16 Bomber Portoferraio an. Sie töteten 116 Zivilisten und vernichteten die Hochöfen für die Erzverarbeitung. Kurz darauf kapitulierte die Insel vor den deutschen Fallschirmjägern. Nun bombardierten die Alliierten Portoferraio. Im Juni 1944 landeten französische Truppen auf Elba und befreiten es von der deutschen Besatzung.

Das Schicksal Elbas ist sicher besonders krass. Doch es ist nicht untypisch für weite Teile der italienischen Küsten und Inseln. Das erklärt, warum viele Italiener das Meer lange für feindlich und gefährlich hielten, und warum sie ihre Orte gern auf Hügeln und Bergen weg von den Küsten errichteten. Zugleich hilft die Eroberungsgeschichte Italiens[2] zu verstehen, warum sich im Land der *campanilismo* entwickelte, die starke Ausrichtung auf die überschaubare örtliche Gemeinschaft; warum zahlreiche Italiener weitaus mehr auf die Familie oder den weiteren Familienclan vertrauen als auf den Einheitsstaat, den viele im Süden des Landes ohnehin als Eroberung durch die Piemontesen bewerten; und warum Italien bis heute oft politisch unstet und zerrissen ist.

Immerhin kamen nach dem Zweiten Weltkrieg schließlich Invasoren, die – zumindest auch – viel Gutes brachten: die Touristen. Auf Elba landeten sie vermehrt ab den 1960er Jahren an, insbesondere die Deutschen. Sie verliebten sich in die Insel vor der toskanischen Küste, mit ihren vielen Buchten und Stränden, den grünen Bergen, hübschen, wenig verbauten Orten, dem milden Klima und der friedlichen Atmosphäre – die angesichts der Geschichte fast ein Wunder ist. Sie brachten viel Geld mit und ließen Orte wie das malerische Porto Azzurro oder das von Deutschen als besonders authentisch betrachtete Bergdorf Capoliveri aufblühen. Unzählige Hotels, Pensionen, Campingplätze, Restaurants, Bars, Badeanstalten und Bootsverleihe entstanden und gaben den *elbani* Arbeit und Einkommen während der hier recht langen Saison. Doch sie brachten auch die Übel des Massentourismus mit sich: Zersiedelung, Umweltverschmutzung, ein hoher Arbeitsstress im Sommer und Vereinsamung im Winter, Verlust der gewachsenen Identität, Entfremdung. 32 000 Einwohner hat die Insel. Etwa drei Millionen Übernachtungen von Gästen zählt Elba pro Jahr. Legt man zugrunde, dass ein Aufenthalt durchschnittlich vier bis fünf Tage dauert, kommen auf einen Einwohner statistisch 20 Gäste beziehungsweise etwa 90 Übernachtungen pro Jahr. Wenn die Insel trotzdem nicht zubetoniert wurde und liebenswert geblieben ist, liegt das an Elbanern wie Antonio Arrighi, die sich ständig Gedanken machen, wie sich Tourismuswirtschaft, Umweltschutz und die gewachsene Kultur miteinander vereinbaren lassen.

Antonio Arrighi rast jetzt auf einem schlammverkrusteten Gefährt, das wie eine Mischung aus Quad, Traktor und Schützenpanzer aussieht, die ausgewaschenen Pisten hinunter zu seinem Weingut. Ich sitze dahinter, klammere mich an den Winzer und versuche, mich nicht abwerfen zu lassen. So muss Rodeo sein. Wir rasen eine Allee aus Olivenbäumen entlang und bremsen vor der Kellerei. Eine Schar Katzen äugt hochmütig zu uns hinauf. Was wollen diese Rüpel auf ihrem lärmenden Fahrzeug?, denken sie sich. Wir setzen uns auf eine Wiese vor der Kellerei, und Antonio erzählt mir seine Geschichte.

Seine Vorfahren waren ursprünglich Bauern auf Elba, die später ein Hotel an der Küste betrieben. Antonio wuchs dort auf, begann früh mitzuarbeiten und kümmerte sich daneben um den kleinen Hof der Familie. Ein bisschen Wein, Obstbäume, ein paar Kühe, Kaninchen, solche Sachen. »2010 beschloss ich dann, mich ganz auf die Landwirtschaft zu konzentrieren. Das war schlecht für meine Finanzen, aber gut für meine Gesundheit.« Denn die Arbeit im Weinberg machte ihm entschieden mehr Freude als die im Hotel. Er erweiterte den Bauernhof von sieben auf 15 Hektar und machte sich daran, auf den eisen- und tonreichen Böden Wein zu erzeugen, den er auch außerhalb des Familienhotels verkaufen konnte. »Es gibt sehr viele gute Weine auf der Welt«, sagt er, »aber den Unterschied macht die Geschichte.«

Das »Narrativ« würde man heute wohl sagen. So erforschte Antonio die alte Weinbautradition Elbas, das um 1800 herum der größte Produzent der Toskana war und seine Trauben bis nach Südfrankreich verkaufte. »Das Landschaftsbild hier war von Wein gezeichnet, die Reben wuchsen auf engen, steilen Terrassen, wie ich sie oben im Amphitheater wieder hergerichtet habe.« Doch dann gingen immer mehr Arbeiter in die Minen, wo man mehr verdiente, und später in den Tourismus. Die Terrassen verfielen, der Weinbau auch. Nun versuchen Unternehmer wie Antonio Arrighi, die Winzertradition der Insel wiederzubeleben. So schaffen sie Arbeitsplätze neben dem Tourismus und beleben die alte Kulturlandschaft.

Wobei Antonio nicht der Mann ist, der sich mit traditionellem Weinbau und der üblichen Vermarktung zufriedengibt. Wer, wie er, 100-Kilometer-Läufe durch die Sahara und Triathlon liebt, der sucht auch als Winzer die besondere Herausforderung. Zunächst begann er damit, einen Teil seiner Weine nach antikem Vorbild in Amphoren aus Ton auszubauen. Dadurch erhalte der Wein Sauerstoff, bewahre mehr Frucht und nehme weniger Bitterstoffe auf, erklärt er. Außerdem sei Terracotta ein guter Wärmedämmer, der den Wein vor Temperaturschwankungen bewahre. Bei seinen Forschungen stieß er auf die antiken Weine aus Chios, einer griechischen Insel vor der kleinasiatischen Küste. Der Mythologie zufolge begründete dort König Oinopion, der Sohn des Dionysos, den Weinbau. Seit dem siebten Jahrhundert v. Christus wurde der Wein aus Chios, den die Insulaner in Amphoren exportierten, zum Verkaufsschlager. Dank eines geheim gehaltenen Verfahrens war er aromatischer als die Konkurrenzprodukte im Mittelmeerraum. Auch Cäsar soll ihn geschätzt haben. Die Griechen bedienten sich zudem eines geschickten Marketings. Sie ließen die Amphoren von dem berühmten Bildhauer Praxiteles entwerfen und versahen sie mit einem Logo, einer kleinen Sphinx. So berühmt wurde der Amphorenwein aus Chios, dass er sogar gefälscht wurde, wie Archäologen durch Unterwasserfunde herausbekommen haben wollen.

Natürlich reizte es den passionierten Winzer Antonio Arrighi, dem Geheimnis des Chios-Weines auf die Spur zu kommen. Also tat er sich mit dem Weinwissenschaftler Attilio Scienza von der Universität Mailand zusammen. Dem Professor gelang es, das Geheimnis der antiken Griechen zu lüften. Sie füllten ihre reifen Trauben in Körbe und hängten sie für einige Tage ins Meer. Das Salzwasser wusch den Duftfilm von den Trauben, jenen weißen Schleier, der sie normalerweise vor dem Austrocknen schützt. Das beschleunigte das Antrocknen der Trauben vor der Gärung. Die Aromen wurden besser erhalten. Zudem diente das Salz aus dem Wasser als Konservierungsmittel, damit der Wein länger hielt und nicht zu Essig verkam.

Die Forschungen des Professors aus Mailand begeisterten den Winzer auf Elba. »Ich wollte das auch machen wie die alten Griechen. Ich arbeitete ja schon seit Jahren mit Amphoren. Und wir bauen hier auch die Ansonica-Traube an, die, wie die antiken Trauben aus Chios, eine dicke Schale hat. Wir kennen hier auf Elba zudem die Methode des Antrocknens. Und das Meer haben wir auch.«

Gedacht, getan. Antonio füllte seine Ansonica-Trauben in Hummerkörbe und Reusen und hängte sie mithilfe von Tauchern fünf Tage lang in zehn Meter Tiefe ins Meer. Dann ließ er die Trauben in der Sonne trocknen und in Tonkrügen fermentieren. »Seit 2000 Jahren hat das so keiner mehr gemacht«, sagt Antonio. »Als ich im Jahr 2018 die ersten 40 Flaschen bei einer Pressekonferenz in Florenz vorstellte, haben die Journalisten sofort alle ausgetrunken. Ich merkte, dass ich etwas Interessantes gemacht hatte. Die Notiz ging um die Welt. Sogar TV-Sender aus Japan und Indien haben darüber berichtet und Zeitungen wie die ›New York Times‹.«

Der drahtige, asketische Winzer mit der dicken Hornbrille lacht zufrieden. Aufs Marketing versteht er sich mindestens so gut wie die alten Griechen aus Chios. Er führt mich in seine *cantina*[3] und zeigt mir die Terracotta-Amphoren und -Krüge verschiedener Größe, in denen sein Ansonica gärt und reift. Sein Meereswein, Nesos genannt, helfe nicht nur ihm, sondern ganz Elba, versichert er. »Es ist Werbung für unseren Weinbau und für die Vielfalt unserer Insel. Die meisten Besucher kennen nur die Küste. Dabei haben wir so ein schönes Hinterland. Das kommt den Urlaubern von heute entgegen, die nicht mehr nur am Strand liegen, sondern auch Land und Leute kennenlernen möchten. Elba hat dafür die ideale Größe. Es ist weder zu groß noch zu klein für Entdeckungen.«

Seinen Betrieb hat Arrighi längst auf biologischen Weinbau umgestellt. Er kauft neue Rebflächen hinzu, experimentiert mit Sorten wie dem Sagrantino aus Umbrien, errichtet eine modernere *cantina*. Und promotet daneben sein Elba. So hat er einen Kunstwanderweg durch seine Weinberge angelegt, um Künstler von der

Insel zu fördern. Ihre Werke stehen auf den Feldern und hängen in den Olivenbäumen.

Antonio Arrighi ist typisch für eine Art italienischer Unternehmerinnen und Unternehmer, die Tradition und Moderne, Tourismus und Nachhaltigkeit, Geschäft und Passion miteinander verbinden möchten. Die Invasion der Urlauber soll seiner Insel nützen. »Es sind nicht zu viele Touristen hier, aber sie sind schlecht verteilt. Sie kommen vor allem in den Sommermonaten und bleiben an der Küste.« Antonio will die Saison ausweiten und die Urlauber mit geführten Trekkingtouren, E-Bike-Ausflügen, Wein- und Käseverkostungen und Grillabenden auf den Höfen ins Hinterland locken. »So können wir neue Jobs für junge Leute schaffen, von denen viele noch immer auswandern, weil sie hier nicht genug Arbeit finden.«

Daran fehlt es Antonio nicht. Er muss los, rasch, mit der Fähre aufs Festland, um Vorträge zu halten, Kongresse zu besuchen, Werbung für seinen Wein und seine Insel zu machen. Die Blaue Bank wird auf ihn warten müssen.

Ich aber fahre weiter, ein paar Weinflaschen reicher, von Porto Azzurro im Süden nach Marciana Marina im Norden der Insel. Die Bucht mit dem hellen Sandstrand und den fein restaurierten Fischerhäusern wird von einer langen Mole geschützt, die sich wie ein Arm vor das Hafenbecken legt. Das ist auch gut so, denn die *Tramontana*, ein kalter, trockener Nordwind, peitscht das Meer auf und lässt die Gischt um den trutzigen Wachturm am Rand des Hafens spritzen. In diesem Turm lebte der Elbaner Schriftsteller Raffaello Brignetti, der hier Inspiration für seinen Roman »La spiaggia d'oro« fand, für den er 1971 den *Premio Strega*, den wichtigsten italienischen Literaturpreis erhielt. Gut, es ist kein Elfenbeinturm, aber was für ein Heim für einen Schriftsteller!

Am Quai sind große Reproduktionen von Schwarz-Weiß-Fotos ausgestellt, die zeigen, wie der heute beliebte Badeort vor 100 Jahren aussah. So einfach und still. *Tempi passati.* »Im Hochsommer findet man keinen Platz mehr hier, nirgends«, sagt Silvia Vancini, eine elegant gekleidete Frau, der man ansieht, dass sie, wie Antonio Arrighi, gern mit dem Rad über die Insel fährt und joggt. »Kein Platz fürs Auto, kein Platz im Restaurant. Die Straßen sind mit Megabussen zugestellt, und für eine Strecke, die man im Winter in zehn Minuten fährt, braucht man zwei Stunden. Es ist unerträglich.«

Davon ist jetzt, im November, natürlich nichts zu spüren. Wir sitzen auf der Terrasse eines Hafencafés und wärmen uns an einem Milchkaffee, während Silvia von ihrer Arbeit erzählt. Auch sie versucht, die Entwicklung Elbas nachhaltiger zu gestalten. Hierzu kümmert sie sich für ihren Arbeitgeber, den Parfüm-Hersteller Acqua dell'Elba, sowie für dessen Stiftung um ökologische und soziale Projekte auf der Insel. Ihre Firma hat, gemeinsam mit Bürgermeistern, Vereinen und Schulen eine Vision entworfen, wie Elba 2035 sein soll: umweltfreundlicher, sozialer, nachhaltiger. Schon heute organisiert Silvia, in Opposition zum Black Friday mit seinen Dumpingpreisen im Internet, eine Green Week mit Vorträgen und Workshops, bei denen zum Beispiel eine Meeresbiologin Schülerinnen und Schülern die Unterwasserwelt erklärt. Auch für die Gleichstellung der Geschlechter wirbt Acqua dell'Elba. Die allermeisten der mehr als 100 Angestellten sind Frauen. Entfesselten Konsumismus lehnt die Firma ab, was bei einem Wirtschaftsunternehmen doch bemerkenswert ist. »Wir geben zum Beispiel niemals Rabatte, um die Leute nicht zu überflüssigen Einkäufen zu animieren«, sagt Silvia. Sie gibt zu, dass das natürlich auch mit Marketing und Image zu tun hat. Acqua dell'Elba will für die duftend-reine, natürliche Frische von Land und Meer stehen, die man mit Elba verbindet. Wenn man nicht gerade im August in Marciana Marina einen Parkplatz sucht.

Mit der Entwicklung der Insel ist Silvia längst nicht zufrieden. »Meine persönliche Meinung ist: Man hat hier zu lange den Massentourismus gefördert.« Dem müsse man entgegenwirken. So schlägt Silvia vor, Elba solle – wie es das ligurische Wanderparadies der Cinque Terre bereits für einen Teil seiner Wege tut – im Sommer Eintritt verlangen, um der Überfüllung vorzubeugen. »Davon würden auch die Touristen profitieren.«

Ein Vorbild für die Verwaltung der Insel hat Silvia Vancini: Napoleon Bonaparte. Wenn sie auf den einstigen französischen Kaiser zu sprechen kommt, leuchten ihre Augen, gerät sie ins Schwärmen. »Napoleon hat so viel für Elba getan. Bevor er hier ankam, war das eine rückständige Insel. Dann hat er in 300 Tagen die Straßen asphaltiert, eine Kanalisation errichtet, ein Theater in Portoferraio gebaut.« Er interessierte sich für alles, ob für den Bergbau oder die Mittelmeerpflanzen und ihre Düfte und Essenzen. »Die hat er katalogisiert. Besonders mochte er Veilchenduft.« Auch hätten die 300 Tage den Elbanern die Augen für die Welt geöffnet. »Seine Schwester Pauline brachte die Mode aus Paris hierher. Du kannst dir nicht vorstellen, wie die Elbanerinnen ausgeflippt sind.« Silvias Fazit: »Es ist gut, dass Napoleon hier war. Wir auf Elba können ihm nur dankbar sein.«

Napoleon auf Elba – das gehört zu den tragikomischen Einfällen der Geschichte. Als der Kaiser, der vorher halb Europa beherrscht hatte, kurz nach seiner Ankunft auf der Insel im Mai 1814 einen Berg über Portoferraio erstieg und hinabblickte, sagte er lachend: »Ich muss doch gestehen, mein Reich ist sehr klein.« Vielleicht hätte er in diesem Moment erkennen können, wie gut es das Schicksal dennoch mit ihm meinte, weil es ihn, trotz seiner Niederlagen, zum Herrn über so eine hübsche Insel machte. Doch wenn er sich damit begnügt hätte, wäre er nicht Napoleon gewesen. Aber wie kam der Sohn eines korsischen Unabhängigkeitskämpfers, der sich am 2. Dezember 1804 in der Kathedrale Notre-Dame in Paris selbst zum Kaiser der Franzosen gekrönt hatte, überhaupt auf das 224 Quadratkilometer große Elba im Meer vor der Toskana?

Nach der Niederlage der Franzosen in der Völkerschlacht bei Leipzig[4] im Oktober 1813 und dem Einzug der alliierten Truppen in Paris am 31. März 1814 wurde Napoleon gezwungen, bedingungslos abzudanken. Nur sein Kaisertitel wurde ihm gelassen. Außerdem durfte er sich unter den Inseln Korsika, Korfu und Elba ein Exil aussuchen. Napoleon entschied sich für das damals noch zu Frankreich gehörende Elba und die Elbaner, »mit Rücksicht auf ihre Gutartigkeit und auf das Klima«, wie er versicherte. Daraufhin wiesen ihm die Siegermächte die Insel als souveränes Fürstentum zu, das er allerdings nicht verlassen durfte.

Nun stand der Mann, der die Welt in Erstaunen und Schrecken versetzt hatte, vor der Frage, die sich viele in der Fantasie gerne stellen: Was mitnehmen auf eine einsame Insel? Wobei Elba mit seinen 12 000 überwiegend analphabetischen Bewohnern im Vergleich zu Paris durchaus einsam war. Napoleon entschied sich für Hunderte Bücher und zahlreiche Dokumente über die Insel. Mit diesem Gepäck brachte ihn ein englisches Schiff von Südfrankreich nach Portoferraio. Dort wurde er Anfang Mai 1814 von einer Menge jubelnder Elbaner mit dem Ruf »Es lebe der Kaiser!« begrüßt. Es schmeichelte ihnen offensichtlich, dass der weltberühmte Mann nun ihr Fürst sein sollte. Sie erhofften sich von ihm auch bessere Lebensbedingungen. Bei Napoleon selbst aber saß die Demütigung tief. Der damalige Leiter der Minen auf Elba, André Pons de l'Hérault, schrieb in seinen Memoiren: »Gott in Ergebenheit zu danken, dass er ihn vom größten Weltreich auf den kleinsten Thron dieser Welt versetzt hatte, würde voraussetzen, dass ihn das Unglück bereits geläutert hätte; diesen Grad von Demut hatte er jedoch sicherlich noch nicht erreicht.«[5]

Der neue Fürst von Elba war damals 44 Jahre alt. Sein Tatendrang war ungebrochen. Er war geschlagen, doch er fühlte sich noch nicht besiegt. Schon am Tag nach seiner Ankunft ritt der Kaiser über die Insel und diktierte Befehle, die er, ein klein wenig pathetisch, mit »Napoleon, Kaiser, Herrscher über die Insel Elba« unterzeichnete.[6] So verbot er den Frauen das Waschen in den Brunnen, damit diese nicht verschmutzten. Und er befand: »Ich bin sehr ungehalten über den Zustand der Straßen ... Innerhalb von zwei Monaten muss jeder Hausbesitzer Latrinen aufstellen oder graben, die nachts geleert werden.«

In den knapp 300 Tagen vom 4. Mai 1814 bis zum 26. Februar 1815 krempelte er die Insel komplett um. »Napoleon brauste über Elba dahin wie ein Hurrikan«, beschreibt es der britische Autor Vernon Bartlett.[7] Von Straßen, Kanalisation und Bergbau hatte mir Silvia Vancini schon erzählt. Doch Napoleon kümmerte sich auch um Schulen, eine Flagge – weiß mit rotem Diagonalstreifen und drei Bienen –, die Stärkung der Befestigungsanlagen, eine kleine Armee samt winziger Flotte, um Uniformen und Aufforstungen, die Urbarmachung versalzener Flächen sowie die Förderung der Thunfischindustrie. Kurzum, er kümmerte sich um alles. »Der unruhige Geist schmachtete nach Beschäftigung, und die Zeit musste vertrieben werden.«[8] Den anfangs so begeisterten Elbanern muss das rasch auf die Nerven gegangen sein. Zumal er die Steuern erhöhte und streng eintrieb.

Vor allem aber drängte er auf eine ordentliche Residenz. Die Elbaner hatten ihn zunächst im – bislang als Rumpelkammer genutzten – Dachgeschoss des Rathauses von Portoferraio einquartiert. Das behagte ihm gar nicht. Der Amtsbetrieb belästigte ihn. Zudem fühlte er sich im Rathaus nicht vor Attentaten sicher. Er wusste genau, dass ihm seine Feinde, insbesondere die wieder auf den französischen Thron gekommenen Bourbonen, nach dem Leben trachteten. Mit seinem strategisch geschulten Blick erspähte er den richtigen Platz für sein neues Zuhause. Einen Bergsattel zwischen zwei Festungen über dem Hafen von Portoferraio, auf dem einige Hütten, Häuschen und Windmühlen standen. Hier ließ er sich seine Residenz erbauen, die Villa dei Mulini.

Steil geht es vom Hafen aus zur Stadtvilla Napoleons hinauf. Ein alter Engländer fragt mich nach dem Weg. Die Faszination der Briten für ihren alten Erzfeind, den sie *The Devil's Favourite,*[9] *Nightmare of Europe*[10] oder, noch liebevoller, *Boney*[11] nannten, ist bis heute ungebrochen. Oben erstaunt mich das Altmodische des Museums und die – für imperiale Verhältnisse – geschmackvolle Schlichtheit der Residenz, in der zeitweise auch Napoleons glamouröse Schwester Pauline untergebracht war. Es gibt ein zusammenklappbares Feldbett des Kaisers zu sehen, das jeden Outdoor-Fan begeistern dürfte, seine Bibliothek mit Werken von Montaigne, Voltaire oder Boccaccio, den Speisesaal und das Boudoir von Pauline, die in Italien Paolina genannt wird. Am schönsten aber ist der Garten, der sich zwischen dem Palazzo und der Steilküste hoch über dem Meer ausbreitet. Von Steinbänken gesäumte Wege, eine wild emporzüngelnde Zypresse, Oleander, Myrten, Aloen, Zwergpalmen. Der Ausblick reicht ein Stück weit die Küste Elbas entlang und geht dann über das Meer zu der winzigen Insel Faro dello Scoglietto mit ihrem Leuchtturm und hinüber zu den dunstblauen Bergen der Toskana. Die Wellen klatschen unten gegen die rotbraunen Felsen, im hohen, weiten Himmel schwimmen hellgraue Wolken, nur das Möwengeschrei durchbricht ab und an die Stille. Napoleon liebte diesen Garten. Er schlief wenig, stand morgens extrem früh auf und spazierte auf der Terrasse herum, bevor er sich auf das Mäuerchen über den Klippen setzte, aufs Meer schaute – und Pläne schmiedete. Man meint ihn hier zu sehen, umgeben vom Duft des noch nachtschattigen Gartens, der rauschenden Wellen, der jodhaltigen Luft. So frei und doch so gefangen.

Ein bisschen Abwechslung aber hatte er auf Elba. Neben der Villa dei Mulini verfügte er über eine kleine Sommerresidenz, die Villa San Martino. Sie liegt in fast subtropisch grünen Hügeln im Hinterland und kann ebenfalls besichtigt werden. Der Blick reicht über ein Tal hinweg bis hinunter nach Portoferraio. Leider wurde die Landvilla später von einem angeheirateten Nachfahren mit einem pompösen und überdimensionierten Vorbau verunstaltet. Die alte Villa selbst aber versprüht noch ihren ursprünglichen Charme mit ihren Terrakottaböden, aufgemalten Kassettendecken, Marmorkaminen und den Möbeln aus dem 19. Jahrhundert, mit denen sie später wieder möbliert worden ist. Der Landsitz ist, zumindest jetzt im Spätherbst, verschlafen wie ein Provinzmuseum aus den 1960er Jahren. Fenster und Flügeltüren stehen offen, der Wind bläst durch die Räume, Wärterinnen und Wärter lassen sich kaum blicken. Nur ein paar Kordeln hegen den Besucher ein. Moderne Technik wie Bildschirme findet sich hier keine. Das hat den Vorteil, dass man sich an den Anfang des 19. Jahrhunderts zurückversetzt fühlen kann. Und dem Kaiser recht nahe. Von seinem Ägyptenfeldzug zeugt ein Saal mit Trompe-l'oeil-Malereien, die Pyramiden, Sphinxen, Fellachen am Nil und Mamluken wiedergeben, die hoch zu Ross mit gezückten Säbeln aufeinander losgehen. Das Deckengemälde eines anderen Saals zeigt zwei auseinanderfliegende Tauben, die durch ein verknotetes Band verbunden sind. Je weiter sie voneinander wegfliegen, desto mehr zieht sich der Knoten zu, suggeriert das Fresko. Es soll die Beziehung Napoleons zu seiner zweiten Ehefrau, der Habsburgerin Marie-Louise symbolisieren, die er 1810 geheiratet hatte. Die Kaiserin und der gemeinsame Sohn, Napoleon II., haben Napoleon kein einziges Mal auf der Insel besucht. Darunter soll der exilierte Kaiser sehr gelitten haben.

Im verwunschenen, menschenleeren Park der Villa San Martino sitzend denke ich über Napoleon nach. Meine Haltung zu ihm ist ambivalent. Einerseits hat er sich als Jurist mit dem exzellenten, fortschrittlichen Gesetzbuch *Code Civil*, als genialer Stabilisator und Organisator des nachrevolutionären Frankreichs, als Verfechter bürgerlicher Freiheiten und Modernisierer des modrigen, spätabsolutistischen Europas gewaltige Verdienste erworben. Andererseits forderte sein in Wahn umkippendes Macht- und Größenstreben gewaltige Opfer, Menschenopfer. Am Anfang verteidigte er noch Frankreich. Dann unterwarf er blutig große Teile Europas. Er stürzte sich in mörderische Abenteuer wie den Ägypten- und den Russlandfeldzug, trieb seine *Grande Armée* immer weiter bis in den Untergang von Waterloo. 1811 sagte er: »Noch drei Jahre, und ich bin Herr des Universums.« 1814 kümmerte er sich um die Müllabfuhr in Portoferraio. Welches Urteil kann so einem Menschen gerecht werden?

Auf Elba überwiegen die günstigen Urteile über dessen Kurzzeitherrscher. »Ich halte Napoleon für äußerst positiv«, antwortet Giuseppe Battaglini ohne Zögern. »Er war ein unglaublich fähiger Regent, eine Autorität. Er hat Elba vereint und stark zum Besseren verändert.« Battaglini, ein kräftiger, graubärtiger Mann mit lustig funkelnden Augen, sitzt mir im Caffè del Porto in Portoferraio gegenüber. Hier ist es voll, heiß, lärmend, ein ständiges Kommen und Gehen, wie es sich für eine Hafenkneipe gehört. Aus den Lautsprechern bellt Italo-Rock. Von draußen tutet eine Fähre herein. Battaglini lässt sich nicht stören. Sorgfältig breitet er Bücher, Zeitschriften und Dokumente über sein Lebensthema auf dem Tisch aus: Napoleon und Elba.

»Die meisten hier haben ein snobistisches Verhältnis zu ihm«, kritisiert er. »Sie interessieren sich vor allem für die Anekdoten, seine Affären. Und nur für die zehn Monate, die er hier lebte. Dabei hat sich Napoleon 15 Jahre lang mit Elba beschäftigt. Es ist Zeit, dass diese 15 Jahre gewürdigt werden.«

Napoleon soll sich eineinhalb Jahrzehnte mit einer Insel vor Italien beschäftigt haben, die 40-mal kleiner ist als sein heimisches Korsika? Schwer zu glauben, denke ich mir. Doch Battaglini legt sofort nach. Dank Napoleon, der damals noch erster Konsul Frankreichs war, sei Elba 1802 im Frieden von Amiens Frankreich zugesprochen worden. »Für uns Elbaner bedeutete das nach 250 Jahren die Wiedervereinigung unserer Insel!«

Denn bis 1802 war Elba jahrhundertelang gleich auf drei verschiedene Staaten aufgeteilt: Der Hauptteil gehörte zum Fürstentum Piombino. Portoferraio war Teil des Herzogtums Toskana. Porto Longone wiederum (das heutige Porto Azzurro) befand sich im Besitz des Stato dei Presidi, einem lange von Spanien beherrschten Gebilde aus Garnisonsstädten im Süden der heutigen Toskana.

Napoleon habe sich nach 1802 immer wieder persönlich um die Entwicklung der Insel gekümmert, sagt Battaglini. »Er verfolgte mit großem Interesse den Aufbau neuer Institutionen, der Justiz, des Schulsystems und Minenwesens. Sein Erscheinen 1814 kam also keineswegs aus dem Nichts.« Umso trauriger sei es, dass der Staat so wenig aus den Napoleon-Museen auf der Insel mache, sagt Battaglini, der 35 Jahre lang die Kulturabteilung Portoferraios leitete und heute Direktor des Nationalen Zentrums für Napoleon-Forschung ist. Es gefällt ihm gar nicht, dass die Residenzen des Kaisers heute so verschlafene, etwas angestaubte Provinzmuseen sind. Die beiden Villen gehörten dem italienischen Staat. Sie seien in den 1930er Jahre unter dem faschistischen Diktator Benito Mussolini als Museen eingeweiht worden. »Mussolini identifizierte sich stark mit Napoleon.« Das habe nach dem Zweiten Weltkrieg negativ auf Napoleon abgefärbt.

»Der Kaiser war mit dem Krieg verbunden, das Gedenken an ihn zunächst peinlich.« Nun hofft Battaglini, dass die Museen dessen Verdienste um Elba bald besser würdigen.

Zurück zum Kaiser. Der Sommer 1814 war in Portoferraio unerträglich heiß. Daher zog es Napoleon in die Berge zu einem besonders romantischen Ort, an dem er einige glückliche Stunden mit einer alten Geliebten verbrachte. Von Marciana Marina aus führt eine gewundene Straße nach Marciana Alta, dem höchsten Ort der Insel. Er wird vom unten dicht bewaldeten, oben nackten Massiv des Monte Giove überragt. Ich parke oberhalb des Ortes vor einer Burg aus dem 12. Jahrhundert und steige buchstäblich über Stock und Stein einen steilen, in die Felsen gehauenen Treppenweg bergan, vorbei an den Stationen eines Kreuzwegs. Es ist einsam hier an diesem Morgen, nur aus der Ferne sind die Motorsägen von Waldarbeitern zu hören. Schließlich erreiche ich einen Wald aus uralten, riesigen Esskastanien, deren knorrige, verwachsene, von Furchen und Höhlungen durchzogene Stämme aussehen wie Fabelwesen aus einem Märchen. Hier, meine ich, die Fratze eines Waldgeistes zu erkennen, dort beäugt mich ein Totenkopf, da eine Hexe mit spitzer Nase und aufgerissenem Mund. Unter diesen Bäumen ist schon Napoleon hindurchgeritten, als er bei einem seiner Streifzüge über die Insel auf einem kleinen Hochplateau die Wallfahrtskirche Madonna del Monte entdeckte, das älteste Heiligtum der Insel. Vögel zwitschern im dichten Laub, ein kalter Quell plätschert aus den Felsen hinter der Apsis hervor. »Schatten und Wasser, was braucht's mehr zum Glück?«, soll der Kaiser gerufen haben.[12]

Napoleon verliebt sich sofort in den wilden und zugleich friedlichen Ort und verbringt die Sommertage vom 23. August bis zum 5. September in einer Zelle der Einsiedelei neben der Kapelle. Tagsüber wandert er durch die Wälder und klettert am Monte Giove herum, abends setzt er sich gern auf einen grauen Granitfelsen, Affacciatoio[13] genannt, der einem Adler mit ausgebreiteten Schwingen gleicht, ein passender Ort für den neuzeitlichen Cäsaren. Von hier aus kann er nicht nur die Küste Elbas und das Meer überblicken, sondern bis ins heimische Korsika schauen. Selten in seinem Leben dürfte er so viel Ruhe genossen haben. Und wer weiß, vielleicht hat er hier für einen Moment daran gedacht, dem Ruhm der Welt zu entsagen und für den Rest seines Lebens das stille Elba zu genießen.

Am Abend des 1. September ankert heimlich eine Brigg in einer Bucht bei Portoferraio. Zwei verschleierte Frauen, ein Offizier und ein Junge gehen von Bord und besteigen eine Kutsche, die ihnen Napoleon gesandt hat. Der Kaiser, von Fackelträgern begleitet, reitet ihnen entgegen und trifft sie in der Nähe von Marciana Marina. Er steigt in die Kutsche und begrüßt seine polnische Geliebte Maria Walewska und ihren gemeinsamen Sohn Alexandre Florian Joseph sowie die Schwester und den Bruder Marias. Dann reitet er mit Maria und dem Jungen durch die Finsternis zu der Einsiedelei empor. Als sie dort eintreten, sagt Napoleon: »Madame, ich habe Ihnen hier kein anderes Palais anzubieten.«[14]

Die Liebesidylle währt nur kurz. Denn sofort verbreitet sich das Gerücht auf der Insel, die Kaiserin Marie-Louise sei mit ihrem Sohn bei Napoleon eingetroffen. In Portoferraio bereiten die Bürger einen festlichen Empfang vor. Napoleon will nicht, dass seine Liaison mit Maria Walewska im konservativen Elba bekannt wird und seinem Ruf schadet. So muss die Polin mit ihrem

Sohn schon am 3. September abreisen. Der Kaiser bleibt allein in seinem Adlerhorst zurück.

In den folgenden Monaten wird seine Situation auf Elba ungemütlich. Der französische König Ludwig XVIII. verweigert ihm die bei der Abdankung vereinbarte Apanage. Napoleon gerät in Geldnot. Seine Furcht vor einem Attentat wächst. Ihm kommt zu Ohren, dass ihn sein Feind Charles-Maurice de Talleyrand-Périgord, Außenminister Frankreichs, auf eine weit entlegenere Insel abschieben will.[15] Und es verbittert ihn, dass die Kaiserin Marie-Louise mit dem gemeinsamen Sohn, dem sogenannten König von Rom, nicht nach Elba kommen darf oder will. Als der Kaiser auch noch erfährt, dass Ludwig XVIII. in Frankreich äußerst unbeliebt ist, riskiert er alles. Systematisch täuscht er seinen Feinden in Frankreich und Europa sowie seinen britischen Bewachern rund um Elba vor, er richte sich dauerhaft auf der Insel ein. So geht er neue Bauvorhaben an und lässt den Garten seiner Residenz frisch bepflanzen. Am Spätnachmittag des 26. Februar 1815, einem Sonntag, schifft er sich mit seiner kleinen Elbaner Armee von etwa 1000 Mann in Portoferraio ein und nimmt Kurs auf Frankreich. Von den Elbanern verabschiedet er sich mit den Worten: »Ich hinterlasse euch Frieden. Ich hinterlasse euch Wohlstand. Ich hinterlasse euch eine saubere, schöne Stadt. Ich hinterlasse euch meine Straßen und Bäume, für die eure Kinder mir danken werden.«[16]

Der Rest ist Geschichte.

Die 16. Insel

Eine Insel fehlt noch auf dieser Reise. Sie klingt zwar in allen 15 Inseln dieses Buches an, wie ein Leitmotiv in der Musik der Romantik. Sie schwingt im Hintergrund mit, wenn von Tavolara, Santa Cristina oder Capri die Rede ist, manchmal auch im Vordergrund. Ohne sie wäre die Geschichte und Gegenwart der 15 Inseln eine völlig andere. Diese 16. Insel, die Mutterinsel, ist im streng geografischen Sinne eine Halbinsel. Sie wird zwar auf fast allen Seiten vom Meer umgeben, ihre Küstenlänge beträgt 7600 Kilometer. Im Norden aber grenzt sie ans europäische Festland. Doch dort bildet der Alpenbogen mit seinen bis zu 4800 Meter hohen Bergen eine ebenso markante Grenze wie das Meer.

Italien als Ganzes hat Inselcharakter. Das half den Römern, die Apenninen-Halbinsel als Kern und Hochburg ihres Weltreiches zu gestalten. Auch wenn nach dem Untergang des Römischen Reiches die politische Einheit zersplitterte, blieb Italien als Kulturraum über eineinhalb Jahrtausende im Bewusstsein der Menschen präsent, bis es im 19. Jahrhundert wieder zur politischen Einheit fand.

Der Inselcharakter Italiens zeigt sich auch darin, dass es stets Eroberer, Entdecker sowie Menschen anzog, die sich nach Ursprünglichkeit, Freiheit und authentischer Erfahrung sehnten. Als Eroberer kamen die sogenannten Barbarenvölker in endlosen Wellen. Als Entdecker zog es die Bildungsreisenden der *Grand Tour*[1] über die Alpen und später unzählige junge Leute der Nachkriegszeit, die mit dem Käfer, dem Zug oder zu Fuß die Halbinsel erkundeten. Viele von ihnen suchten in Italien eine innere Erneuerung. Manche fanden sie dort. Unzählige Pilger zum Beispiel, für die Italien zum zweiten Heiligen Land wurde. Oder Johann Wolfgang Goethe, der sich bereits bei seiner Ankunft »im Land, wo die Zitronen blühen« »wie neu geboren« fühlte und hier eine künstlerische Befreiung erlebte.

Wie andere Inseln auch bietet Italien eine exzellente Projektionsfläche. Es war lange Zeit das Sehnsuchtsland schlechthin, insbesondere der Deutschen. Das ist es für viele, trotz mancher Enttäuschung, geblieben. Dieses Sehnsuchts-Italien führt in der kollektiven Imagination ein gewisses Eigenleben, unabhängig vom real existierenden Land. Es wird zur Insel der Seligen, zum Garten Eden, wo sich ein leichteres, freieres Leben in ewigem Frühling führen lässt. Das »Haus in Italien« ist für viele Nordländer zur Manifestation dieses Traums geworden. Wobei die Konfrontation mit der Wirklichkeit nicht selten zu traumatischen Erlebnissen führt. Dafür sorgt schon allein die italienische Bürokratie.

Dann sind da die dunklen Seiten der Insel-Projektionen: die von Hades und Hölle. Einige Schriftsteller haben ihnen Ausdruck gegeben. Thomas Mann lässt seinen Gustav von Aschenbach am sinnlichen Italien scheitern und in Venedig den Tod finden.[2] In Wolfgang Koeppens »Der Tod in Rom« wird die Stadt am Tiber zur Bühne, auf der eine von der Nazi-Zeit geprägte deutsche Familie in ihre Abgründe blickt. Die grausigste Italien-Vision aber hat für mich der Lyriker und Erzähler Rolf Dieter Brinkmann in »Rom, Blicke« geschrieben. Die Stadt und das Land werden darin zu einem Panoptikum des Hässlichen, Gemeinen und Lächerlichen, zum Sinnbild einer durch und durch verkommenen Zivilisation. Gewiss, Brinkmanns Vision ist eine groteske und in Teilen bösartige Übertreibung. Doch sie spiegelt sich, wenn auch abgeschwächt, in manchen politischen und wirtschaftlichen Italien-Dystopien wider, in denen es nur noch eine Frage kurzer Zeit sein kann, bis das Land an seinem mangelnden Gemeinsinn, an Mafia, Korruption, politischer Instabilität, Kulturverfall, televisionärer Verblödung und exorbitanten Schulden zerschellt. Solche Kassandren ficht auch nicht an, dass ihre Prophezeiungen seit Jahrzehnten hartnäckig nicht eintreten.

Italien ist Insel ist Bühne ist Drama. Hier spielen Träume und Alpträume, manifestieren sich Hoffnungen und Ängste. Als Insel ist Italien damit auch Piazza, der Platz im Scheinwerferlicht, umgeben vom Häusermeer, Ort der Begegnung, der Überraschungen und Abenteuer, Spielplatz und Hinrichtungsstätte.

Da Inseln begrenzt sind, kann sich auf ihnen – wie auf einem Bild, in einem Roman – das Leben verdichten. Entwicklungen treten hier klarer zum Vorschein als in den Weiten des Festlandes. Der frühere US-Präsident Barack Obama sagte 2021 auf einer Weltklimakonferenz in Glasgow: »In dieser Situation sind die Inseln wie der Kanarienvogel in einer Mine. Sie senden uns eine Botschaft: Wenn wir nicht handeln, ist es zu spät.« Obama bezog sich auf die Tradition von Bergleuten in Kohleminen, sich Kanarienvögel zu halten. Fielen die sensiblen Tiere von der Stange, war dies ein Alarmzeichen, dass das tödliche Grubengas austritt. Die Mine wurde dann sofort geräumt. Obama meinte nun, die Inselstaaten mit ihren oft flachen Eilanden bekämen als Erste die Folgen des Klimawandels zu spüren. Ihr Schicksal sollte uns eine Warnung sein.

Auf meinen Reisen zu den italienischen Inseln wurde ich immer wieder mit dieser Alarmfunktion konfrontiert. Sei es durch Trockenheit und Erosion auf Lampedusa oder durch Hochwasser und Stürme auf Santa Cristina. Die Inseln erwiesen sich aber auch in anderer Hinsicht als Vorreiter allgemeiner Entwicklungen. Die Probleme der Auswanderung und des Bevölkerungsschwundes, die ganz Italien betreffen, werden auf den Liparischen Inseln besonders sichtbar. Die Herausforderungen von Flucht und Armutsmigration, die ganz Europa bewältigen muss, zeigen sich auf Lampedusa besonders drastisch. Was wiederum den Schutz der Meere und ihrer Tiere und Pflanzen anbelangt, zeigt Favignana, wie viel sich da erreichen lässt. Pantelleria demonstriert, wie bereichernd ein Zusammentreffen der Kulturen sein kann, zum Beispiel in der Küche. Capri und Elba suchen stellvertretend für viele Reiseziele nach Wegen, Massentourismus mit der Bewahrung der eigenen Identität in Einklang zu bringen. Und auf Pianosa wird beispielhaft mit neuen Formen des Strafvollzugs experimentiert, die dem Gefangenen ebenso wie der Gesellschaft nutzen.

Auch die Insel Italien als Ganzes hat so eine Beispiel- und Vorreiterrolle. Das Land dient immer wieder als Laboratorium Europas. Hier zeigen sich Entwicklungen früher als anderswo. Im Politischen etwa wurde Silvio Berlusconi mit seinen populistisch-medialen Herrschaftstechniken zum Vorbild für Politiker wie Donald Trump oder Boris Johnson. In der Kulinarik ist die mediterranitalienische Küche weltweit prägend für eine Ernährung, die gesund und schmackhaft zugleich ist. Die Folgen des Klimawandels – Hochwasser, Erdrutsche, Trockenheit, Waldbrände – konzentrieren sich in Italien wie unter einem Brennglas. Andererseits hat das Land, im Unterschied zu anderen Staaten am Mittelmeer, seine Küsten größtenteils nicht zubetoniert. Vielmehr testet es sanftere, individuellere Formen des Fremdenverkehrs erfolgreich aus, den *agriturismo*[3] etwa oder den *pescaturismo*.[4]

In der Zukunft werden die Europäer an Italien ablesen können, wie eine entwickelte Industriegesellschaft mit einer überalterten, schrumpfenden Gesellschaft zurechtkommt oder auch nicht zurechtkommt. Und ob und wie die liberale Demokratie dabei überlebt.

Inseln sind spannende Reiseziele, sei es für die Fantasie oder für den nächsten Urlaub. Italien ist ein spannendes Reiseziel. Auch weil es von Dutzenden großen und kleinen Inseln gesäumt ist, die mit ihrer Geschichte und ihren Geschichten die Vielfalt des Lebens feiern und darauf warten, immer wieder neu entdeckt zu werden.

Anmerkungen

Vorwort

1 Eine umfassende Beschreibung der verschiedenen Insel-Mythen gibt Volkmar Billig in seinem Buch »Inseln. Geschichte einer Faszination«.
2 Brief Ende 1890 an den dänischen Maler Jens Ferdinand Willumsen
3 Homer, Die Odyssee
4 Calzolaio, Isole carcere
5 Golding, Herr der Fliegen
6 Francis, Inseln
7 Ulrich, Und wieder Azzurro
8 Eine Aufzählung findet sich auf folgender Website: www.viaggiando-italia.it/oltre-800-isole-solo-unottantina-abitate-la-lista-completa-tutte-le-isole-ditalia-quale-visiterete/

1 Tavolara – Ein Königreich für eine Insel

1 Eine ausführliche Biografie der Insel und eine kritische Betrachtung ihrer Geschichte gibt Alfredina Papurello in ihrem Buch Tavolara.
2 Fischbällchen
3 Sardischer Ziegenkäse
4 »Komm! Komm!«
5 Siehe Fußnote 1

2 Caprera – Beim Helden der beiden Welten

1 Clelia Garibaldi, Mio Padre
2 Parks, Der Weg des Helden
3 Zitiert nach Scirocco, Giuseppe Garibaldi, S. 187
4 Hausmann, Garibaldi, S. 97
5 Zitiert nach Scirocco, Giuseppe Garibaldi, S. 233
6 Zitiert nach Scirocco, Giuseppe Garibaldi, S. 232
7 Scirocco, Giuseppe Garibaldi, S. 256
8 Zitiert nach Scirocco, aaO
9 Scirocco, Giuseppe Garibaldi, S. 258
10 Mezzogiorno bedeutet eigentlich »Mittag«. Der Begriff wird jedoch häufig als Synonym für das südliche Italien verwendet. Er umfasst dabei die Regionen von den Abruzzen bis nach Kalabrien sowie Sardinien und Sizilien.
11 Zitiert nach Scirocco, Giuseppe Garibaldi, S. 267
12 Scirocco, aaO
13 Clelia Garibaldi, Mio Padre
14 Presutti, Garibaldi
15 Presutti, aaO, S. 35
16 Scirocco, Giuseppe Garibaldi, S. 307
17 Clelia Garibaldi, Mio Padre, S. 50 f.
18 Gemüsesuppe auf Genueser Art
19 Über dem offenen Feuer gegrillte Rindfleischstücke
20 In Salzlake gereifte Oliven
21 Kabeljau auf Genueser Art, mit Pinienkernen, Oliven und Gemüse gekocht
22 Scirocco, Giuseppe Garibaldi, S. 347

3 Sardinien – Hirten und Hightech

1 Ledda, Padre Padrone
2 Murgia, Elf Wege über eine Insel
3 Höh, Sardinien, S. 427
4 https://www.sardegnalive.net/news/in-sardegna/310867/allevatore-ucciso-a-orune-il-parroco-non-percorrete-strada-dell-odio-e-della-vendetta
5 Frau, Atlantika

6 Murgia, Elf Wege über eine Insel, S. 67
7 Die *Cassa per il Mezzogiorno* bestand zwischen 1950 und 1992. In dieser Zeit vergab sie umgerechnet etwa 140 Milliarden Euro an den italienischen Süden.
8 Der spanische Ausdruck *Murales* bezeichnet Wandmalereien im öffentlichen Raum.
9 »Freiheit!«
10 Bertolt Brecht lässt seinen Galilei sagen: »Unglücklich das Land, das Helden nötig hat.«
11 Gegrilltes Milchschweinchen, ein typisches Festtagsgericht der Sarden
12 Höh, Sardinien, S. 447
13 Roher Schinken
14 Gesalzene und getrocknete Fischeier
15 Fanum Voltumnae war das Bundesheiligtum des etruskischen Zwölfstädtebundes in Mittelitalien. Archäologen wollen es in der Nähe der umbrischen Stadt Orvieto lokalisiert haben.
16 Marrocu, Storia popolare dei sardi e della Sardegna
17 Marrocu, aaO, S. 201
18 Brigaglia, Storia della Sardegna, S. 16 ff.

4 Ventotene – Aufschrei der Verbannten

1 Lateinisch für »Verdammung des Andenkens«
2 Bei Anzio und dem nahen Nettuno landeten im Januar 1944 amerikanische und britische Truppen hinter den deutschen Linien in Mittelitalien, um den Vormarsch auf Rom zu beschleunigen.
3 Pepe, Ventotene, S. 25
4 Unter Panopticon versteht man einen von dem britischen Philosophen Jeremy Bentham (1748–1832) für Fabriken und Gefängnisse konzipierten Bau in Form eines Hufeisens, Halbkreises, Kreises oder auch Sterns, der es einem Aufseher/Wärter ermöglicht, alle Arbeiter/Gefangenen zugleich zu überwachen. Das Konzept stand damals für einen modernen, rationalen Strafvollzug, wurde jedoch später zu einem Sinnbild totaler Überwachung.
5 Wegen der Farbe ihrer Hemden wurden die Mitglieder der

faschistischen italienischen Milizen als *Schwarzhemden* (italienisch *camicie nere*) bezeichnet.

6 Vgl. Di Benedetto, Dalla Sicilia alla Sicilia, S. 80

7 Jacometti, Ventotene, S. 79

8 Pepe, Ventotene, S. 29

9 Jacometti, Ventotene, S. 86 f.

10 Jacometti, aaO, S. 67

11 »Brüder Italiens«

12 http://archive.spectator.co.uk/article/4th-october-2003/20/how-bad-was-mussolini

13 Die Lega Nord war ursprünglich eine rechtsliberale, regionalistische Partei, die Norditalien vom Süden abspalten wollte. Seit 2018 tritt sie unter ihrem Parteichef Matteo Salvini unter dem Namen Lega in ganz Italien an und hat auch im Süden viel Zulauf. Sie strebt ein föderalistisches und nationalistisches Italien an, das sich von der Europäischen Union löst, enge Verbindungen zu Russland eingeht und Immigration scharf bekämpft.

14 Jacometti, Ventotene, S. 41 f.

15 Sottoriva, Ventotene, S. 67

16 Hierzu und zum Folgenden: Das Manifest von Ventotene, https://www.jef.de/ueber-uns/geschichte/manifest-von-ventotene/

17 Italienisches Sprichwort: Wenn es nicht wahr ist, so ist es doch gut erfunden.

5 Capri – Der Traum vom Süden

1 Ach komm!

2 Zitiert nach Richter, Die Insel Capri, S. 175

3 Zitiert nach Richter, Die Insel Capri, S. 131

4 Wohnzimmer der Welt

5 Kesel, Capri, S. 128

6 Kesel, aaO, S. 143

7 Sueton, Tiberius, S. 42

8 Sprung des Tiberius

9 Vgl. Goethe, Italienische Reise, S. 406 ff.

10 Zitiert nach Richter, Die Insel Capri, S. 78

11 Richter, Die Insel Capri, S. 81

12 Zitiert nach Kesel, Capri, S. 236
13 Negendanck/Pese, Zauberinsel Capri, S. 13
14 Zitiert nach Negendanck/Pese, aaO, S. 196
15 Zitiert nach Negendanck/Pese, aaO, S. 247
16 Kesel, Capri, S. 258
17 Zitiert nach Kesel, aaO, S. 269 f.
18 Munthe erzählt von seiner Villa auf Capri in seinem berühmten Erinnerungsbuch »Das Buch von San Michele«.
19 Weg der kleinen Festungen
20 Wer sich für die botanischen Wanderwege der Insel und deren Pflanzen interessiert, dem sei das reich bebilderte Buch »Capri in Blüte« von Tullia Rizzotti empfohlen.

6 Salina – Flucht aus dem Paradies

1 Martin, Der Zwillingsberg, S. 18 ff.
2 Frisch gepresster Saft
3 Die sizilianische Brauerei Messina produziert ein Bier, dem sie Salzkristalle zusetzt, was dem Bier ein besonderes, frisches Aroma gibt.
4 Zitiert nach Saija, Museo Eoliano dell'Emigrazione, S. 9
5 Siehe zur Geschichte der italienischen Emigration seit der italienischen Einigung bis heute: Colucci/Gallo, L'emigrazione italiana
6 Die große Migration
7 Fest der Äolianer in der Welt
8 Thunfisch-Tatar
9 Bandnudeln mit Seeigel-Sauce
10 Jugendliche, junge Leute

7 Favignana – Seeschlachten einst und heute

1 Norwich, Sizilien, S. 52
2 Das heutige Trapani
3 Das heutige Marsala
4 Bua, Arcipelago Egadi, S. 93

5 Schlacht bei den Egadischen Inseln
6 Rote Bucht
7 Auci, Die Löwen von Sizilien und L'inverno dei Leoni (dieser Band ist noch nicht auf Deutsch erschienen)
8 Sterbekammer
9 Bua, Arcipelago Egadi, S. 116
10 Abschlachten der Thunfische auf dem Meer
11 Nach dem EU-Recht versteht man darunter die handwerklich betriebene Küstenfischerei, mit Booten unter zwölf Metern Länge.
12 Daten der Deutschen Stiftung Meeresschutz, https://www.stiftung-meeresschutz.org/foerderung/seegraswiesen-seegras-renaturierung/

8 Sizilien – Normannen, Staufer, Corleonesi

1 Zur Geschichte der Cosa Nostra siehe etwa: John Dickie: »Cosa Nostra«; Salvatore Lupo: »Die Geschichte der Mafia«; sowie, besonders aktuell, Giuseppe Governale: »Sapevamo già tutto. Perché la Mafia resiste e dovevamo combatterla prima«.
2 bottegaliberaterra.it/prodotti/
3 Sizilianisches Auberginengemüse
4 Röhrchennudeln
5 Mit Ricotta gefülltes Gebäck
6 Zitronen-Risotto mit einer Würzsauce aus Sardellen
7 Zum Frühling von Palermo siehe etwa Leoluca Orlandos autobiografisches Buch »Ich sollte der Nächste sein«.
8 Einen guten Überblick über die sizilianische Geschichte geben John Julius Norwich: »Sizilien« und Denis Mack Smith: »Storia della Sicilia«.
9 Alajmo, L'Arte di annacarsi, S. 57
10 Zitiert nach Rader, Friedrich II., S. 516
11 Zitiert nach Rader, Friedrich II., S. 519
12 Rader, Friedrich II., S. 259
13 Norwich, Sizilien, S. 125
14 Norwich, Sizilien, S. 139

9 Ferdinandea – Abenteuer eines Feuerspuckers

1 Zitiert nach Mazzarella, Dell'isola Ferdinandea e di altre cose, S. 124
2 Mazzarella, Dell'isola Ferdinandea e di altre cose, S. 156
3 Mazzarella, aaO, S. 156 ff.
4 Vgl. Strohmeyr, Ferdinandea, S. 7 ff.

10 Pantelleria – Bei den Multi-Kulti-Köchen

1 Wer trotzdem eine Übersetzung wünscht: Frittiertes Klößchen mit Wurstwaren. Kraken- und Tintenfischsalat mit Kartoffeln, Bohnen und leichtem Pesto. Teigtasche mit Champignon und Trüffel. Spargelauflauf mit in Thymian mariniertem Schinken von der Ente. Eier-Röhrennudeln mit Kaninchenragù und Hallimaschen. Risotto mit Steinpilzen.
2 Mit Zucchini gefüllter Tintenfisch auf Kartoffelmousse
3 Geschmortes Kalbfleisch auf gerösteter Polenta
4 Mit Ricotta gefüllte Gebäckstücke
5 Vanoli, La Sicilia musulmana, S. 25
6 Vgl. Giuseppe Staccioli, L'ultima isola musulmana in Italia, Pantelleria, www.um.edu.mt/library/oar/bitstream/123456789/8647/1/L%E2%80%99ultima%20isola%20musulmana.pdf
7 Vanoli, aaO, S. 55
8 Vanoli, La Sicilia musulmana, S. 56 ff.
9 Calaciura, Pantelleria, S. 74
10 Staccioli, Fundort für das Zitat siehe Staccioli, S. 195, Fußnote 125.
11 Valenza, Pantelleria e i suoi dammusi, S. 29
12 Valenza, aaO, S. 30
13 Küsschen – auf Pantelleria blumenförmige, mit Ricotta gefüllte Pfannkuchen
14 Frittierte, in Zucker gerollte Teigbällchen
15 Mit Mandeln und Orangenschalen, teilweise auch mit Wein zubereitete Kekse

11 Lampedusa – Gelobtes Land und Endstation Sehnsucht

1 Bartolo, Lacrime di sale, S. 10
2 Heute offiziell Golf von Gabès genannt
3 www.consilium.europa.eu/de/infographics/asylum-applications-eu/
4 Finanz- und Zollpolizei Italiens
5 »Wir sind Seeleute.«
6 de.statista.com/statistik/daten/studie/892249/umfrage/im-mittelmeer-ertrunkenen-fluechtlinge/

12 Tremiti-Inseln – Mönche und Meer

1 Vgl. Langiano, Isole Tremiti, S. 78 f.
2 Langiano, Isole Tremiti, S. 34 f.
3 Langiano, aaO, S. 38
4 Lateinisch: Ende der Welt
5 Vgl. Insa Germerott, Pazifischer Müllstrudel: Je mehr Abfall, desto mehr Leben?, National Geographic, Mai 2022, https://www.nationalgeographic.de/umwelt/2022/05/pazifischer-muellstrudel-je-mehr-abfall-desto-mehr-leben
6 Allyson Chiu, ›Literally drowning in plastic‹: 414 million pieces of trash washed up on remote islands, Washington Post, Mai 2019, https://www.washingtonpost.com/nation/2019/05/22/literally-drowning-plastic-million-pieces-trash-washed-up-remote-islands/
7 https://gwf-wasser.de/branche/450-jahre-so-lange-dauert-die-zersetzung-einer-plastikflasche/
8 https://www.legambiente.it/rapporti-e-osservatori/isole-sostenibili/
9 Nicht zu verwechseln mit der gleichnamigen Insel im Toskanischen Archipel, die in Kapitel 14 beschrieben wird.
10 Giuseppe Ungthereses Buch »Non tutto il mare è perduto« (wörtlich: Nicht das ganze Meer ist verloren) beschreibt eine Reise entlang der italienischen Küsten im Zeichen des Plastikmülls und des Mikroplastiks.
11 Hierzu und zum Folgenden: Ungherese, aaO, S. 17 ff.

13 Santa Cristina – Reif für die Onsel

1 https://www.ansa.it/canale_terraegusto/notizie/dal_mare/2023/07/19/guerra-al-granchio-blu-dimezza-la-produzione-di-cozze-e-vongole_34a56bee-38da-4552-9fe7-ad66a32229ff.html
2 Adria-Krabben, die vor allem gegessen werden, wenn sie ihren Panzer wechseln und daher weich sind
3 Durchlauchtigste
4 Ravegnani, Venezia prima di Venezia, S. 14
5 Dem heutigen Eraclea
6 Nicht nur in der Lagune, sondern auch in weiten anderen Teilen Italiens
7 So nennen die Venezianer das jährliche Winterhochwasser.
8 de.veniceprivateisland.com/

14 Pianosa – Im Wartezimmer der Freiheit

1 Calzolaio, Isole carcere, S. 79
2 Südliche Toskana
3 Zitiert nach Piga/Foresi, L'isola di Pianosa, S. 79
4 Piga/Foresi, L'isola di Pianosa, S. 83
5 Piga/Foresi, aaO, S. 99
6 Piga/Foresi, aaO, S. 100
7 Indelicato, L'inferno di Pianosa, S. 31
8 Indelicato, aaO, S. 34
9 Indelicato, aaO, S. 61
10 www.parcoarcipelago.info/isola-di-pianosa/

15 Elba – Zu Gast beim Kaiser

1 Abulafia, Das Mittelmeer, S. 537
2 Siehe dazu Arnaldi, Italien und seine Invasoren
3 Weinkeller
4 Damals siegte eine Allianz aus Preußen, Österreich, Russ-

land, Schweden und weiteren Verbündeten gegen die Franzosen.

5 Zitiert nach Bartlett, Elba, S. 116

6 Bartlett, aaO, S. 127

7 Bartlett, Elba, S. 117

8 Bartlett, aaO, S. 120

9 Des Teufels Liebling

10 Alptraum Europas

11 Frei übersetzt: Kleiner Dürrer

12 Rother, Elba, S. 131

13 Ausblick

14 Bartlett, Elba, S. 143

15 Bartlett, aaO, S. 158

16 Bartlett, S. 156

Die 16. Insel

1 Seit der Renaissance übliche Reise junger Adeliger und später auch begüterter Bürgerlicher nach Frankreich, Italien und Spanien, teilweise auch ins Heilige Land, um die persönliche Entwicklung voranzubringen und Weltläufigkeit zu bekommen.

2 Thomas Mann, Der Tod in Venedig

3 Ferien auf dem Bauernhof

4 Fischfang-Tourismus: Fischer nehmen Touristen mit ihren Booten hinaus aufs Meer, zeigen ihnen ihre Arbeit und bereiten danach oft die Fische zu einem gemeinsamen Essen zu.

Literatur

Neben den in diesem Buch zitierten Werken werden hier einige zusätzliche Werke aufgenommen, die mir beim Verständnis der italienischen Inselwelt geholfen haben, ohne dass sie direkt in das Buch eingegangen sind.

Abulafia, David, Das Mittelmeer. Eine Biographie, Fischer Verlag, Frankfurt am Main, 2. Auflage 2015

Aime, Marco, L'isola del non arrivo. Voci da Lampedusa, Bollati Boringhieri Verlag, Turin, 2018

Alajmo, Roberto, L'arte di annacarsi. Un viaggio in Sicilia, Laterza Verlag, Bari, 2012

Ariosto, Ludovico, Der rasende Roland. Gesamtausgabe in zwei Bänden, dtv Verlag, München, 1987

Arnaldi, Girolamo, Italien und seine Invasoren, Wagenbach Verlag, Berlin, 2005

Auci, Stefania, Die Löwen von Sizilien, Goldmann Verlag, München, 2021

Auci Stefania, L'Inverno dei Leoni, Nord Verlag, Mailand, 2022

Bacchella, Adriano/Isaia, Gabriele, Gamberi e gomene. 90 ricette trovate nelle piccole isole italiane, Priuli & Verlucca Verlag, Turin, 2012

Bartlett, Vernon, Elba, Prestel Verlag, München, 2. Auflage 1976

Bartolo, Pietro, Lacrime di sale, Mondadori Verlag, Mailand, 2016

Bartolo, Pietro, Le stelle di Lampedusa, Mondadori Verlag, Mailand, 2018

Bellomo, Lucio, 33 Isole. Da Marettimo a Venezia, Mursia Verlag, Mailand, 2023

Bellomo, Lucio, 33 Isole. Da Ustica a San Pietro, Mursia Verlag, Mailand, 2023

Billig, Volkmar, Inseln. Geschichte einer Faszination, Matthes & Seitz Verlag, Berlin, 2010

Boetti, Gian Luca, Isole minori d'Italia, I sentieri più belli, Gribaudo Verlag, Mailand, 2017

Braudel, Fernand/Duby, Georges/Aymard, Maurice, Die Welt des Mittelmeeres, Fischer Verlag, Frankfurt am Main, 3. Auflage 2018

Brigaglia, Manlio, Storia della Sardegna. Dalla preistoria ad oggi, Della Torre Verlag, Cagliari, 2021

Brignetti, Raffaello, La spiaggia d'oro, Rizzoli Verlag, Segrate, 1971

Brinkmann, Rolf Dieter, Rom, Blicke, Rowohlt Verlag, Berlin 1979

Brocchetta, Francesca/Giardi, Dario, Pantelleria. Lampedusa. Linosa, Polaris Verlag, Faenza, 2021

Bua, Aldo, Arcipelago Egadi. Piccole isole, grandi emozioni, Palermo, 2022

Busetta, Pietro Massimo, La rana e lo scorpione, Rubettino Verlag, Soveria Mannelli, 2023

Calaciura, Giosuè, Pantelleria. L'ultima isola. Laterza Verlag, Rom, Bari, 2016

Calzolaio, Valerio, Isole Carcere. Geografia e storia, Gruppo Abele Verlag, Turin, 2022

Casuscelli, Paolo, Iancura. Brevi racconti dall'isola di Salina, Mucchi Verlag, Modena, 2. Auflage 2019

Centro Nazionale di Studi Napoleonici e di Storia dell'Elba, L'Isola impero. Vicende storiche dell'isola d'Elba durante il governo di Napoleone, Edizioni Scientifiche Italiane Verlag, Neapel, 2011

Colucci, Michele/Gallo, Stefano, L'emigrazione italiana. Storia e documenti, Morcelliana Verlag, Brescia, 2023

Crisantino, Amelia, Breve storia della Sicilia. Le radici antiche dei problemi di oggi, Di Girolamo Verlag, Trapani, 2012

Dickie, John, Cosa Nostra. Die Geschichte der Mafia, S. Fischer Verlag, Frankfurt am Main, 2007

Dreher, Martin, Das antike Sizilien, C.H.Beck Verlag, München, 2008

Fiori, Fabio, Isolario italiano. Storie, viaggi e fantasie, Edicicloeditore Verlag, Portogruaro, 2021
Francis, Gavin, Inseln. Die Kartierung einer Sehnsucht, Dumont Verlag, Köln, 2021
Frau, Sergio, Atlantika. Eine detektivische Untersuchung des antiken Mittelmeerraumes, Parthas Verlag, Berlin, 2007
Garibaldi, Clelia, Mio Padre, Erasmo Verlag, Livorno, 2007
Garibaldi, Giuseppe, Memorie, Edizione Diplomatica Integrale Verlag, 1907 (Nachdruck)
Garofano, Luciano, Capri in Etichetta. Con una storia dell'ospitalità sull'Isola nei secoli, Editoriale Scientifica Verlag, Napoli, 2018
Goethe, Johann Wolfgang, Italienische Reise, 2 Bände, Insel Verlag, Frankfurt am Main, 1976
Golding, William, Herr der Fliegen, Fischer Verlag, Frankfurt am Main, 5. Auflage 2017
Governale, Giuseppe, Sapevamo già tutto. Perché la Mafia resiste e dovevamo combatterla prima, Solferino Verlag, Mailand, 2021
Gregorovius, Ferdinand, Wanderjahre in Italien, C.H.Beck Verlag, München, 4. Auflage 1986
Hausmann, Friederike, Garibaldi. Die Geschichte eines Abenteurers, der Italien zur Einheit verhalf, Wagenbach Verlag, Berlin, 5. Auflage 2011
Höh, Peter, Sardinien, Reise Know-How Verlag, Bielefeld, 11. Auflage 2021
Homer, Die Odyssee, Übersetzt von Wolfgang Schadewaldt, Rowohlt Verlag, Berlin, 2008
Indelicato, Rosario Enzo, L'Inferno di Pianosa, Sensibili alle foglie Verlag, Rom, 2015
Jacometti, Alberto, Ventotene, Fratelli Frilli Verlag, Genua, 2005
Käsbohrer, Thomas, Die vergessenen Inseln, Penguin Verlag, München, 2018
Karsten, Arne, Geschichte Venedigs, C.H.Beck Verlag, München, 2012
Karsten, Arne, Kleine Geschichte Venedigs, C.H.Beck Verlag, München, 2008
Kesel, Humbert, Capri. Biographie einer Insel, Prestel Verlag, München, 1971
Köhle, Sieglinde, Venedig. 15 Inseln in der Lagune. Band 2, Dr. Peter Morsbach Verlag, Regensburg, 2016

Koeppen, Wolfgang, Der Tod in Rom, Suhrkamp Verlag, Berlin, 1975
Kruecken, Stefan (Hrsg.)/Kanter, Olaf, Das kleine Buch vom Meer – Inseln, Ankerherz Verlag, Hollenstedt, 2020
Ladurner, Ulrich, Lampedusa. Große Geschichte einer kleinen Insel, Residenz Verlag, St. Pölten, Salzburg, Wien, 2014
Langiano, Donatella, Isole Tremiti, Polaris Verlag, Faenza, 2020
Ledda, Gavino, Padre Padrone, Fischer Verlag, Frankfurt am Main, 10. Auflage 1991
Livi, Giovanni, Napoleone all'isola d'Elba, Trabant Verlag, Brindisi, 2. Auflage 2021
Lupo, Salvatore, Die Geschichte der Mafia, Albatros Verlag, Düsseldorf, 2005
Malaparte, Curzio, Die Haut, Paul Zsolnay Verlag, Wien, 2006
Mann, Thomas, Der Tod in Venedig, S. Fischer Verlag, Frankfurt am Main, 2022
Marrocu, Luciano, Storia popolare dei sardi e della Sardegna, Laterza Verlag, Bari, Rom, 2021
Martin, Adrian Wolfgang, Der Zwillingsberg. Vom Leben auf den Äolischen Inseln, Appenzeller Verlag, Herisau, 2004
Mazzarella, Salvatore, Dell'isola Ferdinandea e di altre cose, Sellerio Verlag, Palermo, 2012
Melis, Paolo, Nuraghenkultur, Carlo Delfino Verlag, Sassari, 2003
Munthe, Axel, Das Buch von San Michele, List Verlag, 6. Auflage 2018
Murgia, Michela, Elf Wege über eine Insel. Sardische Notizen, Wagenbach Verlag, Berlin, 3. Auflage 2020
Negendanck, Ruth/Pese, Claus, Zauberinsel Capri. Auf den Spuren deutschsprachiger Künstler, Wienand Verlag, Köln, 2018
Norwich, John Julius, Die Normannen in Sizilien. 1130 – 1194, F. A. Brockhaus Verlag, Wiesbaden, 1973
Norwich, John Julius, Sizilien. Eine Geschichte von der Antike bis in die Moderne, Klett-Cotta Verlag, Stuttgart, 2. Auflage 2019
Orlando, Leoluca, Ich sollte der Nächste sein, Herder Verlag, Freiburg, 2010
Panfido, Isabella, Lagunario, Santi Quaranta Verlag, Treviso, 3. Auflage 2019

Papurello, Alfredina, Tavolara. Signora del mare. Natura. Storia. Personaggi, Carlo Delfino Verlag, Sassari, 2012
Parks, Tim, Der Weg des Helden, Antje Kunstmann Verlag, München, 2022
Pepe, Pino, Ventotene e Santo Stefano, Ultima Spiaggia Verlag, Genua, Ventotene, 2. Auflage 2017
Peterich, Eckart, Italien. Ein Führer, Prestel Verlag, München, Band I 1958, Band II 1961, Band III 1965
Peterich, Eckart, Fragmente aus Italien, Prestel Verlag, München 1969
Piga, Paola/Foresi, Fausto A., L'isola di Pianosa, Media Print Verlag, Livorno 2018
Pons, Giulio, Favignana. Guida ai punti di interesse, independently published, 2015
Presutti, Giovanni, Garibaldi. La sua vita a Caprera, Paolo Sorba Verlag, La Maddalena, 2013
Racheli, Gin, Le isole Ponziane, rose dei venti. Natura, storia, arte, Mursia Verlag, Mailand, 1987
Rader, Olaf B., Friedrich II. Der Sizilianer auf dem Kaiserthron, C.H.Beck Verlag, München, 2019
Ravegnani, Giorgio, Venezia prima di Venezia. Mito e fondazione della città lagunare, Salerno Verlag, Rom, 2020
Richter, Dieter, Die Insel Capri. Ein Portrait, Wagenbach Verlag, Berlin, 2018
Rizzotti, Tullia, Capri in Blüte, Giorgio Mondadori Verlag, Mailand, 2003
Rossi, Ivanna, Lampedusa. Guida per un turismo umano e responsabile, Altreconomia Verlag, Mailand, 2014
Rother, Almut/Rother, Frank, Elba, Dumont Verlag, Köln, 6. Auflage 1987
Saija, Marcello, Museo eoliano dell'emigrazione, 2020
Salina, Affinità Elettive Verlag, Messina, 2007
Schreiber, Hermann, Das Schiff aus Stein. Venedig und die Venezianer, List Verlag, München, 1979
Scirocco, Alfonso, Giuseppe Garibaldi, RCS Quotidiani Verlag, Mailand, 2005
Smith, Denis Mack, Storia della Sicilia medievale e moderna, Laterza Verlag, Bari, Rom, 11. Auflage 2009
Sottoriva, Pier Giacomo, Ventotene da confino fascista a isola d'Europa, Ultima Spiaggia Verlag, Genua, Ventotene, 2019

Strohmeyr, Armin, Ferdinandea. Die Insel der verlorenen Träume, Südverlag, Konstanz, 2021

Sueton, Kaiserbiographien. Tiberius Nero Cäsar, zitiert nach der Veröffentlichung im Projekt Gutenberg, www.projekt-gutenberg.org/sueton/kaiserbi/chap004.html

Tomasi di Lampedusa, Giuseppe, Der Leopard, Piper Verlag, München, 2. Auflage 2022

Ulrich, Stefan, Und wieder Azzurro, dtv Verlag, München, 4. Auflage 2023

Ungherese, Giuseppe, Non tutto il mare è perduto, Casti Verlag, Rom, 2022

Usai, Luisanna/Pirisinu, Salvatore, I nuraghi della Sardegna, Della Torre Verlag, Cagliari, 2022

Valenza, Antonietta, Il Cappero, Book Sprint Verlag, 2018

Valenza, Antonietta, Pantelleria. Il suo passato e il suo presente socioeconomico. Storie di vita, tradizioni, Book Sprint Verlag, 2012

Valenza, Antonietta, Pantelleria e i suoi dammusi, Dario Flaccovio Verlag, Palermo, 2015

Vanoli, Alessandro, La Sicilia musulmana, Il Mulino Verlag, Bologna, 2012

Veltroni, Walter, L'isola e le rose, Rizzoli Verlag, Mailand, 2013